Vahlens Handbücher
der Wirtschafts- und Sozialwissenschaften

Öffentliches Recht

Grundriss für das Studium der Rechts- und
Wirtschaftswissenschaft

von

Dr. Hans-Wolfgang Arndt

o. Professor an der Universität Mannheim

und

Dr. Walter Rudolf

em. Professor an der Universität Mainz,
Landesbeauftragter für den Datenschutz Rheinland-Pfalz

15., überarbeitete Auflage

Verlag Franz Vahlen München

Verlag Franz Vahlen im Internet:
beck.de

ISBN 978 3 8006 3411 8

© 2007 Verlag Franz Vahlen GmbH
Wilhelmstraße 9, 80801 München
Druck: Druckhaus „Thomas Müntzer" GmbH
Neustädter Straße 1–4, 99947 Bad Langensalza
Satz: Druckerei C. H. Beck, Nördlingen
Gedruckt auf säurefreiem, alterungsbeständigem Papier
(hergestellt aus chlorfrei gebleichtem Zellstoff)

Vorwort zur 15. Auflage

Zwischen der 14. und der 15. Auflage hat sich, soweit es um die Ausbildung in den Wirtschafts- und Gesellschaftswissenschaften geht, eine „Revolution" an Deutschlands Universitäten und Fachhochschulen ereignet. Aufgrund des „Bologna Prozesses" haben die meisten Hochschulen ihre Ausbildungsgänge inzwischen auf den dreijährigen Bachelor-Studiengang und den zweijährigen Master-Studiengang umgestellt. Den fünf Jahre dauernden Diplom-Studiengang gibt es kaum noch. Bereits im Bachelor werden in der Regel Grundkenntnisse des öffentlichen Rechts verlangt. Diese mussten früher im Diplomstudiengang nachgewiesen werden. Die verkürzte Studiendauer darf weder von der Ausbildung in der Hochschule noch von der dafür konzipierten Ausbildungsliteratur unberücksichtigt bleiben. Wir haben uns deshalb mit der 15. Auflage die mühevolle Arbeit auferlegt, jeden Satz auf seine Unabdingbarkeit zu überprüfen. Entgegen dem allgemeinen Lehrbuchtrend ist es uns dabei gelungen, den Umfang gegenüber den Vorauflagen beträchtlich zu verringern, ohne dabei – wie wir meinen – wesentliche Einbußen an wirklich Relevantem hingenommen zu haben. Der Versuch, die Studenten nicht mit Stofffülle zu erdrücken, sondern zu selbstständigem Denken zu animieren, ist hoffentlich gelungen.

Wir danken Frau Gertrud Bruck und Herrn Claus Möllinger für ihre Mitarbeit.

Für Anregungen und Verbesserungsvorschläge sind wir dankbar.

Mannheim und Mainz, im Februar 2007

Hans-Wolfgang Arndt
Walter Rudolf

Aus dem Vorwort zur 1. Auflage

Dieses Buch soll Studenten der Wirtschaftswissenschaften den Zugang zum Öffentlichen Recht erleichtern. Denjenigen, die nach bestandener Vorprüfung keine weitere Beschäftigung mit dieser Disziplin im Sinn haben, wird der vermittelte Lehrstoff im wesentlichen genügen. Angesichts der Vagheit der Materie „Öffentliches Recht für Studierende der Wirtschaftswissenschaften" mag es allerdings sein, daß der eine oder andere Dozent Schwerpunkte anders legt oder ein zusätzliches Teilgebiet, z.B. Energielieferungsrecht oder Grundzüge des Polizeirechts, behandelt. Im allgemeinen dürfte freilich der hier gebotene Lehrstoff für Ökonomen ausreichen; denn

Öffentliches Recht ist kein Kernfach des wirtschaftswissenschaftlichen Studiums. Der Wirtschaftswissenschaftler soll vor allem mit den Grundzügen des Öffentlichen Rechts vertraut sein, die ihm später auch in seinem Beruf von Nutzen sein können. Er soll nicht zu einem „Schmalspurjuristen" ausgebildet, wohl aber in die Lage versetzt werden, für die spätere Praxis typische Fragen, die einen öffentlich-rechtlichen Bezug aufweisen, zu erkennen und zu beantworten. Die juristische Bildung und Ausbildung soll den Ökonomen befähigen, rechtliche Alltagsprobleme seiner Praxis selbständig zu beurteilen. Er sollte dabei auch erkennen lernen, welche rechtlichen Aspekte er selbst übersehen kann und wo er die Hilfe eines Volljuristen benötigt. Am Rande sei vermerkt, daß umgekehrt auch der Jurist wirtschaftswissenschaftliche Kenntnisse für sein Studium und meist auch für den späteren Beruf braucht, aber auch er wissen muß, wann er sich der Hilfe eines Ökonomen zu bedienen hat.

Wer allerdings in der Hauptprüfung Öffentliches Recht als Wahlfach belegt, muß zu weiteren, vertiefenden Lehrbüchern greifen. Von diesen Kandidaten wird ein Wissensstand verlangt, der mindestens dem eines Jurastudenten nach erfolgreicher Absolvierung einer Übung im Öffentlichen Recht für Fortgeschrittene entspricht. Ihm darf daher ein intensiver Umgang mit für Juristen geschriebener Lehrbuchliteratur nicht erspart bleiben.

Die Autoren hoffen, den Gefahren willkürlicher Stoffauswahl und der Oberflächlichkeit entronnen zu sein. Um nicht den falschen Eindruck aufkommen zu lassen, wie einfach doch die Dinge seien, wurden deshalb die Übungsfälle nicht lediglich als repetierende, sondern auch als weiterführende konzipiert. Dadurch vermindert sich zwar das individuelle Erfolgserlebnis, in gleichem Maße aber vergrößert sich die notwendige Einsicht, über mehr als Grundkenntnisse nicht zu verfügen.

Mainz, im Januar 1977

Inhaltsverzeichnis

Abkürzungsverzeichnis

EGGVG	Einführungsgesetz zum Gerichtsverfassungsgesetz
EGKS	Europäische Gemeinschaft für Kohle und Stahl
EGGVG	Einführungsgesetz zum Gerichtsverfassungsgesetz
EMRK	Europäische Konvention zum Schutz der Menschenrechte und Grundfreiheiten
EP	Europäisches Parlament
EStG	Einkommensteuergesetz
etc.	et cetera
EU	Europäische Union
EuG	Europäisches Gericht erster Instanz
EuGH	Gerichtshof der Europäischen Gemeinschaften
Euratom	Europäische Atomgemeinschaft
EUV	Vertrag über die Europäische Union
EuZW	Europäische Zeitschrift für Wirtschaftsrecht
EWG	Europäische Wirtschaftsgemeinschaft
EZB	Europäische Zentralbank
f.	folgend
FinG	Finanzgericht
GASP	Gemeinsame Außen- und Sicherheitspolitik
GATS	Allgemeines Dienstleistungshandelsabkommen (General Agreement on Trade in Services)
GATT	Allgemeines Zoll- und Handelsabkommen (General Agreement on Tariffs and Trade)
GBl.	Gesetzblatt
GewO	Gewerbeordnung
GG	Grundgesetz
ggf.	gegebenenfalls
GmbH	Gesellschaft mit beschränkter Haftung
GMBl.	Gemeinsames Ministerialblatt
GVG	Gerichtsverfassungsgesetz
GWB	Gesetz gegen Wettbewerbsbeschränkungen
HGB	Handelsgesetzbuch
h. M.	herrschende Meinung
Hrsg.	Herausgeber
HwO	Handwerksordnung
i. d. F.	in der Fassung
i. d. R.	in der Regel
IHKG	Gesetz zur vorläufigen Regelung des Rechts der Industrie- und Handelskammern
i. S. d.	im Sinne des
i. V. m.	in Verbindung mit
JA	Juristische Arbeitsblätter
JR	Juristische Rundschau
Jura	Juristische Ausbildung
JuS	Juristische Schulung
JZ	Juristenzeitung
KG	Kammergericht (OLG Berlin); Kommanditgesellschaft
KPD	Kommunistische Partei Deutschlands

KrW-/AbfG	Kreislaufwirtschafts- und Abfallgesetz
KStG	Körperschaftsteuergesetz
KWG	Gesetz über das Kreditwesen
LAG	Landesarbeitsgericht
LFGB	Gesetz über dem Verkehr mit Lebensmitteln, Tabakerzeugnissen, kosmetischen Mitteln und sonstigen Bedarfsgegenständen
LG	Landgericht
LMBG	Gesetz über dem Verkehr mit Lebensmitteln, Tabakerzeugnissen, kosmetischen Mitteln und sonstigen Bedarfsgegenständen
LKV	Landes- und Kommunalverwaltung
LSG	Landessozialgericht
m. w. N.	mit weiteren Nachweisen
NJW	Neue Juristische Wochenschrift
NVwZ	Neue Zeitschrift für Verwaltungsrecht
o. g.	oben genannt
OHG	Offene Handelsgesellschaft
OLG	Oberlandesgericht
OVG	Oberverwaltungsgericht
RL	Richtlinie
S.	Seite, Satz
SG	Sozialgericht
SGG	Sozialgerichtsgesetz
Slg.	Sammlung
s. o.	siehe oben
sog.	sogenannte
SPD	Sozialdemokratische Partei Deutschlands
SRP	Sozialistische Reichspartei
StabG	Gesetz zur Förderung der Stabilität und des Wachstums der Wirtschaft
StGB	Strafgesetzbuch
StPO	Strafprozessordnung
TA	Technische Anleitung
TRIPS	Trade-Related Aspects of Intellectual Property Rights
TVG	Tarifvertragsgesetz
UrhG	Gesetz über Urheberrecht und verwandte Schutzrechte
UStG	Umsatzsteuergesetz
u. U.	unter Umständen
UWG	Gesetz gegen den unlauteren Wettbewerb
VersG	Versammlungsgesetz
VG	Verwaltungsgericht
VGH	Verwaltungsgerichtshof
VO	Verordnung
VOB	Verdingungsordnung für Bauleistungen
VOL	Verdingungsordnung für sonstige Leistungen
VwGO	Verwaltungsgerichtsordnung

EINLEITUNG

DAS ÖFFENTLICHE RECHT

Kapitel 1: Hilfsmittel zur Einführung in das öffentliche Recht

Das vorhandene Lehrmaterial ist kaum noch überschaubar. Zur Orien- 1
tierung werden hier die Bücher kurz vorgestellt, die auch für Studierende
der Wirtschaftswissenschaften zur Vertiefung des Stoffes brauchbar sind.
Juristische Bücher veralten schnell. Sie erscheinen in kurzen Zeitabständen
in veränderten Neuauflagen. Man sollte in der Bibliothek darauf achten,
dass man die neueste Auflage in den Händen hält.

Gesetzestexte

Ein Blick in das Gesetz erleichtert die Rechtsfindung. Dieser zugegeben 2
banale Satz gehört zu den Klassikern jedes Juristen. Klar ist: Juristische Arbeit ist Arbeit an und mit Rechtsnormen. Mithin ist in einer Studienarbeit
jede Begründung, die nicht auf das Gesetz gestützt werden kann, wertlos.
Daher muss man sich einige Gesetzestexte anschaffen. Allerdings wäre es
unnütz, gleich die „roten Ordner" zu kaufen, die zum „Markenzeichen der
Juristen" geworden sind. Diese Loseblattsammlungen sind für den Anfang
zu umfangreich und zu teuer. Nur wer sich für das öffentliche Recht als
Wahlfach in der Hauptprüfung entscheidet, kommt letztlich nicht um die
umfangreiche Sammlung „Sartorius I, Verfassungs- und Verwaltungsgesetze
der Bundesrepublik Deutschland, Verlag C.H. Beck" herum. Die Beck-
Texte in der dtv-Ausgabe genügen für den Anfang völlig.

Für das öffentliche Recht empfiehlt sich die Ausgabe „Basistexte Öffent- 3
liches Recht" des Beck-Verlages als dtv-Ausgabe (Nr. 5756). Dort sind die
wichtigsten Gesetze zum Verfassungsrecht, zum Verwaltungsrecht und zum
Europarecht aufgenommen.

Eine gute Alternative hierzu bilden die Gesetzessammlungen aus dem 4
Nomos Verlag: In Kombination sind die Sammlungen Öffentliches Recht
und Wirtschaftsrecht zu empfehlen. Damit erhält man auch die wichtigsten
Gesetze des Privatrechts.

Literatur zum Staats- und Verwaltungsrecht

Zu den **Standardlehrbüchern des Staatsrechts** zählen: 5
Degenhart, Christoph, Staatsrecht I, Verlag C.F. Müller, 21. Auflage 2005;
Gersdorf, Hubertus, Verfassungsprozessrecht und Verhältnismäßigkeits-
prüfung, Verlag C.F. Müller, 2. Auflage 2005;
Katz, Alfred, Staatsrecht, Verlag C.F. Müller, 16. Auflage 2005;
Pieroth, Bodo/Schlink, Bernhard, Staatsrecht II, Verlag C.F. Müller,
22. Auflage 2006.

Das Lehrbuch von *Katz* ist gut konzipiert und strukturiert. Es eignet sich als Einstiegs- und Vertiefungsbuch für Studenten der Rechtswissenschaften. Das Standardlehrbuch für Grundrechte ist das Werk von *Pieroth/Schlink*. Für einen Wahlfachstudenten ist es aber zu ausladend. Gleiches gilt für das Buch zum Staatsorganisationsrecht von *Degenhart*. *Gersdorfs* Buch bietet wertvolle Ausführungen zur Fallbearbeitung im Staatsrecht.

6   Einzelproblemen kann mit **Kommentaren** nachgegangen werden.

Zur ersten Orientierung bietet sich an:
Jarass, Hans D./Pieroth, Bodo, Grundgesetz für die Bundesrepublik Deutschland, Verlag C.H. Beck, 8. Auflage 2006.

Zur weiteren Vertiefung eignet sich:
Maunz, Theodor/Dürig, Günter/Herzog, Roman/Scholz, Rupert, Grundgesetz, Loseblattausgabe, Verlag C.H. Beck, der durch seine plastisch-bildhafte Sprache vermittelt, dass es sich beim Staatsrecht um eine lebendige Materie handelt.

7   Zum **Allgemeinen Verwaltungsrecht** zu empfehlen sind besonders:
Maurer, Hartmut, Allgemeines Verwaltungsrecht, Verlag C.H. Beck, 16. Auflage 2006; oder
Detterbeck, Steffen, Allgemeines Verwaltungsrecht mit Verwaltungsprozessrecht, Verlag C.H. Beck, 4. Auflage 2006.

8   Eine ausführliche Darstellung des **Verwaltungsprozessrechts** bietet:
Schenke, Wolf-Rüdiger, Verwaltungsprozessrecht, Verlag C.F. Müller, 10. Auflage 2005.

Lehrbücher für Öffentliches Wirtschaftsrecht

9   Über den Sinn einer Begriffsbildung wie „Wirtschaftsverwaltungsrecht" und „Wirtschaftsverfassungsrecht" kann man durchaus geteilter Meinung sein. Dennoch sind einige Teilgebiete des öffentlichen Rechts von besonderer Relevanz für die Wirtschaftsunternehmen. Diese Bereiche behandeln die Lehrbücher von:
Arndt, Hans-Wolfgang/Fetzer, Thomas, Wirtschaftsverwaltungsrecht, in: *Steiner, Udo* (Hrsg.), Besonderes Verwaltungsrecht, Verlag C.F. Müller, 8. Auflage 2006;
Ruthig, Josef/Storr, Stefan, Öffentliches Wirtschaftsrecht, Verlag C.F. Müller, 1. Auflage 2005.

Lehrbücher des Europarechts

10   Das Europarecht ist mittlerweile fest mit dem nationalen Wirtschaftsverwaltungsrecht verbunden. Für Studenten geeignete Lehrbücher sind:
Arndt, Hans-Wolfgang, Europarecht mit CD-ROM, Verlag C.F. Müller, 8. Auflage 2006;
Schweitzer, Michael, Staatsrecht III – Staatsrecht, Völkerrecht, Europarecht, Verlag C.F. Müller, 8. Auflage 2004.

Die wichtigsten Zeitschriften

Vornehmlich an den **juristischen Praktiker** wendet sich die Neue Juristi-   **11**
sche Wochenschrift (NJW). Sie enthält vor allem eine umfangreiche Sammlung aktueller Gerichtsentscheidungen.

Ausbildungszeitschriften für Jura-Studenten sind:
Juristische Arbeitsblätter (JA), Juristische Schulung (JuS) und Juristische
Ausbildung (Jura).
Weiter sind für den **Wirtschaftswissenschaftler** relevant:
Der Betriebs-Berater (BB) und Der Betrieb (DB). Dabei handelt es sich
um praxisorientierte Zeitschriften, die über die gesamte für die Unterneh-
men relevante Rechtsentwicklung informieren und in keinem großen An-
waltsbüro fehlen.

Entscheidungssammlungen

Alle obersten Bundesgerichte geben amtliche Sammlungen heraus, in die   **12**
sie ihre wichtigsten Entscheidungen aufnehmen. Entscheidungssammlungen
sind Nachschlagewerke und daher nicht als zusammenhängende Lektüre
gedacht. Bei den Entscheidungen, die in diesem Buch zitiert sind, handelt es
sich um die wichtigsten des öffentlichen Rechts. Auch ein Student der Wirtschaftswissenschaften muss sie kennen.

Elektronische Informationsquellen

Auch in der Rechtswissenschaft nimmt die Bedeutung elektronischer   **13**
Medien stetig zu. Um dieser Entwicklung Rechnung zu tragen, werden
Fundstellen für juristische Informationen im Internet angegeben. Der Einsatz des Internet kann jedoch den Gang in die Bibliotheken nicht ersetzen,
da beispielsweise für die Zitierung von Gerichtsentscheidungen in Hausar-
beiten weiterhin auf die amtlichen Sammlungen der obersten Gerichte zurückgegriffen werden muss.

Die obersten Bundesgerichte sind mittlerweile im Internet mit einer eigenen Seite vertreten. Neben Informationen zu Aufbau und Organisation des
jeweiligen Gerichtes werden dort auch aktuelle Entscheidungen veröffent-
licht:
Bundesverfassungsgericht: http://www.bverfg.de
Bundesgerichtshof: http://www.bundesgerichtshof.de
Bundesverwaltungsgericht: http://www.bverwg.de

Auch die Europäische Union hat eine Internetseite, auf der sämtliche Or-
gane, so auch der Europäische Gerichtshof, zu finden sind:
Europäische Union: http://europa.eu.int
Europäischer Gerichtshof: http://curia.eu.int

Die juristischen Fakultäten der Universitäten haben ebenfalls eigene In-
ternetseiten. Dort ist zumeist auch ein Hinweis auf Datenbanken im Internet zu finden, wo man Aufsätze und Entscheidungen nachlesen kann.

Kapitel 2: Das öffentliche Recht in der Rechtsordnung

14 Das Recht wird in drei Hauptgebiete gegliedert: in das **bürgerliche Recht** (auch Privat- oder Zivilrecht genannt), in das **Strafrecht** und in das **öffentliche Recht**. Jedes dieser Gebiete hat zusätzlich sein eigenes **Prozessrecht**. Von diesen drei Hauptgebieten des Rechts sind für das wirtschaftswissenschaftliche Studium nur das bürgerliche und das öffentliche Recht bedeutsam. Straf- und Prozessrecht, die selbst Teilgebiete des öffentlichen Rechts darstellen, können weitgehend außer Betracht bleiben.

15 Das **bürgerliches Recht** regelt die **Rechtsbeziehungen** von Privatpersonen untereinander.

> Wenn A von B einen Pkw kauft, der die versprochenen Eigenschaften nicht besitzt, etwa weil es sich um einen Unfallwagen handelt, und A deshalb den Kauf rückabwickeln möchte, richten sich seine Ansprüche gegen den B nach bürgerlichem Recht.

16 Kennzeichnend für das bürgerliche Recht ist insbesondere, dass es die Rechtsbeziehungen auf der Ebene der **Gleichordnung** regelt. Im Privatrecht ist niemand befugt, dem anderen gegen dessen Willen etwas zu befehlen und diesen Befehl mit Gewalt durchzusetzen. Ob A und B einen Vertrag schließen, ist dem freien Willen beider Seiten überlassen. Meint E, ein Buch, das F sein Eigentum nennt, gehöre ihm, dem E, so darf er es dem F dennoch nicht gegen dessen Willen wegnehmen. Diese Art von „Selbsthilfe" kennt das bürgerliche Recht nur in wenigen Ausnahmefällen. Es würde zu chaotischen Zuständen führen, wenn der Einzelne befugt wäre, seine subjektiven Rechtsvorstellungen mit Gewalt durchzusetzen. Zur Durchsetzung seines Rechts ist E daher auf die Hilfe staatlicher Instanzen angewiesen. Ihm bleibt nur, den F vor staatlichen Gerichten auf Herausgabe des Buches zu verklagen. Gibt ihm das Gericht Recht, muss er einen Gerichtsvollzieher beauftragen, der aufgrund des Urteils berechtigt ist, dem F auch gegen dessen Willen das Buch wegzunehmen und es dem E auszuhändigen. Klage und Vollstreckungshandlung des Gerichtsvollziehers als Teile des Prozessrechts und damit des öffentlichen Rechts leiten über zum öffentlichen Recht.

17 Im Gegensatz zum bürgerlichen Recht ist nämlich für das **öffentliche Recht** kennzeichnend, dass jemand befugt ist, dem anderen auch gegen dessen Willen etwas zu befehlen; diesen Befehl kann er zudem mit Machtmitteln durchsetzen. Der Befehlende ist dabei der Staat, der als gesetzgebende, rechtsprechende oder vollziehende Gewalt auftritt.

> Ob A freiwillig bereit ist, Einkommensteuer zu zahlen oder nicht, kann der Finanzverwaltung recht gleichgültig sein; reagiert er auf den Steuerbescheid nicht, wird der Vollstreckungsbeamte in seiner Wohnung erscheinen, um einen Teil seines Vermögens zu pfänden.
>
> Nicht derjenige, der sich schon dreimal in der gleichen Gaststätte an verdorbenen Lebensmitteln eine Magenverstimmung zugezogen hat, ist befugt, dem Gastwirt die Ausübung seines Gewerbes zu untersagen. Dies darf nur eine staatliche Behörde, das Gewerbeaufsichtsamt. Denn Gast und Gastwirt sind gleichgeordnet, sie können sich nichts befehlen. Dagegen kann das Gewerbeaufsichtsamt dem Gastwirt Befehle erteilen.

Normen des öffentlichen Rechts geben dem Staat mithin die Befugnis,   18
einseitig gegen den Bürger vorzugehen, d. h. in seine Freiheit und sein Eigentum einzugreifen, ohne den entgegenstehenden Willen beachten zu müssen. Diese Machtbefugnisse des Staates sind freilich nicht unbegrenzt:

> „Die Gesetzgebung ist an die verfassungsmäßige Ordnung, die vollziehende Gewalt und
> die Rechtsprechung sind an Gesetz und Recht gebunden" (Art. 20 Abs. 3 GG).

Nach dieser Fundamentalnorm des Grundgesetzes darf der Staat nur   19
dann in Freiheit und Eigentum eingreifen, wenn ihn ein Gesetz dazu ermächtigt. Man spricht insoweit vom Prinzip des **Vorbehalts des Gesetzes.**
Staatlichen Maßnahmen ist damit eine erste Grenze gezogen. Art. 1 Abs. 3
GG legt eine weitere bedeutsame Grenze staatlicher Eingriffsbefugnisse fest.
Jede staatliche Maßnahme muss demnach im Einklang mit den im Grundgesetz garantierten Grundrechten stehen, denn:

> „Die nachfolgenden Grundrechte binden Gesetzgebung, vollziehende Gewalt und
> Rechtsprechung als unmittelbar geltendes Recht."

Das öffentliche Recht bestimmt aber nicht nur das Verhältnis des Staates   20
zu den Bürgern. Daneben regelt es auch die Organisation der einzelnen
Staatsorgane, ihre Aufgaben und Befugnisse und ihr Zusammenspiel untereinander.

> Die Frage beispielsweise, wie ein Gesetz zustande kommt, betrifft das Staat-Bürger-
> Verhältnis nicht. Wenn die Bundesregierung angesichts der schlechten Finanzlage der öf-
> fentlichen Hand die Absicht hat, den Mehrwertsteuersatz um 3% zu erhöhen, sind für
> die Durchführung dieses Vorhabens vielerlei Normen zu beachten: Wegen des Prinzips
> des Vorbehalts des Gesetzes bedarf eine solche zusätzliche steuerliche Belastung eines
> Gesetzes. Die Bundesregierung wird daher nach Art. 76 Abs. 1 GG eine Gesetzesvorlage
> beim Bundestag einbringen, nachdem sie zuvor geprüft hat, ob der Bund überhaupt die
> Gesetzgebungszuständigkeit auf dem Gebiet der Mehrwertsteuer besitzt und diese nicht
> etwa bei den einzelnen Bundesländern liegt (Art. 105 GG). Alsdann werden Bundestag
> und Bundesrat sowie der Bundespräsident und ein gegenzeichnendes Mitglied der Bun-
> desregierung nach den Vorschriften der Art. 77, 78, 82 GG und den Geschäftsordnun-
> gen des Bundestages und des Bundesrates beim förmlichen Gesetzgebungsverfahren zu-
> sammenwirken.

Derjenige Bereich des öffentlichen Rechts, der das Zusammenspiel der   21
Träger der Staatsgewalt untereinander regelt, wird als **Staatsorganisations-**
recht bezeichnet. Das öffentliche Recht umfasst also einerseits alle Normen,
die das Staat-Bürger-Verhältnis berühren und andererseits die staatsorgani-
sationsrechtlichen Normen.

Das öffentliche Recht lässt sich daneben (abgesehen von dem hier nicht   22
zu berücksichtigenden Prozessrecht) in drei große Teilbereiche gliedern, das
Verfassungsrecht, das **Verwaltungsrecht** und das **Strafrecht.**

Als **Verfassungsrecht** im formellen Sinne werden das Grundgesetz und   23
die Verfassungen der Länder bezeichnet. Dieses Verfassungsrecht hat einen
höheren Rang als das übrige Recht. Das Grundgesetz ist also dem Verwaltungsrecht des Bundes und der Länder, die Landesverfassungen sind dem
Verwaltungsrecht der Länder übergeordnet. Verwaltungsrecht muss im
Einklang mit dem Verfassungsrecht stehen, ansonsten ist es nichtig. Der
höhere Rang des Grundgesetzes wird durch Art. 20 Abs. 3 GG festgelegt

und ist von der Gesetzgebung stets zu beachten. Eine Änderung des Grundgesetzes bedarf der Zustimmung von zwei Dritteln der Mitglieder des Bundestages und zwei Dritteln der Stimmen des Bundesrates, während für eine Änderung von sonstigen Gesetzen des Zivil-, Straf- oder sonstigen öffentlichen Rechts die einfache Mehrheit genügt. Die materielle Berechtigung dieser Differenzierung liegt auf der Hand: Normen des Grundgesetzes sind Fundamentalnormen unseres Staates. Verfassungsrecht gibt die allgemeine Richtung vor, konstituiert die Grundordnung, während sich die übrigen Normen an diesen Grundentscheidungen der Verfassung auszurichten haben.

24   Zum **Verwaltungsrecht** zählen alle übrigen Gebiete des öffentlichen Rechts; zusammen genommen eine Unzahl von Normen, die zumeist entweder Eingriffsbefugnisse des Staates in die Sphäre der Bürger (z. B. Polizeirecht, Steuerrecht) oder aber Ansprüche der Bürger gegen den Staat (z. B. Bundesausbildungsförderungsgesetz, Sozialhilferecht) regeln.

25   Falsch wäre es, im Verwaltungsrecht das Verfassungsrecht außer Acht zu lassen. Die Normen des Grundgesetzes, insbesondere die Grundrechte, konkretisieren sich für den Bürger im Verwaltungsrecht. Die Grundrechte sind immer bei Verwaltungsentscheidungen zu berücksichtigen.

Möchte beispielsweise eine Religionsgemeinschaft in der Fußgängerzone werben, so ist bei der Verwaltungsentscheidung, ob der Gemeinschaft eine straßenrechtliche Sondernutzungserlaubnis erteilt wird, das Grundrecht auf freie Ausübung der Religion zu berücksichtigen.

26   Die **Unterscheidung zwischen Privatrecht und öffentlichem Recht** ist nicht selbstverständlich und für Deutschland in erster Linie historisch zu erklären. Öffentliches Recht betraf immer Angelegenheiten, an denen der Staat als organisierte Gemeinschaft mit Zwangsgewalt beteiligt war. Privatrecht regelte schon immer die Beziehungen im nicht staatlich organisierten Bereich. Neben der Ordnungsfunktion, die Übersicht über den Gesamtkomplex „Recht" zu erleichtern, hat die Unterscheidung zwischen öffentlichem und privatem Recht im deutschen Recht heute vor allem Bedeutung für den Rechtsweg. Für öffentlich-rechtliche Streitigkeiten sind grundsätzlich die Verwaltungsgerichte, für besondere verwaltungsrechtliche Angelegenheiten die Sozialgerichte und die Finanzgerichte zuständig, für bürgerlich-rechtliche Streitigkeiten dagegen die Zivilgerichte. Daneben gibt es für Streitigkeiten zwischen Arbeitgebern und Arbeitnehmern die Arbeitsgerichte.

27   Aus der Beteiligung staatlicher Organe kann aber nicht immer auf öffentliches Recht geschlossen werden. Bei der Ausübung der Staatsgewalt wird der Staat hoheitlich, also in der Form des öffentlichen Rechts tätig. Der Staat handelt jedoch oft nicht in hoheitlicher Form, sondern bedient sich zur Erfüllung seiner Zwecke und Aufgaben des Privatrechts, etwa wenn die Verwaltung Papier und Bleistifte als Bürobedarf kauft. In solchen Fällen tritt der Staat gleichberechtigt mit jeder anderen Privatperson auf, er schließt Verträge mit privatrechtlichen Unternehmen. Privatrechtlich handelt der Staat auch dann, wenn er erwerbswirtschaftlich tätig wird. Wenn er Werften, Domänen, Forste und Brauereien besitzt, tritt er mit deren Er-

zeugnissen wie jeder andere Unternehmer in den Privatrechtsverkehr. Dieses Auftreten des Staates, das sich in rein zivilrechtlichen Formen vollzieht, wird **fiskalisches Handeln** genannt.

Eine Besonderheit ist das Handeln des Staates durch „**Verwaltungspri-** 28 **vatrecht**". Ein Hoheitsträger nimmt dabei eine öffentliche Aufgabe wahr. Dies betrifft insbesondere den Bereich der Daseinvorsorge z.B. durch Bereitstellung von öffentlichen Einrichtungen wie Theatern, Schwimmbädern oder Kongresshallen. Jedoch gestaltet der Hoheitsträger die Benutzung, indem er auf das Zivilrecht über Vertragsbeziehungen zurückgreift.

Was macht nun den Unterschied zwischen privatrechtlichem und öffent- 29 lich-rechtlichem Handeln des Staates aus?

Bedient sich der Staat des Zivilrechts, dann kann er niemanden gegen dessen Willen rechtlich verpflichten. Ein Tiefbauunternehmen kann frei entscheiden, ob es ein Vertragsangebot des Staates zum Ausbau einer Straße annehmen will oder nicht. Handelt der Staat dagegen hoheitlich, so ist es ihm möglich, andere auch gegen ihren Willen rechtlich zu verpflichten. Auch derjenige Unternehmer, der Umweltschutz für kostspieligen Luxus hält, ist an die Vorschriften des Bundes-Immissionsschutzgesetzes gebunden. Auch derjenige, der es eilig hat, muss die zulässige Höchstgeschwindigkeit beachten.

Manchmal ist es schwierig festzustellen, ob der Staat hoheitlich, d.h. in 30 Ausübung einer seiner drei Gewalten, oder privatrechtlich handelt. Zweifelsfälle ergeben sich besonders häufig dann, wenn der Staat nicht einseitig verpflichtend in Freiheit und Eigentum seiner Bürger eingreift (sog. **Eingriffsverwaltung**), sondern wenn er dem Bürger Dienstleistungen erbringt (sog. **Leistungsverwaltung**), denn wie oben festgestellt kann sich der Staat zur Erfüllung seiner Aufgaben neben öffentlich-rechtlichen Handlungsformen hier auch des Privatrechts bedienen. Die Handlungsform des Staates könnte dahinstehen, wenn sich daraus keine Folgen ergäben. Jedoch ist die Unterscheidung zwischen öffentlichem Recht und Privatrecht in vielen Fällen bedeutsam. Beispielhaft genannt sei hier nur die Anwendbarkeit des Verwaltungsverfahrensgesetzes, das nur bei „öffentlich-rechtlicher Verwaltungstätigkeit" von Behörden gilt (§ 1 Abs. 1 VwVfG). Des Weiteren ist der Rechtsweg verschieden: Gemäß § 40 Abs. 1 VwGO sind die Verwaltungsgerichte zur Entscheidung öffentlich-rechtlicher Streitigkeiten nicht-verfassungsrechtlicher Art zuständig, zivilrechtliche Streitigkeiten dagegen gehören gemäß § 13 GVG vor die ordentlichen Gerichte. Schließlich ist es, wie noch genauer dargestellt wird, umstritten, ob der Staat auch bei privatrechtlichem Handeln an die Grundrechte gebunden ist. Liegt hoheitliches Handeln vor, so sind solche Zweifel durch Art. 1 Abs. 3 GG ausgeschlossen.

Zur Abgrenzung von öffentlichem Recht und Privatrecht sind viele Theo- 31 rien entwickelt worden, von denen hier die zwei wichtigsten genannt werden. Im Zweifel helfen sie festzustellen, ob öffentlich-rechtliches oder zivilrechtliches Handeln des Staates vorliegt.

Nach der **Subjektionstheorie oder Subordinationstheorie** liegt eine öf- 32 fentlich-rechtliche Tätigkeit vor, wenn zwischen dem Hoheitsträger und dem Bürger ein Über- und Unterordnungsverhältnis besteht. Demgegenüber handelt es sich um Privatrecht, wenn die Beteiligten rechtlich gleichgeordnet sind. Es trifft zu, dass bei vielen öffentlich-rechtlichen Rechtsverhältnissen, namentlich im Bereich der Eingriffsverwaltung (Steuerrecht, Polizeirecht), ein solches Über- und Unterordnungsverhältnis besteht. Jedoch hilft diese Theorie wenig, wenn sich nicht genau feststellen lässt, ob Staat und Bürger sich gleichgeordnet gegenüberstehen oder nicht. Die Zugehörigkeit des Staatsorganisationsrechts zum öffentlichen Recht vermag diese Theorie genauso wenig zu erklären wie den öffentlich-rechtlichen Vertrag. Mit letzterem begibt sich der Hoheitsträger auf die Ebene der Gleichordnung. Alleine nach dem Über-/Unterordnungsverhältnis kann also eine Abgrenzung vom bürgerlichen zum öffentlichen Recht nicht erfolgen.

33   Eine bessere Unterscheidung ermöglicht die **modifizierte Subjektstheorie.** Die Abgrenzung erfolgt hier nach dem Adressaten der Norm. Fast jede Rechtsnorm hat einen Berechtigten und einen Verpflichteten. Ist Berechtigter oder Verpflichteter einer Norm notwendigerweise ein Träger öffentlicher Gewalt, so handelt es sich um öffentliches Recht. Öffentliches Recht ist somit der Inbegriff der Rechtssätze, bei denen ein Zuordnungssubjekt ausschließlich ein Träger hoheitlicher Gewalt ist.

34   **Hierzu zwei Beispiele:**

Gemäß § 13 Abs. 1 KrW-/AbfG haben die Erzeuger und Besitzer die Abfälle grundsätzlich den öffentlich-rechtlichen Entsorgungsträgern zu überlassen. Diese sind nach § 15 Abs. 1 KrW-/AbfG verpflichtet, die in ihrem Gebiet angefallenen und überlassenen Abfälle zu entsorgen. Nach § 15 Abs. 1 KrW-/AbfG ist demnach ein Träger öffentlicher Gewalt zur Abfallbeseitigung verpflichtet. § 15 Abs. 1 KrW-/AbfG ist somit eine öffentlich-rechtliche Norm, die aus ihr resultierenden Rechtsbeziehungen sind in der Regel öffentlich-rechtlich.

Ebenso berechtigt § 24 BImSchG ausschließlich die Immissionsschutzbehörde zu Eingriffen, wenn schädliche Umwelteinwirkungen von einer nicht genehmigungsbedürftigen Anlage ausgehen, vgl. § 22 Abs. 1 Satz 1 Nr. 1 BImSchG. Es liegt damit eine öffentlich-rechtliche Regelung vor.

35   Bei einer praktischen Falllösung ist es meist nicht erforderlich, auf diese Theorien einzugehen, da in der Regel deutlich ist, ob eine öffentlich-rechtliche oder privatrechtliche Beziehung besteht. Es sollte im Zweifel kurz die Einordnung nach der modifizierten Subjektstheorie dargestellt werden.

36   Das dritte Hauptgebiet des gesamten Rechtsstoffs ist das **Strafrecht.** Es steht in seiner praktischen Bedeutung weit hinter dem zivilen Privat- und dem öffentlichen Recht zurück. Jeder sieht sich nahezu täglich mit diesen beiden Rechtsgebieten konfrontiert. Privatrechtliche Vertragsbeziehungen liegen dem allmorgendlichen Brötchenkauf und sogar dem Öffnen des Wasserhahns zugrunde. Öffentliches Recht begegnet einem schon immer dann, wenn man auf einer Straße läuft, sie also gemäß der öffentlich-rechtlichen Widmung nutzt. Die Mehrheit der Bevölkerung kommt mit dem Strafrecht nie in Kontakt. Weder begeht sie noch wird sie Opfer von Straftaten. Sowohl nach der modifizierten Subjekts- als auch nach der Subjektionstheorie handelt es sich beim Strafrecht um ein Teilgebiet des öffentlichen Rechts. Das Strafrecht ist jedoch traditionell vom übrigen öffentlichen Recht so

verselbstständigt, dass seine Einordnung als selbstständige Rechtsmaterie gerechtfertigt ist. Vor allem geschieht dies an den Universitäten aus didaktischen Gründen.

In Lehrbüchern und Prüfungsordnungen gleichermaßen finden sich 37 schließlich noch die Begriffe **Wirtschaftsverfassungsrecht** und **Wirtschafts-verwaltungsrecht.** Unter Wirtschaftsverfassungsrecht werden diejenigen Bestimmungen des Grundgesetzes verstanden, die sich auf die Wirtschaft beziehen, unter Wirtschaftsverwaltungsrecht diejenigen Gesetze des Verwaltungsrechts, die das Verhältnis des Staates zur Wirtschaft betreffen. Diese Begriffe haben juristisch keine eigenständige Bedeutung. Sie erfüllen weder eine Ordnungsfunktion, noch sind sie von irgendeiner Relevanz für die Auslegung oder die Rechtsfolgen von Normen. Ob Normen des öffentlichen Rechts wirtschaftliche Belange in größerem oder geringerem Umfang berühren, spielt bei ihrer Auslegung keine Rolle.

Irgendeine Auswirkung auf die Wirtschaft haben letztlich alle Normen 38 des öffentlichen Rechts. Wer beispielsweise einen Gewerbebetrieb zu gründen beabsichtigt, hat eine Unzahl von Normen des öffentlichen Rechts zu beachten: Er muss das Gewerbe anmelden, vielleicht sogar genehmigen lassen, alle Bauten einschließlich der An- und Umbauten bedürfen einer baurechtlichen Genehmigung, die Sozialversicherungsbeiträge der Arbeitnehmer müssen abgeführt werden. Diese Aufzählung ließe sich beinahe beliebig verlängern. Dennoch werden das Bau-, das Sozial- und das Steuerrecht in diesem Buch nicht behandelt. Das geschieht nicht etwa deshalb, weil sie für die Mehrzahl der Gewerbetreibenden weniger wichtig sind als beispielsweise die Gewerbeordnung. Sie bleiben vielmehr deshalb ausgeklammert, weil ein Buch, das darauf angelegt ist, in begrenzter Zeit und in begrenztem Umfang Studenten der Wirtschaftswissenschaften die Einwirkung öffentlichrechtlicher Normen auf das Wirtschaftsgeschehen verständlich zu machen, wegen der Komplexität der Materie zwangsläufig eine punktuelle Auswahl zu treffen hat. Außerdem sind die hier behandelten Rechtsgebiete diejenigen, die typischerweise in einer Wahlfachklausur abgefragt werden.

Übungsfälle

1. Fall: Die Kosmetikfirma X stellt ein Produkt her, das laut Reklame bei regelmäßiger 39 Anwendung Falten, Runzeln usw. verschwinden lässt. Sie stützt sich dabei auf ein (in der Reklame allerdings unerwähntes) wissenschaftliches Gutachten, wonach tatsächlich in nur 3 % aller untersuchten Fälle eine Hautverjüngung festzustellen war. Wer kann
a) nach bürgerlichem Recht und
b) nach öffentlichem Recht
gegen die Firma vorgehen? Wann und unter welchen Voraussetzungen wird das Vorgehen Erfolg haben?

(a) Nach bürgerlichem Recht wird eine enttäuschte Kundin vorgehen 40 müssen, deren Gesicht unverschönt geblieben ist. Indem sie das Mittel bei der Firma bestellte, machte sie dieser ein Angebot zum Abschluss eines Kaufvertrages. Die Firma nahm dieses Angebot an. Damit ist der Kaufvertrag zustande gekommen. Über Streitigkeiten aus diesem Kaufvertrag entscheidet das Amtsgericht, solange der Streitwert 5000 € nicht übersteigt, ansonsten das Landgericht. Im Beispiel wird das Amtsgericht zu entscheiden haben, ob die Kundin einen Anspruch auf Rückzahlung des Kaufpreises hat. Dies hängt zum einen von der Auslegung der Vorschriften des BGB und zum anderen von dem konkreten Inhalt des zwischen den Parteien geschlossenen Kaufvertrages ab, beispielsweise davon, ob mit ihm eine Erfolgsgarantie verbunden war oder nicht.

Auch der bürgerlich-rechtliche Unterlassungsanspruch von Mitbewerbern und Verbraucherverbänden wegen irreführender Werbung aufgrund der §§ 3, 13 UWG ist im Klageweg vor den Zivilgerichten zu verfolgen.

41　　(b) Erfreulich wäre es aber, wenn das Gewerbeaufsichtsamt aufgrund einer öffentlich-rechtlichen Rechtsvorschrift befugt wäre, der Firma X die irreführende Reklame zu untersagen, ohne den langwierigen Klageweg beschreiten zu müssen. Eine Privatperson wäre dazu niemals berechtigt. Sie muss für diesen Zweck immer die Gerichte in Anspruch nehmen, da eine einseitig belastende Untersagungsverfügung gegen den Willen des Betroffenen nicht unter rechtlich Gleichgeordneten ergehen kann, sondern ein Über- und Unterordnungsverhältnis voraussetzt. Der staatliche Hoheitsträger in Gestalt des Gewerbeaufsichtsamtes darf eine Untersagungsverfügung nur dann vornehmen, wenn ihn ein Gesetz zu einem solchen Eingriff ermächtigt (sog. Prinzip des **Vorbehalts des Gesetzes**). Dies war früher nicht der Fall. Gegen irreführende Reklame konnte der Staat daher nichts unternehmen. Diese Situation hat sich erst durch das Gesetz über den Verkehr mit Lebensmitteln, Tabakerzeugnissen, kosmetischen Mitteln und sonstigen Bedarfsgegenständen (LMBG) vom 15. 8. 1974 geändert. Heute ist dieses Gesetz in dem „Lebensmittel-, Bedarfsgegenstände- und Futtermittelgesetzbuch (LFGB)" aufgegangen. § 27 Abs. 1 dieses Gesetzes lautet:

> „§ 27 Vorschriften zum Schutz vor Täuschung
> (1) Es ist verboten, kosmetische Mittel unter irreführender Bezeichnung, Angabe oder Aufmachung gewerbsmäßig in den Verkehr zu bringen oder für kosmetische Mittel allgemein oder im Einzelfall mit irreführenden Darstellungen oder sonstigen Aussagen zu werben. Eine Irreführung liegt insbesondere dann vor, wenn
> 1. einem kosmetischen Mittel Wirkungen beigelegt werden, die ihm nach den Erkenntnissen der Wissenschaft nicht zukommen oder die wissenschaftlich nicht hinreichend gesichert sind,
> 2. durch die Bezeichnung, Angabe, Aufmachung, Darstellung oder sonstige Aussage fälschlich der Eindruck erweckt wird, dass ein Erfolg mit Sicherheit erwartet werden kann,
> 3. (...)."

42　　Die zweite Alternative trifft bei der Werbung der Firma X zu. Das Gewerbeaufsichtsamt ist zum Erlass einer Untersagungsverfügung berechtigt, da es gemäß § 39 Abs. 2 LFGB dazu ermächtigt ist, die Einhaltung der Verbotsvorschrift des § 27 Abs. 1 LFGB zu überwachen.

43　　Oftmals kommt es vor, dass eine Behörde meint, sie sei zum Einschreiten befugt, wohingegen der betroffene Bürger ihr dieses Recht abspricht. Da beide am Rechtsstreit beteiligt sind, bedarf es einer unabhängigen neutralen Instanz, diesen Streit zu schlichten.

44　　Art. 19 Abs. 4 GG garantiert daher:

> „Wird jemand durch die öffentliche Gewalt in seinen Rechten verletzt, so steht ihm der Rechtsweg offen."

Der Rechtsweg in öffentlich-rechtlichen Streitigkeiten führt im Regelfall 45
vor die Verwaltungsgerichte. Die Firma X hat daher das Recht, die Untersagungsverfügung vor dem Verwaltungsgericht anzufechten. Ihre Klage
dürfte allerdings keinen Erfolg versprechen, weil die Eingriffsvoraussetzun-
gen hier vorlagen.

2. Fall: Sämtliche Zementhersteller in Süddeutschland schließen einen Vertrag, demzu- 46
folge sie sich gegenseitig verpflichten, für ihren Zement den gleichen Preis zu verlangen.
Zweck dieses Vertrags ist es, dem „ruinösen Wettbewerb" ein Ende zu bereiten und allen Produzenten eine „angemessene" Gewinnspanne zu sichern. Das Bundeskartellamt
erhält Kenntnis von dem Vertrag. Es untersagt den Herstellern die Durchführung und
belegt jeden von ihnen mit einer Geldbuße von 100.000 €. Zu Recht? Wie können sich
die Hersteller wehren?

Der bürgerlich-rechtliche Vertrag zwischen den Zementherstellern be- 47
zweckt, zum Nachteil der Verbraucher den Wettbewerb auszuschalten. § 1
GWB bestimmt:

„§ 1 Verbot wettbewerbsbeschränkender Vereinbarungen
Vereinbarungen zwischen Unternehmen, Beschlüsse von Unternehmensvereinigungen
und aufeinander abgestimmte Verhaltensweisen, die eine Verhinderung, Einschränkung
oder Verfälschung des Wettbewerbs bezwecken oder bewirken, sind verboten."

Aufgabe des Gesetzes gegen Wettbewerbsbeschränkungen ist es, Verein- 48
barungen im Wirtschaftsleben zu verhindern, durch die Monopolstellungen
begründet werden, die den Wettbewerb ausschalten und deshalb mit dem
marktwirtschaftlichen Prinzip nicht zu vereinbaren sind. Die Rechtsfigur,
derer sich das Gesetz zur Erreichung dieses Ziels bedient, ist das **Verbot
mit Erlaubnisvorbehalt.** Grundsätzlich verbietet § 1 GWB wettbewerbsbe-
schränkende Vereinbarungen. Es gibt in den folgenden Paragraphen einige
Ausnahmen von diesem Grundsatz, beispielsweise für Spezialisierungskar-
telle, Mittelstandskooperationen und Rabattvereinbarungen. Diese im Prinzip zulässigen Kartellvereinbarungen sind jedoch nicht von vornherein gül-
tig, es bedarf dazu vielmehr einer Erlaubnis der Kartellbehörde, die in das
Kartellregister eingetragen wird.
Im Beispielsfall handelt es sich daher in jedem Fall um einen unzulässigen 49
Kartellvertrag. Erfährt die Kartellbehörde – meist durch Anzeige eines
Konkurrenten – von einer unzulässigen wettbewerbsbeschränkenden Ver-
einbarung, leitet sie ein Kartellverfahren ein, das Klarheit über die fragliche
Vereinbarung schafft. In diesem Verfahren kann die Kartellbehörde die
Herausgabe von Akten, Büchern und Korrespondenzen verlangen sowie
Zeugen und Sachverständige vernehmen.
Fraglich ist, ob die Maßnahmen der Kartellbehörde gegen die Zement- 50
hersteller vom Gesetz gedeckt sind. Wegen des Grundsatzes vom Vorbehalt
des Gesetzes bedarf jeder Eingriff in die Freiheit des Bürgers einer gesetzlichen Ermächtigung. Nach § 32 GWB kann die Kartellbehörde ein Verhalten untersagen, das durch § 1 GWB verboten ist. Nach § 81 GWB handelt
ordnungswidrig, wer sich über das Verbot des § 1 GWB hinwegsetzt.
Die §§ 32 ff. GWB geben dem Bundeskartellamt die Befugnis, gegen den 51
wettbewerbsbeschränkenden Vertrag vorzugehen. Nach der modifizierten
Subjektstheorie handelt es sich dabei um öffentlich-rechtliche Eingriffsbefugnisse. Es ist ausschließlich ein Träger hoheitlicher Gewalt, die Kartellbe-

hörde, befugt, gegen Kartellverträge mit Untersagungsverfügungen und Geldbußen vorzugehen.

52   Da es sich um die Maßnahme eines Trägers der öffentlichen Gewalt handelt, können die betroffenen Unternehmen dagegen gemäß Art. 19 Abs. 4 GG den Rechtsweg beschreiten. Entgegen der Regel sind, obgleich es sich um eine öffentlich-rechtliche Streitigkeit handelt, nicht die Verwaltungsgerichte zuständig. Über die Rechtmäßigkeit von Maßnahmen des Bundeskartellamts entscheidet ein Zivilgericht, das OLG in Düsseldorf, §§ 51, 63 Abs. 4 GWB; letzte Instanz ist der BGH in Karlsruhe.

53   **3. Fall:** A und B sind die einzigen Gesellschafter einer OHG, die sie gegründet und zu beträchtlichem wirtschaftlichen Erfolg geführt haben. Nach § 1 des Gesellschaftsvertrages hat jeder Gesellschafter seine gesamte Arbeitskraft dem Geschäft zu widmen. Gegen den Willen des B kandidiert A 2005 für den Bundestag und wird als Abgeordneter gewählt. In den folgenden sechs Monaten kommt es zu empfindlichen Geschäftseinbußen, da sich A kaum noch um die OHG kümmert. B fragt Sie, vor welchem Gericht und mit welchen Erfolgsaussichten er gegen A vorgehen kann.

54   Der Gesellschaftsvertrag zwischen A und B ist ein bürgerlich-rechtlicher Vertrag. Über Streitigkeiten aus diesem Vertrag entscheiden die Zivilgerichte. Eine strikte Trennung zwischen Zivil- und öffentlichem Recht in dem Sinne, dass die Zivilgerichte nur bürgerliches Recht anwenden, gibt es aber nicht. Beide Rechtsmaterien sind oft untrennbar miteinander verbunden, so dass auch öffentlich-rechtliche Normen berücksichtigt werden müssen. Dafür ist der vorliegende Fall ein gutes Beispiel. Bei der Entscheidung dieses Streitfalles haben die Zivilgerichte auch Art. 48 Abs. 2 GG zu beachten:

„Niemand darf gehindert werden, das Amt eines Abgeordneten zu übernehmen und auszuüben. Eine Kündigung oder Entlassung aus diesem Grund ist unzulässig."

55   Diese Verfassungsnorm spricht für A, obgleich das Rechtsgefühl es nahelegt, dem B, dem A ja vertraglich den Einsatz seiner gesamten Arbeitskraft zugesichert hat, einen Schadensersatzanspruch zuzugestehen. Der BGH hatte diesen Rechtsstreit in letzter Instanz zu entscheiden. Er urteilte damals folgendermaßen:

56   „Die Parteien haben zwar vereinbart, ihre Arbeitskraft ausschließlich der Geschäftsführung zu widmen. Gleichviel, ob daran gedacht war, dadurch die Übernahme eines Bundestagsmandats auszuschließen, so konnte dies jedenfalls nicht Inhalt einer wirksamen Verpflichtung des Beklagten werden. Art. 48 Abs. 2 Satz 1 GG geht jeder vertraglichen Bindung vor. Die Vereinbarungen der Parteien sind durch das Gebot dieser Bestimmung begrenzt. Es kommt deshalb weder darauf an, dass die Abrede, die gesamte Arbeitskraft dem Unternehmen zu widmen, auf eine Anregung des Beklagten zurückgeht, noch darauf, dass er das Bundestagsmandat unter dem ausdrücklichen Widerspruch des Klägers und, ohne die übrigen Gesellschafter zu fragen, übernommen hat. Art. 48 Abs. 2 GG verfolgt den Zweck, die ungestörte Übernahme und Ausübung des Bundestagsmandats sicherzustellen. Das Merkmal ‚gehindert werden' umfasst jedes Androhen oder in Aussichtstellen irgendwelcher Nachteile, seien sie wirtschaftlicher, beruflicher, gesellschaftlicher oder sonstiger Art (...). Dieser umfassende Schutz führt notwendigerweise zu unmittelbaren Rechtsfolgen auch zivilrechtlicher Natur. Denn Art. 48 Abs. 2 Satz 1 GG ist ein gesetzliches Verbot, das uneingeschränkt in allen Bereichen des Rechtslebens gilt. Nachteile dürfen einem Abgeordneten auch dann nicht in Aussicht gestellt oder angedroht werden, wenn er infolge der Ausübung des Mandats eine vertraglich übernommene Leistung nicht mehr erbringen kann. Eine privatrechtliche Verpflichtung, die den Vertragspartner berechtigt, den Abgeordneten irgendwie in der Ausübung des Mandats zu hindern, ist nach § 134 BGB nichtig. Daraus folgt, dass der Gesellschaftsvertrag für den Beklagten insoweit unverbindlich ist, als er ihm für die Dauer seiner

Zugehörigkeit zum Deutschen Bundestag die Verpflichtung auferlegt, seine gesamte Arbeitskraft der Geschäftsführung zu widmen" (BGHZ 43, 384, 386 f.; die Rechtsprechung hat sich jedoch seit BGHZ 94, 248, 254 geändert).

Auf die Frage, ob diese Auslegung des Art. 48 Abs. 2 GG zwingend ist   57 oder ob es noch andere, entgegengesetzte, Möglichkeiten der Interpretation dieser Norm gibt, wird im nächsten Kapitel einzugehen sein, das von der Auslegung von Rechtsnormen handelt.

Kapitel 3: Zur Auslegung von Rechtsnormen

58 Gesetzesanwendung und Gesetzesauslegung bestimmen den Tätigkeitsbereich des Juristen, gleichgültig, ob er z. B. als Richter, Verwaltungsbeamter oder Rechtsanwalt tätig ist. Anwendung und Auslegung sind untrennbar verbunden. Die Vorstellung zur Zeit der Aufklärung, man könne Gesetze schaffen, die aus sich selbst heraus so verständlich sind, dass sie nicht ausgelegt, sondern nur angewendet zu werden brauchen – Montesquieu hatte hierfür das plastische Bild vom Richter, der nichts weiter sei als „der Mund des Gesetzes" – ist längst als Illusion erkannt worden. Im Folgenden geht es daher um eine Einführung in das „tägliche Brot" der Juristen: die Technik der Gesetzesauslegung. Ohne deren Grundkenntnisse bleibt der Zugang zum Verfassungs- und Verwaltungsrecht – ja zum Recht allgemein – verschlossen.

59 Als Beispiel bietet sich der aus Kapitel 2, Fall 3, bereits bekannte Art. 48 Abs. 2 Satz 1 GG an. Nach der früheren Rechtsprechung des Bundesgerichtshofs verbot diese Vorschrift jede vertragliche Vereinbarung, durch die die Übernahme eines Abgeordnetenmandats erschwert werden kann. Diese Auslegung ist nicht unproblematisch. Angesichts des Satzes „eine Kündigung oder Entlassung aus diesem Grunde ist unzulässig" stellt sich nämlich die Frage, ob der Schutz, den Art. 48 Abs. 2 GG gewährt, nur abhängig beschäftigten Arbeitnehmern zukommen soll, nicht jedoch anderen Privatpersonen, die sich zur gemeinsamen Berufsausübung durch Gesellschaftsvertrag verpflichtet haben. Diese Auslegung liegt deshalb nahe, weil eine Kündigung oder Entlassung nur abhängig beschäftigte Arbeitnehmer treffen kann. Zur Ermittlung der „richtigen" Norminterpretation bieten sich verschiedene Methoden an:

60 1. Zunächst kann man auf die **Wortinterpretation,** auch grammatikalische Auslegung genannt, des Art. 48 Abs. 2 Satz 1 GG abstellen. Bei isolierter Betrachtung dieses Wortlautes erscheint der Schutz jedes Abgeordneten vor allen Nachteilen überzeugend. Die Wortinterpretation ist Ausgangspunkt jeglicher Auslegung. Der Wortlaut bestimmt die Grenzen zulässiger Auslegung; eine Auslegung gegen den Wortlaut ist grundsätzlich unzulässig. In einer Vielzahl der Fälle ist der Wortlaut jedoch nicht so bestimmt, dass er nur eine einzige Auslegung als richtig zulässt.

61 2. Die Wortinterpretation berücksichtigt darüber hinaus nicht genügend, dass jede Norm in einem **systematischen Zusammenhang** mit den sie umgebenden Vorschriften steht (Kontext). Nach Art. 48 Abs. 1 GG hat derjenige, der sich um einen Sitz im Bundestag bewirbt, Anspruch auf den zu seiner Wahlvorbereitung erforderlichen Urlaub. Bereits die systematische Analyse des Art. 48 Abs. 1 und Abs. 2 GG weckt Zweifel. Art. 48 Abs. 2 Satz 1 GG wird nämlich von zwei deutlich arbeitsrechtlich akzentuierten Vorschriften eingekleidet. Art. 48 Abs. 1 GG, der die Vorbereitung der Bundestagswahl behandelt, setzt Personen voraus, die von einem Dritten beurlaubt werden können, Art. 48 Abs. 2 Satz 2 GG spricht nur von Perso-

nen, denen gekündigt werden kann und die entlassen werden können. Die gesetzliche Systematik legt nahe, den Schutz der Vorschrift auf Arbeitnehmer zu beschränken. Nur dann liest sich Art. 48 GG bruchlos.

3. Bleiben nach der wörtlichen und der systematischen Auslegung noch   62
Zweifel, so ist die Entstehungsgeschichte der Norm hinzuzuziehen. Die **historische Interpretation** bringt Klarheit, von welchen Vorstellungen sich die „Väter des Gesetzes" haben leiten lassen. Die Entstehungsgeschichte spricht für eine einschränkende Auslegung des Art. 48 Abs. 2 GG. Der erste Verfassungsentwurf wollte die Abgeordneten sogar nur vom öffentlichen Dienst freistellen. Erst die weiteren Beratungen brachten die Ausdehnung auf die Arbeiternehmer in der Privatwirtschaft. Von einem allgemeinen Schutz für jedermann war nicht die Rede. Die historische Auslegungsmethode ist freilich auch nur begrenzt aussagefähig; sie dient nur als Indiz. Die durch Zeitablauf erfolgten politischen, wirtschaftlichen und gesellschaftlichen Änderungen zwingen oftmals dazu, eine Norm nicht entsprechend den Vorstellungen des damaligen Gesetzgebers auszulegen. Das BGB und das HGB stammen aus dem 19. Jahrhundert. Wollte sich der Norminterpret auf die damals geltenden Vorstellungen beschränken, so stünde das Recht jeder Entwicklung hemmend im Wege. Veränderte Gegebenheiten müssen daher berücksichtigt werden. Das Gesetz ist klüger als der Gesetzgeber.

4. Eine der wichtigsten Interpretationshilfen schließlich ist es, nach dem   63
rechtspolitischen Zweck einer jeden Vorschrift zu fragen. Dabei ergeben sich für die Auslegung wichtige Gesichtspunkte (sog. **teleologische Interpretation**). Art. 48 Abs. 2 Satz 1 GG hat den Zweck, ein „Honoratiorenparlament" zu vermeiden und für eine ausreichende Repräsentation wirtschaftlich schwacher Bevölkerungskreise zu sorgen. Dies spricht dafür, den Geltungsbereich des Art. 48 GG auf wirtschaftlich und persönlich Abhängige zu beschränken.

„Es entspricht dem Grundanliegen der Mandatsschutznormen, nur die Kündigung oder   64
Entlassung von Beamten, Arbeitnehmern und anderen Dienstleistungspflichtigen zu beschränken. Denn nur sie sind wegen ihrer organisatorischen Eingliederung in Verwaltungs- oder Produktionseinheiten durch die Entwicklung des Abgeordnetenmandats zur Vollzeitbeschäftigung in ihrem Arbeits- oder Dienstverhältnis besonders gefährdet. Ihre Kündigung oder Entlassung wäre für jeden Dienstherrn und Arbeitgeber eine naheliegende, wenn nicht notwendige Konsequenz der Abgeordnetentätigkeit. Ihr Risiko, den Arbeitsplatz zu verlieren und nach Mandatsbeendigung nicht wieder zu erlangen, ist daher besonders groß. Diese Gefahr trifft den selbständig Beschäftigten, insbesondere den freiberuflich Tätigen, nicht in einer vergleichbaren Weise. Er kann, wenn auch unter beträchtlich höherer Arbeitsbelastung, seine Berufstätigkeit grundsätzlich fortführen" (BGHZ 94, 248, 254).

Den juristischen Anfänger mag dieses Beispiel verunsichern, vielleicht   65
weil er selbst Art. 48 Abs. 2 Satz 1 GG ganz anders ausgelegt hätte.

Darin zeigt sich, dass die Entscheidung für die eine oder die andere Aus-   66
legungsmöglichkeit und die Gewichtung der einzelnen Auslegungsmöglichkeiten selbst oft schon Ausdruck einer bestimmten **Wertung** des Interpreten ist. Im Falle mehrerer Interpretationsmöglichkeiten handelt es sich somit nicht mehr nur um bloße Anwendung des vom Gesetzgeber Vorgegebenen, sondern schon um **rechtsschöpfende** Tätigkeit des Interpreten. Die unterschiedlichen Interpretationstechniken, die zu unterschiedlichen Interpretationsmöglichkeiten führen, sollen dem Interpreten alle Gesichtspunkte vor

Augen führen, die bei der Entscheidung für eine bestimmte Auslegung zu berücksichtigen sind.

67   Kommt er dann zu einer Wertung, darf sich der Interpret nicht mit einer bloßen Behauptung begnügen. Die Möglichkeit unterschiedlicher Interpretation hat vielmehr zur Folge, dass der Interpret sein Auslegungsergebnis auch **begründen** muss. Je eingehender ein Gesetzesanwender die Gründe für sein Verständnis einer Norm darlegt, desto eher ist sein Interpretationsergebnis für Dritte nachvollziehbar.

68   Auch für den Studenten ist es wichtig, die in einer Klausur oder Hausarbeit aufgestellte Behauptung zu begründen, damit sie der Korrektor nachvollziehen kann. Denn entscheidend für die Qualität einer Arbeit ist oft gar nicht so sehr das „richtige" Ergebnis als vielmehr die Begründung desselben.

Weiterführende Hinweise:

BVerfGE 34, 269, 286 ff. (Auslegung gegen den Wortlaut, Verhältnis von Gesetz und Recht in Art. 20 Abs. 3 GG);

BVerfGE 42, 312, 326 ff. (Auslegung von Art. 48 Abs. 2 GG);

Schmalz, Methodenlehre für das juristische Studium, Nomos Verlag, 4. Auflage 1998.

1. TEIL

STAATSORGANISATIONSRECHT

Kapitel 4: Der Staat „Bundesrepublik Deutschland"

Art. 20 GG [Bundesstaatliche Verfassung; Widerstandsrecht]:   **69**

(1) Die Bundesrepublik Deutschland ist ein demokratischer und sozialer Bundesstaat.

(2) Alle Staatsgewalt geht vom Volke aus. Sie wird vom Volke in Wahlen und Abstimmungen und durch besondere Organe der Gesetzgebung, der vollziehenden Gewalt und der Rechtsprechung ausgeübt.

(3) Die Gesetzgebung ist an die verfassungsmäßige Ordnung, die vollziehende Gewalt und die Rechtsprechung sind an Gesetz und Recht gebunden.

(4) Gegen jeden, der es unternimmt, diese Ordnung zu beseitigen, haben alle Deutschen das Recht zum Widerstand, wenn andere Abhilfe nicht möglich ist.

Art. 20 Abs. 1 und 2 GG enthalten zugleich Bestimmungen über die **70** Staatsform und Organisationsprinzipien. Es wird festgelegt, dass die Bundesrepublik Deutschland die Staatsform einer **Republik**, eines **Bundesstaates**, einer **Demokratie** und eines **Sozialstaates** hat. Über Art. 20 Abs. 2 Satz 2 GG ist die Staatsgewalt auf Organe der **Legislative**, der **Exekutive** und der **Judikative** aufgeteilt. Diese **Gewaltentrennung** zusammen mit den in Art. 20 Abs. 3 GG festgelegten Prinzipien der Verfassungsmäßigkeit der Gesetze und der Gesetzmäßigkeit der Verwaltung und der Rechtsprechung weist die Bundesrepublik als einen **Rechtsstaat** aus.

Von den fünf Prinzipien des Art. 20 GG (Republik, Bundesstaat, Rechts- **71** staat, Demokratie, Sozialstaat) ist alleine das der **Republik** schnell erklärt. Republik ist jeder Staat, der kein gekröntes Staatsoberhaupt besitzt; die durch Erbfolge legitimierte Monarchie ist abgeschafft. Zudem muss sich das Staatsoberhaupt nach einer begrenzten Amtsdauer erneut einer Wahl stellen. Die Bestellung eines Präsidenten auf Lebenszeit ist mit dem Prinzip einer Republik unvereinbar.

Nach Art. 20 Abs. 2 Satz 1 GG ist das Volk Träger der Staatsgewalt. Die- **72** ses Prinzip der **Volkssouveränität** bedeutet, dass jede Ausübung öffentlicher Gewalt nur im Namen des Volkes und nicht im Namen des Handelnden erfolgen darf. Es bedeutet allerdings nicht unmittelbare Regierung des Volkes. Auch in der Bundesrepublik gibt es Herrschende und Beherrschte, nur werden die Herrschenden in regelmäßigen Abständen durch Wahlen vom Volk bestimmt. Nach Art. 20 Abs. 2 Satz 2 GG übt das Volk die Staatsgewalt mittelbar „durch besondere Organe der Gesetzgebung, der vollziehenden Gewalt und der Rechtsprechung" aus.

Unmittelbare Staatsgewalt im Bund übt das Volk nur bei den im Grund- **73** gesetz ausdrücklich vorgesehenen Abstimmungen (Art. 29, 118 GG) und bei den Wahlen zum Deutschen Bundestag (Art. 38 GG) aus. Darüber hinaus gibt das Grundgesetz dem Volk keine eigenen Entscheidungsbefugnisse. Auch wenn 75% der Deutschen einen höheren Strafrahmen für Sexualstraftaten forderten, könnten sie den Bundestag nicht zur Änderung des StGB zwingen. Auch ist es derzeit nicht möglich, dass das Volk mit Gesetzeswirkung über die EU-Verfassung abstimmt.

74   Das Grundgesetz hat also die unmittelbare demokratische Volksentscheidung nur in engem Umfang zugelassen. Es hat sich nahezu ausnahmslos für den reinen Typ der **repräsentativen** oder **mittelbaren Demokratie** entschieden. Die Staatsleitung üben vom Volk gewählte **Organe** aus. Art. 20 Abs. 2 Satz 2 GG schreibt vor, dass die Ausübung der Staatsgewalt auf die **Legislative**, die **Exekutive** und die **Judikative** zu verteilen ist. Dieses Prinzip der Gewaltentrennung ist tragendes Organisationsprinzip des Rechtsstaates westlicher Prägung. Das Postulat der Gewaltenteilung geht auf Montesquieu (1689–1755) zurück. Während ursprünglich eine Teilung der Macht zwischen den vorhandenen Gewalten des Königs, des Adels und des Volkes gefordert wurde, handelt es sich heute, nachdem alle Staatsgewalt vom Volke ausgeht, nur noch um eine **funktionale Gewaltentrennung.** In der Praxis der parlamentarischen Parteiendemokratie der Bundesrepublik hat sich die ursprüngliche Bedeutung der Lehre von der Gewaltenteilung gewandelt, weil alle Staatsgewalt auf das Volk zurückgeführt wird.

75   Die Gewaltentrennung hat die Aufgabe, die Staatsmacht zu mäßigen und die Freiheit des Einzelnen zu schützen. Ratio der Gewaltenteilung ist die wechselseitige Begrenzung und Kontrolle der Staatsorgane. Anfällig für Machtmissbrauch ist insbesondere die Exekutive als diejenige Staatsgewalt, die dem Bürger in Gestalt der Verwaltung am häufigsten gegenübertritt. Ihre Tätigkeit ist daher den umfangreichsten Kontrollen unterworfen; beispielsweise den Prinzipien vom Vorbehalt und Vorrang des Gesetzes (Art. 20 Abs. 3 GG) und der Rechtsschutzgarantie (Art. 19 Abs. 4 GG).

76   Eine weitere Kontrolle durch die Legislative bietet der Parlamentarische Untersuchungsausschuss (Art. 44 GG). Er gibt die Möglichkeit, Machtmissbrauch der Exekutive aufzudecken. Dabei fällt auf, dass Art. 44 Abs. 1 GG bereits einer parlamentarischen Minderheit, d. h. in der Regel der **Opposition**, das Recht einräumt, einen Untersuchungsausschuss einzuberufen. Dies hängt mit dem **parlamentarischen Regierungssystem** in Deutschland zusammen. Dieses gibt der Legislative umfassenden Einfluss auf die Exekutive, da die Regierung von einer Mehrheit im Parlament getragen werden muss. Bei einem parlamentarischen Regierungssystem ist die funktionale Gewaltentrennung politisch deshalb nicht voll realisiert. In Deutschland besteht zwischen Exekutive und der Parlamentsmehrheit Abhängigkeit und Interessenharmonie. Das liegt daran, dass diejenigen Parteien, die die Mehrheit des Bundestages auf sich vereinigen, im parlamentarischen Regierungssystem der Bundesrepublik die Bundesregierung bilden. Oft werden auch Gesetzesvorlagen zwischen Regierung und Mehrheitsfraktionen abgesprochen. Diese Verflechtung bedeutet aber auch, dass die Mehrheit der Legislative meist gar kein Interesse daran hat, die Tätigkeit der Exekutive zu kontrollieren. Die Interessenidentität legt es vielmehr nahe, sie in jedem Falle zu stützen. Die Kontrolle der Exekutive wird daher weniger von der Legislati-

ve insgesamt als vielmehr von der jeweiligen Opposition im Parlament ausgeübt.

Weiterführende Hinweise:

BVerfGE 36, 1 ff. (Grundlagenvertrag);
BVerfGE 113, 113 (Visa-Untersuchungsausschuss);
Wrege, Das System der Gewaltenteilung im Grundgesetz, Jura 1996, 436.

Kapitel 5: Das Bundesstaatsprinzip

77 Art. 20 Abs. 1 GG konstituiert die Bundesrepublik als **Bundesstaat**. Eine Verfassungsänderung, durch welche die Gliederung des Bundes in Länder und die grundsätzliche Mitwirkung der Länder bei der Gesetzgebung berührt werden, ist durch Art. 79 Abs. 3 GG ausdrücklich verboten.

I. Bundesstaat

78 Der Bundesstaat ist von einem Staatenbund abzugrenzen. Bei einem Staatenbund handelt es sich um einen völkerrechtlichen Zusammenschluss von Staaten, bei denen gemeinsame Organe gebildet werden, die die Staatsgewalt lediglich nach außen, das heißt in völkerrechtlichen Beziehungen, ausüben. Nach innen bedürfen ihre Anordnungen der Umsetzung durch die Staatsorgane der Einzelstaaten. Demgegenüber ist der Bundesstaat eine rechtliche Staatenverbindung mit gemeinsamer Verfassung, bei der die Organe des Zentralstaates auch Staatsfunktionen wahrnehmen, die unmittelbar in den Gliedstaaten gelten. Dennoch ist ein Bundesstaat ein zusammengesetzter Staat. Sowohl die Glieder als auch der Bund als Gesamtheit dieser Glieder sind Staaten. Die Bundesländer sind als Glieder des Bundes Staaten mit **eigener**, nicht vom Bund abgeleiteter, sondern von ihm anerkannter staatlicher Hoheitsmacht.

79 Der Bund kann Staatsgewalt nur auf den Sachgebieten ausüben, die ihm ausdrücklich zugewiesen sind (Art. 30 GG). Dabei handelt es sich insbesondere um Angelegenheiten, die die Interessen von Bund und Ländern als Gesamtheit berühren. So pflegt der Bund die Beziehungen zu anderen Staaten (Art. 32 GG); er wahrt durch das Bundesverfassungsgericht und die obersten Bundesgerichte die Rechtseinheit (Art. 94 ff. GG); das von ihm im Rahmen seiner Zuständigkeit erlassene Recht geht dem der Länder vor (Art. 31 GG). Die Bundesländer wiederum sind an der Gesetzgebung und an der Verwaltung des Bundes beteiligt (Art. 50 GG). Sie wirken daran durch ein eigenes Bundesorgan, den Bundesrat, mit. Jedoch sind die Länder nicht völlig vom Bund losgelöst. Ein politisch funktionierender Bundesstaat setzt eine gewisse Homogenität der verfassungsrechtlichen Ordnungen des Bundes und der Gliedstaaten voraus. Deshalb bestimmt Art. 28 Abs. 1 Satz 1 GG, dass die verfassungsmäßige Ordnung in den Ländern den Grundsätzen des republikanischen, demokratischen und sozialen Rechtsstaats im Sinne des Grundgesetzes entsprechen muss. Nicht nur im Bund (Art. 20 Abs. 2 GG), sondern auch in den Ländern muss eine frei gewählte Volksvertretung bestehen. Auch ist es für einen funktionierenden Gesamtstaat unerlässlich, dass die Länder nicht gegeneinander oder gegen den Bund arbeiten. Dies verhindert der Grundsatz der Bundestreue.

80 Der Bundesstaat ist ein rechtlich vielschichtiges Phänomen. Seine Ausgestaltung, insbesondere die Abgrenzung der Zuständigkeitsbereiche zwischen Bund und Ländern, nimmt eine Vielzahl von Normen des Grundgesetzes in

Anspruch (Art. 70 ff. GG). Dem komplizierten Ver- und Zuteilungsrahmen der Art. 70 bis 107 GG zum Trotz trifft Art. 30 GG eine im Prinzip sehr simple und eindeutige Regelung staatlicher Zuständigkeiten: Danach ist die Ausübung aller staatlichen Befugnisse Sache der Länder, soweit nicht im Grundgesetz ausdrücklich eine Zuständigkeit des Bundes vorgeschrieben ist. In der Staatspraxis hat sich allerdings ergeben, dass aufgrund der vom Grundgesetz bestimmten Kompetenzverteilung der Bund das Übergewicht auf dem Gebiet der Gesetzgebung besitzt, während die Länder in der Verwaltung und Rechtsprechung dominieren.

Obwohl Art. 79 Abs. 3 GG eine Verfassungsänderung verbietet, die eine   81
Auflösung des Bundesstaates zur Folge hätte, sollte man sich über die Vor- und Nachteile dieses staatsrechtlichen Strukturprinzips im Klaren sein: Die Eigenstaatlichkeit der Länder wirkt in der modernen, mobilen Industriegesellschaft mitunter hemmend, wie z. B. die unterschiedlichen Schulsysteme oder die unterschiedlichen Bauvorschriften in verschiedenen Ländern zeigen. Diesem wesentlichen Nachteil, dem allerdings oftmals schon durch Absprachen der Länder untereinander oder durch Gesetzesangleichung begegnet wird, stehen mannigfaltige Vorteile gegenüber. Soweit die Bundesländer ihre politischen und wirtschaftlichen Verhältnisse selbstständig regeln können, ist wegen der leichteren Überschaubarkeit eine sachnahe Regelung dieser Angelegenheiten eher gewährleistet als in einem zentral verwalteten Einheitsstaat. Im Bundesstaat können sich politische Minderheiten dadurch stärker artikulieren, dass sie im regionalen Bereich in Parlamenten vertreten sind, obgleich ihnen im Gesamtstaat keine Bedeutung zukommt. Zugleich wird damit Bürgern eine weitere Möglichkeit eröffnet, gestaltend am öffentlichen Leben mitzuwirken. Parteien, die im Bund in Opposition stehen, können in einem Bundesland Regierungsverantwortung tragen, weil die politische Konstellation im Lande anders sein kann als im Bund.

Der Hauptvorteil des Bundesstaates aber ist folgender: In einem parla-   82
mentarischen Regierungssystem wie der Bundesrepublik vermag die Gewaltenteilung innerhalb des Bundes oftmals nicht Machtmissbrauch zu verhüten, da der größere Teil der Legislative eher daran interessiert ist, die Regierung zu stützen. Da jedoch die Bundesländer bei der Ausübung der Staatsgewalt im Bund über den **Bundesrat** beteiligt sind, kann im Falle eines Versagens der Gewaltentrennung zwischen Bundestag und Bundesregierung stets die „föderative Bremse" gezogen werden, die sog. **vertikale Gewaltenteilung.** Deren Wirksamkeit freilich ist beschränkt, da der Bundesrat nicht jedes Gesetz und nur einige Exekutivmaßnahmen des Bundes durch Verweigerung seiner Zustimmung zum Scheitern bringen kann. Durch die Föderalismusreform vom 28. August 2006 wurde der Einfluss der Länder auf den Bund eingeschränkt, als die Zahl der zustimmungsbedürftigen Gesetze verringert wurde.

II. Selbstverwaltung der Gemeinden

Art. 28 Abs. 2 Satz 1 GG garantiert den Gemeinden das Recht der   83
Selbstverwaltung. Gemeinden sind Träger öffentlicher Verwaltung. Damit

sind sie wie Bund und Länder als **Gebietskörperschaften** befugt, im Rahmen der Gesetze hoheitlich, d. h. auch einseitig belastend, das Verhältnis zwischen dem Bürger und sich selbst zu regeln. Aufgrund des Grundsatzes der Volkssouveränität schreibt Art. 28 Abs. 1 Satz 2 GG deshalb vor, dass das Volk auch in den Kreisen und Gemeinden eine Vertretung haben muss, die aus allgemeinen, unmittelbaren, freien, gleichen und geheimen Wahlen hervorgegangen ist.

84   Innerhalb des Gesamtbereichs der öffentlichen Verwaltung ist der Aufgabenbereich der Gemeinde auf Angelegenheiten der örtlichen Gemeinschaft beschränkt. Diese grundgesetzliche Schranke überschreiten Gemeinden, wenn sie für oder gegen eine Politik Stellung nehmen, die nicht ihre eigenen Belange als „Urzelle der Demokratie", sondern überörtliche Fragen betrifft. Die Gemeinde mag beispielsweise berechtigt sein, sich mit einer Entschließung gegen die konkrete Absicht zu wenden, auf ihrem Gemeindegebiet einen Atomreaktor oder eine militärische Anlage zu errichten. Sie ist aber nicht befugt, sich in derselben Weise gegen den Bau von Kernkraftwerken oder die Stationierung von Atomraketen schlechthin zu wenden, da hier der örtliche Bezug fehlt. Dies würde ihren Zuständigkeitsbereich überschreiten und in die Kompetenz von Bund und Ländern eingreifen. Selbstverwaltungsangelegenheiten der Gemeinden im Rahmen der örtlichen Gemeinschaft sind beispielsweise der Bau eines Schwimmbades, die Entscheidung, ob einem kommunalen Kino oder Theater der Vorzug zu geben ist, die Ausweitung des gemeindlichen Straßennetzes oder der Betrieb eines städtischen Elektrizitätswerkes (= freie Selbstverwaltungsaufgaben).

85   Was alles zu den Angelegenheiten der örtlichen Gemeinschaft gehört ist nicht festgeschrieben. Es besteht kein starrer Aufgabenkreis. Bei der Bestimmung des Begriffes der Angelegenheiten der örtlichen Gemeinschaft ist die Entwicklung der gemeindlichen Aufgabenwahrnehmung zu berücksichtigen: Entscheidend ist, welche Aufgaben die Gemeinden traditionell wahrgenommen haben, wobei die Kompetenzverteilung ständig fortentwickelt wird.

86   Die Gemeinden haben **alle** Angelegenheiten (= **Prinzip der Allzuständigkeit, Universalitätsprinzip**) der örtlichen Gemeinschaft im Rahmen der Gesetze in **eigener** Zuständigkeit (= **Prinzip der Eigenverantwortlichkeit, Autonomie**) zu regeln. Das Prinzip der Allzuständigkeit ermächtigt die Gemeinden, sich mit allen nicht anderen Verwaltungsträgern zugeordneten örtlichen Angelegenheiten zu befassen. Das Prinzip der Eigenverantwortlichkeit sichert ihnen bei ihrer Aufgabenerledigung Gestaltungs-, Ermessens- und Weisungsfreiheit.

87   Zu dem vom Grundgesetz garantierten Selbstverwaltungsrecht der Gemeinden gehören typische Gemeindehoheiten. Die **Personalhoheit** umfasst die Befugnis, die Gemeindebeamten auszuwählen, anzustellen, sie zu befördern und zu entlassen. Die **Finanzhoheit** gibt ihnen das Recht zu eigenverantwortlicher Einnahmen- und Ausgabenwirtschaft. Von besonderer Bedeutung ist auch die **Planungshoheit**. Diese sichert den Gemeinden das Recht auf eine eigenverantwortliche Planung der in ihren Kompetenzbereich fallenden Aufgaben. Von der **Organisationshoheit** schließlich ist umfasst, dass

die Gemeinde zur Wahrnehmung ihrer Aufgaben Entscheidungszuständigkeiten und Abläufe regeln kann. Allerdings können die Gemeinden ihre äußeren Grundstrukturen nicht regeln. Hierfür gibt es die Gemeindeordnungen der Länder. Unerlässlich für die Kompetenzwahrnehmung ist der Erlass von **Satzungen**. Satzungen sind Ortsrecht, an das sich jeder, der sich im Gebiet der Gemeinde befindet, zu halten hat.

Das Recht der gemeindlichen Selbstverwaltung besteht gemäß Art. 28 **88** Abs. 2 Satz 1 GG im **Rahmen der Gesetze.** Soweit Landes- oder Bundesgesetze einschlägige Bestimmungen enthalten, müssen die Gemeinden sie daher auch im Rahmen der Selbstverwaltungsangelegenheiten beachten. So haben beispielsweise die Gemeinden nach § 41 Abs. 1 des Infektionsschutzgesetzes darauf hinzuwirken, dass Abwasser so beseitigt wird, dass Gefahren für die menschliche Gesundheit durch Krankheitserreger nicht entstehen.

Die Eingriffsermächtigung des Art. 28 Abs. 2 Satz 1 GG gilt jedoch nicht **89** grenzenlos. Zum einen kann die Institution der Gemeinden nicht abgeschafft werden. Überdies muss den Gemeinden ein Kernbereich an Aufgaben bleiben. Ihre Kompetenzen dürfen nicht derart ausgehöhlt werden, dass ihnen kein ausreichender Spielraum zur Ausübung der Verwaltung der örtlichen Angelegenheiten bleibt. Eine weitere bedeutsame Schranke der Eingriffsermächtigung stellt Art. 84 Abs. 1 Satz 7 GG dar. Danach kann der Bundesgesetzgeber den Gemeinden keine Aufgaben übertragen.

Weiterführende Hinweise:

BVerfGE 42, 103 (Staatsvertrag über die Vergabe von Studienplätzen – Grundsatz des bundesfreundlichen Verhaltens);
BVerfGE 79, 127, 155 ff. (Selbstverwaltungsrecht der Gemeinden – Rastede).
Doerfert, Bundesstaat und Bundestreue, JuS 1996, L 89, 121;
Magen, Die Garantie kommunaler Selbstverwaltung, JuS 2006, 404;
Selmer, Die Föderalismusreform – Eine Modernisierung der bundesstaatlichen Ordnung?, JuS 2006, 1052;
Staats., Bundesstaat – wozu?, RuP 2005, 18.

Kapitel 6: Das Rechtsstaatsprinzip

I. Grundlagen

90 Art. 28 Abs. 1 GG schreibt den Bundesländern eine den Grundsätzen des Rechtsstaates entsprechende verfassungsmäßige Ordnung „im Sinne dieses Grundgesetzes" vor. Wenn die Verfassungen der Länder das Rechtsstaatsprinzip entsprechend seiner Ausprägung im Grundgesetz beachten müssen, dann muss notwendigerweise dem Grundgesetz das Rechtsstaatsprinzip als Grundprinzip der verfassungsmäßigen Ordnung der Bundesrepublik Deutschland zugrunde liegen. Damit ist aber weder geklärt, wo das Rechtsstaatsprinzip im Grundgesetz festgelegt ist, noch **welchen Inhalt** es im Einzelnen hat. Zwar ist die Forderung des Art. 28 Abs. 1 GG, die Bundesrepublik Deutschland müsse ein Rechtsstaat sein, Ausgangspunkt für die Gestaltung des gesamten Grundgesetzes. Die inhaltliche Bedeutung des Rechtsstaatsprinzips ist jedoch nicht eindeutig. Vielerlei Rechtssätze und -prinzipien werden dem Rechtsstaatsprinzip zugeordnet.

91 In seiner ursprünglichen Bedeutung bildet der Begriff des Rechtsstaates den Gegenpol zum obrigkeitlichen absoluten Fürstenstaat. Diesem war der Gedanke fremd, dass es Grenzen staatlicher Eingriffsbefugnisse geben könne. Die Staatsgewalt übte der Monarch absolut aus, er stand über den von ihm erlassenen Gesetzen. Das liberale Bürgertum des 18. und 19. Jahrhunderts verband mit dem Rechtsstaatsgedanken vor allem die Forderung nach einer staatsfreien Individualsphäre. Die Rechte der Bürger sollten dem Monarchen gegenüber in einer Weise festgelegt werden, die nicht willkürlich abänderbar und vor Eingriffen sicher war.

92 In Art. 20 GG sind deshalb zwei wichtige Ausprägungen des Rechtsstaates verankert: Zum einen die Gewaltentrennung in Art. 20 Abs. 2 Satz 2 GG, zum anderen der Vorbehalt des Gesetzes in Art. 20 Abs. 3 GG. Entsprechend der historischen Verwurzelung des Rechtsstaatsbegriffs wird der Grundsatz des Vorbehalts des Gesetzes als das zentrale Element eines Rechtsstaates angesehen. Daher wird Art. 20 Abs. 3 GG oftmals als normative Grundlage des Rechtsstaatsprinzips im Grundgesetz verstanden. Das darf aber nicht darüber hinwegtäuschen, dass sich sowohl im Grundgesetz als auch in der darauf aufbauenden Rechtsprechung und Literatur eine Vielzahl von Grundsätzen finden, die alle im Rechtsstaatsprinzip ihre Wurzeln haben.

II. Elemente des Rechtsstaatsprinzips

93 Aus der vielfältigen Ausgestaltung des Rechtsstaatsgedankens lassen sich vor allem folgende Grundprinzipien feststellen, die sowohl Einzelvorschriften des Grundgesetzes entnommen werden können, die sich aber auch historisch aus der politischen Rechtsstaatsidee ableiten lassen.

1. Die Gewaltentrennung

94 Sie wurde bereits ausführlich dargestellt. Nochmals: Die staatliche Macht teilt sich in die drei Funktionsbereiche der Exekutive, Legislative und Judi-

kative auf. Diese werden von besonderen, voneinander getrennten staatlichen Organen wahrgenommen. Damit soll eine gegenseitige Kontrolle bezweckt und Machtmissbrauch verhindert werden. Außer in Art. 20 Abs. 3 GG finden sich Ausprägungen der Gewaltenteilung auch noch in der Verteilung der drei Gewalten auf jeweils „besondere Organe" in Art. 20 Abs. 2 Satz 2 GG sowie in den Art. 70 ff., Art. 83 ff. sowie Art. 92 ff. GG.

2. Der Begriff des formellen, von der Volksvertretung geschaffenen generellen, d. h. für alle geltenden Gesetzes

Der im rechtsstaatlichen Gesetzesbegriff liegende Zwang, Tatbestände   95 abstrakt zu formulieren, bedeutet Distanz zum Einzelfall und bildet damit die Grundlage der Gewaltenteilung: Die Legislative soll generelle Gesetze erlassen, die von der Exekutive und Judikative ausgeführt und angewendet werden, um Unterdrückung sowohl durch den Gesetzgeber als auch durch die ausführenden Gewalten auszuschließen. Darin liegt auch die Bedeutung des Art. 19 Abs. 1 Satz 1 GG, der die Einzelfallgesetzgebung bei Grundrechtsbeschränkungen verbietet.

3. Individualrechtsschutz

Dem Einzelnen werden in einem Rechtsstaat Grundrechte nicht nur ga-   96 rantiert, er hat vielmehr die Möglichkeit, gegen die Verletzung von subjektiven öffentlichen Rechten gerichtlichen Rechtsschutz durch sachlich und persönlich unabhängige Richter (Art. 97 Abs. 1 GG) in Anspruch zu nehmen (Art. 19 Abs. 4 GG).

4. Nulla poena sine lege (scripta)

Gemäß Art. 103 Abs. 2 GG darf keine Handlung bestraft werden, wenn   97 deren Strafbarkeit nicht schon durch formelles Gesetz bestimmt war, bevor die Tat begangen worden ist.

5. Grundsatz der Gesetzmäßigkeit der Verwaltung

Anders als die bislang genannten Elemente des Rechtsstaatsprinzips hat   98 der Grundsatz der Gesetzmäßigkeit der Verwaltung im Grundgesetz keine detaillierte Ausgestaltung erfahren. Lediglich in Art. 20 Abs. 3 GG bindet die Verfassung rechtsprechende und vollziehende Gewalt an Gesetz und Recht. Diese Bestimmung des Grundgesetzes normiert den Grundsatz der Gesetzmäßigkeit der Verwaltung. Die praktische Bedeutung dieses Verfassungsbefehls kann nicht hoch genug eingeschätzt werden. Er enthält zwei sorgfältig voneinander zu trennende Bestandteile, den Grundsatz vom **Vorrang des Gesetzes** und den Grundsatz vom **Vorbehalt des Gesetzes.**

a) Grundsatz vom Vorrang des Gesetzes

Um den Willen des unmittelbar demokratisch legitimierten Gesetzgebers   99 über den der Exekutive zu stellen, besagt dieser Verfassungsgrundsatz, dass eine Verwaltungsmaßnahme **nicht gegen bestehende Rechtssätze** verstoßen darf. Der Vorrang des Gesetzes erzeugt damit Rechtssicherheit und Vorhersehbarkeit staatlichen Verwaltungshandelns. Er gibt damit dem Bürger die

Möglichkeit, sich am Gesetz zu orientieren und seine privaten und geschäftlichen Dispositionen anhand des geltenden Gesetzes zu treffen. Dabei erstreckt sich der Vorrang des Gesetzes auf **alle Bereiche des Verwaltungshandelns.**

b) Grundsatz vom Vorbehalt des Gesetzes

100   Dieser Grundsatz besagt, dass die Verwaltung bestimmte Maßnahmen **nicht ohne ausdrückliche gesetzliche Ermächtigung** ergreifen darf. Unter Gesetz ist dabei allein das formelle, d. h. im förmlichen Gesetzgebungsverfahren vom Parlament erlassene Gesetz zu verstehen. Daher bringt dieser Grundsatz zugleich den im Demokratieprinzip wurzelnden Parlamentsvorbehalt zum Ausdruck. In Art. 20 Abs. 3 GG ist zwar ausdrücklich nur das Vorrangprinzip normiert. Dennoch gehen Rechtsprechung und Lehre in teleologischer Verfassungsinterpretation übereinstimmend davon aus, dass damit auch der Gesetzesvorbehalt normiert ist. Denn sämtliche Gesetze, die dem Vorrangprinzip Rechnung tragen, bezwecken zugleich, den Handlungsspielraum der Exekutive festzulegen und zu begrenzen. Darüber hinaus würde der Vorrang des Gesetzes leerlaufen, wenn staatliches Handeln keiner Ermächtigungsgrundlage bedürfte.

101   Art. 20 Abs. 3 GG enthält in seiner Kürze aber keine Aussagen darüber, wie weit der Gesetzesvorbehalt für das Verwaltungshandeln reicht.

102   Nach der Lehre vom **Totalvorbehalt** muss jede Staatstätigkeit en détail durch ein formelles Parlamentsgesetz legitimiert werden. So einleuchtend diese Lehre auf den ersten Blick ist, sprechen doch mehrere Argumente gegen sie. Wären Gesetzesregelungen erforderlich, die jedes Detail berücksichtigen, wäre der Gesetzgeber überfordert. Die Verwaltung wäre daran gehindert, den Besonderheiten des konkreten Einzelfalls Rechnung zu tragen. Die Entscheidungs- und Handlungsfreudigkeit der Verwaltung wäre schließlich – oftmals zum Nachteil des Bürgers – gelähmt. Daher ginge ein Totalvorbehalt letztlich zu weit.

103   Die h. M. vertritt daher die Lehre vom **Teilvorbehalt.** Danach bedarf nicht jedes Verwaltungshandeln einer gesetzlichen Grundlage. Durch die Bildung von Fallgruppen werden die jeweiligen unterschiedlichen Bedürfnisse nach gesetzlicher Steuerung und Regelung berücksichtigt. Aufgrund ihres ausdifferenzierten Systems erscheint diese Lehre vorzugswürdig. Die wichtigsten Fallgruppen sind die folgenden:

Eingriffe in Freiheit und Eigentum

104   Für einen Eingriff der Exekutive in grundrechtlich geschützte Bereiche ist immer ein Gesetz erforderlich. Jeder Eingriff, der sich nicht auf eine gesetzliche Ermächtigungsgrundlage stützen kann, ist daher rechtswidrig.

Leistungsverwaltung

105   In einer modernen Gesellschaft wird die Verwaltung aber zunehmend auch leistend tätig. Dabei ist die leistende Sozialverwaltung (Bsp.: Sozialhilfe, BAföG) detailliert gesetzlich geregelt. Jedoch ist die Reichweite des Gesetzesvorbehalts in der sonstigen Leistungsverwaltung noch ungeklärt. Dass auch hier bedeutsame Eingriffe möglich sind, wird bei der Subventionsvergabe deutlich: Durch die Subvention erlangt der Begünstigte Wettbewerbs-

vorteile, der Nichtbegünstigte diesem gegenüber Wettbewerbsnachteile. Während deshalb von einer Minderheit eine gesetzliche Regelung auch der Vergabekriterien gefordert wird, begnügt sich die h. M. mit der Bereitstellung von Subventionsmitteln im Haushaltsgesetz als ausreichender formalgesetzlicher Äußerung.

Wesentlichkeitstheorie

Als allgemeine Formel zur Bestimmung der Reichweite des Gesetzesvorbehalts hat das Bundesverfassungsgericht die Wesentlichkeitstheorie entwickelt: Je wesentlicher die Maßnahme den Bürger in seinen Rechten betrifft, desto eher bedarf es demnach einer ausdifferenzierten gesetzlichen Regelung der Verwaltungstätigkeit. Der Begriff des „Wesentlichen" ist jedoch unbestimmt. Übereinstimmung besteht nämlich nur insoweit, als ein Eingriff in grundrechtlich geschützte Bereiche immer „wesentlich" ist und eine gesetzliche Ermächtigungsgrundlage voraussetzt. Die häufig gehörte Formel „je grundrechtsrelevanter der Eingriff, um so detaillierter muss die gesetzliche Regelung sein" hinterlässt freilich mehr Fragen als Einsichten.   **106**

Diesen Fallgruppen zum Trotz sollte der juristische Anfänger zunächst wissen und vor allem in Klausuren beherzigen, dass Art. 20 Abs. 3 GG einen Gesetzesvorbehalt – unstrittig – immer dann fordert, wenn es um **belastende** staatliche Eingriffe geht. Bei staatlichen Begünstigungen hingegen ist die Vorbehaltslehre in Rechtsprechung und Literatur noch zu keinem abschließenden Ergebnis gekommen. Dort ist zu überlegen, ob und wie schwer die Auswirkungen einer Begünstigung einerseits positiv für den Begünstigten, andererseits aber negativ für den Nichtbegünstigten sind. Entsprechend einer solchen Abwägung muss die Reichweite des Gesetzesvorbehalts im Einzelfall festgelegt werden.   **107**

6. Der Bestimmtheitsgrundsatz

Der Vorbehalt des Gesetzes fordert, dass belastende staatliche Eingriffe nur aufgrund eines dazu ermächtigenden Gesetzes vorgenommen werden. Das Grundgesetz will damit zweierlei erreichen: Zum einen wird die Rechtmäßigkeit des Eingriffs kontrollierbar. Zum anderen erfüllt der Vorbehalt des Gesetzes die Funktion, den Bürger über mögliche Belastungen, die auf ihn zukommen können, zu informieren, damit er vorab entsprechend disponieren kann. Der Bürger soll also wissen, was ihn erwartet. Es muss **Rechtssicherheit** herrschen, was bedeutet, die Entscheidungen und Reaktionen der Staatsgewalt müssen vorhersehbar und berechenbar sein. Vorhersehbar und berechenbar sind staatliche Eingriffe aber nur dann, wenn das ermächtigende Gesetz **bestimmt** genug gefasst ist. Es muss Inhalt, Zweck und Ausmaß des staatlichen Eingriffs klar erkennen lassen. Der **Bestimmtheitsgrundsatz** lässt sich daher mittels teleologischer Verfassungsinterpretation unmittelbar dem Art. 20 Abs. 3 GG entnehmen.   **108**

7. Vertrauensschutz, insbesondere Rückwirkungsproblematik

Über Art. 20 Abs. 3 GG kann auch die in der Praxis und in Klausuren so häufig auftretende Rückwirkungsproblematik bewältigt werden. Ein Rück-   **109** griff auf vage „Prinzipien" ist überflüssig. Art. 20 Abs. 3 GG bindet die Verwaltung an das Gesetz. Der Vorbehalt des Gesetzes bezweckt zum einen, die Exekutive „an die Kette des Gesetzgebers zu legen", um willkürlicher Machtausübung durch die Exekutive vorzubeugen. Daneben erfüllt der Vorbehalt des Gesetzes aber auch den Zweck, die Bürger, die hoheitlicher Gewalt unterworfen sind, über möglicherweise auf sie zukommende Belastungen zu informieren. Dieser Zweck des Art. 20 Abs. 3 GG würde unterlaufen, wenn rückwirkend belastende Gesetze schrankenlos zulässig wären. Das Vertrauen, das der Bürger in die bestehende Rechtslage setzt, würde enttäuscht werden, wenn Gesetze rückwirkend einen anderen Inhalt erhalten könnten als zu der Zeit, zu der er seine Entscheidung zu treffen hatte.

110   Mit dem Rückgriff auf Art. 20 Abs. 3 GG erweisen sich zugleich die Versuche als untauglich, der Rückwirkungsproblematik über Art. 103 Abs. 2 GG Herr zu werden. Danach kann eine Tat nur bestraft werden, wenn die Strafbarkeit gesetzlich bestimmt war, bevor die Tat begangen wurde. Art. 103 Abs. 2 GG verbietet also generell rückwirkende Strafgesetze. Handelt es sich jedoch nicht um Strafrecht, sondern beispielsweise um Steuerrecht, besagt Art. 103 Abs. 2 GG nichts zu dem Problem. Zunächst liegt zwar folgende Argumentation nahe: Das Grundgesetz spricht ausdrücklich nur von der Unzulässigkeit rückwirkender Strafgesetze. Da es Steuergesetze nicht erwähnt, enthält es eine Lücke. Diese Lücke bedarf der Ausfüllung, da die Frage der Zulässigkeit rückwirkender Steuergesetze geklärt werden muss. Für die **Lückenschließung** bietet sich die **Analogie** an. Sowohl bei der Strafe als auch bei der Steuer handelt es sich um belastende Eingriffe. Der Rechtsgedanke, den Art. 103 Abs. 2 GG enthält, ist der, dass staatliche Eingriffe vorhersehbar und berechenbar sein müssen. Wegen der Ähnlichkeit zwischen Strafe und Steuer als belastende Eingriffe könnte der Rechtsgedanke des Art. 103 Abs. 2 GG auch für die Steuer gelten. Rückwirkende Steuergesetze wären also analog Art. 103 Abs. 2 GG unzulässig und somit nichtig.

111   Dieser analogen Anwendung von Art. 103 Abs. 2 GG kann aber genauso gut Folgendes entgegengehalten werden: Dadurch, dass das Grundgesetz ausdrücklich nur rückwirkende Strafgesetze verbietet, hat es stillschweigend generell die Zulässigkeit aller anderen rückwirkenden Gesetze bejaht.

112   Sowohl diese Argumentation, die im **Gegenschluss** generell die Zulässigkeit bejaht, als auch jene, die im Analogieschluss zur Unzulässigkeit kommt, ist brüchig. Analogie- und Gegenschluss sind durchaus taugliche Interpretationsmethoden, wenn sie nur sorgfältig genug angewendet werden. Der Fehler, bei der Frage nach der Zulässigkeit der Rückwirkung von Gesetzen mit dem Analogie- oder dem Gegenschluss zu argumentieren, liegt darin, dass man nicht voreilig deshalb, weil das Grundgesetz ausdrücklich nur rückwirkende Strafgesetze erwähnt, auf das Vorhandensein einer Lücke im Grundgesetz bzw. auf eine stillschweigende Aussage des Grundgesetzes schließen darf. Denn die teleologische Interpretation des Art. 20 Abs. 3 GG führt zu einem eindeutigen Ergebnis.

113   **Zur gesamten Problematik folgender Beispielsfall:**
Angesichts der schlechten Lage der Staatsfinanzen erhöhte § 5 des Gesetzes zur Ergänzung des Körperschaftsteuergesetzes vom 20. 5. 1952 den Körperschaftsteuertarif nicht

nur für die Zukunft, sondern bereits für den Veranlagungszeitraum 1. Januar bis
31. Dezember 1951 und ab dem 1. Januar 1952. Mehrere Aktiengesellschaften bestritten die Verfassungsmäßigkeit des Gesetzes. Sie waren der Ansicht, sie dürften frühestens
ab dem Zeitpunkt der Verkündung des Gesetzes mit einer höheren Steuerlast beschwert
werden (nachgebildet BVerfGE 13, 261 ff.).

Die Körperschaftsteuer entsteht als Jahressteuer zum 31. 12. des jeweili- **114**
gen Jahres. Für das Jahr 1951 haben die Aktiengesellschaften die Steuer bereits entrichtet. Nunmehr sollen sie für diesen bereits abgeschlossenen Zeitraum erneut belastet werden, ohne dass während dieses Zeitraums die
Belastung für sie vorhersehbar oder berechenbar war. Anders sieht es für
das laufende Jahr 1952 aus. Die Körperschaftsteuer hierfür entsteht am
31. Dezember 1952. Der Zeitraum, für den sie erhoben wird, ist hier noch
nicht abgeschlossen; gleichwohl bleibt allerdings zu beachten, dass während der ersten fünf Monate des Jahres 1952 ebenfalls nicht mit einer Steuererhöhung gerechnet werden musste. Keine Bedenken gegen die Zulässigkeit des Gesetzes ergeben sich erst insoweit, als es für das Jahr 1953 und
die darauffolgenden Jahre zu einer erhöhten Steuer ermächtigt.

Belastende Rechtsnormen sind generell unzulässig, wenn sie rückwirkend **115**
in einen in der Vergangenheit liegenden abgeschlossenen Sachverhalt regelnd eingreifen. Das gilt jedoch nur dann, wenn das Vertrauen des Betroffenen auf die Kontinuität der Rechtslage schutzwürdig ist. Vertrauensschutz
kommt nicht in Frage, wenn das Vertrauen sachlich nicht gerechtfertigt ist.
Das Bundesverfassungsgericht nennt dazu vier Fallgestaltungen:

(1) Das Vertrauen ist nicht schutzwürdig, wenn der Bürger zu dem Zeitpunkt, auf den der Eintritt der Rechtsfolge vom Gesetz rückbezogen
wird, mit der neuen Regelung rechnen musste.
(2) Man darf auf das geltende Recht nicht vertrauen, wenn es unklar und
verworren ist.
(3) Ebenso darf man sich nicht immer auf den durch eine ungültige Norm
erzeugten Rechtsschein verlassen. Der Gesetzgeber darf daher u. U. eine
nichtige Bestimmung rückwirkend durch eine rechtlich nicht zu beanstandende Norm ersetzen.
(4) Schließlich können zwingende Gründe des Gemeinwohls, die dem Gebot der Rechtssicherheit übergeordnet sind, eine Rückwirkungsanordnung rechtfertigen.

Es deutet nichts darauf hin, dass das Vertrauen der Aktiengesellschaften, **116**
für das Jahr 1951 nicht noch nachträglich steuerlich belastet zu werden,
nicht schutzwürdig war. Soweit es um das Jahr 1951 geht, ist die Rückwirkung daher unzulässig.

Über lange Jahre hinweg hat das Bundesverfassungsgericht innerhalb der **117**
Rückwirkungsproblematik eine Differenzierung vorgenommen. Die bislang
entwickelten Gedanken galten danach uneingeschränkt nur für die **sog.
echte Rückwirkung**. Diese ist dadurch gekennzeichnet, dass der Gesetzgeber mit seiner Regelung nachträglich einen in der Vergangenheit liegenden
abgeschlossenen Zeitraum zulasten des Bürgers verändert. Bei der **sog. un**-
echten Rückwirkung hingegen handelt es sich um Normen, die zwar unmittelbar nur auf einen gegenwärtigen, noch **nicht abgeschlossenen Sach**-

verhalt für die Zukunft einwirken, damit aber zugleich eine bestimmte Rechtsposition nachträglich verschlechtern. Eine derartige unechte Rückwirkung ist grundsätzlich zulässig. Andernfalls könnte jede nachträgliche gesetzgeberische Belastung, z. B. steuerlicher, immissionsschutzrechtlicher oder wettbewerbsregelnder Art, die Betroffenen zu der Feststellung veranlassen, es liege unzulässige Rückwirkung vor, da sie ihre Tätigkeit nicht aufgenommen hätten, wenn sie gewusst hätten, dass sie eines Tages mit derartigen Eingriffen belastet würden. Dies würde einen bestehenden Rechtszustand zementieren, der Gesetzgeber wäre gehindert, neuen Entwicklungen gerecht zu werden. Auch der unechten Rückwirkung setzt indes der aus Art. 20 Abs. 3 GG abgeleitete Gesichtspunkt des Vertrauensschutzes im Einzelfall Schranken. Es muss in diesen Fällen ebenfalls eine Abwägung zwischen dem enttäuschten Vertrauen und dem Zweck vorgenommen werden, den der Gesetzgeber im öffentlichen Interesse mit der Regelung verfolgt hat.

118   Entsprechend muss auch im Beispielsfall der Zeitraum des Jahres 1952 gesehen werden. Hier betrifft die Steuererhöhung nicht einen in der Vergangenheit liegenden abgeschlossenen Zeitraum. Die Aktiengesellschaften haben zwar – beginnend mit dem 1. Januar 1952 – mit der Verwirklichung des Steuertatbestandes begonnen, ihn aber noch nicht abschließend verwirklicht, da die Steuer (abzüglich der Vorauszahlungen) erst mit Ablauf des Jahres 1952 fällig wird. Im Gegensatz zum Jahr 1951, bei dem echte Rückwirkung gegeben ist, liegt für das Jahr 1952 unechte Rückwirkung vor. Bei der Steuererhöhung für 1952 handelt es sich um Normen, die zwar unmittelbar nur auf einen gegenwärtigen, noch nicht abgeschlossenen Sachverhalt für die Zukunft einwirken (Veranlagungszeitraum 1952), damit aber zugleich eine betroffene Rechtsposition (1. Januar 1952 bis 20. Mai 1952) nachträglich entwerten.

119   Die oben skizzierte Abwägung ergibt damit: Die Steuererhöhung bezweckt, die Staatsfinanzen zu sanieren. Dieser Zweck, der durchaus im öffentlichen Interesse liegt, ist abzuwägen mit dem Vertrauensschutz der Gesellschaften, für das laufende Jahr 1952 bleibe es bei dem bisherigen Steuersatz. Bei dieser Abwägung spielen viele Faktoren eine Rolle, wie z. B. die Höhe der zusätzlichen Belastung und die Länge des Zeitraums, von dem ab die Gesellschaften bereits vor der Verkündung sicher von der Erhöhung wussten.

120   Der Zweite Senat des Bundesverfassungsgerichts benutzt inzwischen für Rückwirkungsfälle die Formulierungen **„Rückbewirkung von Rechtsfolgen"** und **„tatbestandliche Rückanknüpfung"**. Eine „Rückbewirkung von Rechtsfolgen" ist demnach anzunehmen, wenn die Rechtsfolgen für einen Zeitraum eintreten sollen, der vor der Verkündung der Norm liegt. Anknüpfungspunkt ist damit der zeitliche Anwendungsbereich einer Norm. Erfasst werden hierbei die Fälle, die der Erste Senat dem Bereich der „echten Rückwirkung" zuordnet. Insofern kann auf die in jenem Zusammenhang aufgestellten Kriterien zurückgegriffen werden. Eine „tatbestandliche Rückanknüpfung" liegt vor, wenn der Tatbestand einer Norm für künftige Rechtsfolgen an Gegebenheiten aus der Zeit vor der Normverkündung anknüpft. Umfasst werden also die Fälle, die bisher der „unechten Rückwirkung" zugeordnet wurden. Dieser Neusatz des Zweiten Senats kann nicht so verstanden werden, dass er sich vollständig von der herkömmlichen Rechtsprechung des BVerfG lösen will. Vielmehr greift der Zweite Senat des Öfteren auf die in den früheren Entscheidungen des BVerfG zur echten und unechten Rückwirkung entwickelten Formeln und Fallgruppen zurück. Eben diese Formeln und Fallgruppen werden jüngst vom Bundesfinanzhof in zwei Vorlagebeschlüssen an das Bundesverfassungsgericht in Frage gestellt (NJW 2006, 3664). Der Bundesfinanzhof fordert darin das Bundesverfassungsgericht auf, seine bisherige Rechtsprechung zur Rückwirkungsproblematik zu überprüfen. Der Bundesfinanzhof ist von der strikten Trennung zwischen echter und unechter Rückwirkung nicht überzeugt, da es letztlich in beiden Fällen um ein und dasselbe, nämlich um den Vertrauensschutz, geht.

Das rechtsstaatliche Erfordernis der **Rechtssicherheit** und des **Vertrau-**   121
ensschutzes setzt nicht nur **rückwirkender** staatlicher Machtausübung Schranken. Hierin fußt beispielsweise auch die Berechtigung des Gesetzgebers, durch strikte **Fristsetzung** Rechtsklarheit zu schaffen. Derjenige, der es unterlässt, sich gegen eine behördliche Verfügung innerhalb eines Monats zu wehren, ist an diese Verfügung gebunden, auch wenn diese rechtswidrig ist (§§ 68 ff. VwGO). Demjenigen Unternehmer, der seine Rechnung erst nach fünf Jahren erstellt, kann der Kunde die Einrede der Verjährung entgegensetzen (§ 196 BGB). Beide Male schließt Fristablauf im Interesse der Rechtsklarheit an sich berechtigte Ansprüche aus.

8. Formeller/Materieller Rechtsstaat

Art. 20 Abs. 3 GG bindet die vollziehende Gewalt und die Rechtspre-   122
chung nicht nur an das Gesetz, sondern auch an das Recht. Daraus lässt sich ableiten, dass das Rechtsstaatsprinzip eine **formelle** und eine **materielle** Komponente hat. Formell verlangt es möglichst weitgehende Rechtssicherheit, d. h. Berechenbarkeit und Vorhersehbarkeit von Entscheidungen der Staatsorgane. Unter Rechtsstaat im **formellen** Sinne versteht man daher einen Staat, in dem jeder Akt der Exekutive und der Judikative auf eine von der Parlamentsmehrheit gesetzte Norm zurückführbar sein muss.

Ein derartig formeller Rechtsstaat ist jedoch nicht per se imstande, Un-   123
recht zu verhindern. Er garantiert zwar die Freiheit vor ungesetzlichem Zwang, unterwirft jedoch die Gesetzgebung selbst keinen rechtlichen Grenzen.

Das Grundgesetz bekennt sich daher auch zum Rechtsstaat im **materiel-**   124
len Sinne. Die materielle Komponente des Rechtsstaatsprinzips liegt darin, den Gerechtigkeitsgedanken im Einzelfall zu verwirklichen. Das Grundgesetz geht gerade nicht in absolutistischer Weise vom Mehrheitsprinzip aus, sondern bindet die gesetzgebende Mehrheit an die Verfassung, wie sich direkt aus Art. 20 Abs. 3 und Art. 1 Abs. 3 GG ergibt. Die Verfassung hat durch den Schutz der Menschenwürde (Art. 1 Abs. 1 GG) und durch das Bekenntnis des deutschen Volkes „zu unverletzlichen Menschenrechten als Grundlage jeder menschlichen Gemeinschaft in der Welt" (Art. 1 Abs. 2 GG) Naturrecht in das positive Recht inkorporiert. Diese auf überpositivem Recht basierenden Prinzipien sind selbst durch eine verfassungsgeben-

de Mehrheit nicht abänderbar (Art. 79 Abs. 3 GG). Dem Gedanken, dass im Extremfall das höherrangige und unter Umständen sogar unabänderbare „Recht" mit dem positiven Gesetz in Widerspruch treten könnte, trägt auch die Formulierung des Art. 20 Abs. 3 GG Rechnung. Seit Bestehen der Bundesrepublik Deutschland ist dieser potenzielle Konflikt zwischen „Recht" und Gesetz allerdings noch in keinem einzigen Fall zugunsten des „Rechts" und zulasten des positiven Gesetzes aufgelöst worden. Die Formel „Gesetz und Recht" in Art. 20 Abs. 3 GG eröffnet nämlich weder den Staatsbürgern noch den Gerichten die Möglichkeit, sich unter Berufung auf das Recht über das Gesetz hinwegzusetzen.

125   In diesem Zusammenhang ist auch das **Widerstandsrecht** des Art. 20 Abs. 4 GG zu sehen. Es gibt dem Bürger nur in extremen Fällen ein Nothilferecht im Sinne eines grundrechtsgleichen Rechts, wenn es um den Erhalt der bereits akut in ihrer gesamten Existenz bedrohten freiheitlich demokratischen Verfassungsordnung geht. Wann das der Fall ist, ist ein schwer lösbares Problem: Art. 20 Abs. 4 GG ermächtigt keinesfalls zu Aufruhr oder Selbsthilfe gegen jedwede unbequeme oder ideologisch unerwünschte politische Entscheidung der Staatsorgane unter Berufung auf ein überpositives „Recht".

III. Das Verhältnismäßigkeitsprinzip

1. Normative Verortung

126   Vielfach wird auch der Grundsatz der Verhältnismäßigkeit aus dem Rechtsstaatsprinzip abgeleitet, ohne dass auf eine normative Präzisierung eingegangen wird. Eine solche Herleitung ist indes weder überzeugend noch notwendig. Denn der Grundsatz der Verhältnismäßigkeit ergibt sich vielmehr aus den Grundrechten selbst: Die öffentliche Gewalt darf den allgemeinen Freiheitsanspruch des Bürgers nur insoweit beschränken, als es für den Schutz öffentlicher Interessen unverzichtbar ist. Diesen Grundsatz haben staatliche Organe bei allen Entscheidungen zu beachten.

2. Inhalt

127   Eine hoheitliche Maßnahme gleich welcher Art ist dann verhältnismäßig, wenn sie zur Erreichung des angestrebten Zieles abstrakt **geeignet**, aber auch **erforderlich** ist, sie sich also für den potenziell Belasteten als der mildeste aller möglichen Eingriffe darstellt. Darüber hinaus aber müssen der Zweck der Maßnahme und die Mittel zur Erreichung dieses Zwecks zueinander im Verhältnis stehen, d. h., der verfolgte Zweck muss für das Allgemeinwohl so wichtig sein, dass er eine Maßnahme des beabsichtigten Ausmaßes rechtfertigt (**Angemessenheit/Verhältnismäßigkeit im engeren Sinne**).

128   Das **Verhältnismäßigkeitsprinzip im weiteren Sinne** gliedert sich in folgende drei Unterprinzipien, die bei jeder hoheitlichen Maßnahme zu prüfen sind:
a) Geeignetheit (Prinzip der Zwecktauglichkeit)
b) Erforderlichkeit (Prinzip des geringst möglichen Eingriffs)
c) Verhältnismäßigkeit im engeren Sinne.

a) Geeignetheit (Prinzip der Zwecktauglichkeit)

Staatliche Maßnahmen, die den Einzelnen belasten, verfolgen in der Re- **129** gel einen konkreten Zweck, der im öffentlichen Interesse liegt. Die Maßnahmen, die das Gesetz vorsieht, müssen zur Verfolgung des gesetzgeberischen Zieles zwecktauglich, d. h. geeignet sein. Denn letztlich ergibt sich aus der Natur der Grundrechte, dass der Einzelne vor unnötigen Eingriffen der öffentlichen Gewalt zu bewahren ist. Nicht jede Maßnahme freilich, die sich im Nachhinein als ungeeignet erweist, ist deshalb verfassungswidrig. Insbesondere bei wirtschaftslenkenden und -ankurbelnden Gesetzen bleibt immer Unsicherheit, ob die Wirtschaft auf entsprechende Anreize oder Lenkungsmechanismen reagiert.

Daher ist eine gesetzliche Maßnahme nicht schon deshalb verfassungs- **130** widrig, weil sie auf einer Fehlprognose beruht. „Die Frage nach der Zwecktauglichkeit eines Gesetzes kann also nicht nach der tatsächlichen späteren Entwicklung, sondern nur danach beurteilt werden, ob der Gesetzgeber aus seiner Sicht davon ausgehen durfte, dass die Maßnahme zur Erreichung des gesetzten Ziels geeignet, ob also seine Prognose bei der Beurteilung wirtschaftspolitischer Zusammenhänge sachgerecht und vertretbar war" (BVerfGE 30, 250, 263). Hierbei steht dem Gesetzgeber ein weiter Beurteilungsspielraum zu.

b) Erforderlichkeit (Prinzip des geringst möglichen Eingriffs)

Ein Hoheitsakt genügt nur dann dem Erforderlichkeitsgebot, wenn zur **131** Erreichung des angestrebten Zweckes kein anderes, gleich wirksames Mittel möglich ist, welches nicht oder erheblich weniger in die Rechte der Bürger eingreift. Doch auch hier gilt, dass der Gesetzgeber einen Prognosespielraum hat.

Nach § 1 Abs. 1 des Gesetzes zur vorläufigen Regelung des Rechts der Industrie- und **132** Handelskammern vom 18. 12. 1956 – im Folgenden IHKG genannt – haben die Kammern die Aufgabe:
„(…) das Gesamtinteresse der ihnen zugehörigen Gewerbetreibenden ihres Bezirks wahrzunehmen, für die Förderung der gewerblichen Wirtschaft zu wirken und dabei die wirtschaftlichen Interessen einzelner Gewerbezweige oder Betriebe abwägend und ausgleichend zu berücksichtigen."
Die Kammern finanzieren sich im Wesentlichen durch Beiträge der Kammerzugehörigen.

§ 2 Abs. 1 IHKG lautet:
„Zur Industrie- und Handelskammer gehören, sofern sie zur Gewerbesteuer veranlagt sind, natürliche Personen, Handelsgesellschaften, andere nicht rechtsfähige Personenmehrheiten und juristische Personen des privaten und des öffentlichen Rechts, welche im Bezirk der Industrie- und Handelskammer entweder eine gewerbliche Niederlassung oder eine Betriebsstätte oder eine Verkaufsstelle unterhalten (Kammerzugehörige)."
Unternehmer U, der Werkzeugmaschinen herstellt, hält § 2 Abs. 1 IHKG, kraft dessen er als Zwangsmitglied der für ihn örtlich zuständigen Industrie- und Handelskammer angehört, für verfassungswidrig. Er begründet seine Auffassung damit, dass keine ausreichenden Gründe dafür vorlägen, die Zugehörigkeit zu den Industrie- und Handelskammern zum Zwang zu machen. Die ihnen übertragenen Aufgaben, bei denen es sich im Wesentlichen um reine Interessenvertretung handele, könnten ebenso gut durch Verbände mit freiwilliger Mitgliedschaft erfüllt werden.
Hat U Recht?

U beruft sich in seiner Argumentation auf das Verhältnismäßigkeitsprin- **133** zip. Nachdem die den Industrie- und Handelskammern zugedachte Aufgabe der Interessenvertretung mit Kammern, die auf Zwangsmitgliedschaft beruhen, in durchaus **geeigneter** Weise erfüllt werden kann, ist nur noch fraglich, ob diese Maßnahme des Gesetzgebers auch den anderen beiden Unterprinzipien des Verhältnismäßigkeitsprinzips, dem Prinzip des geringst möglichen Eingriffs und der Verhältnismäßigkeit im engeren Sinne, gerecht wird. Ergibt die Prüfung, dass die staatliche Maßnahme (z. B. § 2 Abs. 1 IHKG) gegen eines dieser Prinzipien verstößt, so ist sie, weil mit höherrangigem Verfassungsrecht nicht vereinbar, verfassungswidrig und mithin nichtig.

134   Es fragt sich zunächst, auf welchen dieser Grundsätze U sich beruft. Der Grundsatz des geringst möglichen Eingriffs betrifft lediglich Art und Umfang staatlicher Maßnahmen, der Grundsatz der Verhältnismäßigkeit im engeren Sinne hingegen wird schon bei der Frage bedeutsam, ob überhaupt eingeschritten werden darf.

135   Dem U missfällt nicht die Tatsache, dass überhaupt durch staatliches Gesetz die Errichtung von Industrie- und Handelskammern geregelt ist, ihm missfällt nur die Art und Weise, wie der Gesetzgeber diesen Gegenstand geregelt hat, nämlich durch Zwangsmitgliedschaft und Beitragszwang. U ist der Ansicht, dass der Gesetzgeber das, was er erreichen wollte, auch dann hätte erreichen können, wenn er die Frage der Mitgliedschaft in das freie Belieben eines jeden Unternehmers gestellt hätte. Die Rüge, der Gesetzgeber sei bei Verfolgung seines Zwecks über das Ziel hinausgeschossen, betrifft das **Prinzip des geringst möglichen Eingriffs.**

136   Zu der Frage, ob der Gesetzgeber das Prinzip des geringst möglichen Eingriffs verletzt hat, indem bei den Industrie- und Handelskammern er die Zwangsmitgliedschaft bestimmt, führt das Bundesverfassungsgericht aus:

„Die Industrie- und Handelskammern verdanken ihre Entstehung dem in der Zeit des wirtschaftlichen Aufschwungs im 19. Jahrhundert hervorgetretenen Bedürfnis nach einer Stelle, die im Anspruch auf sachliche Autorität die staatlichen Organe und Behörden durch Berichterstattung und Beratung in wirtschaftlichen Fragen unterstützen und ihnen verlässliche Grundlagen für ihre Entscheidungen auf diesem Gebiet liefern könne. (…)
In der industriellen Gesellschaft, in der auch die allgemeine Staatspolitik in weitem Maße von wirtschaftlichen Vorgängen und Entwicklungen bestimmt wird und demzufolge – auch in einer grundsätzlich freien Wirtschaft – staatliche Einwirkungen auf das Wirtschaftsleben unvermeidbar sind und ständig in großer Zahl erfolgen, ist es naheliegend und jedenfalls von der Verfassung her unbedenklich, dass der Staat die Förderung der Wirtschaft im weitesten Sinne zum Rang einer besonders wichtigen Staatsaufgabe erhebt. Es kann ihm dann nicht verwehrt sein, sich bei der Erfüllung dieser Aufgabe der Hilfe von Organen zu bedienen, die er – auf gesetzlicher Grundlage – aus der Wirtschaft selbst heraus sich bilden lässt und die durch ihre Sachkunde die Grundlagen dafür schaffen helfen, dass staatliche Entschließungen auf diesem Gebiet ein möglichst hohes Maß an Sachnähe und Richtigkeit gewinnen. Auch diese besonderen Einrichtungen, wie sie die Industrie- und Handelskammern darstellen, nehmen damit an der Erfüllung einer echten Staatsaufgabe teil; sie erfüllen sie in erster Linie durch Vorschläge, Gutachten und Berichte, durch Schaffung von Einrichtungen zur Förderung der Wirtschaft, insbesondere auf dem Gebiet der Berufsausbildung und des Prüfungswesens, endlich durch die Erledigung bestimmter Aufgaben der Wirtschaftsverwaltung (z. B. Ausstellung von Ursprungszeugnissen und sonstigen Bescheinigungen). (…)
Aus den vorstehenden Darlegungen erhellt zugleich, dass es zur sachgemäßen Erfüllung der den Industrie- und Handelskammern übertragenen Aufgaben sinnvoll, ja notwendig war, ihre Organisation auf dem Prinzip der Pflichtzugehörigkeit aufzubauen. (…)
Wäre der Beitritt zur Industrie- und Handelskammer freiwillig, so hinge die Zusammensetzung der Mitgliederschaft vom Zufall ab. Die Kammern wären auf die Werbung von Mitgliedern angewiesen. Finanzstarke Mitglieder würden sich in den Vordergrund

schieben und mit Austrittsdrohungen die Berücksichtigung ihrer Sonderinteressen und Sonderauffassungen zu erzwingen versuchen. Durch Fernbleiben oder Austritt ganzer Gruppen von Handel- und Gewerbetreibenden könnte den Kammern der Einblick in ihre Verhältnisse erschwert oder entzogen werden. In gleichem Maße wären die Vertrauenswürdigkeit solcher Kammern, ihre umfassende Sachkunde und Objektivität nicht mehr institutionell gesichert. Dieser im öffentlichen Interesse liegenden sachlichen Notwendigkeit des Organisationszwangs gegenüber ist die aus ihm sich ergebende Freiheitsbeschränkung der Mitglieder unbedeutend. Die Verpflichtungen aus der Kammerzugehörigkeit bestehen fast nur in der Zahlung der Beiträge. Dass diese unzumutbar hoch seien und die wirtschaftliche Bewegungsfreiheit der Mitglieder unerträglich einengten (...) trifft (...) nicht zu; das Gesetz hat (...) Vorkehrung getroffen, dass die Mitglieder nach ihrer Leistungsfähigkeit herangezogen werden" (BVerfGE 15, 235, 239 ff.).

Im Ergebnis hält daher das Bundesverfassungsgericht das Prinzip des ge-   137
ringst möglichen Eingriffs für nicht verletzt.

Den Industrie- und Handelskammern vergleichbar sind die Handwerks-   138
und die Landwirtschaftskammern organisiert. Sie erfüllen ähnliche Zwecke und haben vergleichbare Aufgaben. Diesen drei auf dem Prinzip der Zwangsmitgliedschaft aufgebauten „Selbstverwaltungskörperschaften der Wirtschaft" entsprechen die auf dem gleichen Prinzip beruhenden Kammern der freien Berufe (z. B. Ärzte, Zahnärzte, Rechtsanwälte, Steuerberater, Wirtschaftsprüfer) als besonderer Bereich der berufsständischen Selbstverwaltung. Dabei wird die grundsätzliche Legitimität der Wahrnehmung bestimmter öffentlicher Aufgaben durch die Kammern als Körperschaften des öffentlichen Rechts mit Zwangsmitgliedschaft vom BVerfG in ständiger Rechtsprechung anerkannt. Zuletzt entschied das BVerfG im Dezember 2001, dass das System der Pflichtmitgliedschaft in den Industrie- und Handleskammern verfassungsgemäß ist. Diese Rechtsprechung entbindet indessen nicht von der Notwendigkeit, im konkreten Einzelfall die Frage zu beantworten, ob eine bestimmte Aufgabe nicht in der Tat besser der freien Wirtschaft überlassen werden könnte. Ist diese Frage zu bejahen, so ist die Wahrnehmung der Aufgabe durch die Kammern nicht erforderlich und damit als Verstoß gegen Art. 2 Abs. 1 GG verfassungswidrig. Auch bezüglich der Erforderlichkeit einer gesetzlichen Regelung ist dem Gesetzgeber allerdings – ebenso wie bei der Frage der Geeignetheit – ein nicht unerheblicher Einschätzungsspielraum zuzubilligen.

c) Verhältnismäßigkeit im engeren Sinne

Das **Verhältnismäßigkeitsprinzip im engeren Sinne**, das als Zumutbarkeit   139
oder Angemessenheit bezeichnet wird, war Gegenstand der Entscheidung BVerfGE 16, 194 ff. Dort ging es um die Frage, ob einem wegen eines Bagatelldeliktes Beschuldigten, an dessen Zurechnungsfähigkeit Zweifel bestanden, mittels eines schmerzhaften Eingriffs Gehirn- und Rückenmarkflüssigkeit entnommen werden darf, durch deren Untersuchung Rückschlüsse auf den Geisteszustand getroffen werden können. § 81a StPO lässt solche Eingriffe grundsätzlich zu. Das Bundesverfassungsgericht entschied sich demgegenüber für eine einschränkende, am Verhältnismäßigkeitsgrundsatz orientierte Auslegung:

„Auch bei der Entscheidung über die Liquorentnahme hat der Richter demnach, wie bei allen staatlichen Eingriffen in die Freiheitssphäre, den Grundsatz der Verhältnismäßig-

keit zwischen Mittel und Zweck zu beachten. Wenn auch das öffentliche Interesse an der Aufklärung von Verbrechen (...) im allgemeinen selbst Eingriffe in die Freiheit des Beschuldigten rechtfertigt, so genügt dieses allgemeine Interesse um so weniger, je schwerer in die Freiheitssphäre eingegriffen wird. Für die Beurteilung der Verhältnismäßigkeit zwischen Zweck und Maßnahme muss daher auch in Betracht gezogen werden, welches Gewicht die zu ahndende Tat hat. (...).
Im vorliegenden Fall (...) handelt es sich um eine Bagatellsache, derentwegen nur eine geringe Strafe, unter Umständen sogar Einstellung wegen Geringfügigkeit in Betracht kommen dürfte. Demgegenüber ist die Liquorentnahme (...) ein nicht belangloser körperlicher Eingriff; wegen einer Bagatellangelegenheit den Beschuldigten gegen seinen Willen einem solchen Eingriff zu unterwerfen, ist nicht gerechtfertigt".

140   Im Ergebnis hält das Bundesverfassungsgericht die Maßnahme somit wegen Verstoßes gegen den Grundsatz der Verhältnismäßigkeit im engeren Sinne für unzulässig, obwohl die Maßnahme geeignet ist und zudem die einzige Möglichkeit darstellt, den Geisteszustand des Beschuldigten zu überprüfen. Die Verhältnismäßigkeit im engeren Sinne verlangt eine Güterabwägung, die dann zu einer Korrektur führt, wenn die betroffenen Interessen wesentlich schwerer wiegen als der vom Gesetzgeber verfolgte Zweck.

141   Dieser Fall bietet die Gelegenheit, eine weitere Interpretationsmaxime kennenzulernen, die ihre Bedeutung allerdings ausschließlich bei der Auslegung einfacher Gesetze (also nicht von Verfassungsrecht) hat. Es handelt sich hierbei um die **verfassungskonforme Auslegung.**

142   Das Bundesverfassungsgericht hielt die Liquorentnahme im Beispielsfall wegen Verstoßes gegen das Verhältnismäßigkeitsprinzip für verfassungswidrig. § 81 a StPO sieht diesen Eingriff aber einschränkungslos vor. Ein Gesetz, das nicht im Einklang mit der Verfassung steht, ist als verfassungswidriges Gesetz nichtig. Das Bundesverfassungsgericht hat jedoch § 81 a StPO nicht für verfassungswidrig erklärt, sondern ihn dahingehend ausgelegt, dass seine Anwendung in Bagatellfällen verfassungswidrig, ansonsten unbedenklich sei. Es hat damit § 81 a StPO verfassungskonform ausgelegt. Nach dieser Interpretationsmaxime ist ein Gesetz so lange nicht für verfassungswidrig zu erklären, wie die Möglichkeit besteht, es auch so auszulegen, dass es in Einklang mit der Verfassung steht. Mit der einschränkenden (restriktiven) Auslegung des § 81 a StPO hat das Gericht diese Norm in Übereinstimmung mit der Verfassung (verfassungskonform) gebracht: Wenn also der Gesetzeswortlaut zwei verschiedene Auslegungsergebnisse zulässt, von denen aber nur eines mit der Verfassung in Einklang steht, muss das Gesetz in diesem verfassungskonformen Sinn ausgelegt werden.

143   Man sollte sich deshalb bei der Lösung rechtlicher Fälle davor hüten, ein Gesetz vorschnell für verfassungswidrig zu erklären; denn zuvor muss immer geprüft werden, ob die Möglichkeit der verfassungskonformen Auslegung besteht.

Weiterführende Hinweise:

Detterbeck, Vorrang und Vorbehalt des Gesetzes, Jura 2002, 235; *Fischer,* Die Verfassungsmäßigkeit rückwirkender Normen, JuS 2001, 861;
Görisch, Die Inhalte des Rechtsstaatsprinzips, JuS 1997, 988;
Jahn, Zur Verfassungsmäßigkeit der IHK-Pflichtmitgliedschaft, JuS 2002, 434;
Michael, Grundfälle zur Verhältnismäßigkeit, JuS 2001, 654, 764, 866;
Michael, Die drei Argumentationsstrukturen des Grundsatzes der Verhältnismäßigkeit – Zur Dogmatik des Über- und Untermaßverbotes und der Gleichheitssätze, JuS 2001, 148.

Kapitel 7: Das Demokratiegebot des Grundgesetzes

I. Repräsentative Demokratie

Nach Art. 20 Abs. 1 GG ist die Bundesrepublik Deutschland ein demo- **144** kratischer Staat, d.h., das Volk ist Träger der Staatsgewalt (Art. 20 Abs. 2 GG). Der Grundgesetzgeber hat sich jedoch nicht für die unmittelbare oder plebiszitäre Demokratie entschieden, in der das Staatsvolk durch Abstimmung über die anstehenden politischen Fragen entscheidet, sondern für die **mittelbare** oder **repräsentative Demokratie**. Damit ist dem Volk keine unmittelbare Mitwirkung an der Ausübung der Staatsgewalt gegeben, sondern es ist vielmehr auf die Wahl seiner Repräsentanten beschränkt (Art. 20 Abs. 2 Satz 2 GG). Eine Ausnahme besteht im Falle des Art. 29 GG, wonach eine Neugliederung des Bundesgebietes nur durch unmittelbare Entscheidung des Volkes (**Volksentscheid**) vorgenommen werden darf. Die Einführung weiterer Abstimmungen etwa über Gesetzesvorschläge oder völkerrechtliche Verträge bedürfte einer Verfassungsänderung.

Das Demokratieprinzip verlangt darüber hinaus eine ununterbrochene **145** Legitimationskette vom Volk hin zur Exekutive.

Das Demokratiegebot des Grundgesetzes gilt jedoch ausschließlich für **146** den staatlichen Sektor des Geschehens in der Bundesrepublik, nicht aber für den gesellschaftlichen und privaten. Sogar im staatlichen Bereich gilt es dort nicht, wo individuelle Grundrechte den einzelnen Menschen oder Gruppen von Individuen vor dem staatlichen Eingriff und damit auch vor dem demokratisch legitimierten staatlichen Akt schützen. In die durch Art. 5 Abs. 1 Satz 2 GG grundrechtlich garantierte Freiheit der Berichterstattung durch den öffentlich-rechtlichen Rundfunk darf ebensowenig durch demokratische Mehrheitsentscheidungen, die sich gegen eine bestimmte Meinung richten, eingegriffen werden, wie in die durch Art. 5 Abs. 3 Satz 2 GG garantierte Lehrfreiheit des Hochschullehrers. Erst recht gilt dies für die grundrechtlich gesicherte private Sphäre der einzelnen Menschen. Die Demokratisierung privater Lebensbereiche würde die Expansion eines staatlichen Strukturprinzips in die private Sphäre und damit deren Politisierung und Verstaatlichung bedeuten.

Bei Konflikten zwischen dem Rechtsstaatsprinzip und dem Demokra- **147** tiegebot hat sich das Grundgesetz grundsätzlich für den Rechtsstaat entschieden. Der grundrechtliche Minderheitenschutz, wie überhaupt die Existenz unveräußerlicher Individualgrundrechte, und die Normenkontrolle von demokratisch legitimierten Gesetzen durch die Verfassungsgerichte belegen die stärkere Akzentuierung des Rechtsstaats vor dem Demokratiegebot.

Während in den Ländern auch Volksentscheide möglich sind, erschöpft **148** sich die Beteiligung des Volkes an der Ausübung der Staatsgewalt im Bund in der Bundestagswahl. Aufgrund dieser Wahl kann jeder einzelne Staatsakt in der Bundesrepublik mittelbar auf das Volk zurückgeführt werden, da dem Bundestag bei der Ernennung aller weiteren Bundesverfassungsorgane (mit Ausnahme des Bundesrates) entscheidender Einfluss zukommt (Art. 54 Abs. 1 und 3, Art. 63, Art. 94 Abs. 1 GG).

II. Wahlrechtsgrundsätze

149   Von ausschlaggebender Bedeutung für das Funktionieren einer mittelbaren Demokratie ist das Verfahren für die Wahl der Volksvertreter. Das Wahlrecht ist geregelt in Art. 38 Abs. 1 Satz 1 GG und im Bundeswahlgesetz. Art. 38 Abs. 1 GG erhebt die folgenden Wahlrechtsgrundsätze in verfassungsrechtlichen Rang. Sie müssen – unabhängig vom konkreten Wahlsystem – immer eingehalten werden:

150   1. **Allgemeine Wahl:** Das Wahlrecht haben alle Staatsbürger, die gewisse Mindestvoraussetzungen, z.B. ein bestimmtes Alter, erfüllen. Wahlberechtigt ist, wer das 18. Lebensjahr vollendet hat.

151   2. **Unmittelbare Wahl:** Die Wähler wählen ihren Abgeordneten direkt und nicht durch eine Mittelsperson. Das Gegenstück dazu ist das Wahlmännersystem, das bei den Präsidentschaftswahlen in den USA praktiziert wird; dort wählt das Volk Wahlmänner, die ihrerseits den Präsidenten wählen. Eine Listen- oder Parteienwahl bleibt hingegen eine unmittelbare Wahl, da direkt die Listenkandidaten gewählt werden.

152   3. **Freie Wahl:** Es darf kein Zwang auf den Wähler ausgeübt werden. Umstritten ist, ob die Wahlbetätigungsfreiheit auch unter die Wahlfreiheit gehört. Aus dem Prinzip der Wahl nach demokratischem Verständnis ergibt sich, dass die Frage des „Wen" frei ist. Mithin bleibt für eine eigenständige Bedeutung des Wahlfreiheitsprinzips nur die Wahlbetätigungsfreiheit. Demnach wäre die Einführung einer Wahlpflicht verfassungswidrig.

153   4. **Geheime Wahl:** Einsichtnahme durch Dritte während des Wahlverfahrens ist verboten. Unter diesem Aspekt stellt sich das Problem der Zulässigkeit der Briefwahl, weil u.U. die Stimmabgabe von Dritten kontrolliert oder gar manipuliert werden kann. Dennoch wird die Briefwahl als verfassungsgemäß angesehen, insbesondere weil sie nur aus wichtigem Grund zulässig ist und der Wähler darüber hinaus versichern muss, dass er persönlich den Stimmzettel gekennzeichnet hat (BVerfGE 21, 200; 59, 123).

154   5. **Gleiche Wahl:** Das Gewicht jeder Stimme muss gleich sein. Das bedeutet zum einen, dass jede Stimme den gleichen Zählwert hat. Aber auch eine Gleichheit des Erfolgswertes ist umfasst. Jede Stimme muss bei der Verteilung der Parlamentssitze gleich berücksichtigt werden. Problematisch im Hinblick auf die Erfolgswertgleichheit ist die 5-Prozent-Klausel des § 6 Abs. 6 BWG. Die Stimmen, die für Parteien abgegeben wurden, die die 5-Prozent-Hürde nicht erreichen, haben keinen Erfolgswert, weil bei der Sitzverteilung nur Parteien berücksichtigt werden, die mehr als 5 Prozent der gültigen Stimmen auf sich vereinigen. Diese Regel schützt die Funktionsfähigkeit des Parlamentes, da die Zersplitterung des Parlaments verhindert wird. Die Sperrklausel ist deshalb mit dem Grundsatz der Wahlgleichheit zu vereinbaren.

III. Die politischen Parteien als Mittler demokratischer Willensbildung

155   Nach Art. 20 Abs. 2 Satz 1 GG geht alle Staatsgewalt vom Volke aus. Gemäß Art. 21 Abs. 1 GG wirken die Parteien bei der politischen Willens-

bildung des Volkes mit. Tatsächlich sind es beinahe ausschließlich die politischen Parteien, bei denen politische Zielvorstellungen kanalisiert, gelenkt und verwirklicht werden. Die Mitwirkung umfasst insbesondere die Mitgestaltung der öffentlichen Meinung, den Ausbau der politischen Bildung und vor allem die Aufstellung von Wahlbewerbern in Bund, Ländern und Gemeinden.

Das Recht der politischen Parteien regeln Art. 21 GG und das Parteien- **156** gesetz. Nach § 2 Abs. 1 Satz 1 ParteiG sind Parteien:

> „(…) Vereinigungen von Bürgern, die dauernd oder für längere Zeit für den Bereich des Bundes oder eines Landes auf die politische Willensbildung Einfluss nehmen und an der Vertretung des Volkes im Deutschen Bundestag oder einem Landtag mitwirken wollen, wenn sie nach dem Gesamtbild der tatsächlichen Verhältnisse, insbesondere nach Umfang und Festigkeit ihrer Organisation, nach der Zahl ihrer Mitglieder und nach ihrem Hervortreten in der Öffentlichkeit eine ausreichende Gewähr für die Ernsthaftigkeit dieser Zielsetzung bieten."

Ausfluss der in Art. 21 Abs. 1 GG ausdrücklich genannten **Gründungs-** **157** **freiheit** der Parteien ist auch ihre **Betätigungsfreiheit**. Den Parteien wird garantiert, dass sie in der Gesellschaft für ihr politisches Konzept eintreten und alle parteispezifischen Aufgaben und die damit zusammenhängenden Angelegenheiten wahrnehmen können. Dieses verfassungsrechtlich gewährleistete Tätigkeitsfeld der Parteien darf durch die öffentliche Hand nicht eingeschränkt werden, indem beispielsweise einer missliebigen Partei während des Wahlkampfs die im Eigentum der Stadt befindliche Stadthalle nicht zur Verfügung gestellt wird oder ihr im Gegensatz zu anderen Parteien keine Gelegenheit gegeben wird, in Hörfunk oder Fernsehen ihren politischen Standpunkt zu vertreten.

Die **Chancengleichheit** der politischen Parteien folgt aus der Gründungs- **158** freiheit und aus dem Prinzip der freiheitlichen Demokratie, für das ein Mehrparteiensystem unerlässlich ist. Alle Parteien müssen grundsätzlich formal gleich behandelt werden. Für die Wahlen ergibt sich das schon aus dem Prinzip der Wahlgleichheit gemäß Art. 38 Abs. 1 GG. Der Grundsatz der Chancengleichheit gilt aber nicht nur für den Bereich des Wahlrechts, sondern für die gesamte Parteitätigkeit. Die formelle Gleichbehandlung darf aber nicht dazu führen, dass die vorgefundene Wettbewerbslage der Parteien verfälscht wird. § 5 ParteiG verpflichtet die Träger öffentlicher Gewalt daher zur **relativen (abgestuften) Gleichbehandlung**. Etwa bei der Zuteilung von Sendezeiten in Rundfunk und Fernsehen oder der Überlassung von Stadthallen für Wahlveranstaltungen darf der Träger einer öffentlichen Einrichtung sie den Parteien abgestuft nach ihrer Bedeutung zur Verfügung stellen. So wird einerseits gewährleistet, dass die kleinen Parteien formal gleichbehandelt werden, andererseits wird auch die Bedeutung der Parteien berücksichtigt und damit nicht über Gebühr in den Parteienwettbewerb eingegriffen.

IV. Verbot verfassungswidriger Parteien

Grenzen sind der Betätigungsfreiheit der Parteien durch Art. 21 Abs. 2 **159** GG gezogen. Parteien verlieren ihre Rechte aus Art. 21 Abs. 1 GG, wenn sie darauf abzielen, die freiheitlich demokratische Grundordnung oder den

Bestand der Bundesrepublik Deutschland zu beeinträchtigen. Über die Frage der Verfassungswidrigkeit einer solchen Partei entscheidet das Bundesverfassungsgericht (Art. 21 Abs. 2 Satz 2 GG). Erst wenn dieses die Verfassungswidrigkeit einer Partei festgestellt hat, dürfen daraus Konsequenzen gezogen werden. Bis dahin müssen andere staatliche Stellen die „verfassungsfeindliche Partei" wie jede andere behandeln und dürfen nicht von ihrer Verfassungswidrigkeit ausgehen.

160   Diese Bestimmung stellt eine verfassungsrechtliche Besonderheit dar, die nur aufgrund der deutschen Vergangenheit verständlich ist, der sog. „legalen" Machtergreifung Hitlers. Eine vergleichbare Regelung findet sich in keiner anderen demokratischen Verfassung. Die anderen westlichen Demokratien dulden auch Parteien, die sich gegen die verfassungsmäßige Grundordnung richten. Bisher wurden vom Bundesverfassungsgericht die Sozialistische Reichspartei – SRP – (BVerfGE 2, 1 ff.) und die Kommunistische Partei Deutschlands – KPD – (BVerfGE 5, 85 ff.) verboten. Beide Verbote wurden damit begründet, diese Parteien hätten versucht, die freiheitliche demokratische Grundordnung zu beeinträchtigen. Dieser Begriff findet sich in den Art. 11, 18, 21 Abs. 2, 87 a Abs. 4 und 91 Abs. 1 GG. Das Bundesverfassungsgericht hat ihn folgendermaßen präzisiert:

161   Es handelt sich dabei um eine Ordnung, „die unter Ausschluss jeglicher Gewalt- und Willkürherrschaft eine rechtsstaatliche Herrschaftsordnung auf der Grundlage der Selbstbestimmung des Volkes nach dem Willen der jeweiligen Mehrheit und der Freiheit und Gleichheit darstellt. Zu den grundlegenden Prinzipien dieser Ordnung sind mindestens zu rechnen: Die Achtung vor den im Grundgesetz konkretisierten Menschenrechten, vor allem vor dem Recht der Persönlichkeit auf Leben und freie Entfaltung, die Volkssouveränität, die Gewaltenteilung, die Verantwortlichkeit der Regierung, die Gesetzmäßigkeit der Verwaltung, die Unabhängigkeit der Gerichte, das Mehrparteienprinzip und die Chancengleichheit für alle politischen Parteien mit dem Recht auf verfassungsmäßige Bildung und Ausübung einer Opposition" (BVerfGE 2, 1, 12 f.).

162   In letzter Zeit hat das Parteiverbotsverfahren wegen der „Nationaldemokratischen Partei Deutschlands" (NPD) wieder an Aktualität gewonnen. Ein Verbotsantrag wurde wegen eines Verfahrenshindernisses eingestellt. Über die Verfassungsmäßig- oder -widrigkeit der NPD hat sich das BVerfG nicht geäußert, so dass ein Verbotsverfahren weiter möglich und nach den Wahlerfolgen der NPD in Sachsen und Mecklenburg-Vorpommern auch in der politischen Diskussion ist.

V. Stellung der Parteien im Verfassungsgefüge

163   Der Standort der Parteien im Verfassungssystem erscheint zwiespältig. Einerseits sind die Parteien als privatrechtliche Vereine organisiert, andererseits wirken sie bei der Erfüllung staatlicher Aufgaben mit, etwa bei Wahlen, indem sie Kandidaten und Kandidatenlisten aufstellen. Akut wurde die Frage nach der rechtlichen Stellung der Parteien im Verfassungsgefüge bei dem Streit um die Rechtmäßigkeit der **Parteienfinanzierung**. Das Bundesverfassungsgericht hatte damals in seiner inzwischen modifizierten Rechtsprechung die staatliche Parteienfinanzierung im Grundsatz für verfassungswidrig erklärt, wobei es diese Entscheidung mit der Stellung begründet, die das Grundgesetz den politischen Parteien verleiht (BVerfGE 20, 56 ff.).

Nach dieser Entscheidung sind die Parteien kein Teil des Staatsapparates, **164** sondern Hilfsorgane des Volkes, die dazu beitragen, den Staatsapparat zu tragen und zu überwachen. Diese Funktion können sie dann nicht erfüllen, wenn sie durch staatliche finanzielle Unterstützung in Abhängigkeit von den Staatsorganen geraten.

> „In einer Demokratie muss sich diese Willensbildung aber vom Volk zu den Staatsorganen, nicht umgekehrt von den Staatsorganen zum Volk hin, vollziehen. Die Staatsorgane werden durch den Prozess der politischen Willensbildung des Volkes, der in die Wahlen einmündet, erst hervorgebracht. Das bedeutet, dass es den Staatsorganen grundsätzlich verwehrt ist, sich in bezug auf den Prozess der Meinungs- und Willensbildung des Volkes zu betätigen, dass dieser Prozess also grundsätzlich ‚staatsfrei‘ bleiben muss (...). Eine teilweise Staatsfinanzierung der Parteien durch jährliche oder monatliche Zahlungen für ihre gesamte politische Tätigkeit würde die Parteien dem staatsorganschaftlichen Bereich zwar nicht einfügen, jedoch mit diesem Bereich verschränken und die Parteien der staatlichen Vorsorge überantworten" (BVerfGE 20, 56, 99 ff.).

Eine derartige Abhängigkeit, bei der die Regierung und die gesetzgeben- **165** den Körperschaften die Höhe der Zuwendungen bestimmen können, verträgt sich nicht mit den demokratischen Grundsätzen der freien und offenen Willensbildung vom Volk zu den Staatsorganen. Finanzielle Abhängigkeit der Parteien von den Staatsorganen gibt diesen die Möglichkeit, auf den politischen Kurs der Parteien einzuwirken; nach Art. 21 Abs. 1 GG ist es jedoch allein Aufgabe des Volkes, durch die Parteien auf die Staatsorgane einzuwirken. Der Grundsatz der Staatsfreiheit der Parteien erlaubt deshalb allenfalls eine Teilfinanzierung der Tätigkeit der Parteien aus staatlichen Mitteln. Es gilt daher der Grundsatz der staatlichen Teilfinanzierung der Parteien bei Vorrang der Eigenfinanzierung.

Das Bundesverfassungsgericht sieht die politischen Parteien als Binde- **166** glied oder Mittler zwischen Volk und Staatsorganen an, wobei es allein Sache des Volkes ist, auf den politischen Kurs des Mittlers und damit mittelbar auf den politischen Kurs der Staatsorgane Einfluss zu nehmen. Die Frage nach der Stellung der Parteien im Verfassungsgefüge der Bundesrepublik lässt sich damit wie folgt beantworten: Den Parteien wird weder eine Betrachtungsweise gerecht, die sie als rein privatrechtliche Gebilde auffasst, noch eine solche, die in ihnen einen Teil des Staatsapparates oder ein mittelbares Staatsorgan sieht. Schlagwortartig lässt sich die Stellung der Parteien so umreißen, dass sie auf eine besondere Art in das Verfassungsgefüge der Bundesrepublik „inkorporiert" sind.

Weiterführende Hinweise:

BVerfGE 95, 335 ff. (Zulässigkeit von Überhangmandaten und 5%-Sperrklausel);
BVerfGE 75, 67 ff. (Sendezeit für Parteien);
BVerfGE 73, 40, 70 ff. (Parteienfinanzierung);
Di Fabio, Demokratie im System des Grundgesetzes, Festschrift für Badura (2004), S. 77;
Dreier, Das Demokratieprinzip des Grundgesetzes, Jura 1997, 249 ff.

Kapitel 8: Das Sozialstaatsprinzip und die Staatsziele Umwelt- und Tierschutz

167 Die letzte Staatszielbestimmung des Art. 20 GG schließlich ist die der **Sozialstaatlichkeit.** Anders als die Bundesstaatlichkeit, das Rechtsstaatsprinzip und das Demokratiegebot hat dieser Grundsatz weder verfassungsrechtliche Vorläufer noch ihn ausfüllende, konkretisierende Vorschriften im Grundgesetz. Die Sozialstaatsklausel ist gleichwohl trotz ihrer Unbestimmtheit mehr als eine leere Proklamation; sie stellt eine **Rechtsnorm** dar, über deren Tragweite und Bedeutung freilich Uneinigkeit besteht. Aus der Geschichte der sozialen Bewegung in Deutschland hat dieser Begriff einen Sinn erhalten, der zum einen auf Korrektur von Einkommens- und Vermögensverhältnissen etwa durch die Progression bestimmter Steuern und zum anderen auf soziale Sicherheit und allgemeine Rücksichtnahme auf den sozial Schwächeren zielt.

168 Weitgehende Einmütigkeit besteht darüber, dass das Sozialstaatsprinzip den Staat verpflichtet, den wirtschaftlich Schwächeren zu schützen. Zur Erfüllung dieser Verpflichtung kommen folgende Erwägungen in Betracht:

1. Das Sozialstaatsprinzip kann als eine für den wirtschaftlich Schwachen unmittelbar anspruchsbegründende Norm verstanden werden mit der Folge, dass dieser aus Art. 20 Abs. 1 GG gegen den Staat auf ausreichenden Wohnraum oder materielle Unterstützung bei Bedürftigkeit klagen kann.
2. Das Sozialstaatsprinzip kann aber auch als Verpflichtung der Träger öffentlicher Gewalt aufgefasst werden, die im Grundgesetz garantierte formal gleiche Freiheit aller nicht zu einem Recht des wirtschaftlich Stärkeren werden zu lassen, ohne dass jedoch dieser Verpflichtung ein einklagbares Recht des Bürgers gegenübersteht.

169 Rechtsprechung und Schrifttum folgen nahezu einheitlich der zweiten Auslegung des Sozialstaatsprinzips. Danach richtet sich der **Gestaltungsauftrag** dieses Verfassungsprinzips, soziale Ungleichheit abzubauen und sozial und wirtschaftlich schwache Bevölkerungskreise zu schützen, in erster Linie an den Gesetzgeber. Seiner Entscheidung ist es überlassen, das Sozialstaatsprinzip inhaltlich zu präzisieren. Diese Ausrichtung auf den Gesetzgeber bedeutet zugleich, dass Art. 20 Abs. 1 GG dem Einzelnen keinen unmittelbaren Anspruch auf staatliche Leistungen gibt.

170 Das Bundesausbildungsförderungsgesetz (BAföG) beispielsweise beruht auf dem Konzept, im Bildungsbereich wirtschaftlich bedingter Ungleichheit entgegenzuwirken. Einen Anspruch auf Ausbildungsbeihilfe hat der Einzelne jedoch erst seit seinem Inkrafttreten im Jahre 1969. Art. 20 Abs. 1 GG unmittelbar verleiht keinen Anspruch auf Studienbeihilfe. Dieses Beispiel lässt sich beliebig auf sonstige staatliche Sozialleistungen übertragen.

171 In welchem Grad und in welchem Umfang der Gesetzgeber dem **Verfassungsauftrag** der Sozialstaatlichkeit nachgekommen ist, wird deutlich am

Haushaltsplan, der die Vielfalt und Fülle staatlicher Aktivität auf wirtschaftlichem und sozialem Gebiet widerspiegelt: Der Bundeshaushalt 2007 (ohne Nachtragshaushalte) hat ein Volumen von 267,6 Mrd. €. Die Ausgaben für sozialen Ausgleich und soziale Sicherung haben darin mit ca. 125 Mrd. € den größten Einzelanteil, weit vor dem Verteidigungshaushalt mit 24,2 Mrd. €.

Einige Autoren meinen, das Sozialstaatsprinzip berechtige den Staat zu **172** weitreichenden Eingriffen in die Privatwirtschaft. Sie argumentieren folgendermaßen: Das Sozialstaatsprinzip verpflichte den Staat, dafür zu sorgen, dass der elementare materielle Bedarf der Bürger gedeckt ist. Entscheidend dafür sei ein einwandfreies Funktionieren der Wirtschaft. Daher müsse die gesamte Wirtschaftspolitik auf Sicherung der optimalen Befriedigung aller Bedürfnisse gerichtet sein. Der Staat sei somit berechtigt, mittels staatlichen Eingriffs dafür zu sorgen, dass innerhalb der Wirtschaft dem Prinzip optimaler Bedarfsdeckung gegenüber dem Gewinnstreben der einzelnen Unternehmen der Vorrang gegeben wird. Das Bundesverfassungsgericht steht dieser Ansicht ablehnend gegenüber: Das Grundgesetz habe sich zwar eindeutig zum Sozialstaat bekannt, sich allerdings nicht für ein bestimmtes Wirtschaftssystem und für eine bestimmte soziale Ordnung entschieden. Das Grundgesetz sei vielmehr wirtschaftspolitisch neutral.

Die Sozialstaatsklausel wendet sich jedoch nicht ausschließlich an den **173** Gesetzgeber. Eigenständige Bedeutung hat sie ferner bei der **Auslegung** und **Anwendung von Gesetzen** durch die Organe der Exekutive und Judikative. Die Verwaltung muss insbesondere im Ermessensbereich soziale Gesichtspunkte angemessen berücksichtigen, während die Rechtsprechung im Zweifel Gesetze so auslegen muss, dass sie die Stellung des Schwächeren verbessern. Dies gilt insbesondere für die Auslegung von Grundrechten; denn diese sichern jedem eine formal gleiche Rechtsposition ohne Bezug zur jeweiligen sozialen Lage. Ihre Reichweite muss deshalb für den Einzelfall unter dem Gesichtspunkt des Sozialstaatsprinzips bestimmt werden.

Wie weit sich dies im konkreten Fall auswirken kann, zeigt folgendes Beispiel: Art. 2 **174** Abs. 1 GG garantiert die Vertragsfreiheit. Dieses Recht steht dem Frierenden ebenso zu wie dem Heizölhändler, der bei einer lang andauernden Ölkrise über den letzten Vorrat verfügt. Wird der Frierende abgewiesen, wenn er um gleiche Verteilung des Öls zu einem angemessenen Preis bittet, so wird das Grundrecht der Vertragsfreiheit bei einer sozial ungebundenen Auslegung zum Recht der besitzenden Minderheit, das dieser hilft, ihre Macht voll auszuspielen. Gegen einen derartigen Missbrauch von Grundrechten richtet sich das Sozialstaatsprinzip. Es verpflichtet den Staat einzugreifen, wenn Rechte dazu ge- oder missbraucht werden, um Unfreiheiten und Abhängigkeiten zu Zwecken einer unkontrollierten Machtausübung aufrechtzuerhalten.

Seit 1995 ist dem Grundgesetz Art. 20a GG eingefügt, der den **Umwelt-** **175** **schutz** als Staatsziel in der Verfassung festschreibt. 2002 wurde diese Staatszielbestimmung um den **Tierschutz** erweitert:

„Der Staat schützt auch in Verantwortung für die künftigen Generationen die natürlichen Lebensgrundlagen und die Tiere im Rahmen der verfassungsmäßigen Ordnung durch die Gesetzgebung und nach Maßgabe von Gesetz und Recht durch die vollziehende Gewalt und die Rechtsprechung."

Als Staatszielbestimmung stellt Art. 20a GG zwar objektives Recht dar. **176** Ein subjektives Recht, das dem Bürger einen Anspruch gegen den Staat auf ein Tätigwerden im Bereich des Tier- oder Umweltschutzes gibt, ergibt sich hieraus jedoch nicht. Art. 20 a GG ist kein Grundrecht.

177   Art. 20 a GG bindet als objektives Recht alle staatliche Gewalt: Er stellt einen Handlungsauftrag nicht zuletzt für die Legislative dar, dem Gesetzgeber steht aber ein weiter Gestaltungsspielraum zu. Mit dieser Vorschrift wurde eine verfassungsrechtliche Wertentscheidung für Umwelt- und Tierschutz getroffen, die bei der Auslegung des einfachen Rechts durch vollziehende Gewalt und Rechtsprechung zu berücksichtigen ist.

Weiterführende Hinweise:

Holste, Das Staatsziel Tierschutz in Art. 20 a GG, JA 2002, 907;
Neumann, Sozialstaatsprinzip und Grundrechtsdogmatik, DVBl. 1997, 92 ff.;
Westphal, Art. 20 a GG – Staatsziel „Umweltschutz", JuS 2000, 339.

Kapitel 9: Die Staatsorgane des Bundes

Gemäß Art. 20 Abs. 2 Satz 2 GG wird die Staatsgewalt vom Volk in   178
Wahlen und Abstimmungen und durch besondere Organe der Gesetzgebung, der vollziehenden Gewalt und der Rechtsprechung ausgeübt.

I. Gesetzgebende Organe

Die gesetzgebenden Organe des Bundes sind **Bundestag** und **Bundesrat.**   179
Gesetze im materiellen Sinn sind Vorschriften, die in abstrakter genereller
Weise, also auf Dauer und für eine unbestimmte Anzahl von Fällen und
Personen, anordnen, welche rechtlichen Folgen eintreten sollen, wenn ein
bestimmter Sachverhalt verwirklicht ist.

Formelle Gesetze sind solche Rechtsnormen, die von den Legislativorga-   180
nen erlassen werden.

§ 14 Satz 1 BImSchG lautet: 181
„Auf Grund privatrechtlicher, nicht auf besonderen Titeln beruhender Ansprüche zur
Abwehr benachteiligender Einwirkungen von einem Grundstück auf ein benachbartes
Grundstück kann nicht die Einstellung des Betriebs einer Anlage verlangt werden, deren
Genehmigung unanfechtbar ist; es können nur Vorkehrungen verlangt werden, die die
benachteiligenden Wirkungen ausschließen."

Ist also eine industrielle Anlage mit staatlicher Genehmigung errichtet   182
(§§ 4–21 BImSchG), so ordnet § 14 BImSchG an, dass Eigentümer der
Nachbargrundstücke, die sich durch den Betrieb der Anlage gestört fühlen,
nicht aus § 1004 Abs. 1 BGB auf Einstellung der Anlage klagen können, da
sie zur Duldung verpflichtet sind (§ 1004 Abs. 2 BGB). Die in § 14
BImSchG angeordnete Rechtsfolge ist abstrakt gefasst, sie ist also nicht auf
einen bestimmten Fall, sondern auf eine Vielzahl von unbestimmten in der
Zukunft liegenden Fällen zugeschnitten. Ebenso wie § 14 BImSchG regeln
auch die übrigen Gesetze des öffentlichen Rechts, des Straf- und Zivilrechts
in abstrakter genereller Weise einen bestimmten Tatbestand. Sie verpflichten entweder generell, indem sie ein bestimmtes Verhalten vorschreiben,
z. B., dass im Straßenverkehr rechts zu fahren ist (Gebotsgesetz), oder ein
bestimmtes Handeln verbieten (Verbotsgesetz), oder sie berechtigen einen
jeden, auf den der Tatbestand einer Norm, die Ansprüche verleiht, zutrifft
(z. B. Bundesausbildungsförderung, Sozialhilfe).

1. Bundestag

a) Wahl zum Bundestag und Wahlsysteme

Das Hauptlegislativorgan des Bundes ist der **Bundestag,** das einzige   183
Staatsorgan des Bundes, das unmittelbar vom Volk gewählt wird. Er besteht im Regelfall aus 598 Abgeordneten (§ 1 BWG).

In den Demokratien gängig sind zwei Wahlsysteme: Im **Verhältniswahl-
system** werden die Abgeordneten in demselben Verhältnis auf die einzelnen
konkurrierenden Parteien verteilt, in dem die abgegebenen Wählerstimmen
sich auf die Parteien verteilt haben. Im reinen **Mehrheits- oder Personen-
wahlsystem** gilt derjenige Bewerber als gewählt, der die Mehrheit der

Stimmen im jeweiligen Wahlbezirk auf sich vereinigt. Das BWG vermischt Elemente des Mehrheitswahlrechts mit denen des Verhältniswahlrechts.

184   Jeder Wahlberechtigte hat zwei Stimmen. Mit der **Zweitstimme** wählt er nach dem Verhältnismäßigkeitsrecht **Parteilisten**. Die Parteien, die mehr als 5% der gültigen Zweitstimmen erhalten, ziehen in der Stärke ihrer Stimmen in den Bundestag ein. Mit der Erststimme wird die personale Zusammensetzung des Bundestags beeinflusst. In relativer Mehrheitswahl ist der Bewerber gewählt, der im Wahlkreis die meisten **Erststimmen** erhält (**Direktwahl**). Die Sitze, die die Partei über die Listenwahl erhält, werden dann zunächst mit den direkt gewählten Kandidaten besetzt und weiter mit den Listenkandidaten aufgefüllt. Erhält eine Partei mehr Direktmandate als Listenplätze, so wird die Anzahl der Bundestagsmandate um die Überhangmandate verstärkt.

185   Man sieht, dass die Mandatszahl sich nach der Zweitstimme richtet. Mit der Erststimme hat der Wähler nur Einfluss auf die personelle Zusammensetzung des Parlamentes. Das geltende Wahlrecht der Bundesrepublik wird daher als **personalisiertes Verhältniswahlrecht** bezeichnet.

b) Die Bundestagsabgeordneten

186   Art. 38 Abs. 1 Satz 2 GG umreißt die **Rechtsstellung der Bundestagsabgeordneten**. Danach sind Abgeordnete des Deutschen Bundestages Vertreter des ganzen Volkes, an Aufträge und Weisungen nicht gebunden und nur ihrem Gewissen unterworfen. Damit garantiert die Verfassung, dass – rechtlich gesehen – Abgeordnete ihre Entscheidungen unabhängig von der jeweiligen Stimmung des Volkes treffen können. Glücklicher als der Begriff Vertreter ist die Bezeichnung des Bundestagsabgeordneten als **Repräsentant**, da er im Verhältnis zu seinen Wählern ein sog. **freies Mandat** innehat. Im Gegensatz dazu steht das **gebundene Mandat** (**imperatives Mandat**), das den Abgeordneten rechtlich an konkrete Weisungen seiner Wähler bindet.

187   Besonderer Schutz kommt dem Abgeordneten durch Art. 46 GG zu. Art. 46 Abs. 1 GG betrifft die sog. **Indemnität**. Danach darf ein Abgeordneter wegen einer Abstimmung oder wegen einer Äußerung, die er im Bundestag oder in einem seiner Ausschüsse getan hat, weder gerichtlich noch dienstlich verfolgt oder sonst zur Verantwortung gezogen werden. Diese Bestimmung sichert die parlamentarische Redefreiheit. Der Abgeordnete soll sich von äußerem Zwang möglichst frei fühlen. Art. 46 Abs. 2 GG behandelt die **Immunität**. Ein Abgeordneter, der eine strafbare Handlung begangen hat, darf nur mit Genehmigung des Bundestages vor Gericht gestellt oder verhaftet werden, sofern er nicht bei Begehung der Tat oder im Laufe des folgenden Tages festgenommen wird. Die Immunität dient dem Schutz der Arbeitsfähigkeit des Parlaments. Sie ist historisch erklärbar. Das Parlament sollte vor willkürlichen Eingriffen der Exekutive geschützt werden. Man wollte verhindern, dass bei umstrittenen Abstimmungen das Ergebnis dadurch beeinflusst werden kann, dass missliebige Abgeordnete unter beliebigem Vorwand durch die Exekutive in Haft genommen werden – so beispielsweise des Öfteren geschehen zu Zeiten der Weimarer Republik. Zweck der Indemnität und der Immunität ist nach der historischen Entwicklung dieser Rechtsinstitute nicht eine Privilegierung des Abgeordneten, sondern die Sicherung der **Funktionsfähigkeit des Parlaments**.

Der Bundestag wird auf vier Jahre gewählt (**Legislaturperiode**). Er gibt **188** sich eine **Geschäftsordnung**, wählt einen **Präsidenten** und **Vizepräsidenten**, die das **Präsidium** bilden, sowie die Schriftführer. Bei der Führung der Geschäfte wird der Präsident vom **Ältestenrat** unterstützt, der sich aus dem Präsidenten, dessen Stellvertretern und 23 Abgeordneten zusammensetzt. Gegliedert ist der Bundestag in **Fraktionen**, Vereinigungen von mindestens 5% der Mitglieder des Bundestages. Die **Ausschüsse** sind Unterorgane des Bundestages und nach dem Stärkeverhältnis der Fraktionen zusammengesetzt. Die Bestellung eines Ausschusses für Auswärtige Angelegenheiten, eines Ausschusses für Verteidigung, eines Ausschusses für Angelegenheiten der Europäischen Union und eines Petitionsausschusses schreibt die Verfassung zwingend vor.

Bei der Lektüre der Art. 38 bis 49 GG fällt auf, dass diese über die **Auf-** **189** **gaben** des Bundestages kaum etwas aussagen. Die Aufgaben des Bundestages sind an anderen Stellen des Grundgesetzes normiert. Die wichtigste Tätigkeit des Bundestages ist die Beratung und der Beschluss von Gesetzen. Das **Gesetzgebungsverfahren** ist in einem besonderen Abschnitt des Grundgesetzes geregelt (Art. 70 bis 82 GG), auf das in Kapitel 10 noch gesondert eingegangen wird. Außerhalb der Art. 38 bis 49 weist das Grundgesetz dem Bundestag noch folgende Befugnisse zu:

1. Art. 63 GG: Wahl des Bundeskanzlers,
2. Art. 67 GG: Abberufung des Bundeskanzlers,
3. Art. 56 GG: Abnahme des Eides des Bundespräsidenten (gemeinsam mit dem Bundesrat),
4. Art. 59 Abs. 2 GG: Zustimmung zum Abschluss bestimmter völkerrechtlicher Verträge und
5. Art. 61 GG: Präsidentenanklage.

Insgesamt lassen sich die folgenden vier Hauptaufgaben des Parlaments **190** feststellen, die zusammen dem Bundestag eine herausgehobene Stellung im Staatsaufbau der Bundesrepublik garantieren: die **Gesetzgebungsfunktion**, die **Wahlfunktion** für bestimmte Staatsorgane, die **Kontrollfunktion** gegenüber der Exekutive und die **Repräsentationsfunktion**.

2. Bundesrat

Gemäß Art. 50 GG wirken die Bundesländer durch den **Bundesrat** bei **191** Gesetzgebung und Verwaltung des Bundes mit. Der Bundesrat besteht aus Mitgliedern der Landesregierungen. Jedes Land hat mindestens drei Stimmen (Bremen, Hamburg, Mecklenburg-Vorpommern, Saarland), Länder mit mehr als zwei Millionen Einwohnern haben vier (Berlin, Brandenburg, Rheinland-Pfalz, Sachsen, Sachsen-Anhalt, Schleswig-Holstein, Thüringen), mit mehr als sechs Millionen Einwohnern fünf (Hessen), mit mehr als sieben Millionen Einwohnern sechs Stimmen (Baden-Württemberg, Bayern, Niedersachsen, Nordrhein-Westfalen). Die Gesamtzahl der Stimmen beträgt momentan 69. Die Stimmen eines Landes können nur einheitlich abgegeben werden.

192   Auch der Bundesrat hat sich eine **Geschäftsordnung** gegeben. Sein **Präsident** wird auf ein Jahr gewählt, und zwar in der Reihenfolge der Größe der Länder nach der Einwohnerzahl. Er ist **Vertreter des Bundespräsidenten.** In die **Ausschüsse** des Bundesrates können auch Nichtmitglieder berufen werden.

193   Durch den Bundesrat erhalten die Bundesländer Einfluss auf die Bundesverwaltung und die Bundesgesetzgebung. Er gibt ihnen die Möglichkeit, die Tätigkeit von Bundestag und Bundesregierung zu kontrollieren und zu beeinflussen und dabei die Interessen der Länder zu wahren. Auch in Angelegenheiten der Europäischen Union wirken die Bundesländer nach Art. 23 Abs. 4 bis 7 GG über den Bundesrat durch weitreichende Beteiligungsrechte mit.

II. Vollziehende Organe

194   Die verfassungsrechtlichen Beziehungen zwischen Legislative und Exekutive konstituieren das **Regierungssystem** eines demokratischen Staates. In einer Demokratie gibt es zwei Grundtypen von Regierungssystemen, das **Präsidialsystem** und das **parlamentarische System.**

195   Bei dem **Präsidialsystem** hat das Parlament keinen Einfluss auf die Bildung der Regierung. Beide Gewalten stehen unabhängig nebeneinander. Dieses System besteht in den Vereinigten Staaten von Amerika. Die Exekutive, der Präsident, wird dort vom Volk gewählt. Der Congress (Senate und House of Representatives) hat außer der Präsidentenanklage (Impeachment) keine Möglichkeit, den Präsidenten zu stürzen.

196   Den Gegensatz hierzu bildet das **parlamentarische System.** Bei diesem wird die Regierung vom Parlament gewählt und ist von ihm abhängig. Das Parlament hat die Befugnis, mit **Misstrauensanträgen** nicht nur die Regierung als ganzes, sondern auch einzelne Regierungsmitglieder zum **Rücktritt** zu zwingen. Dieses System bestand in der Weimarer Republik, es führte oftmals dazu, dass sich eine Parlamentsmehrheit fand, die bereit war, eine Regierung oder einen Minister zu stürzen, ohne aber selbst eine Regierung bilden zu können.

197   Gemäß Art. 67 und Art. 68 GG besteht in der Bundesrepublik ein **abgemildertes parlamentarisches System.** Nach Art. 67 GG kann der Bundestag, wenn er dem Bundeskanzler das Misstrauen ausspricht, nur die gesamte Regierung stürzen. Einzelne Regierungsmitglieder kann er nicht abwählen. Der Sturz des Kanzlers ist nur bei gleichzeitiger Neuwahl eines anderen Kanzlers möglich. Findet sich im Bundestag eine Mehrheit, die die Bundesregierung zu stürzen bereit ist, aber sich selbst nicht auf die Wahl eines neuen Bundeskanzlers einigen kann, so bleibt die alte Bundesregierung im Amt. Dieses **konstruktive Misstrauensvotum** steht im Gegensatz zum destruktiven der Weimarer Republik.

198   Art. 68 GG gibt dem Bundeskanzler selbst die Möglichkeit zu prüfen, ob seine Regierungsarbeit von der Mehrheit des Bundestages gebilligt wird, indem er die **Vertrauensfrage** stellt. Bei einem negativen Ergebnis kann der Bundespräsident unter den Voraussetzungen des Art. 68 GG den Bundestag auflösen. Dieses Instrument wurde 2005 von dem Bundeskanzler Gerhard Schröder angewendet, um Neuwahlen herbeizuführen. Zwar ist heftig umstritten, ob Art. 68 GG für eine solche unechte Vertrauensfrage überhaupt

geschaffen ist; das Bundesverfassungsgericht billigte die Bundestagsauflösung letztlich und hat die Frage damit für die Staatspraxis entschieden.

Die Aufgabenbereiche exekutiver Staatsgewalt sind in ihrer Komplexität 199 kaum zu überblicken. Sie reichen von der Finanz- und Wehrverwaltung über das Bildungswesen bis hin zur Rentenversorgung. Für alle Bereiche gilt Art. 20 Abs. 3 GG: Die vollziehende Gewalt ist an Gesetz und Recht gebunden. Der wichtigste Aufgabenbereich der **Exekutive** ist die **Ausführung von Gesetzen.**

Die Aufgaben der vollziehenden Gewalt beschränken sich aber nicht al- 200 lein darauf, die vom Gesetzgeber erlassenen Rechtsnormen auszuführen. Vielmehr ist zu differenzieren: Auf der einen Seite steht die Gesetzesausführung durch die Exekutive. Dies ist Aufgabe der Verwaltungsbehörden. Daneben ist auch die Tätigkeit der Regierung ein wesentlicher Teil der Exekutive. Dabei geht es weniger um die Ausführung von Gesetzen, als vielmehr um das Treffen und Verwirklichen eigenständiger politischer Entscheidungen wie z.B. Aufnahme und Pflege politischer Beziehungen zu anderen Staaten; Auslandsreisen des Bundeskanzlers zur Verbesserung politischer und wirtschaftlicher Beziehungen etc.

1. Bundespräsident

Als erstes Exekutivorgan des Bundes behandelt das Grundgesetz den 201 **Bundespräsidenten.** Er wird gemäß Art. 54 Abs. 1 GG von der **Bundesversammlung** auf fünf Jahre gewählt. Die direkt daran anschließende Wiederwahl ist nur einmal möglich, jedoch ist die Wiederwahl nach überwiegender Ansicht dann nicht ausgeschlossen, wenn dazwischen mindestens ein anderer Bundespräsident amtiert hat. Die Wahl des Bundespräsidenten ist die einzige Aufgabe der Bundesversammlung. Sie besteht aus den Mitgliedern des Bundestages und aus einer gleichen Anzahl von Mitgliedern, die von den Volksvertretungen der Länder (Landtage) gewählt werden, aber nicht Landtagsabgeordnete zu sein brauchen.

Der Bundespräsident ist das Staatsoberhaupt. Er darf nicht der Regie- 202 rung oder dem Parlament des Bundes oder eines Landes angehören, darf kein anderes besoldetes Amt, kein Gewerbe und keinen Beruf ausüben und nicht der Leitung oder dem Aufsichtsrat eines auf Erwerb gerichteten Unternehmens angehören. Vom Grundgesetz werden ihm nur geringe Kompetenzen eingeräumt, die sich zumeist in Repräsentativaufgaben erschöpfen. Das Amt des Bundespräsidenten lebt daher in ebenso hohem Maße von der Ausstrahlungskraft der Persönlichkeit seines jeweiligen Trägers wie von den Befugnissen, die das Grundgesetz ihm einräumt.

2. Bundesregierung

Das entscheidende Exekutivorgan der Bundesrepublik ist die **Bundesre-** 203 **gierung,** die aus dem **Bundeskanzler** und den **Bundesministern** besteht. Einen der Bundesminister ernennt der Bundeskanzler zu seinem Stellvertreter, für den sich die im Grundgesetz nicht vorgesehene Bezeichnung **Vizekanzler** durchgesetzt hat.

Die Bildung der Bundesregierung beginnt mit der **Wahl des Bundeskanzlers** durch den Bundestag (Art. 63 GG). Der vom Bundestag mit der Mehrheit seiner Mitglieder Gewählte ist vom Bundespräsidenten zum Bundes-

kanzler zu ernennen (Art. 63 Abs. 2 und Abs. 4 Satz 2 GG). Er schlägt dem
Bundespräsidenten die Minister vor, die von diesem ernannt werden
(Art. 64 GG). Der Bundespräsident darf hierbei jedoch politische Bedenken
äußern und eine Ernennung aus formellen Gründen (z. B. Inkompatibilitä-
ten, Art. 55 GG) verweigern.

204   Art. 65 GG regelt die innere Struktur der Bundesregierung. Der Bundeskanzler bestimmt die **Richtlinien der Politik** und hat damit wesentlich mehr
politische Befugnisse als die übrigen Regierungsmitglieder, die ihre Ressorts
innerhalb der Richtlinien des Kanzlers selbstständig und unter eigener Verantwortung leiten.

III. Rechtsprechende Organe

205   Art. 92 GG lautet:

> „Die rechtsprechende Gewalt ist den Richtern anvertraut; sie wird durch das Bundes-
> verfassungsgericht, durch die in diesem Grundgesetz vorgesehenen Bundesgerichte und
> durch die Gerichte der Länder ausgeübt."

206   Art. 97 Abs. 1 GG sagt über die Rechtsstellung der Richter aus:

> „Die Richter sind unabhängig und nur dem Gesetze unterworfen."

207   Die Funktion der rechtsprechenden Gewalt ist es, Streitfälle zu entscheiden, die bei der Anwendung von Normen entstehen.

1. Bundesverfassungsgericht

208   An der Spitze der rechtsprechenden Gewalt der Bundesrepublik Deutschland steht das **Bundesverfassungsgericht**. Durch die Befugnisse, die ihm die
Verfassung zuweist, ragt es aus der übrigen Gerichtsorganisation heraus. Es
überprüft zwar die Entscheidungen der anderen Gerichte nicht auf Fehler
bei der Auslegung des einfachen Rechts und seiner Anwendung auf den
Einzelfall. Insofern stellt das Bundesverfassungsgericht **keine Superrevisi-
onsinstanz** für letztinstanzliche Urteile dar. Jedoch hebt es Entscheidungen
der anderen Gerichte bei Vorliegen einer **spezifischen Verfassungsverletzung**
auf. Eine solche liegt nur dann vor, wenn ein Gericht den Schutzbereich eines Grundrechts falsch bestimmt hat, wenn es ein einschlägiges Grundrecht
bei seiner Entscheidung übersehen hat, oder wenn es seine Entscheidung auf
ein verfassungswidriges Gesetz gestützt hat. Daneben kontrolliert das Bundesverfassungsgericht durch seine Rechtsprechung das verfassungsmäßige
Verhalten **aller** staatlichen Gewalten: den Gesetzgeber, ob dessen Gesetze
den Vorschriften des Grundgesetzes entsprechen, die Verwaltung und die
Gerichte, ob sie bei ihren Maßnahmen und Entscheidungen das Grundgesetz
beachtet haben. Außerdem schlichtet es Streitigkeiten zwischen staatlichen
Organen, beschließt über die Rechtmäßigkeit von Bundestagswahlen (Art. 41
Abs. 2 GG), das Verbot politischer Parteien (Art. 21 Abs. 2 GG), die Verwir-
kung von Grundrechten (Art. 18 GG) und Anklagen gegen den Bundespräsidenten und gegen Bundesrichter wegen Verletzung der Verfassung (Art. 61,
Art. 98 Abs. 2 GG). Durchaus zu Recht kann man daher das Bundesverfassungsgericht auch als obersten **Hüter der Verfassung** bezeichnen.

209   Die rechtlich und politisch bedeutsamsten Verfahren vor dem Bundesverfassungsgericht sind die der **Normenkontrolle**, des **Organstreits** und der
Verfassungsbeschwerde.

a) Normenkontrollverfahren (Art. 93 Abs. 1 Nr. 2 und Art. 100 Abs. 1 GG)

Art. 20 Abs. 3 GG bindet den Richter an das Gesetz und den Gesetzge- **210** ber an die verfassungsmäßige Ordnung. Da auch der Richter – wie alle staatlichen Organe – an die Verfassung gebunden ist, entsteht ein Konflikt, wenn ein Richter meint, ein Gesetz, auf das es bei der Entscheidung des Streitfalles ankommt, entspreche nicht der verfassungsmäßigen Ordnung.

Zwei Grundtypen der Konfliktlösung sind denkbar: Zum einen könnte **211** es dem Richter verwehrt sein, die Gültigkeit von Gesetzen in Frage zu stellen. Er müsste vielmehr jedes vom Parlament erlassene Gesetz als geltendes Recht anwenden. Dieser Standpunkt entspricht der Verfassungsrechtslage in England und Frankreich. Zum anderen könnte der Konflikt durch ein Prüfungsrecht des Richters gelöst werden. Das Grundgesetz hat sich für letztere Konfliktlösung entschieden: Der Richter ist berechtigt und wegen der Höherrangigkeit der Verfassung sogar verpflichtet, jede Rechtsnorm, die er anwendet, auf ihre Vereinbarkeit mit der Verfassung zu prüfen. Es würde jedoch zu großer Unsicherheit führen, wenn jedes einzelne Gericht befugt wäre, ein Gesetz wegen Verfassungswidrigkeit einfach nicht anzuwenden. Art. 100 Abs. 1 Satz 1 GG lautet daher:

> „Hält ein Gericht ein Gesetz, auf dessen Gültigkeit es bei der Entscheidung ankommt, für verfassungswidrig, so ist das Verfahren auszusetzen und (...) die Entscheidung des Bundesverfassungsgerichts einzuholen."

Man nennt das Verfahren nach Art. 100 Abs. 1 GG **konkrete Normen-** **212** **kontrolle,** weil ein konkretes gerichtliches Verfahren den Anlass zur bundesverfassungsgerichtlichen Überprüfung gibt.

Von der konkreten unterscheidet sich die **abstrakte Normenkontrolle** da- **213** durch, dass hier nicht eine konkrete gerichtliche Streitigkeit Prüfungsanlass ist, sondern Verfassungsorgane einen Antrag an das Bundesverfassungsgericht stellen, das die Vorschrift auf ihre Vereinbarkeit mit der Verfassung überprüft. Die entsprechende Vorschrift des Art. 93 Abs. 1 Nr. 2 GG lautet:

> „Das Bundesverfassungsgericht entscheidet bei Meinungsverschiedenheiten oder Zweifeln über die förmliche und sachliche Vereinbarkeit von Bundesrecht oder Landesrecht mit diesem Grundgesetze oder die Vereinbarkeit von Landesrecht mit sonstigem Bundesrecht auf Antrag der Bundesregierung, einer Landesregierung oder eines Drittels der Mitglieder des Bundestages."

b) Organstreit (Art. 93 Abs. 1 Nr. 1 GG)

Für die Entscheidung **staatsorganisationsrechtlicher Streitigkeiten,** d. h. **214** bei Auseinandersetzungen über die Befugnisse einzelner Staatsorgane, ist das Bundesverfassungsgericht ebenfalls zuständig. Diese Vorschrift lautet:

> „Das Bundesverfassungsgericht entscheidet über die Auslegung dieses Grundgesetzes aus Anlass von Streitigkeiten über den Umfang der Rechte und Pflichten eines obersten Bundesorgans oder anderer Beteiligter, die durch dieses Grundgesetz oder in der Geschäftsordnung eines obersten Bundesorgans mit eigenen Rechten ausgestattet sind."

Bei der Bundestagsauflösung 2005 gingen zwei Abgeordnete mit dem **215** Organstreit gegen den Bundespräsidenten vor. Sie argumentierten, dass keine Auflösungslage im Sinne des Art. 68 GG vorlag, da Bundeskanzler Schröder das Vertrauen nur zum Schein – nämlich um Neuwahlen zu erzwingen – entzogen wurde. Damit drangen die Abgeordneten nicht durch.

c) Verfassungsbeschwerde (Art. 93 Abs. 1 Nr. 4a GG)

216   Das für den Bürger bedeutsamste Verfahren vor dem Bundesverfassungsgericht ist die **Verfassungsbeschwerde**.
Damit die Beachtung der Grundrechte in den Art. 1 bis 19 GG durch die staatlichen Organe sichergestellt ist und damit sie einheitlich ausgelegt werden, ist die Verfassungsbeschwerde geschaffen worden. Verfassungsbeschwerde kann von jedermann mit der Behauptung erhoben werden, durch die öffentliche Gewalt (Legislative, Exekutive, Rechtsprechung) in einem seiner Grundrechte oder einem seiner in den Art. 20 Abs. 4, 33, 38, 101, 103 und 104 GG enthaltenen Rechte verletzt zu sein (Art. 93 Abs. 1 Nr. 4a GG).

217   Die Verfassungsbeschwerde ist allerdings **subsidiär**: Der Betroffene muss sich zur Verteidigung seiner Rechte zunächst an die allgemeinen Gerichte wenden, d. h. den Rechtsweg erschöpfen.

218   Die Verfassungsbeschwerde hat doppelte Funktion: Zum einen ist sie ein Rechtsbehelf, der den Staatsbürgern zur Verteidigung ihrer Grundrechte eingeräumt ist. Nur bei der Möglichkeit einer **spezifischen Grundrechtsverletzung** oder einer Verletzung der in Art. 93 Abs. 1 Nr. 4a GG genannten sog. grundrechtsgleichen Rechte kann Verfassungsbeschwerde eingelegt werden.

219   Die zweite Funktion der Verfassungsbeschwerde besteht darin, das objektive Verfassungsrecht zu bewahren und seiner Fortbildung zu dienen. Unabhängig davon, ob das Bundesverfassungsgericht eine Verfassungsbeschwerde für begründet oder unbegründet erklärt, enthält die Begründung in jedem Fall maßgebliche Ausführungen zu verfassungsrechtlichen Fragen, die oftmals erhebliche Auswirkungen auf das Handeln des Gesetzgebers und der Verwaltung sowie auf die Rechtsprechung der Gerichte haben.

2. Organisation und Aufgaben der Gerichte

220   Bereits in Kapitel 2 fanden eine Reihe von unterschiedlichen Gerichten Erwähnung. Diese Vielzahl verschiedener Gerichte in der Bundesrepublik Deutschland ist recht verwirrend. Kritiker sprechen deshalb plastisch davon, die Bundesrepublik sei ebenso sehr „Rechtswegestaat" wie Rechtsstaat. Ein derart unübersichtliches System trägt eher dazu bei, dem Bürger die Suche nach Rechtsschutz zu erschweren. Der nachfolgende Überblick, der weit von jeder Vollständigkeit entfernt ist, verfolgt einzig und allein den Zweck, im Rahmen dieses Buches die Übersicht zu erleichtern.

221   Die Gerichtsorganisation der Bundesrepublik ist so gestaltet, dass neben einer Vielzahl von Gerichten der 1. Instanz eine immer noch beachtliche Zahl von Gerichten der **Berufungsinstanz** bestehen. Alle diese Gerichte sind Gerichte der Länder. Über diesen stehen dann die **Revisionsgerichte,** die oberste Gerichtshöfe des Bundes sind, insgesamt fünf an der Zahl. Im Gegensatz zum Berufungsgericht überprüft die Revisionsinstanz nicht noch einmal den gesamten Tatsachen- und Rechtsstoff eines Prozesses, sondern geht allein der Frage nach, ob die **Rechtsfragen** zutreffend entschieden wurden.

222   Zweck der Revisionsinstanz ist der folgende: Jeder Richter ist bei der Norminterpretation unabhängig, d. h., er unterliegt keinen Weisungen. Es

liegt nahe, dass dies zu einer sehr unterschiedlichen Rechtsprechung der einzelnen Gerichte führen kann, was wiederum große Rechtsunsicherheit zur Folge hätte. Diese zu vermeiden, ist Sinn der Revision.

§ 316 StGB lautet: 223

„Wer im Verkehr ein Fahrzeug führt, obwohl er infolge des Genusses alkoholischer Getränke (...) nicht in der Lage ist, das Fahrzeug sicher zu führen, wird mit Freiheitsstrafe bis zu einem Jahr bestraft (...)."
Bliebe es der Norminterpretation eines jeden einzelnen Richters überlassen, ob dieser Tatbestand bei 0,5, 0,7, 1,0 oder erst bei 1,5 Promille erfüllt ist, würden die betreffenden Autofahrer kaum Verständnis dafür haben. Der Bundesgerichtshof hat als Revisionsinstanz entschieden, dass das Tatbestandsmerkmal „nicht in der Lage sein, das Fahrzeug sicher zu führen" bei 1,1 Promille erfüllt ist. Damit konnte und durfte er allerdings den untergeordneten Gerichten keine rechtlich bindende Weisung erteilen. Diese sind – rechtlich gesehen – nach wie vor in der Norminterpretation frei, halten sich jedoch nahezu ausnahmslos an die Auslegung des Bundesgerichtshofs, da sie ansonsten damit rechnen müssten, dass ihre Urteile von diesem in der Revisionsinstanz aufgehoben werden.

Den im Rahmen der Rechtspflege quantitativ größten Aufgabenbereich 224 hat die **ordentliche Gerichtsbarkeit.** Ihr obliegt die Zivil- und Strafrechtspflege. Gerichte der ordentlichen Gerichtsbarkeit sind die **Amtsgerichte** (AG), die **Landgerichte (LG),** die **Oberlandesgerichte (OLG)** und der **Bundesgerichtshof (BGH)** in Karlsruhe. Kein Prozess durchläuft allerdings alle vier Instanzen, das Maximum liegt bei drei. Zivilprozesse im Streitwert bis zu 5000 € beginnen beim Amtsgericht und enden – falls der Unterlegene Berufung einlegt – am Landgericht als Berufungsinstanz. Liegt der Streitwert über 5000 €, so beginnen die Prozesse beim Landgericht, Berufungsinstanz ist das Oberlandesgericht, Revisionsinstanz der Bundesgerichtshof.

Vergleichbar, aber noch weitaus komplizierter ist der Instanzenzug der 225 ordentlichen Gerichtsbarkeit bei der Strafrechtspflege. Prozesse über geringfügige Delikte beginnen beim Amtsgericht vor dem Einzelrichter oder dem Schöffengericht, schwerwiegendere Delikte beim Landgericht (Strafkammer oder Strafkammer als Schwurgericht), Staatsschutzdelikte erst beim Oberlandesgericht. Über Berufungen gegen Urteile des Amtsgerichts entscheidet das Landgericht. Gegen Urteile des Landgerichts als Eingangsinstanz gibt es nur die Revision. Revisionsinstanz ist für Strafprozesse, die beim Amtsgericht beginnen, das Oberlandesgericht, im Übrigen der Bundesgerichtshof.

Über zivilrechtliche Streitigkeiten entscheiden neben den ordentlichen 226 Gerichten noch die **Arbeitsgerichte.** Sie sind zuständig für alle bürgerlichen Rechtsstreitigkeiten zwischen Arbeitnehmern und Arbeitgebern aus dem Arbeitsverhältnis. Arbeitsvertragsrecht ist Zivilrecht, da Arbeitnehmer und Arbeitgeber rechtlich auf gleicher Stufe stehen. Ein Weisungsrecht hat der Arbeitgeber gegenüber dem Arbeitnehmer erst, nachdem sich dieser in einem Arbeitsvertrag zu abhängiger Arbeit verpflichtet hat. Der Grund für die besondere Arbeitsgerichtsbarkeit ist die Notwendigkeit einer Spezialisierung. Die Arbeitsgerichtsbarkeit ist dreistufig aufgebaut: Erste Instanz sind die **Arbeitsgerichte (ArbG),** Berufung ist möglich zu den **Landesarbeitsgerichten (LAG),** Revisionsinstanz ist das **Bundesarbeitsgericht (BAG)** in Erfurt.

227   Über öffentlich-rechtliche Streitigkeiten entscheiden im Regelfall die **Verwaltungsgerichte**. In der allgemeinen Verwaltungsgerichtsbarkeit entscheiden erstinstanzlich die **Verwaltungsgerichte** (VG). Berufungsinstanz sind die **Oberverwaltungsgerichte** (OVG), die in den süddeutschen Ländern Verwaltungsgerichtshöfe (VGH) heißen. Revisionsinstanz ist das **Bundesverwaltungsgericht** (BVerwG) in Leipzig.

228   Besondere Rechtsmaterien des öffentlichen Rechts, die umfangreiche Spezialkenntnisse voraussetzen, sind das Steuer- und das Sozialversicherungsrecht. Hierfür sind jeweils eigene besondere Verwaltungsgerichte, die Sozialgerichte und die Finanzgerichte, zuständig. Eingangsinstanz der **Sozialgerichtsbarkeit** sind die **Sozialgerichte** (SG), Berufungsinstanz die **Landessozialgerichte** (LSG) und Revisionsinstanz ist das **Bundessozialgericht** (BSG) in Kassel.

229   Bei den **Finanzgerichten** fehlt die Berufungsinstanz. In erster Instanz sind die **Finanzgerichte** (FinG) zuständig; Revisionsinstanz ist der **Bundesfinanzhof** (BFH) in München.

230   Zur Wahrung der Einheitlichkeit der Rechtsprechung ist ein **Gemeinsamer Senat** der fünf obersten Gerichtshöfe in Karlsruhe gebildet worden. Er entscheidet, wenn ein oberster Gerichtshof in einer Rechtsfrage von der Entscheidung eines anderen obersten Gerichtshofs oder des Gemeinsamen Senats abweichen will.

Weiterführende Hinweise:

Beaucamp, Konflikte in der Bundesregierung, JA 2001, 478;
Burkiczak, Die Bundesversammlung und die Wahl des Bundespräsidenten, JuS 2004, 278;
Kahl/Benner, Fehlerhaftes Gesetzgebungsverfahren – Der Bundespräsident als Kontrollinstanz, Jura 2005, 869;
von Lewinski, Ein Kanzler will Neuwahlen, JA 2006, 439.

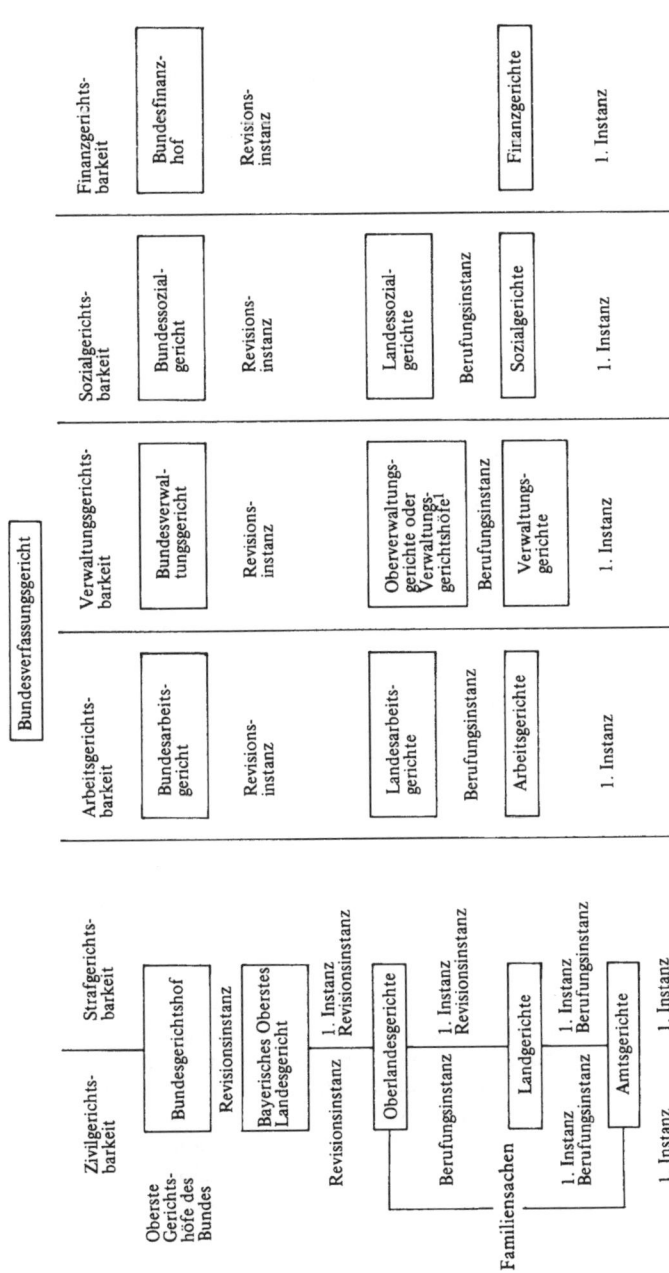

[1] Erstinstanzliche Zuständigkeiten der Oberverwaltungsgerichte in den Fällen der §§ 47, 48 Verwaltungsgerichtsordnung in der Fassung der Bekanntmachung vom 19. März 1991 (VwGO, BGBl. I, S. 686).

Kapitel 10: Die Bundesgesetzgebung

232   In einem Bundesstaat können bei der Ausübung staatlicher Gewalt Konflikte entstehen, weil sowohl der Bund als auch die Länder jeweils eigenständige Staatsgewalt besitzen. Eine erste grobe Kompetenzverteilung nimmt Art. 30 GG vor: Danach ist die Ausübung staatlicher Befugnisse und die Erfüllung staatlicher Aufgaben Sache der Länder, soweit nicht das Grundgesetz ausdrücklich eine Zuständigkeit des Bundes begründet. Für die gesetzgebende Gewalt ist dieser Grundsatz noch einmal in Art. 70 Abs. 1 GG wiederholt, für die Exekutive in Art. 83 GG. Deshalb haben die Länder das Recht zur Gesetzgebung, soweit das Grundgesetz dem Bund nicht ausdrücklich Gesetzgebungsbefugnisse zuteilt.

I. Gesetzgebungszuständigkeit des Bundes

233   Über welche Materien dem Bund Gesetzgebungsbefugnisse zustehen, regeln die Art. 70 ff. und 105 GG. Dabei ist zu unterscheiden zwischen:
1. der ausschließlichen Bundesgesetzgebung (Art. 71, 73, 105 Abs. 1 GG) und
2. der konkurrierenden Bundesgesetzgebung (Art. 72, 74, 74a und 105 Abs. 2 GG).

234   Die Möglichkeit der Rahmengesetzgebung des Bundes, wie sie in dem früheren Art. 75 GG vorgesehen war, wurde mit der Föderalismusreform vom 28. August 2006 gestrichen.

1. Ausschließliche Bundesgesetzgebung

235   Art. 73 GG und Art. 105 GG nennen Sachgebiete, die gemäß Art. 71 GG **ausschließlich** der Bund regeln darf. Die Länder sind in diesem Bereich grundsätzlich von der Gesetzgebung ausgeschlossen. Die in dem Katalog des Art. 73 GG genannten Sachgebiete können vernünftigerweise in einem Bundesstaat ausschließlich nur vom Bund geregelt werden, da sie einer einheitlichen Regelung unbedingt bedürfen. Nahezu unvorstellbar wäre das Durcheinander, das entstünde, wenn jedes Bundesland sein Geldwesen bzw. die geltenden Maße und Gewichte selbstständig und anders als die anderen regeln dürfte. Reibungsverluste und Schaden für die gesamte Volkswirtschaft wären unermesslich. Für die Wirtschaft besonders bedeutsam ist die **ausschließliche Gesetzgebungszuständigkeit** des Bundes auf dem Gebiet des Währungswesens (Art. 73 Nr. 4 GG), der Einheit des Zoll- und Handelsverkehrs (Art. 73 Nr. 5 GG), des gewerblichen Rechtsschutzes (Art. 73 Nr. 9 GG) und der Zölle und Finanzmonopole (Art. 105 Abs. 1 GG).

2. Konkurrierende Gesetzgebung

236   Die Eigenart der **konkurrierenden Gesetzgebung** besteht darin, dass grundsätzlich Bund **und** Länder die in Art. 74 und 105 Abs. 2 GG aufgezählten umfangreichen Materien gesetzlich regeln dürfen.

Nahezu chaotische Zustände würden eintreten, wenn der Bund und jedes Land gesondert unterschiedliche Gesetze für einen bestimmten Sachbereich erlassen könnten. Beispielsweise würde bei der Strafgesetzgebung (Art. 74 Nr. 1 GG) vollständige Rechtsunsicherheit herrschen, wenn es Handlungen gäbe, die nach dem Strafgesetz des Bundes erlaubt, nach demjenigen in Bremen verboten und nach dem hamburgischen Strafgesetz wieder erlaubt wären. Um einer derartigen Uneinheitlichkeit vorzubeugen, gibt Art. 72 Abs. 1 GG dem **Bundesgesetzgeber Vorrang,** da er immer dann, wenn er eine Materie geregelt hat, damit automatisch die Zuständigkeit der Länder für dieses Sachgebiet ausschließt. Wenn aber die Länder die betreffende Materie gesetzlich schon geregelt haben, **bevor** sich der Bund dazu entschlossen hat, greift Art. 31 GG ein: Nach Erlass des Bundesgesetzes werden die betreffenden Landesgesetze unwirksam. Dieser Vorrang der Bundesgesetzgebung vor der Landesgesetzgebung im Bereich der konkurrierenden Gesetzgebung verhindert unterschiedliche Gesetze für den gleichen Sachbereich immer dann, wenn der Bundesgesetzgeber tätig geworden ist.

Mit der Föderalismusreform wurde dieser Vorrang in einigen Punkten 237 aufgeweicht. Art. 73 Abs. 3 GG sieht nun eine mögliche Abweichungsgesetzgebung der Länder für die dort aufgezählten Materien vor. Der Bund hat grundsätzlich die Gesetzgebungskompetenz in diesen Bereichen. Die Länder haben aber die Möglichkeit, durch eigene Gesetze abweichende Regelungen treffen. Daher treten Bundesgesetze in den in Art. 72 Abs. 3 GG aufgezählten Kompetenzen erst sechs Monate nach Verkündung in Kraft. Sinn dieser „Wartezeit" ist, dass sich die Länderparlamente währenddessen über eine mögliche abweichende Regelung entscheiden können.

Eine weitere Einschränkung des Vorrangs der Bundesgesetzgebung ent- 238 hält Art. 72 Abs. 2 GG. In den dort aufgezählten Bereichen hat der Bund nur dann die Befugnis zur konkurrierenden Gesetzgebung, wenn und soweit die Herstellung gleichwertiger Lebensverhältnisse im Bundesgebiet oder die Wahrung der Rechts- und Wirtschaftseinheit im gesamtstaatlichen Interesse eine bundesgesetzliche Regelung erforderlich macht. Ob diese Voraussetzungen vorliegen, kann in einem eigenen Fall des abstrakten Normenkontrollverfahrens gemäß Art. 92 Abs. 1 Nr. 2 a GG durch das Bundesverfassungsgericht überprüft werden; antragsberechtigt sind dabei der Bundesrat, eine Landesregierung oder die Volksvertretung eines Landes. Gemäß Art. 72 Abs. 4 GG kann durch Bundesgesetz bestimmt werden, dass eine ursprünglich gemäß Art. 72 Abs. 2 GG erforderliche Regelung, deren Erforderlichkeit später entfallen ist, durch Landesrecht ersetzt werden kann. Diese Vorschrift verdeutlicht das Spannungsverhältnis, das dem Bundesstaat immanent ist. Einerseits soll es immer dann, wenn es notwendig oder zweckmäßig ist, eine im ganzen Bundesstaat einheitliche Regelung über die Materien der konkurrierenden Gesetzgebung geben, andererseits soll aber immer dann, wenn eine solche Erforderlichkeit nicht so dringend ist, die Eigenstaatlichkeit der Länder den Vorrang haben.

In einer industriellen Massengesellschaft ist der Trend zur Vereinheitlichung außerordentlich groß. Der Bundesgesetzgeber hat deshalb die in

Art. 74 GG ebenso wie die in Art. 105 Abs. 2 GG genannten Materien
weitgehend geregelt und damit die Möglichkeit der Länder zu selbststständi-
ger verschiedenartiger Normierung – sieht man von den Änderungen durch
die Föderalismusreform ab – ausgeschaltet. Dies gilt vor allem für das
Recht der Wirtschaft (Art. 74 Abs. 1 Nr. 11 GG). Bei Durchsicht des Kata-
loges des Art. 74 Abs. 1 GG wird deutlich, dass hier die wichtigsten und die
bedeutendsten Materien, die einer gesetzgeberischen Regelung zugänglich
sind, genannt werden. Von den dem juristischen Laien bekannten Rechtsgebieten fehlen wohl nur das Polizei-, das Schul- und das Gemeinderecht –
Rechtsgebiete, für die nach Art. 70 Abs. 1 GG allein die Länder zuständig
sind. Ein Bundesschulgesetz oder Bundesgemeindegesetz wäre deshalb verfassungswidrig. Die Länder haben nach Art. 70 Abs. 1 GG grundsätzlich
das Recht zur Gesetzgebung (Regel), soweit nicht das Grundgesetz dem
Bund die Zuständigkeit gibt (Ausnahme); die Aktivität des Bundesgesetzge-
bers im Bereich der konkurrierenden Gesetzgebung hat dieses Regel-Ausnahme-Verhältnis in sein Gegenteil verkehrt. Dies äußert sich beispielsweise
darin, dass die wichtigsten Gesetze, mit denen künftige Volks- und Be-
triebswirte in ihrer beruflichen Tätigkeit in Berührung kommen werden,
zum größten Teil Bundesgesetze sind. Das ist leicht zu erklären, da Rechts-
vereinheitlichung ein Hauptanliegen einer expandierenden Wirtschaft ist
und war.

239   Für Wirtschaftswissenschaftler von besonderer Bedeutung sind die folgenden konkurrierenden Gesetzgebungszuständigkeiten des Bundes: Art. 74
Abs. 1 Nr. 1 (bürgerliches Recht), Nr. 12 (Arbeitsrecht), Nr. 16 (Kartell-
recht) und insbesondere Art. 74 Abs. 1 Nr. 11 GG (Recht der Wirtschaft).
Der Begriff „**Recht der Wirtschaft**" in Art. 74 Abs. 1 Nr. 11 GG ist weit-
gespannt und extensiv zu interpretieren. Dazu gehören alle das wirtschaftliche Leben und die wirtschaftliche Betätigung als solche regelnden Normen,
die sich in irgendeiner Form auf die Erzeugung, Herstellung und Verteilung
von Gütern des wirtschaftlichen Bedarfs beziehen.

3. Rahmengesetzgebung

240   Art. 75 GG eröffnete dem Bund die Möglichkeit, **Rahmenvorschriften**
für die dort genannten Sachgebiete zu erlassen. Ein Bundesrahmengesetz
unterschied sich von einem Bundesgesetz, das im Bereich der ausschließlichen oder konkurrierenden Gesetzgebungszuständigkeit erlassen wurde,
dadurch, dass der Bundesgesetzgeber die in Art. 75 Abs. 1 GG genannten
Materien nicht vollständig und ausschließlich regeln, sondern nur **verbindliche Richtlinien** aufstellen durfte, innerhalb derer den Landesgesetzgebern
hinreichender Spielraum für die Ausfüllung des Rahmens verblieb.

241   Mit der Föderalismusreform wurde die Rahmengesetzgebung abgeschafft. Die dort aufgeführten Kompetenztitel wurden teilweise dem Bund
zur konkurrierenden Gesetzgebung gegeben, teilweise wurde dem Bund
eine Gesetzgebungskompetenz vollständig entzogen.

4. Übergangsrecht

242   Die Frage ist zu klären, was mit den Gesetzen geschieht, die vor der Föderalismusreform erlassen wurden, für die der Bund aber nun keine oder

nur noch eine eingeschränkte Kompetenz hat. Art. 125 a und 125 b GG ordnen eine Fortgeltung des Bundesrechts solange an, bis ein Land eine Neuregelung getroffen hat. Dann gilt in dem entsprechenden Bundesland nur noch das neue Landesrecht.

Von Bedeutung ist dies etwa für das Recht des Ladenschlusses, für das   243
der Bund nach der Änderung des Art. 74 Abs. 1 Nr. 11 GG keine Kompetenz mehr hat. Das alte Bundesladenschlussgesetz gilt fort, bis die Länder eigene Ladenschlussgesetze erlassen haben.

II. Verfahren bei der Bundesgesetzgebung

Das Grundgesetz hat neben der Kompetenz des Bundes auch das Verfah-   244
ren der Gesetzgebung geregelt. Wenn in Übungsklausuren Bundesgesetze auf ihre Verfassungsmäßigkeit hin zu prüfen sind, ist zunächst der Frage nachzugehen, ob der Bund überhaupt die Gesetzgebungsbefugnis zur Regelung der betreffenden Materie hat. Wenn die Art. 73 bis 75 oder 105 GG oder eine sonstige Spezialbestimmung des Grundgesetzes dem Bund diese Kompetenz nicht geben, kann man die Prüfung beenden, denn das Gesetz ist verfassungswidrig. Auf die Frage der materiellen Verfassungsmäßigkeit ist dann in einem Hilfsgutachten einzugehen.

Besitzt der Bundesgesetzgeber die Gesetzgebungszuständigkeit, muss,   245
wenn der Sachverhalt entsprechende Hinweise enthält, des Weiteren geprüft werden werden, ob die Bestimmungen über das formelle Gesetzgebungsverfahren eingehalten worden sind. Dieses Verfahren ist in den Art. 76 bis 82 GG geregelt.

Gesetzesvorlagen können von der Bundesregierung, aus der Mitte des   246
Bundestages oder vom Bundesrat eingebracht werden (Art. 76 Abs. 1 GG). Über die eingebrachte Gesetzesvorlage fasst der Bundestag nach drei Lesungen, während derer beraten wird und Änderungsvorschläge gemacht werden können, den **Gesetzesbeschluss**. Zwischen den Lesungen im Plenum des Bundestages werden die Gesetzesvorlagen in den zuständigen **Ausschüssen** beraten und eventuell Änderungsvorschläge gemacht. Werden in der zweiten Lesung im Plenum keine Änderungen beschlossen, erfolgt die dritte Lesung und anschließend die Schlussabstimmung. Im Regelfall ist ein Gesetz vom Bundestag dann beschlossen, wenn es die Mehrheit (Art. 42 Abs. 2 GG) der abgegebenen Stimmen erhält. Nur bei **verfassungsändernden Gesetzen** ist nach Art. 79 GG eine Mehrheit von zwei Dritteln der Mitglieder erforderlich (**qualifizierte Mehrheit**).

Nach dem Gesetzesbeschluss durch den Bundestag wird das Gesetz dem   247
Bundesrat zugeleitet (Art. 77 Abs. 1 und 2 GG). Nunmehr sind drei Arten von Gesetzen – **Einspruchsgesetze, zustimmungsbedürftige** und **verfassungsändernde Gesetze** – zu unterscheiden, bei denen der Bundesrat ein jeweils unterschiedliches Mitwirkungsrecht hat (Art. 50 GG). Das weitere Verfahren ist je nach Art des Gesetzes unterschiedlich.

1. Einspruchsgesetze

Bei **Einspruchsgesetzen** ist folgendes Verfahren vorgesehen: Angenom-   248
men, die Bundesregierung leitet dem Bundestag ein „Gesetz zur Änderung des Gesetzes über Maßnahmen zur Förderung des deutschen Films" zu.

Dieses Gesetz ist im Bundesministerium für Wirtschaft mit dem Ziel ausgearbeitet worden, die Wettbewerbsfähigkeit des deutschen Films im internationalen Vergleich durch Förderungshilfen zur Herstellung deutscher Filme und zur Werbung für den Film im Ausland zu fördern. Der Bundestag hat dieses Gesetz nach der dritten Lesung mit der erforderlichen Mehrheit beschlossen und dem Bundesrat zugeleitet. Der Bundesrat hat nun zwei Möglichkeiten:

1. Er stimmt ausdrücklich oder durch dreiwöchiges Stillschweigen zu, oder er erklärt, er werde den Vermittlungsausschuss nach Art. 77 Abs. 2 GG nicht anrufen. In diesen Fällen ist das Bundesgesetz nach Art. 78 GG zustande gekommen.

2. Er ruft den Vermittlungsausschuss an, weil er mit dem Gesetz nicht einverstanden ist.

249   Der **Vermittlungsausschuss** (Art. 77 Abs. 2 GG) besteht aus je 16 Mitgliedern des Bundestages und des Bundesrates. Er wird sich um eine Übereinkunft der Auffassung des Bundestages mit der des Bundesrates bemühen und wahrscheinlich eine Änderung des Gesetzes vorschlagen, von der anzunehmen ist, dass sie die Billigung von Bundestag und Bundesrat findet. Über den Änderungsvorschlag hat der Bundestag erneut Beschluss zu fassen. Danach wird die Gesetzesvorlage wieder dem Bundesrat vorgelegt, wobei es gleichgültig ist, ob der Bundestag dem Änderungsvorschlag des Vermittlungsausschusses zugestimmt hat oder auf dem ursprünglichen Gesetzeswortlaut beharrt (Art. 77 Abs. 3 GG). Lehnt der Bundestag den Vermittlungsvorschlag ab, so hat der Bundesrat über den ursprünglichen Gesetzesbeschluss zu befinden. Stimmt der Bundestag dem Vermittlungsvorschlag zu, so unterliegt das derart geänderte Gesetz dem Votum des Bundesrates.

250   Wenn der Bundestag aber dem Änderungsvorschlag des Vermittlungsausschusses nicht zugestimmt hat oder neue Bedenken gegen das Gesetz aufgetaucht sind und eventuell weitere Vermittlungsverfahren keinen Erfolg hatten, wird der Bundesrat **Einspruch** gegen das Gesetz (Art. 77 Abs. 3 GG) einlegen. Hat der Bundesrat diesen Einspruch mit der einfachen Mehrheit seiner Stimmen beschlossen, genügt eine einfache Mehrheit der Stimmen des Bundestages, um ihn zurückzuweisen. Hat der Bundesrat aber seinen Einspruch mit einer Zweidrittelmehrheit beschlossen, dann muss der Bundestag diesen Einspruch auch mit einer Mehrheit von zwei Dritteln der Abstimmenden, mindestens aber mit der Mehrheit der Mitglieder des Bundestages zurückweisen (Art. 77 Abs. 4 GG). Gelingt ihm das, ist das Gesetz zustande gekommen, andernfalls ist es gescheitert.

251   Bei Einspruchsgesetzen ist mithin die Wirksamkeit der „föderativen Bremse" beschränkt. Im äußersten Falle bedarf es aber immerhin der Stimmen von zwei Dritteln der Mitglieder des Bundestages, um ein Gesetz, das der Bundesrat ablehnt, zu verabschieden. Dieses Maß an Einflussnahme seitens der im Bundesrat vertretenen Länder reicht im Regelfalle aus.

2. Zustimmungsgesetze

252   Es gibt jedoch Gesetze, durch die Länderinteressen so stark betroffen werden, dass das **Grundgesetz** dem Bundesrat eine stärkere Mitbestimmung

einräumt. Dabei handelt es sich um die **Zustimmungsgesetze**. Das Grundgesetz sieht Einspruchsgesetze als Regel an, so dass das Verfahren bei zustimmungsbedürftigen Gesetzen nur dann in Betracht kommt, wenn dies das Grundgesetz **ausdrücklich** vorschreibt.

Das Verfahren bei zustimmungsbedürftigen Gesetzen ist recht einfach: **253** Stimmt der Bundesrat nach dem Gesetzesbeschluss des Bundestages dem Gesetz zu, so ist es zustande gekommen. Ist der Bundesrat jedoch mit dem Gesetz nicht einverstanden, greift das Vermittlungsverfahren des Art. 77 Abs. 2 GG ein. Wenn der Bundestag über einen Änderungsvorschlag des Vermittlungsausschusses beschlossen hat, geht die Vorlage zurück zum Bundesrat. Stimmt der Bundesrat dem Gesetz zu, ist es zustande gekommen. Verweigert der Bundesrat auch nach möglichen weiteren, von Bundesregierung oder Bundestag initiierten Vermittlungsverfahren die Zustimmung, ist es gescheitert. Bei zustimmungsbedürftigen Gesetzen kann der Bundesrat mit der einfachen Mehrheit seiner Stimmen ein Gesetz vereiteln. Die „föderative Bremse" ist voll wirksam.

Als zustimmungsbedürftige Gesetze sind im Grundgesetz meist solche **254** Gesetze genannt, die grundsätzliche Interessen der Länder berühren, da sie es dem Bund gestatten, in die Länderverwaltung einzugreifen oder auf andere Weise Kontrollfunktionen über die Bundesländer auszuüben.

Mit der Föderalismusreform wurden allerdings viele Gesetze von der Zu- **255** stimmungspflichtigkeit frei. Durch die Neufassung des Art. 84 GG ist nicht mehr jedes Gesetz, das eine Verfahrensvorschrift enthält, zustimmungsbedürftig. Es bleibt abzuwarten, wie die Staatspraxis sich dazu entwickelt.

3. Verfassungsändernde Gesetze

Ein Gesetz, das einzelne Bestimmungen des Grundgesetzes abändert oder **256** neu hinzufügt, ist ein **verfassungsänderndes Gesetz**. Die Verfassung darf nach Art. 79 GG nur unter erschwerten Voraussetzungen geändert werden. Nach Art. 79 Abs. 1 GG kann das Grundgesetz nur durch ein Gesetz geändert werden, das seinen Wortlaut ausdrücklich ändert oder ergänzt. Jede Änderung des Grundgesetzes muss sich also in seinem Wortlaut niederschlagen, d. h., es ist dem Bundesgesetzgeber verwehrt, durch ein einfaches Gesetz quasi „auf dem Schleichwege" die Verfassung inhaltlich zu ändern. Ein solches Gesetz wäre verfassungswidrig, da es inhaltlich nicht mit dem Grundgesetz übereinstimmt. Gemäß Art. 79 Abs. 2 GG ist eine Verfassungsänderung **nur mit doppelter Zweidrittelmehrheit** möglich; einem verfassungsändernden Gesetz müssen sowohl Bundestag als auch Bundesrat mit Zweidrittelmehrheit zustimmen. Dies zeigt, welche Bedeutung das Grundgesetz einer Verfassungsänderung beimisst.

Gänzlich unzulässig ist nach Art. 79 Abs. 3 GG ein verfassungsänderndes **257** Gesetz, welches die Aufhebung der Gliederung des Bundes in Länder, der grundsätzlichen Mitwirkung der Länder bei der Gesetzgebung oder der in den Art. 1 **und** (nicht bis) 20 GG niedergelegten Grundsätze, also eine Beseitigung der freiheitlich demokratischen Grundordnung, zum Inhalt hat, sog. „Ewigkeitsgarantie". Diese Sicherung des „verfassungsfesten Minimums" in Art. 79 Abs. 3 GG bedeutet im Grunde einen Verstoß gegen das demokratische Prinzip. Der Grundgesetzgeber wollte mit dieser Vorschrift jedoch klarstellen, dass die in Art. 79 Abs. 3 GG genannten Prinzipien in der Bundesrepublik Deutschland auf legale Weise nicht beseitigt werden können. Selbstverständlich ist auch Art. 79 Abs. 3 GG selbst einer Verfassungsänderung entzogen.

III. Rechtsverordnungen

258   Das Grundgesetz weist die Funktion der Gesetzgebung dem Bundestag und dem Bundesrat zu. Der Gewaltenteilungsgrundsatz (Art. 20 Abs. 2 GG) verbietet zugleich die Übertragung dieser Funktion auf andere staatliche Organe. Das Parlament kann sich daher seiner Gesetzgebungsaufgabe auch nicht dadurch entledigen, dass es durch Gesetz die Exekutive zum Erlass von Gesetzen ermächtigt. Weder durch ein einfaches, noch durch ein verfassungsänderndes Gesetz könnte es diese Aufgabe übertragen (Art. 79 Abs. 3 GG).

259   Nur scheinbar mit diesen Grundsätzen in Widerspruch steht Art. 80 GG, dessen Abs. 1 lautet:

„Durch Gesetz können die Bundesregierung, ein Bundesminister oder die Landesregierungen ermächtigt werden, Rechtsverordnungen zu erlassen. Dabei müssen Inhalt, Zweck und Ausmaß der erteilten Ermächtigung im Gesetz bestimmt werden. Die Rechtsgrundlage ist in der Verordnung anzugeben. Ist durch Gesetz vorgesehen, dass eine Ermächtigung weiter übertragen werden kann, so bedarf es zur Übertragung der Ermächtigung einer Rechtsverordnung."

260   **Rechtsverordnungen sind Rechtssätze, die nicht von der Legislative, sondern von der Exekutive erlassen werden.** Sie treffen abstrakte generelle Aussagen über Tatbestände des Lebens und legen die Rechtsfolgen fest, sind mithin **Gesetze im materiellen Sinn,** nicht aber im formellen Sinn, da sie nicht von dem formell für die Rechtsetzung zuständigen legislativen Organ erlassen wurden.

261   Das Institut der Rechtsverordnung stellt eine Durchbrechung des Grundsatzes der Gewaltentrennung dar, welche vom Grundgesetz ausdrücklich zugelassen wird. So schwerwiegend, wie es auf den ersten Blick erscheint, ist dieser Einbruch der Exekutive in die rechtsetzende Funktion des Parlaments auch gar nicht, da Art. 80 GG die Rechtsetzungsbefugnis der Exekutive von legislativen Entscheidungen abhängig macht. Jede Rechtsverordnung bedarf einer ausdrücklichen gesetzlichen **Ermächtigung,** deren Inhalt, Zweck und Ausmaß im Gesetz selbst bestimmt sein müssen. Der Gesetzgeber muss also, wenn er Einzelregelungen der Exekutive überlässt, diese nach Tendenz und Ausmaß jedenfalls so weit selbst bestimmen, dass ihr möglicher Inhalt vorhersehbar ist.

262   Ein ermächtigendes Gesetz, das diese Voraussetzungen nicht erfüllt, ist verfassungswidrig; eine darauf gestützte Rechtsverordnung fehlerhaft und damit nichtig.

263   Die Ermächtigung zum Erlass von Rechtsverordnungen ist ein unentbehrliches Mittel für eine optimale Aufgabenerfüllung durch die Legislative. Sie entlastet das Parlament von Detailregelungen und hält die Gesetze von Einzelbestimmungen frei, damit sich diese auf das Wesentliche beschränken können. Sie ermöglicht die sorgfältige Regelung technischer und sachlicher

Einzelheiten und macht dem Gesetzgeber die Fachkenntnisse der Verwaltung, die der Praxis nähersteht, nutzbar. Vor allem aber bietet sie der Exekutive die Möglichkeit, durch den Erlass einer Rechtsverordnung das gesetzgeberische Instrumentarium rasch und wirksam zu benutzen. Die formelle Gesetzgebungsprozedur im Parlament dauert im Regelfall Monate; oft genug aber ist rasches Eingreifen unumgänglich. Als Beispiel sei § 19 Satz 1 des Gesetzes zur Förderung der Stabilität und des Wachstums der Wirtschaft (StabG) angeführt, der lautet:

> „Zur Abwehr einer Störung des gesamtwirtschaftlichen Gleichgewichts kann die Bundesregierung durch Rechtsverordnung mit Zustimmung des Bundesrates anordnen, dass die Beschaffung von Geldmitteln im Wege des Kredits im Rahmen der in den Haushaltsgesetzen oder Haushaltssatzungen ausgewiesenen Kreditermächtigungen durch den Bund, die Länder, die Gemeinden und Gemeindeverbände sowie die öffentlichen Sondervermögen und Zweckverbände beschränkt wird."

Der nachfolgende § 20 StabG regelt detailliert das Ausmaß dieser Ermächtigung. Diese Normen geben der Bundesregierung ein Mittel in die Hand, in dem Moment, in dem es ihr notwendig erscheint, gemeinsam mit dem Bundesrat durch Rechtsverordnung die öffentliche Hand vom Kapitalmarkt zurückzudrängen, um einer Überhitzung der Konjunktur entgegenzusteuern. Langwieriger Beratungen im Parlament, welche möglicherweise erst zu spät zu einem Ergebnis führen würden, bedarf es dazu nicht. Gemäß Art. 80 Abs. 3 GG besitzt auch der Bundesrat bei zustimmungsbedürftigen Rechtsverordnungen ein Vorschlagsrecht gegenüber der Bundesregierung. **264**

Ihrer Quantität nach übersteigen die Rechtsverordnungen die gesetzlichen Regelungen um ein Vielfaches. Dies verwundert nicht, da Detailregelungen normalerweise wesentlich umfangreicher sind als die Festlegung der Grundzüge. **265**

IV. Verwaltungsvorschriften

Der Verwaltungsbeamte, sei er nun im Finanzamt, in der Wehrbereichsverwaltung, im Schulamt oder wo auch immer tätig, hat es in seiner praktischen Arbeit nicht nur mit Gesetzen und Rechtsverordnungen zu tun. Seine Tätigkeit wird daneben weitestgehend durch Vorschriften gelenkt, welche die Verwaltung für ihren eigenen internen Bereich erlässt. Für diese sog. **Verwaltungsvorschriften** gibt es die verschiedensten Bezeichnungen, z.B. Dienstanweisung, Richtlinie, (Ministerial-)Erlass, Rundschreiben, Anweisung und andere mehr. **266**

Solche Vorschriften dienen zum Teil der Regelung des inneren Dienstbetriebes, z.B. dem zulässigen Verbrauch an Sachmitteln, der Regelung der Mittagspause der Bediensteten oder der Einführung der gleitenden Arbeitszeit. Insoweit enthalten sie keine besonderen rechtlichen Probleme, da sie nur für die Bediensteten der Behörde gelten, die Bürger aber nicht unmittelbar betreffen. **267**

Die Mehrheit der Verwaltungsvorschriften hat jedoch einen anderen Charakter. Sie enthalten **Weisungen** der höheren Exekutive an die nachgeordneten Behörden über die Auslegung und Durchführung von Gesetzen und anderen Rechtsnormen. So ist es etwa nicht dem einzelnen Finanzbe- **268**

amten überlassen, wie er eine mehrdeutige Norm bei der Einkommensteu-
erveranlagung auszulegen hat. In einer umfangreichen Verwaltungsanord-
nung, den Einkommensteuerrichtlinien des Bundesministers der Finanzen,
die bundesweit jeden Finanzbeamten binden, sind für nahezu alle Zweifelsfragen genaue Anweisungen enthalten. Seitens der Exekutive ist auf diese
Weise eine möglichst einheitliche Rechtsanwendung gewährleistet.

269   Um es an einem Beispiel zu verdeutlichen: Nach § 10 b Abs. 1 EStG, i. d. F. vom 19. 4.
       1997, sind bei der Ermittlung des zu versteuernden Einkommens Ausgaben zur Förde-
       rung mildtätiger, kirchlicher, religiöser, wissenschaftlicher und staatspolitischer Zwecke
       abzugsfähig. Die §§ 48, 50 der Einkommensteuer-Durch-führungsverordnung (EStDV)
       vom 18. 6. 1997 konkretisieren die Zulässigkeit des Spendenabzugs und regeln Einzel-
       heiten. Die EStDV ist eine Rechtsverordnung, die aufgrund einer im Einkommensteuer-
       gesetz enthaltenen Ermächtigung erlassen ist. Die §§ 48 und 50 EStDV haben schon
       etwa den doppelten Umfang des § 10 b Abs. 1 EStG. Die Abschnitte 111, 112 und 113
       der Einkommensteuerrichtlinien (EStR) geben dem Finanzbeamten noch detailliertere
       Anweisungen, wann und unter welchen Umständen Spenden steuerbegünstigt sind, wie
       der Nachweis zu führen ist, welche Körperschaft oder welcher Verein für eine Spende in
       Betracht kommt etc. Diese drei Abschnitte übertreffen die entsprechenden Regelungen
       der EStDV dem Umfang nach um ein Vielfaches.

270   Das im Beispiel angeführte quantitative Verhältnis zwischen Gesetz, dazu
ergangener Rechtsverordnung und Verwaltungsvorschrift ist nicht unge-
wöhnlich. Besonders für die **Verwaltungspraxis** kann man die Bedeutung
der Verwaltungsvorschriften gar nicht hoch genug einschätzen. Denn an
diese halten sich die Verwaltungsbeamten bei der Anwendung von Gesetzen. Ist der Bürger der Ansicht, ein Gesetz sei nach wörtlicher, systemati-
scher oder teleologischer Auslegung anders zu verstehen, muss er dies gerichtlich geltend machen, indem er sich gegen die Maßnahme wendet, die
aufgrund der Verwaltungsvorschrift erlassen wurde.

271   Die **Gerichte** sind an die **Verwaltungsvorschriften nicht gebunden,** da
diese, anders als ein Gesetz oder eine Rechtsverordnung, keine Rechtsnormen mit allgemeiner Verbindlichkeit sind. Verwaltungsvorschriften richten
sich nur an die Behörde und ihre Bediensteten, nicht aber an den Bürger.
Da sie keine allgemeinverbindlichen Rechtsnormen sind, kommen sie allein
auch niemals als Rechtsgrundlage für einen belastenden staatlichen Eingriff
in Betracht. Dem Vorbehalt des Gesetzes in Art. 20 Abs. 3 GG wird nur
durch ein Gesetz Genüge getan.

272   Die **Verwaltungsvorschriften binden** jedoch den **Verwaltungsbeamten.** Er
darf von ihnen grundsätzlich nicht abweichen; ansonsten verstößt er gegen
seine Dienstpflicht. Die Befugnis der Exekutive zum Erlass von Verwaltungsvorschriften ist letztlich Ausfluss des hierarchischen Prinzips in der
Verwaltung. Befehlsgewalt und Weisungsbefugnis gehen in der Verwaltung
von oben nach unten, von dem parlamentarischer Verantwortlichkeit unter-
liegenden Minister bis hin zum untergeordneten Verwaltungsbeamten. So
sind Verwaltungsvorschriften denn auch rechtlich gesehen nichts anderes
als die Weisung eines Vorgesetzten, wie bei einer bestimmten Sachlage zu
verfahren ist. Wenn die Verwaltungsvorschriften auch keine rechtlich bindende Wirkung gegenüber dem Bürger haben, so besitzen sie doch große
praktische Bedeutung für Bürger und Gerichte. Der Bürger kann sich zwar
nicht darauf berufen, die Behörde verfahre zu seinem Nachteil nicht nach
einer ihr gegebenen Verwaltungsvorschrift, da diese – weil sie keine allge-

mein verbindliche Rechtsnorm ist – keine Rechte und Pflichten für den Bürger begründet. Wenn aber Behörden nach einer Verwaltungsvorschrift ständig verfahren, was in der Regel der Fall ist, dann dürfen sie zuungunsten eines Bürgers von dieser Praxis nicht ohne Grund abweichen. Weichen sie dennoch ab, so handeln sie rechtswidrig. Nicht der Verstoß gegen die Verwaltungsvorschrift, sondern die Verletzung des Gleichheitsgrundsatzes (Art. 3 GG) bewirkt die Rechtswidrigkeit. So erhalten viele Verwaltungsvorschriften über Art. 3 GG praktisch die Bedeutung von allgemein verbindlichen Rechtsnormen, sog. „Selbstbindung der Verwaltung".

Weiterführende Hinweise:

Noch vor der Föderalismusreform:
Gröpl, Ausfertigung, Verkündung und Inkrafttreten von Bundesgesetzen nach Art. 82 GG, Jura 1995, 641;
Nolte/Tams, Das Gesetzgebungsverfahren nach dem Grundgesetz, Jura 2000, 158;
Pechstein/Weber, Gesetzgebungskompetenzen nach dem Grundgesetz, Jura 2003, 82.

Zur Föderalismusreform:
Degenhardt, Die Neuordnung der Gesetzgebungskompetenzen durch die Föderalismusreform, NVwZ 2006, 1209;
Häde, Zur Föderalismusreform in Deutschland, JZ 2006, 930;
Ipsen, Die Kompetenzverteilung zwischen Bund und Ländern nach der Föderalismusnovelle, NJW 2006, 2801.

Rechtsverordnungen und Verwaltungsvorschriften:
von Danwitz, Rechtsverordnungen, Jura 2002, 93;
Remmert, Rechtsprobleme von Verwaltungsvorschriften, Jura 2004, 728.

Kapitel 11: Die Ausführung von Bundesgesetzen

273 Nach Art. 30 und Art. 83 GG ist die Verwaltung grundsätzlich Sache der Länder. Diese führen nicht nur ihre eigenen Gesetze aus, sondern in der Regel auch die des Bundes. Bei der Ausführung ihrer eigenen Landesgesetze sind die Länder selbstständig. Der Bund besitzt keine Kontrollbefugnis.

274 Bei der Ausführung von Bundesgesetzen sind drei Arten des Vollzugs zu unterscheiden:
1. die Ausführung durch die Länder als **eigene Angelegenheit** (Art. 84 GG),
2. die Ausführung durch die Länder **im Auftrag des Bundes** (Art. 85 GG) und
3. die Ausführung in **bundeseigener Verwaltung** (Art. 86 bis 90 GG).

I. Landesverwaltung als eigene Angelegenheit

275 Die Ausführung von Bundesgesetzen erfolgt in der Regel durch die **Länder als eigene Angelegenheit**. Dies bedeutet, dass die Länder für die Leitung der Behörden, für ihre Einrichtung und das Verwaltungsverfahren selbst verantwortlich sind. Die Bundesregierung darf ihnen dabei keine Weisungen erteilen. Ihre Kontrollbefugnis beschränkt sich gemäß Art. 84 Abs. 3 GG darauf, zu überwachen, dass die Länder die Bundesgesetze dem geltenden Recht gemäß ausführen (**Rechtsaufsicht**). Über diese Aufsicht hinaus hat die Bundesregierung keine weiteren Befugnisse, insbesondere darf sie die Länder nicht anweisen, so zu verfahren, wie es ihrer Ansicht nach zweckmäßiger wäre (**Fachaufsicht**).

276 Der Unterschied zwischen Rechts- und Fachaufsicht ist bedeutsam. Besteht eine Fachaufsicht des Bundes, dann darf dieser den Länderbehörden Weisungen erteilen, wie sie das Gesetz im Einzelfall auszuführen haben (Art. 85 Abs. 3 und 4 GG). Bei der Rechtmäßigkeitskontrolle (Art. 84 Abs. 3 GG) darf der Bund nur dann eingreifen, wenn die Landesbehörden rechtswidrig, d. h. den Bestimmungen des Gesetzes zuwider handeln.

277 Über Aufbau und Organisation der Landesverwaltung ist im Grundgesetz nichts bestimmt. Ihre Regelung obliegt den einzelnen Ländern selbst. In den meisten Bundesländern findet sich ein dreistufiger Verwaltungsaufbau (Ausnahmen: die Stadtstaaten Berlin, Bremen und Hamburg sowie das Saarland und Schleswig-Holstein, die nur einen zweistufigen Verwaltungsaufbau kennen).

278 Bei **dreistufigem Verwaltungsaufbau** unterstehen der nach Fachressorts gegliederten Landesregierung (Ministerien) einheitlich regionale Mittelbehörden (Regierungspräsidenten, Bezirksregierungen). Untere Behörden der allgemeinen Landesverwaltung sind die Verwaltungsbehörden auf der Ebene der Landkreise. Die **örtliche Verwaltung** ist Sache der **Gemeinden**. Sie dürfen nach Art. 28 Abs. 2 GG grundsätzlich alle Angelegenheiten der örtlichen Gemeinschaft in eigener Verantwortung wahrnehmen. Die staatlichen Organe eines Bundeslandes haben ihnen gegenüber kein Weisungsrecht. Bei der Erfüllung eigener Angelegenheiten unterstehen die Gemein-

den lediglich der Rechtsaufsicht dieser Behörden. Die kreisfreien Städte nehmen auch die Aufgaben der Kreisverwaltung als untere Behörde der allgemeinen Landesverwaltung wahr.

II. Bundesauftragsverwaltung

Nur auf den wenigen Gebieten, für die das Grundgesetz dies ausdrück- 279 lich vorschreibt, führen die Länder die Bundesgesetze im **Auftrag des Bundes** gemäß Art. 85 GG aus. **Bundesauftragsverwaltung** besteht kraft unmittelbarer Bestimmung des Grundgesetzes für Bundesautobahnen und -fernstraßen (Art. 90 Abs. 2 und 3 GG) und für die Finanzverwaltung, soweit die Steuern dem Bund zufließen (Art. 108 Abs. 3 GG). Bundesauftragsverwaltung kann ferner kraft der im Grundgesetz enthaltenen Ermächtigungsnormen eingeführt werden, z. B. für die Luftverkehrsverwaltung (Art. 87 d Abs. 2 GG) und für die Erzeugung und Nutzung von Kernenergie (Art. 87 c GG). Bei der Bundesauftragsverwaltung kann der Bund gemäß Art. 85 Abs. 4 GG Rechtmäßigkeit und Zweckmäßigkeit der Arbeitsweise der Landesbehörden kontrollieren. Ihm steht gemäß Art. 85 Abs. 3 GG ein Weisungsrecht zu.

III. Bundeseigene Verwaltung

Das Grundgesetz nennt nur wenige Aufgabenbereiche, die dem **Bund** 280 **als eigene Angelegenheit** zugewiesen sind (Art. 87 GG). In unmittelbarer Bundesverwaltung werden z. B. geführt: der Auswärtige Dienst, die Zollverwaltung, der Bundesgrenzschutz, die Bundeswehr und die Bundeswehrverwaltung. Zum größten Teil hat die Bundesverwaltung Leitungs- und Aufsichtsfunktionen; dem entspricht ihr Verwaltungsaufbau mit vielen oberen Behörden und Dienststellen, jedoch nur wenigen Behörden mit eigenem Verwaltungsunterbau. Die **Bundesverwaltung** ist, soweit überhaupt ein eigener Unterbau besteht, **meist dreistufig** aufgebaut.

Oberste Bundesbehörden sind z. B. das Bundespräsidialamt, das Bundes- 281 kanzleramt, der Bundesrechnungshof und die Bundesministerien. Daneben gibt es zahlreiche **Bundesoberbehörden,** die den Ministerien unterstellt und für das gesamte Bundesgebiet zuständig sind, z. B. das Bundeskartellamt, das Bundesaufsichtsamt für das Versicherungswesen, das Bundeskriminalamt und das Kraftfahrtbundesamt. **Bundesmittelbehörden** sind die einer oberen bzw. obersten Bundesbehörde nachgeordneten Behörden mit gebietsmäßig und fachlich beschränktem Zuständigkeitsbereich, wie Oberfinanzdirektionen, Wasser- und Schifffahrtsdirektionen und die Wehrbereichsverwaltungen. Sie sind im Allgemeinen nur auf dem Gebiet der bundeseigenen Verwaltung tätig. Selten haben sie auch Aufsichtsfunktionen des Bundes gegenüber den Ländern bei der Auftragsverwaltung und der Ausführung der Bundesgesetze durch die Länder wahrzunehmen. **Untere Bundesbehörden** sind nur in bundeseigenen Angelegenheiten tätig (z. B. Zollamt, Grenzschutzamt und Kreiswehrersatzamt).

Schließlich gibt es zahlreiche sonstige Bundesdienststellen, Anstalten und 282 Institute, die für besondere Zwecke errichtet und in den dreistufigen Behördenaufbau nicht einzuordnen sind, so z. B. das Bundesarchiv, die Bundesprüfstelle für jugendgefährdende Schriften, die Bundesschuldenverwaltung und die Bundesdruckerei.

283   Wesentliches Merkmal staatlicher Verwaltung ist der **hierarchische** Verwaltungsaufbau, d. h., die jeweils höhere Behörde ist berechtigt, der unteren Weisung zu erteilen. Die Verantwortung für die ausführende Staatsgewalt kumuliert auf diese Weise bei den jeweiligen obersten Landes- oder Bundesbehörden, den Ministerien. Die Minister unterliegen als Regierungsmitglieder wiederum der parlamentarischen Kontrolle; sie sind für die Verwaltungstätigkeit in ihren Fachressorts dem Parlament gegenüber verantwortlich. Das Prinzip parlamentarischer Kontrolle und Verantwortlichkeit ist wesentlicher Bestandteil nicht nur des im Grundgesetz verankerten parlamentarischen Regierungssystems (vgl. Art. 43, 44, 45a, 45b, 67 und 68 GG), sondern auch der Gewaltenteilung.

284   Eine sog. „ministerialfreie" Verwaltungstätigkeit, also eine vollziehende Staatsgewalt, für die nicht die Regierung letztverantwortlich ist, ist daher in einem parlamentarischen Regierungssystem grundsätzlich **unzulässig.** Behörden, die in ihren Angelegenheiten die eigenverantwortliche Letztentscheidung haben, ohne vom übergeordneten Ministerium kontrolliert und korrigiert werden zu können, gibt es in der Bundesrepublik denn auch nur in ganz wenigen Ausnahmefällen.

Weiterführende Hinweise:
Hebeler, Die Ausführung der Bundesgesetze (Art. 83 ff. GG), Jura 2002, 164.

Kapitel 12: Die Finanzverfassung der Bundesrepublik Deutschland

I. Öffentliche Abgaben

Zur Bewältigung seiner Aufgaben braucht der Staat Geld – der Bundes- 285
haushalt 2007 soll 267,6 Mrd. € umfassen. Die wichtigste Finanzquelle des
Staates sind die öffentlichen Abgaben. **Öffentliche Abgaben sind Geldforderungen, die die öffentliche Hand in ihrer Eigenschaft als Hoheitsträger aufgrund einer dazu ermächtigenden Rechtsnorm geltend zu machen befugt
ist. Öffentliche Abgaben sind Gebühren, Beiträge, Steuern und Sonderabgaben.**

1. Gebühren

Der Staat lässt sich nicht jede Leistung mit einer konkreten Gegenleis- 286
tung entlohnen. Typische Staatsleistungen, denen keine unmittelbare Gegenleistung gegenübersteht, sind z. B. die Gewährleistung innerer und äuße-
rer Sicherheit. Diese Aufgaben erfüllt der Staat jedem gegenüber. Sie
kommen allen zugute, d. h., sie liegen im öffentlichen Interesse.

In vielen Fällen wird die Verwaltung aber nicht nur im öffentlichen Inte- 287
resse tätig, sondern sie erbringt Leistungen, die überwiegend oder ausschließlich im privaten Interesse des einzelnen Bürgers liegen. Die Müllabfuhr dient beispielsweise öffentlichen (Hygiene) und zugleich privaten
(Beseitigung von Abfall) Interessen. Für solche Leistungen darf die Verwaltung **Gebühren** erheben, wenn und soweit sie durch Rechtsnorm dazu ermächtigt ist. **Gebühren sind somit öffentlich-rechtliche Geldleistungen, die
für eine vom Pflichtigen veranlasste besondere Inanspruchnahme einer öffentlichen Einrichtung verlangt werden.**

Bei den Gebühren unterscheidet man zwischen Verwaltungs- und Benut- 288
zungsgebühren. **Verwaltungsgebühren** werden für eine bestimmte Amtshandlung einer Verwaltungsbehörde erhoben, die vorzugsweise dem privaten Interesse dient (z. B. Gebühren für die Erteilung einer Bauerlaubnis oder
einer gewerberechtlichen Genehmigung). **Benutzungsgebühren** werden für
die Benutzung einer öffentlichen Einrichtung erhoben (z. B. Gebühren für
die Müllabfuhr).

Gebühren dürfen freilich nicht in unbegrenzter Höhe erhoben werden. 289
Der Höhe nach begrenzt sind die Gebühren durch das sich aus dem rechtsstaatlichen Grundsatz der Verhältnismäßigkeit ergebende Kostendeckungs-
und das Äquivalenzprinzip. Das **Kostendeckungsprinzip** besagt, dass die gesamten Gebühreneinnahmen in einem Verwaltungszweig durch die Höhe
der in diesem Verwaltungszweig entstehenden Kosten begrenzt ist. Die Gebühr als Gegenleistung für eine besondere Inanspruchnahme der Verwaltung darf nicht den Zweck verfolgen, der öffentlichen Hand zusätzliche
Einnahmen zu verschaffen. Das **Äquivalenzprinzip** stellt mehr auf die Inanspruchnahme der Verwaltungsleistung durch den Einzelnen ab und verbietet, dass zwischen der von der Verwaltung angebotenen Leistung und der

geforderten Gebühr ein Missverhältnis besteht. Das Verhältnis von Leistung und Gegenleistung muss vielmehr angemessen sein. Die Rechtsprechung vernachlässigt das Kostendeckungsprinzip in letzter Zeit; dagegen hat das Äquivalenzprinzip eine Ausdehnung erfahren. Staatliche Leistung und dafür erhobene Gebühr sollen schon dann in einem angemessenen Verhältnis zueinander stehen, wenn die Höhe der Gebühr an sämtlichen Vorteilen, die die staatliche Leistung für den Bürger bringt, orientiert ist. Die Gebührenhöhe für die Erteilung einer Betriebsgenehmigung kann daher auch den wirtschaftlichen Nutzen dieser Genehmigung für den Betriebsinhaber berücksichtigen.

2. Beiträge

290 **Beiträge sind Abgaben, die demjenigen auferlegt werden, dem die Herstellung, der Ausbau oder die Unterhaltung einer öffentlichen Einrichtung in besonderem Maße zum Vorteil gereicht.** Es kommt dabei nicht darauf an, dass der Beitragspflichtige das Leistungsangebot tatsächlich nutzt; ausschlaggebend ist allein, dass er davon profitieren **könnte.** Anders als bei einer Gebühr werden Beiträge also auch dann fällig, wenn der Betroffene die öffentliche Leistung gar nicht in Anspruch nimmt.

291 Als Beispiel sei der Handwerkskammerbeitrag genannt. Gemäß § 90 Abs. 1 HwO sind die Handwerkskammern Körperschaften des öffentlichen Rechts. Nach § 113 HwO werden die durch die Errichtung und Tätigkeit der Handwerkskammer entstehenden Kosten, soweit sie nicht anderweitig gedeckt sind, von den selbstständigen Handwerkern nach einem von der Handwerkskammer festgesetzten Beitragsmaßstab getragen.

292 Die Mitgliedschaft in einer Handwerkskammer beruht auf staatlichem Zwang. Die Beiträge für die Handwerkskammern werden als Ersatz für die Kosten der Wahrung der berufsständischen Belange erhoben. Auch derjenige Handwerksmeister, der das Leistungsangebot der Handwerkskammer nicht in Anspruch nehmen will, ist als Zwangsmitglied zur Beitragsleistung verpflichtet. Durch Gesetz ist bestimmt, dass er ein objektiviertes Interesse daran hat und einen subjektiven Vorteil daraus zieht. Aus § 113 HwO ergeben sich als oberste Grenze, die der Beitragserhebung zugrunde gelegt werden darf, die tatsächlichen Nettokosten (Kostendeckungsprinzip).

293 Neben den Beiträgen zu berufsständischen Kammern sind von besonderer Bedeutung die laufenden Sozialversicherungsbeiträge der abhängig beschäftigten Arbeitnehmer zur Renten-, Kranken-, Arbeitslosen-, und Pflegeversicherung und die einmaligen Beiträge, wie z.B. die Erschließungsbeiträge der Grundstückseigentümer.

3. Steuern

294 Die wichtigste staatliche Finanzquelle sind **Steuern.** Einnahmen aus Gebühren und Beiträgen sind gegenüber dem Steueraufkommen quantitativ von geringem Umfang. Nähere Ausführungen über die außerordentliche Bedeutung, welche die Steuer für den Staat hat, erübrigen sich. Wegen dieser Bedeutung spielt die Organisation der Steuererhebung beim Kampf um politische Macht stets eine zentrale Rolle.

Wenn im Zehnten Abschnitt des Grundgesetzes vom Finanzwesen die   295
Rede ist, ist damit vor allem an staatliche Einnahmen durch Steuern, daneben auch durch Finanzmonopole (z. B. Branntweinmonopol und vormals
Zündwarenmonopol) gedacht; das Recht zur Gebühren- und Beitragserhebung ist nicht im Grundgesetz, sondern in einfachen Gesetzen geregelt.

Die gesetzliche Definition des Steuerbegriffs findet sich in § 3 Abs. 1 AO: 296

> „Steuern sind Geldleistungen, die nicht eine Gegenleistung für eine besondere Leistung
> darstellen und von einem öffentlich-rechtlichen Gemeinwesen zur Erzielung von Ein-
> nahmen allen auferlegt werden, bei denen der Tatbestand zutrifft, an den das Gesetz die
> Leistungspflicht knüpft; die Erzielung von Einnahmen kann Nebenzweck sein. Zölle
> einschließlich Abschöpfungen sind Steuern im Sinne dieses Gesetzes."

4. Sonderabgaben

Zu den drei klassischen Rechtsformen des Abgabenrechts – Steuern, Ge-   297
bühren und Beiträge – kommt seit längerer Zeit schon eine neue Art von
Abgaben hinzu: **Sonderabgaben,** auch außersteuerliche Abgaben oder Abgaben eigener Art genannt. Von den Steuern unterscheiden sich diese Abgaben dadurch, dass ihr Aufkommen nicht in den allgemeinen Staatshaushalt
eingeht, sondern unmittelbar der Verwirklichung eines bestimmten Zweckes dient. Wie Steuern werden auch **Sonderabgaben nicht als Gegenleistung** für eine besondere Leistung erhoben.

Die Gefahren, die von den Sonderabgaben ausgehen, liegen auf der   298
Hand: Zum einen würde die sorgfältig ausgewogene Finanzverfassung unterlaufen, wenn es dem einfachen Bundes- oder Landesgesetzgeber freistün-
de, hinsichtlich der Alternative „Sonderabgabe oder Steuer" beliebig zu
wählen. Zum anderen drohen dem Steuerpflichtigen doppelte Lasten, wenn
er über die Art. 105 ff. GG mit gegenleistungslosen steuerlichen und über
die Sachgesetzgebungskompetenz der Art. 73 ff. GG mit gegenleistungslosen außersteuerlichen Abgaben in Anspruch genommen werden könnte.

Deshalb hat die „Sonderabgabe gegenüber der Steuer die seltene Aus-   299
nahme zu sein. Aus diesem Ausnahmecharakter der Sonderabgabe folgt,
dass die Zulässigkeitskriterien strikt anzulegen und anzuwenden sind"
(BVerfGE 55, 274, 308 ff.). Dabei geht es um die folgenden vier Zulässigkeitskriterien:

1. Sonderabgaben dürfen **nicht** zur **Finanzierung allgemeiner Staatsausgaben** verwendet werden.
2. Sie dürfen als zusätzliche Belastung nur einer **homogenen Gruppe** auferlegt werden.
3. Ein solcher besonderer Zurechnungsgrund ist dann gegeben, wenn der
mit der Sonderabgabenerhebung verfolgte Zweck ganz überwiegend in
die **Sachverantwortung** der belasteten Gruppe fällt.
4. Schließlich muss das Aufkommen der Abgabe **gruppennützig verwendet**
werden. Fremdnützige Sonderabgaben sind grundsätzlich unzulässig.

Aufgrund dieser Grenzen, innerhalb denen Sonderabgaben allein zulässig   300
sind, hat das Bundesverfassungsgericht etwa den früheren Kohlepfennig für
verfassungswidrig erklärt: Der Kohlepfennig sei als Sonderabgabe nicht zu
rechtfertigen, da er die Allgemeinheit von Stromverbrauchern belaste, die

als solche keine besondere Finanzierungsverantwortlichkeit für die Aufgabe treffe, den Steinkohleeinsatz bei der Stromerzeugung zu sichern. Denn gemeinsam sei den Abgabenträgern nur die Nachfrage nach dem gleichen Gut Strom. Dadurch werde aber noch keine für eine Sonderabgabe erforderliche homogene Gruppe geformt, die sich durch eine besondere Sachnähe aufgrund einer gemeinsamen Interessenlage kennzeichnen ließe (BVerfGE 91, 186). Auch aus diesem Grunde und wegen Verstoßes gegen Art. 3 Abs. 1 GG wurde ebenfalls die in Baden-Württemberg von der männlichen Bevölkerung zu erbringende Feuerwehrabgabe für verfassungswidrig erklärt (BVerfGE 92, 91).

II. Kompetenzen des Bundes und der Länder

301   Das Grundgesetz legt eine Trennung der Kompetenzen des Bundes und der Länder für die Steuergesetzgebung, die Steuerverwaltung und die Ertragshoheit fest. Im Folgenden geht es nicht um die große Zahl von Steuergesetzen (ungefähr 50 Einzelgesetze, z. B. KStG, EStG und das UStG). Diese Steuergesetze sind Teil des Besonderen Verwaltungsrechts. Für das **Steuerverfassungsrecht** interessiert allein, welche Körperschaft in der Bundesrepublik zuständig ist, Steuergesetze zu erlassen, die Steuern zu verwalten, und in wessen „Tasche" die Steuern schließlich fließen. Dass die Staatlichkeit von Bund und Ländern, wie sie das Grundgesetz garantiert, nur gewahrt ist, wenn diese über eigene Steuerquellen verfügen können, ist allgemein anerkannt. Die Bundesländer würden ihre Staatlichkeit einbüßen, könnten sie ihre Aufgaben nur durch Mittelzuweisungen des Bundes erfüllen. Eigene Steuerquellen brauchen aber nicht nur Bund und Länder, sondern auch die Gemeinden, weil neben der bundesstaatlichen Ordnung im Grundgesetz auch ihre Eigenständigkeit und Selbstverwaltung verfassungsmäßig verankert ist (Art. 28 Abs. 2 GG). So sind hinsichtlich der Verteilung des Steueraufkommens drei Finanzmassen zu unterscheiden: die des Bundes, der Länder sowie der Gemeinden (und Gemeindeverbände). Die Föderalismusreform vom August 2006 hat eine Reform des Finanzverfassungsrechts weitgehend ausgeklammert. Die Politik hat sich darauf verständigt, in einer „**Föderalismusreform II**" die Finanzverfassung umzugestalten. Konkrete Vorhaben sind dazu zur Zeit noch nicht erkennbar.

1. Steuergesetzgebungshoheit

302   Das **Steuergesetzgebungsrecht** liegt im Wesentlichen beim Bund (vgl. Art. 105 GG). Das beruht auf einem vernünftigen Grund: Gleiche öffentliche Lasten sind die Voraussetzung für eine im Interesse der Rechts- und Wirtschaftseinheit erforderliche Gleichheit der Lebensverhältnisse und möglichst weitgehende Wettbewerbsgleichheit. Ungleiche Besteuerungsverhältnisse wären in einem Bundesstaat Ursache ständiger Querelen und Wettbewerbsverzerrungen.

303   Der Einfluss, den der Bundesgesetzgeber durch die Festsetzung der Höhe des Steuersatzes auf das Volumen der Länder- und Gemeindehaushalte ausübt, wird ausgeglichen, da Bundesgesetze über Steuern, deren Aufkommen den Ländern oder den Gemeinden ganz oder zum Teil zufließt, gemäß

Art. 105 Abs. 3 GG **zustimmungsbedürftig** sind. Damit ist sichergestellt, dass der Bundesgesetzgeber die Länder nicht steuerlich „austrocknen" kann. Der Bund hat die **ausschließliche Gesetzgebung** über die Zölle und Fi-   304 nanzmonopole (Art. 105 Abs. 1 GG) und die **konkurrierende Gesetzgebung** über alle übrigen Steuern, wenn ihm das Aufkommen dieser Steuern ganz oder zum Teil zusteht oder die Voraussetzungen des Art. 72 Abs. 2 GG vorliegen (Art. 105 Abs. 2 GG). Abweichend vom sonstigen System der Zuständigkeitsverteilung bestimmt Art. 105 Abs. 2 a GG, dass den Ländern die Gesetzgebungszuständigkeit über die örtlichen Verbrauch- und Aufwandsteuern zusteht, solange und soweit sie nicht bundesgesetzlich geregelten Steuern gleichartig sind. Beispiele hierfür sind die Getränkesteuer, Vergnügungsteuer sowie Hunde-, Jagd- und Fischereisteuer. Die Landesgesetzgeber sind befugt, diese Kompetenz auf die Kommunen zu übertragen (BVerfGE 65, 325 ff.), was in den Kommunalabgabengesetzen der Länder auch teilweise geschehen ist.

Den Gemeinden wird vom Grundgesetz in Art. 106 Abs. 6 GG das Recht   305 garantiert, die Hebesätze der Realsteuern (Grundsteuer und Gewerbesteuer) im Rahmen der Gesetze festzusetzen. Steuererhebungskompetenzen besitzen sie, insbesondere für Verbrauch- und Aufwandsteuern, nur dann, wenn sie hierzu durch den Landesgesetzgeber ermächtigt worden sind.

2. Ertragshoheit

In der bundesstaatlichen Praxis wichtiger als die Gesetzgebungshoheit ist   306 die **Ertragshoheit,** d. h. die Entscheidung darüber, wem das Steueraufkommen zusteht.

Bei der Verteilung des Finanzaufkommens eines Staates auf die einzelnen staatlichen Körperschaften sind zwei Systeme denkbar: Das Verbundsystem und das Trennsystem. Beim **Verbundsystem** werden die von Wirtschaft und Bürgern zu zahlenden Steuern „in einen Topf geworfen" und dann auf Bund, Länder und Gemeinden nach einem bestimmten Schlüssel verteilt. Beim **Trennsystem** wird Bund, Ländern und Gemeinden jeweils der Ertrag bestimmter Steuern zugesprochen. Das Grundgesetz hat sich grundsätzlich für das Trennsystem entschieden (Art. 106 Abs. 1 und 2 GG), doch ist für die ertragreichsten Steuern ein Verbundsystem vorgesehen (Art. 106 Abs. 3–7 GG). Bei diesem Verbundsystem werden die betreffenden Steuern nach gesetzlich festgelegten Anteilen auf Bund, Länder sowie Gemeinden verteilt. Der Bund erhält nach Art. 106 Abs. 1 GG etwa die Erträge der Verbrauchsteuern (z. B. Mineralöl- und Tabaksteuer) sowie Abgaben im Rahmen der Europäischen Wirtschaftsgemeinschaft. Die Länder erhalten nach Art. 106 Abs. 2 GG insbesondere die Erbschaftsteuer und die Kraftfahrzeugsteuer. Die ergiebigsten Steuern – Einkommen-, Körperschaft- sowie Umsatzsteuer – werden auf Bund und Länder im Verbundsystem verteilt (Art. 106 Abs. 3 GG). Auch den Gemeinden sind selbstständige Steuerquellen garantiert, und zwar ein Anteil an der Einkommensteuer (Art. 106 Abs. 5 GG), ein Anteil an der Umsatzsteuer (Art. 106 Abs. 5 a GG) und das Aufkommen der Realsteuern (Grund- und Gewerbesteuer, Art. 106 Abs. 6 GG). Ein Finanzausgleich zwischen armen und reichen Bundesländern ist in Art. 107 GG geregelt.

3. Ausgabenlast

307   In Art. 104a Abs. 1 GG ist der Konnexitätsgrundsatz festgeschrieben. Bund und Länder tragen gesondert die Ausgaben, die sich daraus ergeben, dass sie ihre Aufgaben übernehmen. Ausnahmen von diesem Grundsatz sind in Art. 104a GG aufgezählt. Durch die Föderalismusreform eingefügt wurde Art. 104a Abs. 6 GG. Dieser regelt, wie die Lasten bei der Verletzung von Pflichten aus EG-Recht zwischen Bund und Ländern verteilt werden.

4. Steuerverwaltungshoheit

308   Die Organisation der Finanzverwaltung ist im Finanzverwaltungsgesetz vom 30. 8. 1971 geregelt. Der Bund ist zuständig für die Verwaltung der Zölle, der Finanzmonopole, der bundesgesetzlich geregelten Verbrauchsteuern und der Abgaben im Rahmen der Europäischen Gemeinschaften. Oberste Behörde der **Bundesfinanzverwaltung** ist der Bundesminister der Finanzen, dem einige mit der Verwaltung bestimmter Finanzmassen betraute obere Bundesbehörden (z.B. die Bundesbaudirektion) nachgeordnet sind. Mittelbehörden sind die Oberfinanzdirektionen, untere Behörden die Hauptzollämter mit den ihnen unterstellten Zollämtern, Grenzkontrollstellen und Zollkommissariaten. Neben den Hauptzollämtern gibt es noch weitere untere Behörden der Finanzverwaltung, wie z.B. Zollfahndungsämter und die Bundesforstämter, welche die im Eigentum des Bundes befindlichen Forste verwalten.

309   Die Landesfinanzbehörden verwalten alle übrigen Steuern, die nicht von Bundesbehörden verwaltet werden, d.h. die überwiegende Mehrzahl aller Einzelsteuern. Fließt das Steueraufkommen ganz oder zum Teil dem Bund zu, ist die Landesfinanzverwaltung **Auftragsangelegenheit** (Art. 108 Abs. 3 GG); im Übrigen fällt die Finanzverwaltung in die eigene Hoheitsgewalt des Landes. Oberste Behörden der **Landesfinanzverwaltung** sind die Finanzministerien, Mittelbehörden die Oberfinanzdirektionen und untere Behörden die Finanzämter.

III. Wahrung des gesamtwirtschaftlichen Gleichgewichts durch Bund und Länder

310   Bund und Länder sind zwar in ihrer Haushaltswirtschaft selbstständig und voneinander unabhängig (Art. 109 Abs. 1 GG), doch haben sie bei ihrer Haushaltswirtschaft den Erfordernissen des **gesamtwirtschaftlichen Gleichgewichts** Rechnung zu tragen (Art. 109 Abs. 2 GG). Aus der Erkenntnis, dass zu hohe Staatsausgaben und eine Vermehrung des Geldvolumens zur Inflation führen und dass eine zu sparsame staatliche Ausgabenpolitik in einer Rezession Massenarbeitslosigkeit hervorrufen kann, hat der Verfassungsgesetzgeber die Folgerung gezogen, dass für Bund und Länder gemeinsam geltende Grundsätze für eine konjunkturgerechte Haushaltswirtschaft und für eine mehrjährige Finanzplanung aufzustellen sind (Art. 109 Abs. 3 GG). Im Grundgesetz ist somit das Postulat der **antizyklischen Finanzpolitik** von John M. Keynes verfassungsrechtlich verankert. Keynes hatte bereits 1936 erkannt, dass Situationen eintreten können, in

denen es trotz volkswirtschaftlicher Ersparnisse keine Investitionsneigung gibt und das Nachlassen der Nachfrage nach Investitionsgütern dann eine sich multiplizierende Abwärtsbewegung bewirkt. In diesen Fällen sei es Aufgabe des Staates, durch mit Krediten finanzierte Ausgabenerhöhungen die zwischen Ersparnis und Investition klaffende Lücke zu schließen, um Vollbeschäftigung zu erreichen. Bei überhitzter Konjunktur hingegen habe der Staat durch Drosselung der Ausgaben und Stilllegung von Haushaltsüberschüssen eine inflationäre Expansion zu verhindern.

Der Auftrag des Grundgesetzes, das gesamtwirtschaftliche Gleichgewicht **311** zu wahren, ist konkretisiert durch das aufgrund der Ermächtigungsnorm des Art. 109 Abs. 4 GG erlassene Gesetz zur Förderung der Stabilität und des Wachstums der Wirtschaft vom 8. 6. 1967, das sog. Stabilitätsgesetz (StabG), dessen § 1 lautet:

> „Bund und Länder haben bei ihren wirtschafts- und finanzpolitischen Maßnahmen die Erfordernisse des gesamtwirtschaftlichen Gleichgewichts zu beachten. Die Maßnahmen sind so zu treffen, dass sie im Rahmen der marktwirtschaftlichen Ordnung gleichzeitig zur Stabilität des Preisniveaus, zu einem hohen Beschäftigungsstand und außenwirtschaftlichem Gleichgewicht bei stetigem und angemessenem Wirtschaftswachstum beitragen."

Das gesamtwirtschaftliche Gleichgewicht, das die öffentliche Hand bei **312** der Aufstellung und Ausführung der Haushaltspläne zu beachten hat, ist ein makroökonomischer, gesetzlich nicht definierter Begriff. Im Rahmen der marktwirtschaftlichen Ordnung ergeben sich vier gleichzeitig anzustrebende Komponenten: Stabilität des Preisniveaus, hoher Beschäftigungsstand, außenwirtschaftliches Gleichgewicht und angemessenes Wirtschaftswachstum. Innerhalb dieser wirtschaftlichen Zielgrößen muss die Bundesregierung Prioritäten setzen und gegebenenfalls das eine Ziel hinter dem anderen zurücktreten lassen, wenn alle vier Ziele nicht gleichermaßen voll erreicht werden können.

1. Informations- und Koordinationsinstrumente des Stabilitätsgesetzes

Zur Verwirklichung einer dem gesamtwirtschaftlichen Gleichgewicht **313** dienenden staatlichen Wirtschaftspolitik enthält das Stabilitätsgesetz zahlreiche Informations- und Koordinationsinstrumente. Die wichtigsten sind:

1. Der **Sachverständigenrat zur Begutachtung der wirtschaftlichen Entwicklung.** Er erstellt jährliche Gutachten zur wirtschaftlichen Lage mit geeigneten Vorschlägen zur Anpassung des staatlichen Instrumentariums und zum Verhalten der wirtschaftlichen Organisationen. Im Volksmund wird er auch „die fünf Weisen" genannt.
2. Die Stellungnahme der Bundesregierung zu diesem Gutachten im **Jahreswirtschaftsbericht** (jeweils im Januar), in der die für das laufende Jahr angestrebten wirtschafts- und finanzpolitischen Ziele dargelegt und die zu ihrer Verwirklichung notwendigen Maßnahmen genannt werden. Diese Jahresprojektion bedient sich der Mittel und der Form der volkswirtschaftlichen Gesamtrechnung (§ 2 Abs. 1 StabG).
3. Schließlich hat die Bundesregierung alle zwei Jahre einen **Subventionsbericht** vorzulegen, der einen Überblick über sämtliche Finanzhilfen gibt. Da Subventionen, wenn sie im Übermaß und am falschen Ort gegeben

werden, das gesamtwirtschaftliche Gleichgewicht stören können, sollen sie so gewährt werden, dass es den Zielen des Stabilitätsgesetzes nicht widerspricht (§ 12 Abs. 1 StabG).

2. Haushaltspolitische Steuerungsinstrumente

314   Das Stabilitätsgesetz ermächtigt die Bundesregierung zunächst zu verschiedenen eigenen Maßnahmen antizyklischer Konjunkturpolitik:

1. Restriktiver Haushaltsvollzug und Verwendung der dabei gewonnenen Mittel zur Schuldentilgung bei der Bundesbank bzw. Erhöhung der Konjunkturausgleichsrücklage zur Liquiditätsabschöpfung in Zeiten der Hochkonjunktur (§§ 5 Abs. 2, 6 Abs. 1 StabG).
2. Zusätzliche Kreditaufnahme zur Finanzierung mehrjähriger Investitionsprogramme (§§ 6 Abs. 3, 9, 10 StabG) sowie Beschleunigung von Investitionsprogrammen und Auftragsvergabe im Falle einer Rezession (§ 11 StabG).

315   Daneben kann die Bundesregierung mit Hilfe der haushaltspolitischen Eingriffsinstrumente des StabG auch die Gebietskörperschaften zu antizyklischer Gestaltung ihrer Haushaltswirtschaft zwingen. Die wichtigsten Instrumente sind:

1. Mit Zustimmung des Bundesrates Beschränkung der Kreditaufnahme von Bund, Ländern und Gemeinden zur Abwehr von Störungen des gesamtwirtschaftlichen Gleichgewichts (§§ 19, 20 StabG).
2. Zinslose Hinterlegung einer Konjunkturausgleichsrücklage bei der Bundesbank durch Bund und Länder in Höhe von max. 3% der im Vorjahr von Bund und Ländern erzielten Steuereinnahmen (§ 15 Abs. 2 i. V. m. § 7 StabG) zur Liquiditätsabschöpfung in Zeiten der Hochkonjunktur.
3. Erhöhung oder Verminderung der Einkommen- und Körperschaftsteuer um bis zu 10% durch Rechtsverordnung mit Zustimmung des Bundesrates (§§ 26, 27 StabG) zur Abschöpfung oder Erhöhung konjunkturwirksamer Liquidität.

3. Wirtschaftspolitische und wirtschaftsrechtliche Erfahrungen mit dem Stabilitätsgesetz

316   Die hohen Erwartungen, die mit dem Erlass des Stabilitätsgesetzes verbunden waren, haben sich nicht erfüllt. Weder konnten die Rezessionen der Jahre 1974 bis 1975 und 1979 bis 1983 und 2001 bis 2005 wirksam bekämpft werden, noch konnte der dramatische Anstieg der Arbeitslosigkeit verhindert werden. Gleichwohl kann man nicht behaupten, die antizyklische Finanzpolitik habe versagt. Versagt haben vor allem die entscheidungsbefugten Politiker. In den Jahren einer expansiven Konjunktur wurde versäumt, Rücklagen zu bilden, die später zur Ankurbelung hätten eingesetzt werden können. Staatliche Konjunkturbelebungsprogramme wurden deshalb durch Steuererhöhung oder Kredite finanziert. Die öffentliche Kreditaufnahme erhöhte den Zinssatz auf dem Kapitalmarkt, zusätzliche Steuern trugen ebenfalls nicht zur Investitionsbereitschaft der privaten Wirtschaft bei. In den letzten Jahren setzte sich vor allem unter dem Einfluss des

Sachverständigenrates und der Mehrheit der wirtschaftswissenschaftlichen Forschungsinstitute die Ansicht durch, staatliche Konjunkturankurbelungsprogramme seien im Wesentlichen zwecklos. Wirtschaftspolitik müsse vor allem auf Kostenentlastung und Ertragsverbesserung bei den Unternehmen abzielen.

In rechtlicher Hinsicht hat sich das Stabilitätsgesetz als unproblematisch   317 erwiesen. Konjunkturpolitische Maßnahmen haben bislang noch nicht zu praktischen Rechtsstreitigkeiten geführt. Das liegt zum einen an der Unbestimmtheit der gesetzlichen Verpflichtung auf das gesamtwirtschaftliche Gleichgewicht. Zum anderen liegt es daran, dass das Stabilitätsgesetz nicht den Schutz von Einzelinteressen bezweckt, so dass der einzelne Bürger, der konjunkturpolitische Maßnahmen der Regierung nicht billigt, kein Klagerecht hat.

Weiterführende Hinweise:

Aulehner, Finanzverfassungsrecht, JA 2002, 199;
Elsner/Kaltenborn, Sonderabgaben im Steuerstaat, JA 2005, 823;
Henneke, Länderfinanzausgleich und Maßstäbegesetz, Jura 2001, 767.

318   **1. Fall:** Angesichts der Überfüllung der wirtschaftswissenschaftlichen Fakultäten seiner Hochschulen beschließt der Landtag des Bundeslandes X ein Gesetz, wonach die Höchststudienzeit für wirtschaftswissenschaftliche Studiengänge auf sieben Semester festgelegt wird. Danach droht Zwangsexmatrikulation. Diese Regelung soll auch für diejenigen gelten, die bereits bis zum 6. Semester einschließlich Wirtschaftswissenschaften studiert haben. Unter welchem Gesichtspunkt bestehen verfassungsrechtliche Bedenken gegen das Gesetz?

319   Gesetzt den Fall, die Studienordnungen der Universitäten ermöglichen die Absolvierung eines Studiums in sieben Semestern, bestehen gegen das Gesetz nur insoweit Bedenken, als es auch für diejenigen gilt, die sich bereits im Studium befinden. Es handelt sich um eine sog. unechte Rückwirkung bzw. tatbestandliche Rückanknüpfung, da der Tatbestand, den das Gesetz regelt (das Studium), noch nicht abgeschlossen ist. Unabhängig davon, ob man an der Rechtsfigur der unechten Rückwirkung festhält oder nicht, gilt für den Gesetzgeber das aus der Rechtsstaatlichkeit abgeleitete Prinzip der Rechtssicherheit und des Vertrauensschutzes. Abzuwägen sind der Vertrauensschutz der betroffenen Studenten und der Zweck, den der Gesetzgeber verfolgte. Zumindest der Schutz des Vertrauens derjenigen Studenten, die ihr Studium bereits weitgehend auf der alten Studienordnung aufgebaut hatten (z.B. die Vorprüfung schon absolviert haben), auf Fortsetzung des Studiums nach den alten Bedingungen ist höher zu bewerten als das Interesse der Öffentlichkeit daran, die knappen Studienplätze noch rationeller zu nutzen. Folge ist, dass das Gesetz, insofern es auch diese Fälle regelt, wegen Verstoßes gegen den Grundsatz des Vertrauensschutzes nichtig ist. Ob sich die Studenten der ersten drei Semester ebenfalls auf Vertrauensschutz berufen können, ist zweifelhaft; diesbezüglich dürfte aber jede Lösung vertretbar sein, wenn sie überzeugend begründet wird.

320   **2. Fall:** Nach § 35 Abs. 1 GewO ist die Ausübung eines Gewerbes zu untersagen, wenn Tatsachen vorliegen, welche die Unzuverlässigkeit des Gewerbetreibenden in Bezug auf dieses Gewerbe dartun, sofern die Untersagung zum Schutz der Allgemeinheit oder der im Betrieb Beschäftigten erforderlich ist.
Gestützt auf diese Vorschrift untersagt das Gewerbeaufsichtsamt dem U, der als freier Unternehmer industriellen Giftmüll auf Mülldeponien fährt, die weitere Ausübung seines Gewerbes. Es begründet die Untersagungsverfügung damit, U sei bereits dreimal wegen Trunkenheit am Steuer bestraft worden. U, der seinen Führerschein gerade wiedererhalten hat, hält die Verfügung für rechtswidrig. Er sei ein äußerst zuverlässiger Gewerbetreibender; dreimal „erwischt" worden sei er nachts auf der Heimfahrt mit seinem Privatwagen. Seinen Mülltransporter hingegen, der einzige größere Vermögensgegenstand, den er überhaupt besitze, fahre er nur in fahrtüchtigem Zustand. Ist die Untersagungsverfügung rechtmäßig?

321   Grundsätzlich ist eine Maßnahme dann rechtmäßig, wenn die tatbestandlichen Voraussetzungen der Norm, auf die sie sich stützt – hier § 35 Abs. 1 GewO – vorliegen. Dies wäre der Fall, wenn U durch sein Verhalten gezeigt hätte, dass er unzuverlässig in Bezug auf sein Gewerbe ist. Voraussetzung wäre zunächst, dass § 35 Abs. 1 GewO seinerseits rechtmäßig ist. Hieran könnte man insofern zweifeln, als Voraussetzung für die Untersagung die Unzuverlässigkeit des Gewerbetreibenden ist. In der Verwendung dieses Begriffs als Untersagungsvoraussetzung könnte ein Verstoß gegen den Bestimmtheitsgrundsatz liegen, denn der Begriff der „Unzuverlässigkeit" ist sehr weit und unbestimmt. Jedoch sind sog. „unbestimmte Rechtsbegriffe" insbesondere im Verwaltungsrecht nicht selten. Beispiele hierfür sind „öffentliches Interesse", „öffentliches Bedürfnis", „wichtiger Grund", „zumutbar", „unbillig" und „Gefährdung des Natur- und Landschaftsbildes". Die Verwendung solcher Begriffe wird heute als zulässig angesehen und stellt insbesondere keinen Verstoß gegen den Bestimmtheitsgrundsatz dar; diese Begriffe müssen vielmehr ausgelegt werden. Der Gesetzestext legt nahe, hier in erster Linie teleologisch vorzugehen; der Gesetzeszweck lässt sich aus der Formulierung „unzuverlässig in bezug auf dieses Gewerbe" erschließen. Er schreibt eine sehr restriktive Auslegung vor: U mag so unzuverlässig sein, wie er will – erst dann, wenn dadurch eine ordnungsgemäße Gewerbeausübung gefährdet ist, ist das Gewerbeaufsichtsamt zum Einschreiten berechtigt. Das Gewerbeaufsichtsamt hat bislang noch nicht nachweisen können, dass es dem U nicht gelingt, Privat- und Berufsleben säuberlich zu trennen. Im Berufsleben hat er sich noch keine Unzuverlässigkeit zuschulden kommen lassen. Der unbestimmte Rechtsbegriff „unzuverlässig" kann daher im Beispielsfall nur so ausgelegt werden, dass die Untersagungsverfügung – da von § 35 Abs. 1 GewO nicht gedeckt – rechtswidrig ist. Wenn U vor dem Verwaltungsgericht auf ihre Aufhebung klagt, wird er Erfolg haben.

3. Fall: Amtsrichter A wird mit zunehmendem Alter immer eigenwilliger. Mietstreitig- **322** keiten beispielsweise entscheidet er weniger nach dem Gesetz und der Rechtsprechung höherer Gerichte als nach eigenen „Rechtsvorstellungen", die regelmäßig mit der sozial schwächeren Seite harmonieren. Nach einigen aufsehenerregenden Fällen entzieht Amtsgerichtspräsident B dem A sein richterliches Aufgabengebiet zu sieben Achtel und weist ihn in einem Schreiben darauf hin, nunmehr solle er wenigstens beim verbliebenen Achtel der Streitigkeiten „anständig nach dem Gesetz" verfahren. Sind die Maßnahmen des B Rechtens?

Nein! Nach Art. 97 Abs. 1 GG sind die Richter nur dem Gesetz unter- **323** worfen. Dieser Grundsatz der sachlichen Unabhängigkeit verbietet es dem B, Weisungen zu geben, wie A zu verfahren habe. Er verbietet jegliche Einflussnahme auf richterliche Entscheidungen. Mit der **sachlichen Unabhängigkeit** in Art. 97 Abs. 1 GG korrespondiert die **persönliche Unabhängigkeit** des Art. 97 Abs. 2 GG. Diese Vorschrift verbietet nicht nur die rechtliche Entfernung der Richter unter anderen als den in Art. 97 Abs. 2 GG genannten Umständen, sondern auch ein „Abschieben" unter Belassung der äußeren rechtlichen Position, wie es B mit A vorhatte. A hat daher solange Anspruch auf ein volles richterliches Dezernat, bis er in einem ordnungsgemäßen Verfahren durch andere unabhängige Richter seines Amtes enthoben oder in den einstweiligen Ruhestand versetzt ist.

Diese weitgehende richterliche Unabhängigkeit ist nicht Selbstzweck oder **324** gar Privilegierung der Richter. Sie bezweckt einzig und allein, die Rechtsprechung von jeglichem Einfluss der Exekutive fernzuhalten, um neutrale, unabhängige Entscheidungen zu gewährleisten.

4. Fall: Die Kerzenfabrik A-GmbH ist einer der größten Gewerbebetriebe in einer Klein- **325** stadt in Nordrhein-Westfalen. Bei der Fabrikation von Kerzen fällt ein hoher Wasserverbrauch an. Um Geld zu sparen, beschließt die Geschäftsleitung, eine unterirdische Quelle, die auf dem Grundstück der GmbH liegt, anzubohren, um sich so aus eigenem

Vorrat zu bedienen. Nach Ende der kostspieligen Bohrarbeiten erhält die GmbH eine Verfügung der Stadt, die es ihr untersagt, das Grundstückswasser zu benutzen. In ihrem Schreiben weist die Stadtverwaltung auf § 19 Abs. 1 der vom nordrhein-westfälischen Landtag beschlossenen Gemeindeordnung hin.

§ 19 Abs. 1 Satz 1 lautet:

„Die Gemeinden können bei dringendem öffentlichen Bedürfnis durch Satzung (...) für die Grundstücke ihres Gebietes den Anschluss an Wasserleitung, Kanalisation, Straßenreinigung (...) (Anschlusszwang) und die Benutzung dieser Einrichtungen (...) (Benutzungszwang) vorschreiben."

Der Gemeinderat hatte bereits vor 10 Jahren eine Ortssatzung beschlossen, die Anschluss- und Benutzungszwang für Kanalisation und Wasserleitung vorsieht. Solange das örtliche Wassernetz ausreiche, so meint die Stadtverwaltung, sei es der GmbH verboten, eigene Quellen anzuzapfen. Hat sie Recht?

326   Dieser Fall gibt zunächst Anlass, die **Hierarchie der Rechtsnormen** zu erweitern. Die Verfassung als die höchste und das im Rang darunterstehende, von Bundestag und Bundesrat beschlossene (einfache) Bundesgesetz wurden bislang erwähnt. Unabdingbar notwendig für die Staatlichkeit der Länder ist das Vorhandensein einer Legislative, einer Exekutive und einer rechtsprechenden Gewalt. Der Landtag eines jeden Bundeslandes ist zuständig für den Beschluss von Landesgesetzen. Diese Befugnis hat er immer dann, wenn nicht das Grundgesetz den Bundesgesetzgeber zur Regelung der Materie ermächtigt (Art. 30, Art. 70 ff. GG). Da das Grundgesetz dem Bundesgesetzgeber nicht die Materie „Gemeinderecht" zuweist, durfte der Landtag von Nordrhein-Westfalen die Gemeindeordnung erlassen. Dieses Landesgesetz steht im Range unter dem (einfachen) Bundesgesetz, d.h., es darf weder gegen die Verfassung noch gegen sonstiges kompetenzgerecht erlassenes Bundesrecht verstoßen.

327   § 19 Abs. 1 der nordrhein-westfälischen Gemeindeordnung ermächtigt die Gemeinde, durch **Satzung** den **Anschluss- und Benutzungszwang** zu regeln. Ein solches Satzungsrecht räumen die Gemeindeordnungen aller Bundesländer ihren Gemeinden zur Regelung ihrer örtlichen Angelegenheiten ein. Das **Satzungsrecht** ist wesentliches Element der **Selbstverwaltung der Gemeinden** (Art. 28 Abs. 2 GG). Es ist **Ortsrecht**. Die kommunale Rechtsetzungstätigkeit ermöglicht die Berücksichtigung örtlicher Verschiedenheiten, die dem jeweiligen Landesgesetzgeber gar nicht bekannt sein können. Wichtige kommunale Rechtsetzung ist zum Beispiel der Erlass der Bebauungspläne, der Haushaltssatzung oder der Erschließungsbeitragssatzung.

328   Satzungen sind ebenso wie die vom Bundestag und den Landtagen beschlossenen Gesetze abstrakte generelle Rechtsnormen. Sie stehen im Range unter diesen, d.h., sie sind unwirksam, wenn sie höherrangigem Recht widersprechen.

329   Im vorliegenden Fall durfte die Gemeinde bei „dringendem öffentlichen Bedürfnis" gemäß § 19 nordrhein-westfälischer Gemeindeordnung eine Satzung erlassen, die den Anschluss- und Benutzungszwang an die örtliche Wasserleitung und Kanalisation vorschreibt. Ein öffentliches Bedürfnis nach einheitlicher gleichmäßiger Versorgung mit Wasser besteht. Gesundheitliche und hygienische Gefährdungen wären zu erwarten, wenn jedem Grundstückseigentümer selbst die Versorgung mit und der Abfluss von Wasser überlassen bliebe. Die Gemeinde war daher zum Erlass ihrer Satzung, die einen Anschluss- und Benutzungszwang vorsieht, berechtigt. Indem diese Satzung die Benutzung des Wasserversorgungsnetzes vorschreibt, verbietet sie den Zugriff auf andere Versorgungsquellen. Wenn die A-GmbH sich aus eigener Quelle versorgt, verstößt sie gegen Ortsrecht. Die Stadtverwaltung kann ihr dies untersagen.

Weitere Fälle zum Staatsorganisationsrecht:

Burgi/Fliege, Staatsorganisationsrechtliche Hürden auf dem Weg in die Zukunft, Jura 1999, 428;

Fischer, Die Kulturrevolution des Bundes, JuS 2003, 137;

Graf Kielmansegg, Mehr Macht dem Volke, JuS 2006, 323;

Rossi, Zustimmungsrechte des Bundesrates, JA 2003, 672.

2. TEIL

DIE GRUNDRECHTE

Kapitel 14: Bedeutung und Einteilung der Grundrechte

Nach Art. 1 Abs. 3 GG binden die Grundrechte als unmittelbar geltendes 330
Recht Gesetzgebung, vollziehende Gewalt und Rechtsprechung. Grundrechte sind die in Art. 1 bis 19 GG (sog. **Grundrechtskatalog**) normierten Rechte. Darüber hinaus garantiert das Grundgesetz noch einige weitere Rechte,
die als sog. grundrechtsgleiche Rechte oder Grundrechte im nur materiellen
Sinne bezeichnet werden: Art. 20 Abs. 4 GG (Widerstandsrecht), Art. 33
GG (staatsbürgerliche Gleichstellung), Art. 38 GG (Wahlrechtsgrundsätze)
und die justiziellen Rechte der Art. 101, 103 und 104 GG (Verbot von
Ausnahmegerichten, Grundrechte des Angeklagten, Rechtsgarantien bei
Freiheitsentziehung).

Wesentliche Funktion der Grundrechte ist die **Begrenzung der Staatsge-** 331
walt. Kraft der ihm zustehenden Hoheitsmacht ist der Staat befugt, dem
Bürger einseitig belastende Verpflichtungen aufzuerlegen. Die Grundrechte
sichern demgegenüber eine persönliche Freiheitssphäre des Bürgers, in die
der Staat nicht eindringen darf.

Die von Art. 1 Abs. 3 GG normierte Bindung staatlicher Aktivitäten an
die Grundrechte ist nur dann effektiv und durchsetzbar, wenn der betroffene Bürger eine neutrale Instanz zum Schutze seiner Freiheitsrechte anrufen
kann. Art. 19 Abs. 4 GG eröffnet daher den Weg vor unabhängige, neutrale
Gerichte, wenn jemand durch die öffentliche Gewalt in seinen Rechten verletzt wird. Die Grundrechte lassen sich unter drei verschiedenen Gesichtspunkten systematisch einteilen: nach dem geschützten Rechtsgut, nach dem
geschützten Personenkreis und nach der Schutzrichtung der Freiheitsverbürgung.

Nach dem **geschützten Rechtsgut** lassen sich die Grundrechte in Frei- 332
heitsgrundrechte, Gleichheitsgrundrechte und Verfahrensgrundrechte einteilen.

Freiheitsgrundrechte garantieren dem Bürger einen Handlungsbereich, 333
innerhalb dessen er sich nach freiem Willen betätigen kann. Um Freiheitsgrundrechte handelt es sich bei Art. 4 GG (Glaubens- und Bekenntnisfreiheit), Art. 5 GG (Meinungs- und Pressefreiheit; Freiheit der Kunst und der
Wissenschaft), Art. 8 GG (Versammlungsfreiheit), Art. 9 GG (Vereinigungsfreiheit, Verbot von Maßnahmen gegen Arbeitskämpfe) und den in Art. 10
bis 14 GG garantierten Grundrechten. Neben diesen speziellen Freiheitsrechten, die jeweils ein bestimmtes Rechtsgut schützen, steht noch die umfassende Freiheitsverbürgung der allgemeinen Handlungsfreiheit des Art. 2
Abs. 1 GG.

Gleichheitsgrundrechte schützen dagegen keine Freiheitssphäre, son- 334
dern garantieren, dass der Hoheitsträger die staatlicher Gewalt Unter

worfenen gleich behandelt und nur dann Unterschiede macht, wenn ein
sachlicher Differenzierungsgrund besteht. Neben den speziellen Gleich-
heitsgrundrechten des Art. 3 Abs. 2 GG (Gleichberechtigung von Mann
und Frau), Art. 3 Abs. 3 GG (Verbot von Ungleichbehandlung wegen des
Geschlechts, der Abstammung, der Rasse, der Sprache, der Heimat und der
Herkunft, des Glaubens, religiöser oder politischer Anschauungen), Art. 33
Abs. 1 bis 3 GG (staatsbürgerliche Gleichstellung aller Deutschen) und
Art. 38 Abs. 1 GG (Wahlrechtsgleichheit) steht das allgemeine Gleichheits-
grundrecht des Art. 3 Abs. 1 GG („Alle Menschen sind vor dem Gesetz
gleich").

335   **Verfahrensgrundrechte** schließlich garantieren zum einen den Zugang zu
rechtsschutzgewährenden Instanzen (Art. 19 Abs. 4 GG) und gewährleisten
zum anderen die Beachtung rechtsstaatlicher Grundsätze im gerichtlichen
und verwaltungsrechtlichen Verfahren, z.B. Art. 101 GG (Verbot von Ausnahmegerichten) und Art. 103 GG (Grundrechte des Angeklagten).

336   Hinsichtlich des **geschützten Personenkreises** differenzieren die Grundrechte des Grundgesetzes nach Menschenrechten und Deutschenrechten.
Auf **Menschenrechte** kann sich jeder berufen, der sich auf dem Territorium
der Bundesrepublik Deutschland aufhält, also auch der Ausländer und der
Staatenlose. Menschenrechte sind beispielweise in den Art. 2 bis Art. 6 GG
garantiert. Andere Grundrechte stehen nur deutschen Staatsangehörigen zu.
Bei diesen **Deutschen- oder Bürgerrechten** handelt es sich z.B. um die Versammlungsfreiheit nach 8 Abs. 1 GG und die Berufsfreiheit nach Art. 12
Abs. 1 GG. Darüber hinaus gelten die Grundrechte auch für inländische juristische Personen (z.B. eine GmbH oder eine Aktiengesellschaft), „soweit
sie ihrem Wesen nach auf diese anwendbar sind" (Art. 19 Abs. 3 GG). Dies
ist unproblematisch im Hinblick auf juristische Personen des Privatrechts.
Umstritten ist dagegen, ob die Grundrechte ihrem Wesen nach auch auf juristische Personen des öffentlichen Rechts anwendbar sind. Dies wird von
der h.M. grundsätzlich abgelehnt, insbesondere deshalb, weil die öffentliche Hand nicht gleichzeitig Verpflichteter und Berechtigter der Grundrechte
sein könne. Eine Ausnahme wird nur anerkannt, wenn es sich um die Verletzung eines Verfahrensgrundrechts handelt, oder wenn eine juristische
Person des öffentlichen Rechts unmittelbar zu dem durch das Grundrecht
geschützten Bereich gehört. Dies ist dann der Fall, wenn die juristische Person des öffentlichen Rechts dem Staat wie ein Privater gegenübertritt,
z.B. Kirchen (Art. 4 und Art. 140 GG), Rundfunkanstalten (Art. 5 Abs. 1
Satz 2 GG) und Hochschulen (Art. 5 Abs. 3 GG). Man spricht dann auch
von einer „grundrechtstypischen Gefährdungslage".

337   Für die Qualifizierung einer juristischen Person als inländisch oder aus-
ländisch ist ihr tatsächliches Aktionszentrum maßgeblich. Im Hinblick auf
das europarechtliche Diskriminierungsverbot des Art. 12 EG, welches auch
gegenüber nationalem Verfassungsrecht Vorrang genießt, ist das von
Art. 19 Abs. 3 GG statuierte Tatbestandsmerkmal „inländisch" insoweit
unanwendbar, als es zu einer Verringerung des Grundrechtsschutzes juristi-
scher Personen aus dem EG-Ausland führen würde. Diese können sich daher ebenfalls auf die deutschen Grundrechte berufen, soweit die restlichen
Voraussetzungen des Art. 19 Abs. 3 GG erfüllt sind.

Die **Schutzrichtung grundrechtlicher Freiheitsverbürgungen** scheint von   338
Art. 1 Abs. 3 GG vorgegeben. Danach handelt es sich bei den Grundrechten grundsätzlich – wie es auch ihrer historischen Entwicklung entspricht –
um **Abwehrrechte** gegen den Staat. Sie geben dem Bürger das Recht, sich
gegenüber Eingriffen des Staates zur Wehr zu setzen. In dieser Abwehrfunktion liegt auch heute noch die wichtigste Aufgabe der Grundrechte, wenn-
gleich – wie das nächste Kapitel zeigen wird – hier die Dinge in Bewegung
geraten sind. Einige Grundrechte erschöpfen sich jedoch schon ihrem Wortlaut nach nicht in der Abwehrfunktion, sondern geben dem Einzelnen einen
Anspruch auf Leistung gegen den Staat, z. B. Art. 6 Abs. 4 und 5 GG. Diesen grundsätzlichen Unterschied zwischen Abwehrrechten, die sich gegen
staatliche Aktivitäten richten, und Leistungsrechten, die von dem Staat ein
Tätigwerden fordern, gilt es im Auge zu behalten.

Neben den Grundrechten des Grundgesetzes und der Landesverfassun-   339
gen sind auch die Grundrechte der Europäischen Konvention zum Schutze
der Menschenrechte und Grundfreiheiten (EMRK) vom 4. 11. 1950 bedeutsam, da sie von allen Behörden und Gerichten in Deutschland beachtet
werden müssen. Obwohl die meisten Grundrechte der EMRK hinter dem
Grundrechtsstandard des Grundgesetzes zurückbleiben und außerdem nur
im Range eines Bundesgesetzes stehen, zieht das Bundesverfassungsgericht
bei der Auslegung des Grundgesetzes auch Inhalt und Entwicklungsstand
der EMRK in Betracht.

Weiterführende Hinweise:
BVerfGE 111, 307 (Verhältnis der EMRK zum nationalen Recht); *BVerfGE* 61, 82 (Sas-
bach-Entscheidung zur Grundrechtsfähigkeit von juristischen Personen des öffentlichen
Rechts);
Einen sehr guten Überblick zu den allgemeinen Grundrechtslehren bieten:
Jarass/Pieroth, GG-Kommentar: Vorbemerkungen vor Art. 1 Allgemeine Grundrechtsleh-
ren, 8. Auflage 2006.
Zum Verhältnis von europäischen und nationalen Grundrechten:
Dörr, Rechtsprechungskonkurrenz zwischen nationalen und europäischen Verfassungsge-
richten, DVBl. 2006, 1088.

Kapitel 15: Die Auslegung von Grundrechten

340   Die Grundrechte des Grundgesetzes sind Bestimmungen, die sprachlicher
Eindeutigkeit und begrifflicher Präzision weithin entbehren. Formulierungen wie etwa „Alle Menschen sind vor dem Gesetz gleich" und „Jeder hat
das Recht, seine Meinung frei zu äußern" sind auslegungsbedürftig. Die
Gleichheit vor dem Gesetz ist sicher nicht als Aufforderung zu unter-
schiedsloser Gleichmacherei zu verstehen. Die Meinungsfreiheit stellt nicht
Beleidigungen und Verleumdungen unter besonderen staatlichen Schutz.
Schwierigkeiten mit inhaltlich weiten und unbestimmten Rechtsbegriffen
tauchen auch bei den sog. unbestimmten Rechtsbegriffen des Verwaltungsrechts auf. Dabei unterscheiden sich diese Begriffe qualitativ nicht von
sonstigen, präziser gefassten Rechtsbegriffen. Bei ihrer Auslegung helfen allerdings weniger sprachliche Fassung, historischer Kontext oder systemati-
scher Zusammenhang weiter als vielmehr die teleologische Interpretation,
d. h. die Untersuchung, welche Auslegung dem **Gesetzeszweck** am nächsten
kommt. Nicht viel anders verhält es sich mit der Interpretation von Grundrechten. Sprachliche Fassung und historische Auslegung sind sicher ein erster wichtiger Anhaltspunkt der Grundrechtsauslegung. Entscheidende Differenzen und konträr entgegengesetzte Auslegungsergebnisse ergeben sich
aber erst aufgrund einer unterschiedlichen teleologischen Interpretation.

341   Die Besonderheit der Grundrechtsauslegung liegt also nicht darin, dass
dabei grundsätzlich andere Auslegungsmaßstäbe heranzuziehen sind, sie ist
vielmehr dadurch begründet, dass – im Rahmen der teleologischen Interpretation – über den Zweck der Grundrechtsverbürgungen so viele unterschiedliche Meinungen möglich sind, dass bei gleichem Wortlaut des
Grundrechts konträre Auslegungsergebnisse erzielt werden können.

342   Zwischen bürgerlich-liberalem und marxistisch-leninistischem Grund-
rechtsverständnis bestehen unüberwindbare Differenzen, die sich aus der
unterschiedlichen Funktion der Grundrechte erklären lassen. Während die
bürgerlich-liberale Betrachtungsweise die Grundrechte als Abwehrrechte
gegen Eingriffe des Staates versteht, geht die marxistisch-leninistische Ideo-
logie davon aus, dass die Grundrechte ein Mittel zur Realisierung des Sozialismus und deshalb nur im Rahmen dieses Staatsziels gewährleistet sind.
Hieraus erklärt sich, warum andersdenkendes Verhalten im Sozialismus
keinen Grundrechtsschutz genießen konnte. So hat die Pressefreiheit nach
westlichem Verständnis gerade die Aufgabe, unbequeme Auffassungen zu
ermöglichen. Sozialistische Staaten des ehemaligen „Ostblocks" erlaubten
dagegen die Presse nur, soweit sie mit dem Staatsziel übereinstimmte.

343   Zweierlei ist an diesem Beispiel wichtig: Der unbestimmten Weite und
Offenheit der Grundrechtsnorm kann interpretatorisch nur Herr werden,
wer sich und anderen durch Offenlegung und rational nachvollziehbare
Begründung eines bestimmten Auslegungsergebnisses klar macht, welchen
Zweck er in einer bestimmten grundrechtlichen Freiheitsverbürgung sieht.
Dass dabei zwischen den polaren Gegensätzen der bürgerlich-liberalen
Zweckbestimmung als Abwehrrecht gegen den Staat und der marxistisch-

leninistischen Zweckbestimmung als Hilfsmittel zur Realisierung des Sozialismus auch noch ganz andere Betrachtungsweisen möglich sind, wird sich noch zeigen.

Die verschiedenen denkbaren Betrachtungsweisen werden **Grundrechts-** **344** **theorien** genannt. Hinter der Vielfalt von „Grundrechtstheorien" verbirgt sich im Grunde nichts anderes als die Tatsache, dass es bei der Auslegung von Grundrechten mehr und divergierendere teleologische Interpretationsmöglichkeiten gibt als bei sonstigen weiten und unbestimmten Rechtsbegriffen. Das verwundert nicht. Die Auslegung eines unbestimmten Rechtsbegriffs wie etwa „Unzuverlässigkeit eines Gewerbetreibenden" in § 35 GewO ist vorgegeben. Sie erschließt sich aus dem Zweck der Gewerbeordnung, die Öffentlichkeit vor denen zu schützen, die in Ausübung ihres Gewerbes Eigentum oder Gesundheit anderer gefährden. Ungleich offener ist die Frage nach Sinn und Zweck der Grundrechte überhaupt und – damit untrennbar verknüpft – nach dem Zweck der Grundrechtsgewährleistung. Allein diese Tatsache ist ursächlich dafür, dass es sich bei der Grundrechtsinterpretation um eines der schwierigsten und umstrittensten Gebiete der Rechtswissenschaft überhaupt handelt.

Nicht jede Interpretationsmöglichkeit, nicht jede „Grundrechtstheorie", **345** darf bei der Auslegung von Grundrechten des Grundgesetzes herangezogen werden. Art. 1 Abs. 1 und 3 GG verbieten beispielsweise marxistisch-leninistische Zweckbestimmung. Welcher Zweckbestimmung und welchen Interpretationsmöglichkeiten damit die Grundrechte des Grundgesetzes zugänglich sind, kann sich nur aus dem Grundgesetz selbst ergeben.

Die wichtigsten Zweckbestimmungen, die wahlweise oder miteinander **346** verbunden bei der Auslegung von Grundrechten heute eine Rolle spielen, sind: die **liberale,** die **institutionelle,** die **demokratisch-funktionale** und die **sozialstaatliche Grundrechtssicht.** Diese vier Betrachtungsweisen gilt es zu untersuchen, ihre Vor- und Nachteile offenzulegen und sie schließlich auf ihre Zulässigkeit im Hinblick auf das Grundgesetz hin zu untersuchen. Als Beispiel wird dabei in allen Fällen Art. 5 Abs. 1 GG, die Garantie der Pressefreiheit, herangezogen.

I. Liberale Grundrechtssicht

Sie sieht in den Grundrechten **Freiheitsrechte** des Einzelnen als **Abwehr-** **347** **rechte** gegen Eingriffe des Staates. Grundrechtszweck ist es danach, wichtige Bereiche individueller Freiheit, die von der Staatsmacht erfahrungsgemäß beeinträchtigt werden können, vor dieser Bedrohung zu sichern. Über die Art und Weise der Ausübung des individuellen Freiheitsrechts sagen die Grundrechte aus bürgerlich-liberaler Sicht hingegen nichts aus. Aus welchen Motiven und zu welchen Zwecken die Bürger von ihrer Freiheit Gebrauch machen, ist bei dieser Grundrechtssicht allein ihrer Entscheidung überlassen; sie dürfen nicht zum Anknüpfungspunkt für eine Differenzierung oder Reduzierung des Freiheitsumfanges gemacht werden.

Nach dieser Betrachtungsweise trifft den Staat keine Pflicht, die Mög- **348** lichkeit dafür zu schaffen, dass grundrechtliche Freiheitsverbürgungen auch tatsächlich wahrgenommen und realisiert werden können. Die liberale

Grundrechtsauslegung, die in den Grundrechten lediglich **Abwehrrechte** sieht, ist blind gegenüber den sozialen Schwierigkeiten der Realisierung grundrechtlicher Freiheit.

349   Das Grundrecht der Pressefreiheit in Art. 5 Abs. 1 GG, verstanden als liberal-rechts-staatliches Abwehrrecht, beschränkt sich auf den Schutz gegen staatliche Eingriffe beim Herstellen und Verbreiten von Druckerzeugnissen einschließlich des Sammelns von Nachrichten. Die Garantie der Pressefreiheit bedeutet danach aber keine Verpflichtung des Staates, für das tatsächliche Bestehen einer Pressevielfalt zu sorgen. Es ist nicht seine Aufgabe zu verhindern, dass einige wenige oder sogar ein einziger Pressekonzern die anderen vom Markt verdrängt und damit aus der allen Bürgern garantierten Freiheit die Freiheit einiger weniger oder eines Einzelnen wird.

350   An diesem Beispiel verdeutlicht sich das grundlegende Problem und der soziale Hintergrund liberaler Grundrechtssicht. Es besteht die Gefahr, dass diese Grundrechtssicht auf eine Absicherung und Verfestigung des sozialen Besitzstandes einer Minderheit hinausläuft, der Mehrheit jedoch die mate-riellen Möglichkeiten vorenthalten bleiben, die sie zur Verwirklichung ihrer grundrechtlichen Freiheit braucht. Diese Gefahr liberaler Grundrechtsbe-trachtung darf nicht unterschätzt werden. Auf der anderen Seite aber bleibt es nach wie vor die wichtigste Funktion der Grundrechte, Eingriffe und Be-drohungen durch den Staat abzuwehren. Dass das Grundgesetz von dieser Abwehrfunktion ausgeht, ergibt sich aus Art. 1 Abs. 3 GG. Wie wichtig es ist, diese Funktion auch heute noch zu betonen, zeigt nicht nur ein Blick in die deutsche Vergangenheit und die Diktaturen oder Volksdemokratien. Die „Spiegel-Affäre" und die Affäre um die „Schwarzen Kassen" der Parteien verdeutlichen, dass auch in Demokratien die Versuchung nach Ausweitung und Missbrauch staatlicher Macht besteht.

II. Institutionelle Grundrechtssicht

351   Danach bezwecken die Grundrechte weniger die Sicherung eines Bereichs individueller Freiheit, in dem der Einzelne nach Belieben handeln kann, als vielmehr die **Sicherung** einer **objektiven Institution**, innerhalb derer sich in-dividuelle und kollektive Freiheit verwirklichen lässt. Bezogen auf das Grundrecht der Pressefreiheit bedeutet dies die grundrechtliche Garantie der Institution „freie Presse". Anders als beim bürgerlich-liberalen Grund-rechtsverständnis bezweckt diese Grundrechtssicht zugleich die Gewährleis-tung des Vorhandenseins und Fortbestehens eines freien Pressewesens. Sie gibt dem Staat die Befugnis, stützend einzugreifen, wenn etwa die Existenz von Presseunternehmen gefährdet ist oder das allgemeine Grundrecht der Pressefreiheit zum Privileg eines „Pressezaren" geworden ist.

352   Das Grundgesetz selbst enthält einige institutionelle Garantien, wie die Garantie der kommunalen Selbstverwaltung in Art. 28 GG und des Berufs-beamtentums in Art. 33 Abs. 4 GG. Die institutionelle Grundrechtssicht geht darüber hinaus und erklärt, dass alle Grundrechte ohne eine sie schüt-zende Institution nicht denkbar seien und dass primärer Grundrechtszweck daher der Schutz dieser Institution selbst sei. Dies hat Konsequenzen: Grundrechtliche Freiheit ist nicht mehr Freiheit schlechthin, sondern eine Freiheit, die sich auf ein bestimmtes Ziel hin zu orientieren hat. Individuel-ler subjektiver Freiheit können dann aber auch von Staats wegen immer Grenzen gesetzt werden, wenn die Institution bedroht ist. Die Gefahr, durch

Auslegung aus Freiheit Zwang zu machen, muss sich der Interpret bei institutioneller Grundrechtsdeutung immer vor Augen halten. Der positive Beitrag dieser Betrachtungsweise dürfte vor allem darin liegen, aufgezeigt zu haben, dass zur Verwirklichung von Freiheitsrechten nicht allein ihre formelle Gewährleistung in der Verfassung ausreicht.

III. Demokratisch-funktionale Grundrechtssicht

Nach dieser Ansicht ist primärer Zweck der Grundrechte, einen freien 353 Prozess demokratischer Willensbildung zu fördern. Grundrechte sollen nicht individuelle, subjektiv beliebige Freiheit schützen, sondern eine auf einen demokratischen Willensbildungsprozess hin orientierte Freiheit ermöglichen. Grundrechte sollen dem **Schutz** eines bestimmten Wertes, **der Demokratie**, dienen. Die Parallelen zur marxistisch-leninistischen Sicht sind offensichtlich: Es spielt keine Rolle, ob der geschützte Wert Sozialismus oder Demokratie heißt. Die Freiheitsverengung ist in beiden Fällen vergleichbar. Die Pressefreiheit wird nur insoweit geschützt, als sie der jeweiligen Staatsauffassung positiv gegenübersteht. Die reine Unterhaltungspresse fällt hingegen nach dieser Ansicht aus dem Schutzbereich des Grundrechts ganz heraus. Die Gefahr dieses Grundrechtsverständnisses liegt auf der Hand: Freiheit, die einem einzigen Zweck dienen soll, ist für denjenigen manipulierbar, der ihn bestimmt. Das ist in einer Demokratie die Mehrheit. Freiheit nur nach Maßgabe von Mehrheitsentscheidungen aber ist keine Freiheit, sondern Abhängigkeit. Auf der anderen Seite aber ist dem demokratisch-funktionalen Grundrechtsverständnis die Einsicht zu verdanken, dass dem Bürger nicht ausschließlich als freiem, ungebundenem Individuum Grundrechte garantiert werden, sondern dass er zugleich Glied der Gemeinschaft ist. Grundrechtsverbürgung liegt mithin nicht nur im individuellen, sondern auch im öffentlichen Interesse.

IV. Sozialstaatliche Grundrechtssicht

Sie greift bei der Auslegung der Grundrechte auf die Staatszielbestim- 354 mung „Sozialstaatlichkeit" des Art. 20 Abs. 1 GG zurück. Ihr geht es darum, korrigierend und ergänzend die Schwäche liberalen Grundrechtsverständnisses anzugehen: die Blindheit gegenüber den sozialen Voraussetzungen, deren es zur Realisierung grundrechtlicher Freiheitsgewährleistungen bedarf. Das Mittel, mit dem sie ihr Ziel verwirklichen will, ist die Umkehr des traditionell liberalen Verständnisses: Grundrechte werden nicht als Abwehrrechte gegen den Staat, sondern als **Leistungsansprüche an den Staat** gesehen. Der Staat sei verpflichtet, die notwendigen sozialen Voraussetzungen zu schaffen, die es seinen Bürgern erst ermöglichen, die Grundrechtsgarantien auszuschöpfen. Die Konsequenzen auch dieses Verständnisses sind weitreichend: Die Pressefreiheit beinhaltet danach eine Verpflichtung des Staates, die wirtschaftlichen Voraussetzungen zu schaffen, die einer Vielzahl von Presseunternehmen die weitere Existenz ermöglichen.

Positiv an dieser Grundrechtssicht ist, dass sie – im Gegensatz zur institu- 355 tionellen und zur demokratisch-funktionalen – den individuellen Freiheitsspielraum nicht einschränkt, sondern erweitert. Hier geht es nicht um formale Gewährleistungen, hinter deren Fassade die Starken die Schwächeren

zurückdrängen und ihnen die Chance nehmen, ihre Grundrechte zu verwirklichen, sondern darum, Voraussetzungen zu schaffen, die es allen Bürgern ermöglichen, an den Freiheitsgewährleistungen zu partizipieren. Die
Schwäche dieser Grundrechtskonzeption liegt darin begründet, dass der
Umfang der Freiheitsverbürgung weitgehend abhängig wird von der Lage
der staatlichen Finanzen. Sind die Finanzmittel erschöpft, reduziert sich die
Grundrechtsgewährleistung. Diese Abhängigkeit relativiert die Bindung der
Staatsgewalt an die Grundrechte. Dies steht in Widerspruch zu Art. 1
Abs. 3 GG.

V. Grundrechtsverständnis des Grundgesetzes

356   Die Übersicht über die vier wichtigsten „Spielarten" des Grundrechtsverständnisses zeigt ihre jeweiligen Schwächen und Vorzüge auf. Jeder Grundrechtsinterpret muss sich zunächst einmal über sein Verständnis im Klaren
sein. Erst dann kann ein diskutierbares, rational nachvollziehbares Auslegungsergebnis überhaupt erzielt werden. Darüber hinaus stellt sich jedoch
nun vor allem die Frage, ob alle vier Varianten beliebig anwendbar und
austauschbar sind oder ob nicht das Grundgesetz selbst ein bestimmtes
Grundrechtsverständnis vorschreibt, das es verbietet, Grundrechtsgewährleistungen vom Vorverständnis des jeweiligen Interpreten abhängig zu machen.

357   Ihrer Konzeption nach sind die Grundrechte des Grundgesetzes **klassische Freiheitsrechte** in bürgerlich-liberalem Sinne. Sie sind nicht höherrangig begriffenen Werten oder Institutionen untergeordnet, sondern werden
von Art. 1 Abs. 1 GG ausdrücklich als vorstaatliche Menschenrechte proklamiert, die zu achten und zu schützen Aufgabe staatlicher Gewalt ist. Das
schließt nicht aus, ihrer Interpretation auch institutionelle und demokratisch-funktionale Gesichtspunkte zugrunde zu legen; dies jedoch immer bei
Beachtung der Priorität des „klassischen" Grundrechtsverständnisses. Die
Tatsache, dass Institutionen Freiheit nicht nur einschränken, sondern sie
mitunter erst ermöglichen und dass das Grundgesetz den Einzelnen auch
als Glied der demokratischen Gemeinschaft sieht, können durchaus im Einzelfall die Auslegung beeinflussen. Ausgangspunkt einer Interpretation
muss jedoch zunächst die liberale Grundrechtssicht sein. Viel weitergehend
bestimmt allerdings die Sozialstaatsbestimmung des Grundgesetzes die liberale Grundrechtsauslegung. Durch die Aufnahme des Sozialstaatspostulats
versucht das Grundgesetz der Blindheit liberalen Grundrechtsverständnisses gegenüber den gesellschaftlichen und materiellen Voraussetzungen der
Grundrechtswahrnehmung zu begegnen. Die Sozialstaatsklausel hat freilich
nicht den Sinn, jedem Einzelnen klagbare Ansprüche – bis zur Erschöpfung
des Staatshaushaltes – zuzugestehen. Bei dieser Sicht wären Grundrechte
abhängig vom Staatshaushalt, ein Ergebnis, das der von Art. 1 Abs. 3 GG
geforderten unbedingten Bindung widerspricht. Das Sozialstaatsprinzip
muss vielmehr als Auftrag und Verpflichtung staatlicher Instanzen gesehen
werden, darauf zu achten, dass aus allen garantierten Grundrechten nicht
Privilegien einiger weniger werden. Erreichen lässt sich dies oft nur durch
Eingriffe in grundrechtlich geschützte Positionen anderer. Um noch einmal
auf das Beispiel zurückzukommen: Wenn Pressefreiheit nicht nur als Recht

des wirtschaftlich stärksten „Pressezaren" begriffen werden kann, sondern auch als Verpflichtung des Staates, für Pressevielfalt zu sorgen, so ist dies unter bestimmten Gegebenheiten nicht anders möglich als durch Zurückdrängung oder Einschränkung des Freiheitsspielraums des Stärkeren. Auch dieser wird sich auf sein Grundrecht berufen. Die Frage, um die es nunmehr geht, ist danach die, ob und inwieweit es zulässig ist, Grundrechte des Bürgers einzuschränken, und welche Ziele und Zwecke allein eine solche Einschränkung zu rechtfertigen imstande sind.

Weiterführende Hinweise:

Böckenförde, Wie werden in Deutschland die Grundrechte im Verfassungsrecht interpretiert, EuGRZ 2004, 598;

Böckenförde, Grundrechtstheorie und Grundrechtsinterpretation, NJW 1974, 1529;

Böckenförde, Die Methode der Verfassungsinterpretation – Bestandsaufnahme und Kritik, NJW 1976, 209;

Thieme, Liberalismus und Grundgesetz, DÖV 2006, 401.

358   Art. 1 Abs. 3 GG lässt sich unschwer entnehmen, dass die Grundrechte der Staatsgewalt und damit der gesamten Organisation des Staates übergeordnet sind. Dies bedeutet allerdings nicht, dass dem (einfachen) Bundes- oder Landesgesetzgeber jeder Eingriff in grundrechtliche Freiheiten verwehrt ist. Vielmehr ist aus oben genannten Gründen eine Einschränkung geboten, um auf diesem Wege einen optimalen Grundrechtsschutz für alle Menschen bzw. Bürger zu erreichen. Die meisten Grundrechte enthalten daher einen sog. **Gesetzesvorbehalt,** demzufolge die Einschränkung eines Grundrechtes durch ein Gesetz oder aufgrund eines Gesetzes zulässig ist (z. B. Art. 2 Abs. 2 Satz 3, Art. 4 Abs. 3 Satz 2, Art. 5 Abs. 2, Art. 8 Abs. 2, Art. 12 Abs. 1 Satz 2 GG).

359   Der „Gesetzesvorbehalt" darf nicht mit dem „**Vorbehalt des Gesetzes**" verwechselt werden. Während es beim „Gesetzesvorbehalt" um die Frage der Einschränkbarkeit eines Grundrechtes geht (durch ein Gesetz oder aufgrund eines Gesetzes), besagt der „Vorbehalt des Gesetzes", dass belastende staatliche Eingriffe nur dann zulässig sind, wenn ein materielles Gesetz den Hoheitsträger dazu ermächtigt hat.

360   Unter Gesetzesvorbehalt stehende Grundrechte können allerdings **nicht grenzenlos** eingeschränkt werden. **Wie weit** die Einschränkbarkeit geht, ergibt sich einmal aus der **näheren Ausgestaltung des Gesetzesvorbehalts** (vgl. etwa Art. 5 Abs. 2 GG), zum anderen aber aus dem **Verhältnismäßigkeitsprinzip**, d. h. aus den Prinzipien der Geeignetheit, der Erforderlichkeit und der Verhältnismäßigkeit im engeren Sinne. Zum Gesetzesvorbehalt ein Beispiel:

Art. 8 GG lautet:
„(1) Alle Deutschen haben das Recht, sich ohne Anmeldung oder Erlaubnis friedlich und ohne Waffen zu versammeln.
(2) Für Versammlungen unter freiem Himmel kann dieses Recht durch Gesetz oder aufgrund eines Gesetzes beschränkt werden."

361   Ein solches einschränkendes Gesetz stellt beispielsweise § 14 Versammlungsgesetz (VersG) dar:

„Wer die Absicht hat, eine öffentliche Versammlung unter freiem Himmel (...) zu veranstalten, hat dies spätestens 48 Stunden vor der Bekanntgabe der zuständigen Behörde (...) anzumelden."

362   Bei § 14 VersG handelt es sich um eine typische Grundrechtsbeschränkung aufgrund des Gesetzesvorbehalts in Art. 8 Abs. 2 GG. Öffentliche Versammlungen und Demonstrationen sind erlaubt, jedoch anmeldepflichtig. Insoweit ist das Grundrecht eingeschränkt. Die Einschränkung dient dem Zweck, der Behörde Zeit zu geben, erforderliche Maßnahmen zu ergreifen, beispielsweise den Verkehr umzuleiten usw. § 14 VersG ist allerdings insofern **verfassungskonform auszulegen,** als Spontandemonstrationen nicht von der Anmeldepflicht erfasst sind. Eine Anmeldepflicht würde ein spontanes Gebrauchmachen vom Freiheitsrecht des Art. 8 Abs. 1 GG unmöglich machen.

Es gibt einige Grundrechte, bei denen eine Einschränkungsmöglichkeit   363
nicht vorgesehen ist: die sog. **Grundrechte ohne Gesetzesvorbehalt.** Zu diesen Grundrechten gehören z. B. Art. 4 Abs. 2 und Art. 5 Abs. 3 GG. Nach dem Wortlaut des Art. 5 Abs. 3 GG sind Forschung und Wissenschaft keinerlei Schranken unterworfen.

Gleichwohl wird überwiegend der Standpunkt vertreten, dass die in   364
Art. 5 Abs. 3 GG gewährten Freiheitsrechte ebenso wie die sonstigen vorbehaltlos gewährten Grundrechte trotz ihres Wortlautes eingeschränkt werden können, da sich ein schrankenlos gewährtes Grundrecht selbst ad absurdum führte.

Es leuchtet ohne weiteres ein, dass es einem Wissenschaftler nicht unter Berufung auf   365
die in Art. 5 Abs. 3 GG schrankenlos gewährte Freiheit der Forschung und Wissenschaft gestattet sein kann, in einer Großstadt hochgefährliche Experimente vorzunehmen, oder dass die Durchführung einer Prozession durch ein Seuchengebiet nicht auf die Freiheit der Religionsausübung (Art. 4 Abs. 2 GG) gestützt werden kann.

Fraglich ist nur, wie sich rechtsdogmatisch die Einschränkung eines   366
Grundrechts ohne Gesetzesvorbehalt begründen lässt. Als Grundrechtsschranke kommen in diesen Fällen lediglich Grundrechte anderer und andere mit Verfassungsrang ausgestattete Güter in Betracht. Auch ein schrankenlos gewährtes Grundrecht darf nicht so ausgeübt werden, dass Grundrechte Dritter bzw. andere Güter mit Verfassungsrang verletzt werden. Die dadurch der Grundrechtsausübung gesetzten Schranken nennt man auch **verfassungsimmanente Schranken.** Zur Begründung des selbstverständlichen Ergebnisses, dass etwa ein Wissenschaftler in einer Großstadt nicht mit Seuchenerregern Experimente unter Berufung auf die Freiheit der Wissenschaft anstellen kann, kann man deshalb auch auf Art. 2 GG zurückgreifen. Nach Art. 2 Abs. 2 GG hat jeder das Recht auf Leben und körperliche Unversehrtheit. Dieses Recht steht einer die Allgemeinheit gefährdenden Forschungstätigkeit entgegen.

Lange Zeit war es in Literatur und Rechtsprechung umstritten, ob   367
Grundrechte im sog. „besonderen Gewaltverhältnis" auch dann eingeschränkt werden dürfen, wenn ein dazu ermächtigendes Gesetz fehlt. „**Besondere Gewaltverhältnisse" sind Rechtsverhältnisse, in denen Bürger zur Erreichung bestimmter Zwecke in einer besonders starken rechtlichen Bindung zur staatlichen Gewalt stehen** (z. B. Schüler, Soldaten, Beamte, Gefängnisinsassen). Die Tatsache allein, dass hier eine besonders enge rechtliche Beziehung zum Staat geschaffen wird, vermag Geltung und Stellenwert der Grundrechte nicht zu beeinträchtigen. Die Rechtsfigur des „besonderen Gewaltverhältnisses" hat daher heute keine eigenständige Bedeutung mehr. Auch im besonderen Gewaltverhältnis dürfen Grundrechte nur durch Gesetz oder aufgrund eines Gesetzes eingeschränkt werden.

Der Einschränkung von Grundrechten setzt neben dem Verhältnismäßig-   368
keitsprinzip schließlich noch die **Wesensgehaltsgarantie** des Art. 19 Abs. 2 GG Grenzen. Danach darf ein Grundrecht in keinem Falle in seinem Wesensgehalt angetastet werden. Was das ist, ist nicht leicht zu bestimmen. Einigkeit herrscht noch darüber, dass beispielsweise eine Erhöhung des Erbschaftsteuersatzes auf 99% die grundrechtliche Gewährleistung des Erbrechts in ihrem Wesensgehalt berühren würde. Die Grenze zu orten, von der

aus einer zulässigen Grundrechtseinschränkung ein unzulässiger Eingriff in den Wesengehalt wird, bleibt immer problematisch. Trotz zahlreicher dazu entwickelter Theorien kommt es letztlich auf eine wertende Betrachtung der konkreten Umstände des Einzelfalls an.

369   Soweit es um die Frage der Zulässigkeit grundrechtseinschränkender Gesetze oder sonstiger staatlicher Eingriffe geht, ist das **Verhältnismäßigkeitsprinzip** von ungleich größerer praktischer Bedeutung als die Wesensgehaltsgarantie des Art. 19 Abs. 2 GG.

Weiterführende Hinweise:

B VerfGE 33, 1, 9 ff. (Einschränkung der Grundrechte von Strafgefangenen);
B VerfGE 69, 315 (Verfassungskonforme Auslegung des Versammlungsrechtes);
Höfling, Grundrechtstatbestand – Grundrechtsschranken – Grundrechtsschrankenschranken, Jura 1994, 169.

Kapitel 17: Die Drittwirkung der Grundrechte

Funktion der Grundrechte ist es, die öffentliche Gewalt zu binden und 370
ihre Eingriffsbefugnisse zu begrenzen. Adressat der Grundrechte ist der
Staat (vgl. Art. 1 Abs. 3 GG). Die durch die Grundrechte geschützten Frei-
heitsspielräume können aber nicht allein durch staatliche Organe verletzt
werden. Möglich ist auch, dass Privatpersonen, Wirtschaftsverbände oder
Unternehmen in grundrechtlich geschützte Bereiche eindringen. Um die
Frage, ob sie den gleichen Bindungen und Beschränkungen unterliegen wie
die Staatsgewalt, geht es im Folgenden. Die Antwort hängt allein davon ab,
ob sich die Bindungswirkung der Grundrechte auch auf Privatrechtssubjek-
te erstreckt. Diese Frage der sog. **Drittwirkung von Grundrechten** ist sehr
umstritten. Zur Einführung folgendes Beispiel:

> Der Arbeitsvertrag der bei der Lufthansa AG tätigen Stewardess A enthält die Klausel, 371
> im Falle ihrer Heirat könne das Arbeitsverhältnis fristlos gekündigt werden. Als A heira-
> tet, macht die Lufthansa AG von diesem Kündigungsrecht Gebrauch. A möchte weiter-
> hin als Stewardess tätig sein und klagt vor dem Arbeitsgericht auf Fortsetzung des Ar-
> beitsverhältnisses. Sie begründet ihre Klage damit, dass Art. 6 GG die Ehe unter den
> besonderen Schutz der staatlichen Ordnung stelle. Diese Forderung habe auch ihr priva-
> ter Arbeitgeber, die Lufthansa AG, zu beachten. Die Zölibatsklausel, der sie sich bei Ab-
> schluss des Arbeitsvertrages unterworfen habe, sei unwirksam.

Wegen Verstoßes gegen Art. 6 Abs. 1 GG hat das Bundesverfassungsge- 372
richt mehrfach Steuergesetze, die Ledigen mehr steuerliche Erleichterungen
gewährten als Verheirateten, für verfassungswidrig erklärt. Auch die gesetzgebende Gewalt ist – wie Art. 1 Abs. 3 GG ausdrücklich bestimmt – an die
Grundrechte gebunden. Das Grundgesetz sagt aber unmittelbar nichts darüber aus, ob – wie im Beispielsfall – auch der private Arbeitgeber Lufthansa
AG an die Grundrechte gebunden ist, so dass er aus der Tatsache der Ehe-
schließung keine nachteiligen Konsequenzen herleiten darf. Wenn man diese Frage bejaht, vergrößert man den Anwendungsbereich der Grundrechte
außerordentlich. Sie geben dann nicht nur Rechte gegenüber der Staatsgewalt, sondern gestalten gleichzeitig die privatrechtlichen Beziehungen der
Bürger untereinander. Zwei Möglichkeiten sind denkbar:

(1) Der privatrechtliche Arbeitgeber ist – ebenso wie alle anderen Privat-
    rechtssubjekte – nicht an die Grundrechte gebunden; die Zölibatsklau-
    sel ist daher wirksam.
(2) Die Grundrechte gelten auch im privatrechtlichen Bereich der Bürger
    untereinander, die Klausel ist daher wegen Verstoßes gegen Art. 6
    Abs. 1 GG unwirksam.

Außer in Art. 9 Abs. 3 GG, der der Koalitionsfreiheit unmittelbare 373
Drittwirkung verleiht, findet sich keine ausdrückliche Regelung der Drittwirkung im Grundgesetz. Daher ist es für alle übrigen Grundrechtsbestim-
mungen umstritten, ob eine Grundrechtsgeltung zwischen Privatpersonen
anzuerkennen ist oder nicht. Für beide Ansichten werden einleuchtende Argumente vorgebracht. Gegen eine Drittwirkung der Grundrechte im privaten Bereich spricht die historische Entwicklung der Grundrechte als aus-

schließlich gegen den Staat gerichtete Abwehrrechte. Auch die Tatsache, dass bei Bejahung der Drittwirkung der das Zivilrecht beherrschende Grundsatz der Vertragsfreiheit stark beeinträchtigt würde, spricht gegen eine unmittelbare Drittwirkung der Grundrechte. Die Vertragsfreiheit würde durch vielfältige grundrechtliche Bindungen eingeschränkt.

374   Trotz dieser Bedenken wird heute überwiegend die Ansicht vertreten, die Grundrechte beanspruchten auch Geltung im Verhältnis der Bürger zueinander. Über die Frage, wie diese Drittwirkung der Grundrechte zu begründen ist, herrscht freilich Streit: Eine Mindermeinung vertritt die Ansicht, dass die Grundrechte unmittelbar auch im privaten Bereich gelten. Danach wäre die Klausel wegen Verstoßes gegen Art. 6 Abs. 1 GG nichtig. Diese Ansicht von der unmittelbaren Geltung der Grundrechte im Privatrecht hat weittragende Konsequenzen. Beispielsweise dürfte nach dieser Lehre kein Unternehmen bei der Einstellung auf „Geschlecht, Abstammung, Rasse, Sprache, Heimat und Herkunft, Glauben, politische und religiöse Einstellung" (Art. 3 Abs. 3 GG) achten.

375   Die Lehre von der unmittelbaren Geltung der Grundrechte im Privatrecht wird denn auch überwiegend abgelehnt. Dagegen wird heute maßgeblich die Lehre von der sog. (mittelbaren) **Drittwirkung der Grundrechte** vertreten. Danach enthalten die Grundrechte nicht nur Abwehrrechte, sondern auch objektive Wertentscheidungen, die für alle Bereiche des Rechts gelten. Deshalb dürfen zivilrechtliche Vorschriften nicht im Widerspruch zu den Grundrechten stehen und die Grundrechte dürfen bei der Auslegung von Rechtsvorschriften durch die Gerichte nicht unberücksichtigt bleiben. Medium für die Ausstrahlung der Grundrechte auf das Privatrecht sind vor allem die Generalklauseln. Da sie im Lichte der Grundrechte auszulegen sind, erlangen die Grundrechte darüber **mittelbar** im Privatrecht Geltung.

376   Nach dieser Auffassung ist der Beispielsfall nicht so einfach zu lösen. Die Vertragsklausel ist nicht unmittelbar wegen Verstoßes gegen Art. 6 Abs. 1 GG nichtig. Die Wirksamkeit des Arbeitsvertrags richtet sich zunächst nach zivilrechtlichen Normen (§§ 611 ff. BGB). Im Zivilrecht gilt der Grundsatz der Vertragsfreiheit. Auch die Vertragsfreiheit ist jedoch rechtlichen Schranken unterworfen. Insbesondere die folgenden Generalklauseln setzen ihr Grenzen:

§ 138 Abs. 1 BGB: „Ein Rechtsgeschäft, das gegen die guten Sitten verstößt, ist nichtig."

§ 242 BGB: „Der Schuldner ist verpflichtet, die Leistung so zu bewirken, wie Treu und Glauben mit Rücksicht auf die Verkehrssitte es erfordern."

§ 826 BGB enthält eine allgemeine Schranke bürgerlich-rechtlicher Handlungsfreiheit: „Wer in einer gegen die guten Sitten verstoßenden Weise einem anderen vorsätzlich Schaden zufügt, ist dem anderen zum Ersatze des Schadens verpflichtet."

377   Von besonderer Bedeutung für die Beachtung von Grundrechten unter Privatleuten ist seit Herbst 2006 das Allgemeine Gleichbehandlungsgesetz. Dieses Gesetz sanktioniert Diskriminierungen „aus Gründen der Rasse oder wegen der ethnischen Herkunft, des Geschlechts, der Religion oder Weltanschauung, einer Behinderung, des Alters oder der sexuellen Identität". Ähnliche Benachteiligungsverbote enthält Art. 3 Abs. 3 GG für den Staat.

378   Allen Generalklauseln ist gemeinsam, dass sie sehr weite, unbestimmte Begriffe enthalten. Was „unbillig", „wider Treu und Glauben" oder „sitten-

widrig" ist, bedarf weitgehender Konkretisierung durch den Rechtsanwender. Hier setzt die Lehre von der mittelbaren Drittwirkung der Grundrechte an.

Die Lösung des Beispielsfalles sieht danach so aus: Die Zölibatsklausel **379** könnte wegen Verstoßes gegen § 138 BGB unwirksam sein. § 138 BGB sagt nichts darüber aus, wann ein Verstoß gegen die guten Sitten vorliegt. Der Begriff der „guten Sitten" ist wertausfüllungsbedürftig und wertausfüllungsfähig. Bei der Untersuchung, was unter „guten Sitten" zu verstehen ist, sind die Grundrechte als Wertungsmaßstab hinzuzuziehen, da sich in ihnen eine objektive Wertordnung verkörpert, die als verfassungsrechtliche Grundentscheidung für alle Bereiche des Rechts gilt. Gemäß Art. 6 Abs. 1 GG ist die Ehe ein wichtiger Bestandteil dieser Wertordnung, den es zu schützen gilt. Diese Verpflichtung ist auch bei Abschluss privatrechtlicher Arbeitsverträge zu beachten. Zölibatsklauseln dürfen daher nur dann vereinbart werden, wenn die Ausübung des konkreten Berufs und die Führung einer Ehe miteinander unvereinbar sind. Der Beruf der Stewardess kann jedoch von einer verheirateten Frau ausgeübt werden, ohne dass der Arbeitgeber dadurch Nachteile in Kauf nehmen muss. Die mittelbaren Auswirkungen des Art. 6 Abs. 1 GG auf die Auslegung des § 138 BGB spricht daher im Beispielsfall für die Unzulässigkeit einer Zölibatsklausel in Arbeitsverträgen mit Stewardessen. Das Arbeitsgericht wird die fristlose Kündigung für unzulässig erklären.

Die Lehre von der mittelbaren Drittwirkung hat den Vorzug, auf die **380** Wertordnung des Grundgesetzes zurückgreifen zu können, ohne dabei die ebenfalls von Art. 2 Abs. 1 GG garantierte **Vertragsfreiheit** über Gebühr zu verkürzen.

Aktualität erlangte die Drittwirkungsproblematik in den letzten Jahren **381** in Fällen, in denen ausländische Staatsangehörige in Deutschland an ihre Mietwohnungen Parabolantennen anbringen wollten, um Fernsehprogramme in ihrer Muttersprache empfangen zu können, was aber vom Vermieter mit dem Hinweis auf ästhetische Gesichtspunkte abgelehnt wurde. Das Bundesverfassungsgericht hat entschieden, dass ausländische Mieter unter gewissen Voraussetzungen einen Anspruch gegen den Vermieter haben, der Anbringung einer Parabolantenne zuzustimmen. Begründet wurde dies vom Gericht damit, dass die Informationsfreiheit, die von Art. 5 Abs. 1 GG verbürgt wird, eine der wichtigsten Freiheitsgewährleistungen in einer Demokratie überhaupt ist. Dies stelle eine Wertentscheidung des Verfassungsgebers dar, die über die Generalklauseln des Zivilrechts, insbesondere § 242 BGB, auch auf den privatrechtlichen Bereich ausstrahle.

Weiterführende Hinweise:

BVerfGE 89, 214 (Bürgschaftsfall – Drittwirkung von Grundrechten im Vertragsrecht);
BVerfGE 7, 198, 200 ff. (Drittwirkung von Grundrechten bei der Gesetzesauslegung);
Guckelberger, Die Drittwirkung der Grundrechte, JuS 2003, 1151.

Kapitel 18: Die Grundrechtsbindung des Staates bei privatrechtlichem Handeln

382   Art. 1 Abs. 3 GG bindet die Ausübung der exekutiven, der judikativen und der legislativen Staatsgewalt an die Grundrechte. Kennzeichnend für exekutive Staatsgewalt ist die Befugnis des Hoheitsträgers, einseitig Rechte und Pflichten begründen zu können – mit anderen Worten: öffentlich-rechtlich zu handeln. Bei öffentlich-rechtlichem Handeln ist eine Ausübung von Staatsgewalt im Sinne des Art. 1 Abs. 3 GG gegeben: Der Staat ist an die Grundrechte gebunden.

383   Manche ihrer Ziele kann die Verwaltung jedoch auch erreichen, indem sie sich nicht hoheitlicher (d.h. öffentlich-rechtlicher) Rechtsformen bedient, sondern privatrechtlich (auf der Ebene der Gleichordnung) mit dem Bürger verkehrt. Diese Möglichkeit eröffnet sich insbesondere auf dem Gebiet der **Leistungsverwaltung** (Daseinsvorsorge). Ein staatliches Studentenwohnheim schließt mit den Bewohnern privatrechtliche Verträge, ebenso das Gas-, Wasser- und Elektrizitätswerk der Gemeinde mit seinen Benutzern. Es stellt sich daher die Frage, ob der Staat auch in diesem Fall an die Grundrechte gebunden, oder ob er ihnen, wie jeder Privatmann, nur mittelbar durch die Drittwirkung unterworfen ist. Bei nur mittelbarer Geltung könnte sich die leistende Verwaltung durch Wechsel der Rechtsform vom öffentlichen ins private Recht weitgehend der Grundrechtsbindung entziehen. Die Gefahr, dass damit eine „Flucht ins Privatrecht" auf breiter Front einsetzen würde, ist nicht von der Hand zu weisen.

384   Diese ergebnisorientierte Argumentation ersetzt jedoch noch nicht die Begründung dafür, dass der Staat auch dann, wenn er Verwaltungtätigkeit in privatrechtlicher Form ausübt, unmittelbar an die Grundrechte gebunden ist. Dies ergibt sich vielmehr aus folgender Überlegung: Verwaltungtätigkeit ist alles exekutivische Handeln, mit dem unmittelbar öffentliche Zwecke verfolgt oder öffentliche Aufgaben erfüllt werden. Die Unterhaltung der Wasser- und Stromversorgung dient ebenso unmittelbar öffentlichen Interessen wie die Behebung der Wohnungsnot bestimmter Bevölkerungskreise. Auch **Verwaltungtätigkeit in privatrechtlicher Form** ist daher „öffentliche Verwaltung". Sie dient den gemeinsamen Interessen aller Mitglieder des Gemeinwesens und unterliegt deshalb den gleichen Bindungen, wie sie vom Grundgesetz sonst für die Ausübung von Staatsgewalt vorgeschrieben sind. Durch eine „Flucht in das Privatrecht" kann die Verwaltung daher ihre grundrechtlichen Bindungen nicht abschütteln.

385   Die Möglichkeiten exekutivischen Handelns erschöpfen sich nicht in öffentlich-rechtlicher und privatrechtlicher Verwaltungtätigkeit. Verwaltungtätigkeit orientiert sich zum Bürger hin. Sie dient unmittelbar seinen Interessen. Daneben beteiligen sich Träger der öffentlichen Verwaltung aber auch an dem allgemeinen Wirtschafts- und Erwerbsleben, sei es für eigene Zwecke mit der Absicht der Gewinnerzielung (staatliche Brauereien, staatlicher Forstbesitz), sei es mit dem Ziel, sich selbst erst einmal die Möglich-

keiten und Mittel zu beschaffen, die zur Ausübung von Verwaltungstätigkeit erforderlich sind (Materialbeschaffung, Hoch- und Tiefbauten, Reparaturen). Ein breites Spektrum staatlicher Aktivitäten wird von diesen Handlungsformen – **fiskalische Betätigung** der öffentlichen Hand genannt – umfasst. Es reicht vom Schreibmaschinenpapierkauf eines Dorfbürgermeisters bis hin zur Auftragsvergabe in Millionenhöhe, dem Bau eines Universitätsklinikums oder eines Autobahnstreckenteilabschnitts.

Gemeinsam ist allen diesen Aktivitäten, dass sie sich in rein privatrechtlichem Rahmen abspielen und keine unmittelbar zum Bürger hin orientierten öffentlichen Aufgabenbereiche umfassen. Oftmals bereiten sie diese erst vor, beispielsweise beim Bau eines Universitätsklinikums oder eines Studentenwohnheims. **386**

Bei fiskalischer Tätigkeit übt die Exekutive keine „vollziehende Gewalt" im Sinne des Art. 1 Abs. 3 GG aus, weil sie nicht als Trägerin hoheitlicher Aufgaben und nicht unter Einsatz hoheitlicher Mittel auftritt. Nach herrschender – aber nicht unbestrittener – Ansicht ist fiskalisches Handeln keiner unmittelbaren Grundrechtsbindung unterworfen. Dies wird folgendermaßen begründet: Der Zweck des Grundrechtsschutzes liegt in der Beschränkung der Machtposition des Staates. Betätigt sich der Staat privatrechtlich, erscheint ein Schutz des Bürgers vor staatlichen Eingriffen nicht gerechtfertigt, da sich in einer solchen Konstellation Bürger und Staat gleichgeordnet gegenüberstehen. Teleologische Erwägungen sprechen gegen die unmittelbare Anwendung von Grundrechten im fiskalischen Bereich. Eine Bindung an die Grundrechte besteht über die Drittwirkung und darin, dass die Verwaltung ihre Freiheit nicht dazu ausnutzen darf, willkürliche, sachlich nicht gerechtfertigte Entscheidungen zu treffen. Dazu hat sie zumeist auch gar keine Möglichkeit. Sachlich macht es zwar keinen Unterschied, ob ein Chemiekonzern für 50 Mio. € Bauaufträge vergibt oder die Bundeswehr für die gleiche Summe Kasernen renoviert oder Lastwagen anschaffen lässt. Die staatliche Auftragsvergabe unterliegt jedoch wesentlich engeren rechtlichen Bindungen als dies bei einem Privatunternehmen der Fall ist. Die Vergabe öffentlicher Aufträge ist in der Praxis von eminenter Bedeutung. Sie ist durch Rechts- und Verwaltungsvorschriften vor allem auch aufgrund europarechtlicher Vorgaben so eng geregelt, dass die Frage nach der Grundrechtsbindung in diesem Bereich eine mehr oder weniger akademische ist. **387**

Weiterführender Hinweis:
Erichsen/Ebber, Die Grundrechtsbindung des privatrechtlich handelnden Staates, Jura 1999, 373 ff.

Kapitel 19: Eigentum und Sozialisierung (Art. 14, 15 GG)

388   Art. 14 GG lautet:

„(1) Das Eigentum und das Erbrecht werden gewährleistet. Inhalt und Schranken werden durch die Gesetze bestimmt.
(2) Eigentum verpflichtet. Sein Gebrauch soll zugleich dem Wohle der Allgemeinheit dienen.
(3) Eine Enteignung ist nur zum Wohle der Allgemeinheit zulässig. Sie darf nur durch Gesetz oder auf Grund eines Gesetzes erfolgen, das Art und Ausmaß der Entschädigung regelt. Die Entschädigung ist unter gerechter Abwägung der Interessen der Allgemeinheit und der Beteiligten zu bestimmen. Wegen der Höhe der Entschädigung steht im Streitfalle der Rechtsweg vor den ordentlichen Gerichten offen."

I. Bedeutung der Eigentumsgarantie

389   Art. 14 GG garantiert die nahe miteinander verwandten Grundrechte des **Eigentums** und des **Erbrechts**. Entstehungsgeschichtlich postulierte vor allem die bürgerlich-liberale Verfassungsbewegung des 19. Jahrhunderts den Schutz von Freiheit und Eigentum als primäre Aufgabe des Staates, um die gesellschaftliche und politische Existenzgrundlage des aufstrebenden Bürgertums zu sichern. Nach bürgerlichem Verständnis beruht Privateigentum ausschließlich auf individueller Leistung. Das Produkt der Arbeit, die geschaffenen Güter, stehen dem Eigentümer als „natürliches" Recht zu. Die Eigentumsgarantie ist zugleich Garant für die freie Entfaltung der Persönlichkeit. Dies zumindest ist in einer auf Privateigentum beruhenden Gesellschaftsordnung unzweifelhaft. Wer um das nackte Existenzminimum kämpft, wird seine Persönlichkeit kaum frei entfalten können.

390   Dieses Verständnis wird der sozialen und wirtschaftlichen Realität der Gegenwart nicht mehr gerecht. Es ist nicht das private Eigentum oder Vermögen, das der großen Mehrheit der Bundesbürger die Chance gibt, individuelle Freiheitsrechte – in welch eingeschränktem Maße auch immer – zu verwirklichen. Statt Sacheigentum oder Vermögen bilden für die überwältigende Mehrheit der Bevölkerung Arbeitseinkommen oder daraus abgeleitete Ansprüche (Rente, Pension etc.) die Existenzgrundlage. Vom Sacheigentum allein kann nur ein geringer Teil der Bevölkerung leben. In gleichem Maße wie regelmäßiges Lohneinkommen das Sacheigentum an Bedeutung verdrängt hat, ist die Erkenntnis gewachsen, dass es ein pauschal und undifferenziert betrachtetes Eigentum nicht gibt. Nicht vermehrbares **Grundeigentum** beispielsweise hat mit beliebig produzierbaren **Konsumgütern** nur den formalen Rechtstitel gemein. Gleiches gilt etwa für geistiges Eigentum (Urheberrechte, Patente) und das Vorratslager eines Handelsunternehmens. Auch das unmittelbare Privateigentum an **Produktionsmitteln** ist sicher nicht vergleichbar mit dem **Aktieneigentum,** das oftmals einem Nichteigentümer (Manager) die eigentliche Verfügungsbefugnis lässt. Die verfassungsrechtliche Eigentumsgarantie des Art. 14 Abs. 1 GG berücksichtigt weder diese Differenzierungen und Veränderungen, noch spricht sie die Tatsache an, dass eine ungleichmäßige Eigentumsverteilung einer besitzenden Minderheit Macht gegenüber der Mehrheit zumindest in wirtschaftlicher Hinsicht verleiht.

Im Kontext mit dem in Art. 20 GG angelegten Sozialstaatsprinzip legt man 391
Art. 14 GG in der modernen Verfassungswirklichkeit zunehmend einen Rege-
lungsauftrag für den Gesetzgeber bei, Fehlentwicklungen aus wirtschaftlicher
Machtkonzentration gegenzusteuern (vgl. daher auch die konkurrierende
Gesetzgebungskompetenz des Bundes in Art. 74 Nr. 16 GG zur „Verhütung
des Missbrauchs wirtschaftlicher Machtstellung") sowie eigentumsfördernde
und -steuernde Maßnahmen (Oberbegriff: Vermögensbildung, Wohnungs-
bauförderung, Reprivatisierung staatlicher Unternehmen) einzuleiten. Unter
dem Einfluss dieses sozialstaatlichen Inhalts des Eigentumsbegriffs unterliegt
das Begriffsverständnis von Eigentum einem immer noch andauernden Wandel. Dies zeigt beispielhaft der Bedeutungswandel des die bürgerliche Eigen-
tumsideologie geradezu verkörpernden § 903 BGB, der lautet:

„Der Eigentümer einer Sache kann, soweit nicht das Gesetz oder Rechte Dritter entgegenstehen, mit der Sache nach Belieben verfahren und andere von jeder Einwirkung
ausschließen."

Lag vormals die Bedeutung auf „beliebig verfahren", haben in den letz- 392
ten Jahrzehnten „Gesetz" (z. B. das Gesetz gegen Wettbewerbsbeschränkungen) und „Rechte Dritter" (die z. B. durch das Bundes-Immissionsschutzgesetz oder die Mieterschutzgesetzgebung erheblich verstärkt wurden) die
Ausübungsbefugnisse mehr und mehr eingegrenzt. Ob es diese Entwicklung
zu verlangsamen gilt und ob sie nicht Gefahr läuft, einem Punkt zuzusteu-
ern, ab dem sie das marktwirtschaftliche System ernsthaft gefährdet, ist im
Grunde die Kernfrage der wirtschaftlichen Auseinandersetzungen in der
Bundesrepublik seit Beginn der 70er Jahre.
  Damit ist zugleich die Bedeutung der Eigentumsgarantie für die inner- 393
staatliche Wirtschaftsordnung angesprochen. Aus Art. 14 GG ergibt sich,
dass das Grundgesetz jedenfalls eine Wirtschaftsordnung vorsieht, die auf
dem Eigentum und den mit ihm begrifflich verbundenen Verfügungsrechten
aufbaut. Eigentumsgarantie und Art. 19 Abs. 2 GG begrenzen die Möglichkeiten staatlicher Wirtschafts- und Gesellschaftspolitik. Das hat Konsequenzen: Allen eigentumsfeindlichen Wirtschaftssystemen ist eine Absage
erteilt. Art. 14 GG lässt sich nicht reduzieren auf eine Garantie, die lediglich private Bedarfsgegenstände schützt. Der Weg, den früher die Sowjet-
union verfolgte, ist verfassungsrechtlich ausgeschlossen.
  Die auf der Anerkennung von Privateigentum beruhende Marktwirt- 394
schaft war auch die Grundlage der Eingliederung der westdeutschen Wirtschaft in die Weltwirtschaft. Je weiter der Prozess der Einbindung vorange-
trieben wurde, um so mehr hat sich dieses Wirtschaftssystem verfestigt.
Diese „Zementierung" der marktwirtschaftlichen Konzeption verwundert
nicht. Sie hängt eng mit der Eigentumsgarantie zusammen, der schließlich
auch der Aufschwung nach dem Zweiten Weltkrieg zu verdanken ist. Ein
Staat, der Eigentum nicht garantiert, wird auch nicht mit ausländischen Investitionen rechnen können. Diese waren es aber unter anderem, die entscheidend zum Wirtschaftswunder in den 50er Jahren beigetragen haben.

II. Schutzbereich von Art. 14 Abs. 1 Satz 1 GG

Eine Definition des Begriffs „Eigentum" und damit eine Umschreibung 395
seines Schutzbereichs enthält Art. 14 GG nicht. Bei der Bestimmung des

Schutzbereichs ist zudem problematisch, dass Art. 14 Abs. 1 Satz 1 GG einerseits als Grundrecht das Eigentum gegen den Gesetzgeber schützen soll, andererseits aber das Eigentum gemäß Art. 14 Abs. 1 Satz 2 GG inhaltlich durch den Gesetzgeber bestimmt wird.

396   Diese durch Art. 14 Abs. 1 GG angelegte Problematik im Verständnis des Eigentumsbegriffs dokumentiert sich im Wandel des Begriffsverständnisses seit der Weimarer Reichsverfassung. Anknüpfend an die bürgerlich-liberalen Vorstellungen des ausgehenden 19. Jahrhunderts wurde früher ein „absoluter" Eigentumsbegriff vertreten. In Anlehnung an § 903 BGB war danach Eigentum das allumfassende Recht des Inhabers, mit seiner Sache nach Belieben verfahren zu können.

397   Nach Auffassung des Bundesverfassungsgerichts entspricht diese absolute Vorstellung nicht der Konzeption des Grundgesetzes, da die bürgerlich-rechtliche Eigentumsordnung weder Inhalt und Schranken des Eigentums regelt, noch ihr ein Vorrang vor öffentlich-rechtlichen Eigentumsregelungen zukommt. Das Grundgesetz hat dem einfachen Gesetzgeber mit Art. 14 Abs. 1 Satz 2 GG vielmehr den Auftrag gegeben, eine von der Gleichrangigkeit privater und öffentlicher Interessen geprägte Eigentumsordnung zu schaffen, wobei das Maß und der Umfang der dem Eigentümer von der Verfassung zugemuteten und vom Gesetzgeber zu realisierenden Bindung davon abhängt, ob und in welchem Ausmaß das Eigentumsobjekt in einem sozialen Bezug und in einer sozialen Funktion steht. Daran orientiert müssen Eigentumsbindungen also stets verhältnismäßig sein und den Gleichheitssatz als allgemeines rechtsstaatliches Prinzip beachten. Der Inhalt der Eigentumsgarantie unterliegt dabei einer stetigen Wandelbarkeit von Eigentumsbegriff und Eigentümerstellung.

398   Daher schützt Art. 14 GG nicht nur wie § 903 BGB das Sacheigentum (Eigentum „im engeren Sinne"), sondern **alle vermögenswerten Rechte** des Privatrechts, d.h. auch Forderungen, Patentrechte, Mitgliedschaftsrechte (Aktien). Art. 14 GG gibt eine **Bestandsgarantie** aber keine Wertgarantie. Darüber hinaus hat die Rechtsprechung noch diverse vermögenswerte private wie öffentliche Rechte dem Schutzbereich des Art. 14 GG unterstellt:

399   Ein vermögenswertes privates Recht ist das **Recht am eingerichteten und ausgeübten Gewerbebetrieb.** Dabei ist aber nur der vorhandene Bestand des Betriebes verfassungsrechtlich über Art. 14 GG geschützt. Der Schutz beschränkt sich mithin auf die Summe der zum Betrieb gehörenden und vom Eigentumsbegriff gemäß Art. 14 Abs. 1 GG erfassten Sachen und Rechte, dem sog. **sachlichen Substrat** des Gewerbebetriebes. Das Recht am eingerichteten und ausgeübten Gewerbebetrieb geht nicht weiter als der Schutz der wirtschaftlichen Grundlagen des Unternehmens. Art. 14 Abs. 1 GG garantiert nicht die allgemeinen Gegebenheiten und Chancen, innerhalb derer der Unternehmer seine Tätigkeit entfaltet. Nicht durch Art. 14 GG, sondern alleine durch die Berufsfreiheit über Art. 12 GG sind bloße Erwerbsaussichten und Gewinnchancen geschützt. Bestehende Geschäftsbeziehungen, der erworbene Kundenstamm oder die Marktstellung fallen denn auch nicht in den Schutzbereich der Eigentumsgarantie. Die Abgrenzung zwischen Berufsfreiheit und Eigentumsgarantie lässt sich auf die Formel bringen: **„Art. 14 GG schützt das Erworbene, Art. 12 GG den Erwerb".**

Subjektive Rechte des öffentlichen Rechts unterstehen dann dem Eigen- **400**
tumsschutz des Art. 14 GG, wenn der das subjektive öffentliche Recht be-
gründende Tatbestand seinem Inhaber eine Rechtsposition verschafft, die
derjenigen des Eigentümers so nahe kommt, dass Art. 14 GG Anwendung
finden muss. Das Bundesverfassungsgericht stellt darauf ab, ob das vermögenswerte subjektiv-öffentliche Recht „im Zusammenhang mit einer eigenen Leistung steht" oder „ausschließlich auf einem Anspruch beruht, den
der Staat in Erfüllung seiner Fürsorgepflicht durch Gesetz einräumt". Diese
Voraussetzungen wurden bislang vom Bundesverfassungsgericht bei Ansprüchen auf Versichertenrenten aus der gesetzlichen Rentenversicherung
bzw. darauf gerichteten Rentenanwartschaften und Ansprüchen auf Ar-
beitslosengeld bejaht und für staatliche Fürsorgeleistungen wie die Woh-
nungsfürsorge verneint.

III. Beschränkungen des Eigentums

Eingriffe in das grundrechtlich geschützte Eigentum werden in zwei **401**
Hauptgruppen unterteilt. Es sind dies

1. die Enteignung
und
2. die Inhalts- und Schrankenbestimmungen.

1. Enteignung

Nach der Rechtsprechung des Bundesverfassungsgerichts ist die Enteig- **402**
nung auf die „vollständige oder teilweise Entziehung konkreter subjektiver
Rechtspositionen gerichtet, die durch Art. 14 Abs. 1 S. 1 GG gewährleistet
sind". Diese Definition ist am sog. „klassischen Enteignungsbegriff" orientiert, der als Ziel der Enteignung die staatliche Güterbeschaffung sah. Sie
lässt drei Grundelemente der Enteignung erkennen:
– sie ist konkret,
– sie trifft individuell,
– sie ist auf (Teil-)Entziehung des Eigentums gerichtet.

Eine Enteignung kann entweder direkt durch Gesetz zulasten eines be- **403**
stimmten oder bestimmbaren Personenkreises (**Legalenteignung**) oder aufgrund eines Gesetzes durch administrative Maßnahmen zulasten Einzelner
(**Administrativenteignung**) erfolgen. Das einer Administrativenteignung
zugrunde liegende Gesetz muss bereits festlegen, für welche Vorhaben, unter welchen Voraussetzungen und für welche Zwecke eine Enteignung materiell zulässig sein soll.

Die Enteignung darf auch im konkreten Fall nur zum Wohl der Allge- **404**
meinheit vorgenommen werden. Was dabei dem Wohl der Allgemeinheit
dient, richtet sich danach, was Gesetzgebung und Verwaltung als Aufgaben
staatlichen Handelns definieren. Insofern ist eine Enteignung zugunsten
Privater problematisch. Das Gemeinwohlerfordernis lässt eine Enteignung
zugunsten Privater jedoch dann zu, wenn durch die Enteignung entweder
der Private selbst öffentliche Aufgaben wahrnimmt, oder wenn er durch
seine privatwirtschaftliche Tätigkeit einen Beitrag zur Erhaltung und Ver-

besserung der Wirtschaftsstruktur und/oder zur Bekämpfung der Arbeitslosigkeit leistet.

405   Als letzte Zulässigkeitsvoraussetzung muss bereits das Enteignungsgesetz eine Entschädigung vorsehen; so fordert es die in Art. 14 Abs. 3 Satz 2 GG festgeschriebene Junktimklausel. Ein Enteignungsgesetz ohne jegliche oder mit nur unvollständiger Entschädigungsregelung ist wegen Verstoßes gegen die Junktimklausel verfassungswidrig und daher nichtig.

406   Mit der Möglichkeit der Enteignung gegen Entschädigung wandelt sich die Eigentumsbestandsgarantie des Art. 14 Abs. 1 GG unter den Voraussetzungen des Art. 14 Abs. 3 GG in eine Eigentumswertgarantie. Dem Eigentümer wird zwar der Bestand des Eigentums entzogen, dafür wird er aber in Höhe des Wertes seines Eigentums entschädigt. Diese Entschädigung muss nicht zwingend in Geld bestehen; sie kann auch in anderen Werten abgeleistet werden (z. B. Austausch von Grundstücken).

2. Inhalts- und Schrankenbestimmungen des Eigentums

407   Im Gegensatz zu der drastischen Enteignung, die auf eine zumindest teilweise individuelle **Entziehung** des Eigentums gerichtet ist, kann der Staat auch durch allgemeine Regelungen das Eigentumsrecht beschränken. Gemäß Art. 14 Abs. 1 Satz 2 GG werden Inhalt und Schranken (des Eigentums) durch die Gesetze bestimmt. Diese Gesetze legen abstrakt und generell die Rechte und Pflichten des Eigentümers fest. Sie werden **Inhalts- und Schrankenbestimmungen** genannt. Zusammen mit der in Art. 14 Abs. 2 GG statuierten Sozialbindung des Eigentums werden solche Beschränkungen unter dem Begriff **Eigentumsbindung** zusammengefasst. Der Unterschied zwischen Inhalts- und Schrankenbestimmung einerseits und Sozialbindung andererseits ist jedoch rechtlich bedeutungslos. Der Sozialbindung liegt der Gedanke zugrunde, mit einer Sache dürfe der Eigentümer nur soweit frei verfahren, als daraus kein Schaden für die Allgemeinheit oder Dritte entsteht. Die Inhalts- und Schrankenbestimmung ist demgegenüber der Oberbegriff. Er allein spielt in der juristischen Betrachtung eine Rolle.

408   Regelungen des Gesetzgebers über die Reichweite des Eigentums unterliegen einem erheblichen Beurteilungs- und Prognosespielraum, der nur durch grundlegende Wertentscheidungen der Verfassung wie den Grundrechten und den Staatsprinzipien sowie dem Verhältnismäßigkeitsprinzip begrenzt wird.

409   Inhalts- und Schrankenbestimmungen können den Berechtigten ebenso hart treffen wie Enteignungen. Für den Eigentümer ändert sich nämlich nichts, ob er seine Rechte teilweise entzogen bekommt, oder ob durch den Gesetzgeber geregelt wird, dass er das Eigentumsrecht nicht mehr ausüben darf. Hier wird die Abgrenzung beider Institute relevant: Die **Inhalts- und Schrankenbestimmung** ist ebenso wie die **Enteignung** ein **zielgerichteter (finaler) Eingriff**. Der Staat bezweckt, gerade in den Schutzbereich der Eigentumsgarantie einzugreifen.

410   Während die **Enteignung** jedoch den Eigentümer **konkret** und **individuell** trifft, zeichnet sich die **Inhalts- und Schrankenbestimmung** dadurch aus, dass sie

– **abstrakt** eine Beschränkung regelt und
– **generell**, also eine Vielzahl von Eigentümern, trifft.

Um eine Inhalts- und Schrankenbestimmung handelt es sich beispielswei- **411**
se, wenn Pachtverträge uber Kleingärten nur unter gesetzlich eng begrenzten Voraussetzungen vom Eigentümer gekündigt werden können und er
durch diese Einschränkungen in der Nutzung seines Eigentums nicht mehr
frei ist (BVerfGE 52, 1 ff. – Kleingarten). Nach der Definition des Bundesverfassungsgerichts liegt in einem solchen Fall keine Enteignung vor. Zwar
ist mit dem Kündigungsschutz für Kleingartenpächter eine Beschränkung
des Eigentums bezweckt. Jedoch regelt die Norm eine Vielzahl von Fällen,
so dass sie abstrakt-genereller Natur ist. Ein konkret-individueller Entzug
der Eigentumsposition im Sinne einer staatlichen Mittelbeschaffung liegt
nicht vor.

Der ausnahmelosen Qualifizierung einer Nutzungsbeschränkung als In- **412**
halts- und Schrankenbestimmung könnte entgegengehalten werden, dass
ein gesetzlich verfügter totaler Nutzungsentzug das Eigentumsrecht vollständig aushöhlen würde. Ein solcher Eingriff käme in seiner Wirkung fak-
tisch einer Enteignung gemäß Art. 14 Abs. 3 GG gleich. Trotzdem ist auch
hier ein Bruch in der Dogmatik nicht notwendig: Auch ohne Qualifizierung
als Enteignung kann der Bürger in dem Fall eines totalen Nutzungsentzugs
ausreichenden Rechtsschutz erhalten. Entweder ist eine solche Nutzungsbeschränkung schon einfachgesetzlich unzulässig (eine Autobahn darf schon
nach dem Bundesfernstraßengesetz nicht ohne weiteres über Privatgrund-
stücke geführt werden) oder es liegt eine unzulässige, weil unverhältnismäßige Inhalts- und Schrankenbestimmung vor.

Entspricht eine Inhalts- und Schrankenbestimmung nicht mehr den ver- **413**
fassungsrechtlichen Maßstäben, so handelt es sich um eine **verfassungswid-
rige Inhaltsbestimmung** und nicht um eine entschädigungspflichtige Enteignung. Es gibt keinen gleitenden Übergang zwischen beiden Instituten, weil
sie nicht in einem Stufenverhältnis zueinander stehen, vielmehr selbständig und voneinander unabhängig existieren. Sieht sich ein Eigentümer einer
rechtswidrigen Inhaltsbestimmung gegenüber, so muss er gerichtlich gegen
sie vorgehen. Eine Entschädigung gemäß Art. 14 Abs. 3 GG kommt nicht
in Betracht. Von diesem Grundsatz hat das Bundesverfassungsgericht in einem Fall eine Ausnahme zugelassen: In der jedem Verleger kraft Gesetzes
auferlegten Pflicht, eine bestimmte Anzahl neu erschienener Bücher an die
Zentrale Landesbibliothek abzuliefern, sah das Gericht dann eine unverhältnismäßige Eigentumsbindung, wenn sie auch für kleine, teure Auflagen
ohne Zahlung eines Entgeltes galt. Um dem Verhältnismäßigkeitsgrundsatz
Genüge zu tun, hätte die Abgabe eines „Pflichtexemplares" nur gegen Zahlung eines angemessenen Entgelts normiert werden dürfen, – **ausgleichs-
pflichtige Inhalts- und Schrankenbestimmung** (BVerfGE 58, 137, 144 –
Pflichtexemplar). Dabei sollen die Ausgleichsregelungen den Grundsatz der
Verhältnismäßigkeit in besonderen Härtefällen wahren. Solche Regeln sind
aber dann unzulänglich, wenn sie sich darauf beschränken, dem Betroffenen
einen Entschädigungsanspruch in Geld zuzubilligen. Die Bestandsgarantie
des Art. 14 Abs. 1 Satz 1 GG verlangt, dass in erster Linie Vorkehrungen
getroffen werden, die eine unverhältnismäßige Belastung des Eigentümers

vermeiden und die Privatnützigkeit des Eigentums so weit wie möglich erhalten.

3. Enteignungsgleicher und enteignender Eingriff

414 Sowohl die Enteignung als auch die Inhalts- und Schrankenbestimmung zeichnen sich durch ihre Zielgerichtetheit aus. Nicht selten gibt es aber staatliche Eingriffe in das Privateigentum, die nicht beabsichtigt sind. Diese Eingriffe werden in zwei Hauptgruppen unterteilt. Handelt der Staat **rechtswidrig** (ein rechtswidriges staatliches Handeln wird immer als unbeabsichtigt angesehen) oder unterlässt er ein Eingreifen entgegen einer Rechtspflicht, liegt ein **enteignungsgleicher Eingriff** vor. Von einem **enteignenden Eingriff** spricht man, wenn die Eigentumsverletzung unbeabsichtigte, unvorhergesehene und zumeist atypische Nebenfolge eines rechtmäßigen Verwaltungshandelns ist.

– **Enteignungsgleicher Eingriff:** Verursachung eines Waldbrandes durch unzulässige Artillerieschießübungen; Geschäftsschädigung durch unzureichend durchgeführte Straßenbauarbeiten.

– **Enteignender Eingriff:** Geschäftsbeeinträchtigung durch rechtmäßige Straßenbauarbeiten; Verwüstungen eines Ackers durch Möwen und Krähen, die von der gemeindlichen Mülldeponie angelockt worden waren.

415 In beiden Fällen wird von der Rechtsprechung des Bundesgerichtshofs ein Entschädigungsanspruch anerkannt. Er wurde aus Art. 14 Abs. 3 GG hergeleitet. Dem hat das Bundesverfassungsgericht in seinem „Naßauskiesungs"-Beschluss (BVerfGE 58, 300 ff.) widersprochen. Die Eigentumsgarantie schütze vorrangig den konkreten Bestand der einzelnen Eigentumsobjekte in der Hand des Eigentümers. Allein in dem in Art. 14 Abs. 3 GG umschriebenen Fall der rechtmäßigen Enteignung wandle sich ausnahmsweise diese Bestandsgarantie in eine Wertgarantie. Art. 14 Abs. 3 GG könne deshalb nicht Grundlage für weitergehende Entschädigungsansprüche sein.

416 Konsequenz dieser Rechtsprechung des Bundesverfassungsgerichts wäre eigentlich, das an der Wertgarantie orientierte Institut des enteignungsgleichen bzw. enteignenden Eingriffs nicht mehr anzuwenden. Trotzdem erkennt der Bundesgerichtshof beide Rechtsinstitute weiterhin an. Sie seien durch die langjährige Zivilrechtsprechung bereits **Gewohnheitsrecht** geworden. Enteignungsgleicher und enteignender Eingriff finden mithin ihre Grundlage nicht mehr im Verfassungsrecht, sondern im einfachen Recht.

417 Ein Anspruch aus enteignungsgleichem oder enteignendem Eingriff unterliegt jedoch zwei wesentlichen Voraussetzungen:

418 1. Der Eingriff in das Eigentum muss enteignende Wirkung haben. Schon allein wegen der Rechtswidrigkeit der staatlichen Maßnahmen ist die enteignende Wirkung beim enteignungsgleichen Eingriff zu bejahen. Beim enteignenden Eingriff ist dagegen wegen der Rechtmäßigkeit des staatlichen Handelns eine Abwägung erforderlich. Der Bundesgerichtshof arbeitet hier mit dem Kriterium eines **Sonderopfers**, andere Auffassungen sind die **Zumutbarkeits- und** die **Schweretheorie**. Im Ergebnis unterscheiden sich diese Theorien meistens nicht; zumeist werden sie sogar kombiniert angewandt. Eine enteignende Wirkung beim enteignenden Eingriff ist danach nur dann anzunehmen, wenn der Betroffene im Verhältnis zur Allgemeinheit besonders schwer (Sonderopfer) und unzumutbar (Zumutbarkeitstheorie) getroffen wird. So ist beispielsweise bei Geschäftsbeeinträchtigungen durch rechtmäßige Straßenbauarbeiten die enteignende Wirkung erst bei besonders schwerwiegenden Beeinträchtigungen zu bejahen. „Normale" Baufolgen konkretisieren nur die allgemeine Situationsgebundenheit des Eigentums und führen daher nicht zu einem Entschädigungsanspruch.

2. Der Betroffene darf grundsätzlich nicht die Beeinträchtigung seiner Eigentumsposition dulden und statt dessen eine Entschädigung verlangen. Er muss vielmehr wegen des vom Bundesverfassungsgericht postulierten Primats der Bestandsgarantie vor der Wertgarantie zunächst die zumutbaren Rechtsschutz gegen das staatliche Handeln ausschöpfen. Ein Geldanspruch wegen enteignungsgleichen oder enteignenden Eingriffs kommt erst dann in Betracht, wenn der Betroffene die Beeinträchtigung seines Eigentums gerichtlich nicht abwehren konnte. Versäumt es der Bürger, sich gerichtlich gegen die Beeinträchtigung seines Eigentums zu wehren, so verneint die Rechtsprechung den Entschädigungsanspruch wegen überwiegenden Mitverschuldens (analog § 254 BGB).   **419**

IV. Amtshaftung

Mit der Ausübung von Verwaltungstätigkeit sind in erster Linie Beamte, daneben auch Angestellte des öffentlichen Dienstes betraut. Es liegt in der Natur der Sache, dass dabei bisweilen vorsätzlich oder – in der überwältigenden Mehrzahl der Fälle – fahrlässig Fehler unterlaufen, durch die dem Bürger ein Vermögensschaden entsteht. Ob ein Finanzbeamter bei der Bearbeitung einer Steuersache unter schuldhaftem Verstoß gegen seine Dienstpflichten dem Betroffenen Schaden zufügt, die Polizei es schuldhaft unterlässt, Verkehrshindernisse auf öffentlichen Straßen zu beseitigen oder eine Behörde schuldhaft eine unrichtige Auskunft erteilt: Immer dann, wenn durch fahrlässige oder vorsätzliche Pflichtverletzung eines Beamten oder Angestellten des öffentlichen Dienstes dem Bürger ein Schaden entsteht, gilt § 839 BGB: **420**

> „(1) Verletzt ein Beamter vorsätzlich oder fahrlässig die ihm einem Dritten gegenüber obliegende Amtspflicht, so hat er dem Dritten den daraus entstehenden Schaden zu ersetzen. Fällt dem Beamten nur Fahrlässigkeit zur Last, so kann er nur dann in Anspruch genommen werden, wenn der Verletzte nicht auf andere Weise Ersatz zu erlangen vermag.
> (2) (...)
> (3) Die Ersatzpflicht tritt nicht ein, wenn der Verletzte vorsätzlich oder fahrlässig unterlassen hat, den Schaden durch Gebrauch eines Rechtsmittels abzuwenden."

Zwar spricht § 839 BGB nur vom Beamten, jedoch ist anerkannt, dass bei hoheitlichem Handeln § 839 BGB – jedenfalls dann, wenn es um die Frage der Haftungsübernahme durch den Staat geht – auch auf den Angestellten des öffentlichen Dienstes anwendbar ist. Die Haftung des Amtswalters allein nützt dem geschädigten Bürger in vielen Fällen nur wenig, weil sein Schaden die finanzielle Leistungskraft eines Amtswalters oftmals weit   **421** übersteigt. Mit Art. 34 GG übernimmt deshalb der Staat grundsätzlich die Haftung für Amtspflichtverletzungen seiner Beamten und Angestellten, wobei er seinerseits Beamte oder Angestellte in Regress nehmen kann (vgl. §§ 46 Abs. 1 BRRG, 78 Abs. 1 BBG), wenn diese die Amtspflichtverletzungen vorsätzlich oder grob fahrlässig begangen haben.

V. Sozialisierung

422   Art. 15 GG lautet:

> „Grund und Boden, Naturschätze und Produktionsmittel können zum Zwecke der Vergesellschaftung durch ein Gesetz, das Art und Ausmaß der Entschädigung regelt, in Gemeineigentum oder in andere Formen der Gemeinwirtschaft überführt werden. Für die Entschädigung gilt Artikel 14 Abs. 3 Satz 3 und 4 entsprechend."

423   Die wesentliche Forderung der Arbeiterbewegung des 19. Jahrhunderts war die nach der Vergesellschaftung der Produktionsmittel. Diese Forderung geht von der Ansicht aus, dass die bürgerlich-liberalen Freiheitsrechte im Kapitalismus für die überwiegend lohnabhängige Mehrzahl der Bevölkerung wertlos sind, weil materiell keine Chance bestehe, diese Rechte auch effektiv wahrzunehmen. Die herrschende Klasse, die die wirtschaftliche und politische Macht besitze, verhindere die tatsächliche Gleichheit der Menschen und lasse die formale Garantie der Menschenrechte zur Farce werden.

424   Zur Zeit hat Art. 15 GG kaum praktische Bedeutung. Nachdem auch die SPD seit dem **Godesberger Programm** von 1959 die Forderung nach Vergesellschaftung nicht mehr erhebt, ist die politische Brisanz der Vorschrift vorerst erloschen. Der Streit darüber, ob die erforderliche Kontrolle industrieller Macht auf anderem Wege, z. B. durch Kartellgesetzgebung, Mitbestimmung und Offenlegung der Bilanzen, wirkungsvoller als durch Vergesellschaftung erreicht werden kann, ist vielleicht noch nicht endgültig ausgetragen. Der Trend führt jedenfalls nicht in Richtung Vergesellschaftung, sondern in die entgegengesetzte: Staatliche Unternehmen, z. B. VW, Deutsche Telekom und Deutsche Bahn sind reprivatisiert worden. Dies war deshalb verfassungsrechtlich möglich, weil Art. 15 GG keine Verpflichtung zur Vergesellschaftung enthält, sondern nur eine Ermächtigung an den Gesetzgeber. Neben politischen Gründen, die sich rasch und unvorhergesehen ändern können, spricht insbesondere ein praktisches Argument dagegen, dass Art. 15 GG jemals aktuell wird: Vergesellschaftung ist nur möglich gegen Entschädigung. Die Summen, die man für eine einigermaßen wirkungsvolle Sozialisierung bräuchte, sind von den Haushalten in Bund und Ländern nicht aufzubringen. Wollte man es auf dem Kreditweg versuchen, so würde man den Inhabern größerer Industriebetriebe das Unternehmerrisiko abnehmen, ihnen gleichzeitig den Vermögenswert erhalten, damit aber das Geldvolumen in unverantwortlicher Weise aufblähen. Die Chancen, dass sich das Parlament zu diesem risikoreichen Weg entschließen wird, sind gering.

425   Einer Sozialisierung zugänglich sind Grund und Boden, Naturschätze und Produktionsmittel. Produktionsmittel sind nur Anlagen, die der Güterherstellung dienen. Nicht sozialisierungsfähig sind daher Handel, Transport, Verkehr, Kreditwesen, Banken, Versicherungen und das Dienstleistungsgewerbe.

Weiterführende Hinweise:

BVerfGE 58, 300 ff. (Naßauskiesung);
BVerfGE 58, 137, 144 ff. (Verfassungsrechtliche Grenzen für Pflichtexemplarregelungen);
BVerfGE 74, 264 (Boxberg-Urteil – Enteignung zugunsten Privater);
BVerfGE 104, 1 (Baulandumlegung);
Durner, Grundfälle zum Staatshaftungsrecht, JuS 2005, 900;
Jochum/Durner, Grundfälle zu Art. 14 GG, JuS 2005, 220, 320, 412.

426 Art. 12 GG lautet:

„(1) Alle Deutschen haben das Recht, Beruf, Arbeitsplatz und Ausbildungsstätte frei zu wählen. Die Berufsausübung kann durch Gesetz oder auf Grund eines Gesetzes geregelt werden.
(2) Niemand darf zu einer bestimmten Arbeit gezwungen werden, außer im Rahmen einer herkömmlichen allgemeinen, für alle gleichen öffentlichen Dienstleistungspflicht.
(3) Zwangsarbeit ist nur bei einer gerichtlich angeordneten Freiheitsentziehung zulässig."

I. Bedeutung und Inhalt des Grundrechts

427 Art. 12 Abs. 1 GG gewährleistet dem Einzelnen das Recht, jede Tätigkeit, für die er sich geeignet glaubt, als „Beruf" zu ergreifen und damit zur Grundlage seiner Existenz zu machen. Art. 12 Abs. 1 GG hat seine Wurzeln im überkommenen liberalen Grundrecht der Gewerbefreiheit, geht aber darüber hinaus. Die Gewerbefreiheit gehörte zu den ersten Forderungen des Bürgertums, das sich damit ebenso gegen die vom Landesherrn verliehenen Privilegien des Zugangs zu bestimmten Berufen wie gegen die Zugangssperren durch die (Handwerks-)Zünfte wandte. In den deutschen Einzelstaaten wurde die Gewerbefreiheit in der ersten Hälfte des 19. Jahrhunderts eingeführt.

428 Im Gegensatz zur Gewerbefreiheit schützt das Grundrecht der Berufsfreiheit nicht nur den (selbstständigen) Gewerbetreibenden. Für die große Mehrzahl der abhängig Arbeitenden ist dies durch die ausdrückliche Betonung der freien Wahl des Arbeitsplatzes klargestellt. Der Begriff „Beruf" in Art. 12 Abs. 1 GG ist weit auszulegen. Er umfasst jede Tätigkeit, die auf Dauer angelegt ist und der Schaffung und Erhaltung einer Lebensgrundlage dient. Die Frage, ob der Gesetzgeber eine bestimmte Tätigkeit erlauben oder verbieten darf, ist selbst an Art. 12 Abs. 1 GG zu messen. Damit werden durch diese Norm zunächst einmal alle „typischen" und „atypischen" Berufe geschützt, der des Astrologen ebenso wie der des kaufmännischen Angestellten.

429 Das Grundrecht der Berufsfreiheit ist von außerordentlicher Bedeutung für das gesamte Wirtschaftsleben. Jede staatliche Maßnahme, die lenkend, kontrollierend oder dirigierend in das Erwerbsleben Privater eingreift, muss sich daran auf ihre Verfassungsmäßigkeit hin messen lassen. Wenn die Staatsgewalt in die Freiheit der individuellen Erwerbs- und Leistungstätigkeit eingreift, ist der Schutzbereich der Berufsfreiheit berührt; wenn sie die Innehabung und Verwendung vorhandener Vermögensgüter begrenzt, kommt der Schutz des Art. 14 GG in Betracht.

430 Die Fassung des Art. 12 Abs. 1 GG ist missglückt. Dem Wortlaut nach wird zwischen zwei verschiedenen Vorgängen differenziert: der Berufswahl, die frei ist, und der Berufsausübung, die der Gesetzgeber regeln kann. Wahl und Ausübung lassen sich indessen nicht trennen. Die BRAO beispielsweise schreibt vor, dass Anwalt nur werden kann, wer zwei juristische Staatsexamina bestanden hat. Diese Regelung wirkt sich notwendigerweise auf die **Berufswahl und** die **Ausübung** aus. Wer die erforderliche Qualifikation nicht besitzt, kann den Beruf weder wählen noch ausüben. Nach dem Wortlaut des Art. 12 Abs. 1 GG darf die Berufswahl jedoch keiner gesetzlichen Beschränkung unterliegen. Wer daraus allerdings die Konsequenz ziehen wollte, der Gesetzgeber dürfe auch die Berufsausübung nicht regeln, weil er dadurch mittelbar die Berufswahl erschwere, sollte die Folgen dieser Interpretation bedenken: Alle Berufe, vom Arzt bis zum Wirtschaftsprüfer dürften von jedermann ohne Vorbildung aufgenommen werden! Deswegen ist eine andere Auslegung des Art. 12 Abs. 1 GG geboten. Art. 12 Abs. 1 GG ist dahin zu interpretieren, dass sowohl Berufswahl als auch Berufsausübung unter dem Gesetzesvorbehalt stehen.

II. Drei-Stufen-Theorie

Da sich „Wahl" und „Ausübung" nicht streng trennen lassen, sondern   431
ineinander übergehen und einander bedingen, bilden beide zusammen das Grundrecht der Berufsfreiheit. Allerdings beschränken Eingriffe in die **Berufswahl** das Grundrecht der Berufsfreiheit mehr als solche in die **Berufsausübung**. Diesen Gedanken hat das Bundesverfassungsgericht aufgegriffen und zwischen drei, je nach der Eingriffsschwere unterschiedlichen Stufen möglicher gesetzgeberischer Eingriffe in das Grundrecht der Berufsfreiheit unterschieden:

1. Reine Ausübungsregelungen (1. Stufe)

Schwächster Eingriff in die Berufsfreiheit ist die reine **Ausübungsrege-**   432
lung. Es handelt sich dabei um Eingriffe, die nur Einzelheiten der beruflichen Tätigkeit betreffen und nicht auf die Freiheit der Berufswahl zurückwirken.

Für nahezu jeden Beruf gibt es eine Vielzahl von derartigen gesetzlichen   433
Berufsausübungsregelungen. Ihnen allen ist gemein, dass sie auf die Freiheit der Berufswahl nicht zurückwirken, vielmehr nur bestimmen, in welcher Art und Weise die Berufsangehörigen ihre Berufstätigkeit im Einzelnen zu gestalten haben.

Das Bundesverfassungsgericht hält denn auch eine weite Bandbreite von   434
Ausübungsregelungen für verfassungsgemäß und stellt an das Aufstellen solcher nur geringe Anforderungen:

„Die Freiheit der Berufsausübung kann (...) beschränkt werden, soweit vernünftige Erwägungen des Gemeinwohls es zweckmäßig erscheinen lassen. (...) Hier können in weitem Maße Gesichtspunkte der Zweckmäßigkeit zur Geltung kommen; nach ihnen ist zu bemessen, welche Auflagen den Berufsangehörigen gemacht werden müssen, um Nachteile und Gefahren für die Allgemeinheit abzuwehren. Auch der Gedanke der Förderung eines Berufes und damit der Erzielung einer höheren sozialen Gesamtleistung seiner Angehörigen kann schon gewisse die Freiheit der Berufsausübung einengende Vorschriften rechtfertigen. Der Grundrechtsschutz beschränkt sich insoweit auf die Abwehr in sich verfassungswidriger, weil etwa übermäßig belastender und nicht zumutbarer gesetzlicher Auflagen; von diesen Ausnahmen abgesehen, trifft die hier in Frage stehende Beeinträchtigung der Berufsfreiheit den Grundrechtsträger nicht allzu empfindlich, da er bereits im Beruf steht und die Befugnis, ihn auszuüben, nicht berührt wird" (BVerfGE 7, 377, 405 f.).

2. Subjektive Zulassungsvoraussetzungen (2. Stufe)

435   Den **Berufsausübungsregelungen** stehen **Berufsaufnahmeregelungen** gegenüber, die bestimmen, unter welchen Voraussetzungen die Berufsaufnahme zulässig ist. Man differenziert zwischen **objektiven** und **subjektiven Zulassungsvoraussetzungen.** Bei letzteren handelt es sich um in der Person des Bewerbers begründete Kriterien. Dazu das Bundesverfassungsgericht:

„Eine Regelung dagegen, die schon die Aufnahme der Berufstätigkeit von der Erfüllung bestimmter Voraussetzungen abhängig macht und die damit die Freiheit der Berufswahl berührt, ist nur gerechtfertigt, soweit dadurch ein überragendes Gemeinschaftsgut, das der Freiheit des Einzelnen vorgeht, geschützt werden soll. Dabei besteht offensichtlich ein (...) bedeutsamer Unterschied je nachdem, ob es sich um ‚subjektive' Voraussetzungen, vor allem solche der Vor- und Ausbildung handelt, oder um objektive Bedingungen der Zulassung, die mit der persönlichen Qualifikation des Berufsanwärters nichts zu tun haben und auf die er keinen Einfluss nehmen kann. Die Regelung subjektiver Voraussetzungen der Berufsaufnahme ist ein Teil der rechtlichen Ordnung eines Berufsbildes; sie gibt den Zugang zum Beruf nur den in bestimmter – und zwar meist formaler – Weise qualifizierten Bewerbern frei. Eine solche Beschränkung legitimiert sich aus der Sache heraus; sie beruht darauf, dass viele Berufe bestimmte, nur durch theoretische und praktische Schulung erwerbbare technische Kenntnisse und Fertigkeiten (...) erfordern und dass die Ausübung dieser Berufe ohne diese Kenntnisse entweder unmöglich oder unsachgemäß wäre oder aber Schäden, ja Gefahren für die Allgemeinheit mit sich bringen würde. (...) Hier gilt das Prinzip der Verhältnismäßigkeit in dem Sinne, dass die vorgeschriebenen subjektiven Voraussetzungen zu dem angestrebten Zweck der ordnungsgemäßen Erfüllung der Berufstätigkeit nicht außer Verhältnis stehen dürfen" (BVerfGE 7, 377, 406 f.).

3. Objektive Zulassungsvoraussetzungen (3. Stufe)

436   Die stärkste Einschränkung der Berufsfreiheit erfolgt durch die **objektiven Zulassungsvoraussetzungen.** Sie machen die Aufnahme eines Berufes von Voraussetzungen abhängig, die völlig außerhalb der Sphäre des Bewerbers liegen. Eine objektive Beschränkung liegt z. B. vor, wenn der freie Zugang zu einem Beruf gesperrt wird und Ausnahmen nur im Falle eines volkswirtschaftlichen Bedürfnisses möglich sind oder wenn für einen Bezirk nur eine bestimmte Anzahl von Unternehmen zugelassen wird. Diese schwerwiegenden Eingriffe in die Berufsfreiheit sind nur in seltenen Ausnahmefällen und nur zur Abwehr schwerster Gefahren für ein überragend wichtiges Gemeinschaftsgut zulässig:

„Anders liegt es bei der Aufstellung objektiver Bedingungen für die Berufszulassung. Ihre Erfüllung ist dem Einfluss des Einzelnen schlechthin entzogen. Dem Sinn des Grundrechts wirken sie strikt entgegen, denn sogar derjenige, der durch Erfüllung aller von ihm geforderten Voraussetzungen die Wahl des Berufes bereits real vollzogen hat und hat vollziehen dürfen, kann trotzdem von der Zulassung zum Beruf ausgeschlossen bleiben. Diese Freiheitsbeschränkung ist um so gewichtiger und wird demgemäß auch um so schwerer empfunden, je länger und je fachlich spezialisierter die Vor- und Ausbildung war, je eindeutiger also mit der Wahl dieser Ausbildung zugleich dieser konkrete Beruf gewählt wurde. Da zudem zunächst nicht einsichtig ist, welche unmittelbaren Nachteile für die Allgemeinheit die Ausübung eines Berufes durch einen fachlich und moralisch qualifizierten Bewerber mit sich bringen soll, wird häufig der Wirkungszusammenhang zwischen dieser Beschränkung der freien Berufswahl und dem erstrebten Erfolg nicht einleuchtend dargelegt werden können. Die Gefahr des Eindringens sachfremder Motive ist daher besonders groß; vor allem liegt die Vermutung nahe, die Beschränkung des Zugangs zum Beruf solle dem Konkurrenzschutz der bereits im Beruf Tätigen dienen – ein Motiv, das nach allgemeiner Meinung niemals einen Eingriff in das

Recht der freien Berufswahl rechtfertigen könnte. Durch die Wahl dieses gröbsten und radikalsten Mittels der Absperrung fachlich und moralisch (präsumtiv) voll geeigneter Bewerber vom Beruf kann so – abgesehen von dem möglichen Konflikt mit dem Prinzip der Gleichheit – der Freiheitsanspruch des Einzelnen in besonders empfindlicher Weise verletzt werden. Daraus ist abzuleiten, dass an den Nachweis der Notwendigkeit einer solchen Freiheitsbeschränkung besonders strenge Anforderungen zu stellen sind; im allgemeinen wird nur die Abwehr nachweisbarer oder höchstwahrscheinlicher schwerer Gefahren für ein überragend wichtiges Gemeinschaftsgut diesen Eingriff in die freie Berufswahl legitimieren können (...)" (BVerfGE 7, 377, 407 f.).

III. Schwierigkeiten im Umgang mit der Drei-Stufen-Theorie

Ihrem rechtlichen Gehalt nach ist die Drei-Stufen-Theorie nichts anderes   437
als eine auf Art. 12 GG zugeschnittene, besondere Ausprägung des Übermaßverbotes in Gestalt des **Prinzips des geringstmöglichen Eingriffs:** Der Gesetzgeber muss berufseinschränkende Regelungen jeweils auf der Stufe vornehmen, die den geringsten Eingriff in die Berufsfreiheit mit sich bringt und darf die nächste Stufe erst dann betreten, wenn nachgewiesen ist, dass die befürchteten Gefahren mit verfassungsmäßigen Mitteln der vorausgehenden Stufe nicht wirksam bekämpft werden können.

Die Anwendung der Stufenlehre auf den praktischen Fall ist keineswegs immer so praktikabel wie es zunächst den Anschein hat. Zum einen bereitet die Unterscheidung zwischen Berufswahl und Berufsausübung mitunter Schwierigkeiten, und zum anderen muss mit höchst unbestimmten Begriffen gearbeitet werden, die einen weiten Auslegungs- und Entscheidungsspielraum lassen. Diese unbestimmten Begriffe erschweren es mitunter außerordentlich, eine Voraussage darüber zu treffen, ob eine berufseinschränkende Regelung vom Bundesverfassungsgericht noch als zulässig hingenommen werden wird oder nicht. So hatten beispielsweise seinerzeit selbst gute Kenner der Rechtsprechung des Gerichts nicht damit gerechnet, dass es die in der Handwerksordnung vorgeschriebene Meisterprüfung als Voraussetzung für den selbstständigen Betrieb eines Handwerks für mit Art. 12 Abs. 1 GG vereinbar halten würde (BVerfGE 13, 97 ff.). Es war in der Tat schwer einzusehen, welches „wichtige Gemeinschaftsgut" das Bundesverfassungsgericht als gefährdet ansah, wenn bestimmte Handwerker – z. B. Bürsten-, Schuh- oder Uhrmacher oder gar Elfenbeinschnitzer und Korbflechter – auch ohne Meisterprüfung einen Betrieb eröffnen würden. Schließlich kann die Meisterprüfung die Wirkung haben, jemandem mit Gesellenprüfung, der durchaus die notwendige Qualifikation hat, die Selbstständigkeit zu verwehren, weil er entweder nicht das Geld oder nicht die Zeit hat, sich auf diese Prüfung vorzubereiten. Das Bundesverfassungsgericht hat dennoch die Meisterprüfung als subjektive Zulassungsvoraussetzung generell für verfassungsgemäß angesehen mit der Begründung, die Leistungsfähigkeit des Handwerks und die Sicherung des Nachwuchses für die Wirtschaft seien ein wichtiges Gemeinschaftsgut.

Schwierigkeiten bei der Anwendung der Drei-Stufen-Theorie macht aber   438
auch die Abgrenzung zwischen Berufswahl und Berufsausübung. Unter Umständen ist entscheidend, welches Berufsbild man zugrunde legt.

Das Bundesverfassungsgericht hatte eine Regelung zu überprüfen, wo-   439
nach die Erlaubnis zum Handel mit loser Milch von einer Bedürfnisprüfung

abhängig gemacht wurde. Wenn man als Beruf den „Händler mit loser
Milch" ansieht, kommt man zu dem Ergebnis, dass die Aufnahme eines Berufes von einer Bedürfnisprüfung abhängig ist, folglich eine objektive Zulassungsschranke gegeben ist, die mangels eines zu schützenden „überragend wichtigen Gemeinschaftsgutes" verfassungswidrig ist (so BVerfGE 9,
39 ff.). Nimmt man jedoch als Beruf „Milchhändler" oder gar „Lebensmit-
telhändler", so wird nicht die Wahl des Berufes unmöglich gemacht, sondern lediglich die Ausübung in der Weise geregelt, dass nicht mit loser
Milch gehandelt werden darf. Eine Ausübungsregelung aber ist immer
schon dann verfassungsgemäß, wenn Gründe der Zweckmäßigkeit dafür
sprechen.

440   Gerade in diesen Fällen, in denen die Stufenlehre eher von der eigentlichen Problematik ablenkt, tut man gut daran, sich darauf zu besinnen, dass
sie ihre verfassungsrechtliche Grundlage im Verhältnismäßigkeitsprinzip
hat. Wenn man dies erkennt, entlarvt sich der Streit, ob es einen eigenen Beruf des „Händlers mit loser Milch" gibt, als begriffsjuristische Spiegelfech-
terei. Solange nämlich auch nur ein einziger Händler in der Bundesrepublik
sich auf diese Tätigkeit beschränkt, ist ein staatlicher Eingriff in seine Existenzgrundlage nur dann zulässig, wenn er durch Gründe des gemeinen
Wohls legitimiert ist, die ihrem Gewicht nach den Interessen eines Einzelnen oder einer Gruppe vorgehen. Das Problem der zu strengen Formalisie-
rung durch die Drei-Stufen-Theorie hat inzwischen auch das Bundesverfassungsgericht erkannt. Es rückt daher von diesen strengen Kategorien etwas
ab; an ihrem Inhalt – einer Verhältnismäßigkeitsabwägung – hat sich nichts
geändert.

IV. Anwendungsfälle der Drei-Stufen-Theorie

441   Zur Illustration der bisherigen Ausführungen sollen im Folgenden drei
Anwendungsfälle der Drei-Stufen-Theorie vorgestellt werden:

1. Kreditwirtschaft

442   Das Gesetz über das Kreditwesen, KWG, soll die allgemeine Ordnung im
Kreditwesen gewährleisten, die Funktionsfähigkeit des Kreditapparates
auch in Krisenzeiten erhalten und die Gläubiger von Kreditinstituten vor
Verlusten schützen. Dieses Ziel versucht das Gesetz dadurch zu erreichen,
dass es Normativbestimmungen für die Kreditinstitute aufstellt, z.B. über
Eigenkapitalausstattung, Liquidität, Großkredite, Bestimmungen über Zin-
sen, Provisionen und Werbung, Bilanzvorlagen und Prüfung des Jahresab-
schlusses.

443   Weiterhin unterstellt das Gesetz die Kreditinstitute der Aufsicht der **Bundesanstalt für Finanzdienstleistungsaufsicht (BAFin)**, die gemäß Art. 87
Abs. 3 GG als selbstständige Bundesoberbehörde mit Sitz in Bonn errichtet
worden ist. Der Bundesanstalt stehen zur Durchführung der Aufsicht über
die Kreditinstitute im Wesentlichen folgende Mittel zur Verfügung: Erlaub-
niszwang für den, der Bankgeschäfte betreiben will, Rücknahme der Erlaubnis, Abberufung von Geschäftsleitern, Einschreiten gegen ungesetzliche
Geschäfte und Untersagung von Entnahmen durch Inhaber oder Gesellschafter bei unzureichendem Eigenkapital. Die Befolgung seiner Verfügun-

gen kann die Bundesanstalt mit Zwangsmitteln durchsetzen. Außerdem enthält das Gesetz Straf- und Bußgeldvorschriften.

Die Bundesanstalt für Finanzdienstleistungsaufsicht ist eine Verwaltungsbehörde, allerdings ohne die Unabhängigkeit, wie sie die Deutsche Bundesbank genießt. Bundesanstalt und Deutsche Bundesbank arbeiten zusammen und haben einander Beobachtungen und Feststellungen mitzuteilen, die für die Erfüllung der beiderseitigen Aufgaben von Bedeutung sein können. Ein Bankzusammenbruch wie bei der Herstatt-Bank mit einem Schadensausmaß von 1 Mrd. DM oder eine Krise wie um die Mannheimer Lebensversicherung konnte dennoch nicht vermieden werden. **444**

A., ein gescheiterter Student der Wirtschaftswissenschaften, möchte eine Bank gründen. Als er das Bundesaufsichtsamt (jetzt BAFin) um die nach § 32 KWG erforderliche Genehmigung bittet, wird sie ihm unter Berufung auf § 33 KWG untersagt mit der Begründung, seine 5000 DM Eigenkapital reichten nicht aus; auch besitze er nicht die zur Leitung eines Kreditinstitutes erforderliche fachliche Eignung. Im Übrigen gebe es bereits genug Banken, bei denen A als Angestellter arbeiten könne. Ein Bedürfnis für neue Geschäftsbanken bestehe nicht. **445**

§ 33 KWG lautet:
„(1) Die Erlaubnis darf nur versagt werden, wenn
1. die zum Geschäftsbetrieb erforderlichen Mittel, insbesondere ein ausreichendes Anfangskapital (...) im Inland nicht zur Verfügung stehen; (...)
4. Tatsachen vorliegen, aus denen sich ergibt, dass der Inhaber (...) nicht die zur Leitung des Instituts erforderliche Eignung hat und auch nicht eine andere Person nach § 1 Abs. 2 Satz 2 oder 3 als Geschäftsleiter bezeichnet wird; (...)
(2) Die fachliche Eignung der in Abs. 1 Nr. 4 genannten Personen für die Leitung eines Instituts setzt voraus, dass sie in ausreichendem Maße theoretische und praktische Kenntnisse in Bankgeschäften sowie Leitungserfahrung haben. Die fachliche Eignung für die Leitung eines Instituts ist regelmäßig anzunehmen, wenn eine dreijährige leitende Tätigkeit bei einem Kreditinstitut von vergleichbarer Größe und Geschäftsart nachgewiesen wird."

A hält § 33 KWG für verfassungswidrig. Seiner Ansicht nach verbietet es Art. 12 GG, ihm die Chance zu nehmen, als selbstständiger Bankier sein Glück zu machen. Hat A Recht?

Bei § 33 KWG handelt es sich um eine **subjektive Zulassungsbeschränkung.** Die Aufnahme des Berufs „selbstständiger Bankier" wird von zwei Voraussetzungen abhängig gemacht. Subjektive Zulassungsbeschränkungen (also solche, die die Aufnahme eines Berufes von Voraussetzungen abhängig machen, die in der Person des Bewerbers liegen und auf die er Einfluss nehmen kann) sind zulässig, wenn anders ein wichtiges Gemeinschaftsgut nicht geschützt werden kann. Die Eigenkapitalausstattung eines Kreditunternehmens dient der Sicherheit der Banken und dem Vertrauen, das ihnen zwangsläufig entgegengebracht werden muss, um überhaupt einen einigermaßen reibungslosen Zahlungsverkehr zu gewährleisten. Die Bundesanstalt für Finanzdienstleistungsaufsicht setzt die jeweils erforderliche Eigenkapitalausstattung – sie liegt nur selten unter 3 Mio. € – nach den Grundsätzen des § 10 KWG fest. Das Interesse der Allgemeinheit, bei illiquiden Kreditinstituten vor dem Verlust der Einlagen geschützt zu sein, ist größer als das Interesse eines Einzelnen, ohne finanziellen Hintergrund ein Kreditunternehmen zu gründen. Die subjektive Zulassungsbeschränkung des § 33 Abs. 1 Nr. 1 KWG ist verfassungsgemäß. **446**

447 Gleiches gilt für die Beschränkung des § 33 Abs. 1 Nr. 4 KWG. Die fachgemäße Leitung eines Kreditunternehmens stellt so hohe Anforderungen, dass der Gesetzgeber durchaus befugt ist – ähnlich wie bei Ärzten, Steuerberatern, Anwälten, Wirtschaftsprüfern usw. –, die Aufnahme des Berufes von bestimmten fachlichen Qualifikationen abhängig zu machen. Ein abgebrochenes Studium der Wirtschaftswissenschaften reicht als Qualifikation nicht aus, da die theoretische Ausbildung nicht kontrollierbar ist und Praxis vollkommen fehlt.

448 Wenn aber die Bundesanstalt für Finanzdienstleistungsaufsicht die Versagung der Genehmigung auch damit begründet, es gebe schon genug Banken und es bestehe kein Bedürfnis für neue, so handelt sie verfassungswidrig. Ohne Rücksicht darauf, ob ein volkswirtschaftliches Bedürfnis besteht, hat jeder Bewerber, der die Voraussetzungen des § 33 KWG erfüllt, einen Rechtsanspruch auf Zulassung zum Kreditgewerbe.

449 Das alte KWG in seiner ersten Fassung vom 25. 9. 1939 sah eine solche Bedürfnisprüfung vor. Das Bundesverwaltungsgericht beurteilte die damalige Regelung so:

> „Es kann ohne Weiteres davon ausgegangen werden, dass die Einführung der Bedürfnisprüfung auf dem Gebiete des Kreditwesens – auch wenn sie im Ergebnis die vorhandenen Kreditinstitute vor einem unbeschränkten Wettbewerb schützen sollte – dieses Ziel nach dem Willen des Gesetzgebers nicht als Selbstzweck verfolgt, um den bestehenden Instituten ein sicheres Einkommen zu gewährleisten. Die Bedürfnisprüfung wurde vielmehr als geeignetes Mittel angesehen, um den Kreditapparat gesund zu erhalten und das wirtschaftliche Gefüge vor Erschütterungen zu bewahren. Es soll nicht verkannt werden, dass die Gesunderhaltung des Kreditapparates in seiner gesamtwirtschaftlichen Bedeutung und ein gefestigtes Wirtschaftsgefüge schutzwürdige Rechtsgüter sind. Diese wirtschaftspolitische Zielsetzung vermag aber einen Eingriff in die berufliche Freiheit des einzelnen (…) nicht zu rechtfertigen, weil eine so weitgehende Regelung zur Abwehr von Gefährdungen der hier in Betracht kommenden schutzwürdigen Gemeinschaftsgüter weder notwendig noch geeignet ist. (…) Das wesentlichste Bedenken, das gegen die unbegrenzte Neuzulassung von Kreditinstituten erhoben wird, ist die Befürchtung, dass die Ausweitung des Kreditapparats zu Zusammenbrüchen von Kreditinstituten führen werde, dass hierdurch das Vertrauen des Publikums in den Kreditapparat erschüttert und Wirtschaftskrisen heraufbeschworen werden könnten. (…) Bei der Beurteilung der Frage, ob die Ausweitung des Kreditapparates die Existenz der Institute ernstlich bedroht, muss zunächst beachtet werden, dass nach den Grundsätzen wirtschaftlicher Vernunft erfahrungsgemäß neue Kreditinstitute nur dann gegründet (…) werden, wenn die Unternehmer nach eingehender Prüfung der gesamtwirtschaftlichen Lage und der örtlichen Verhältnisse von der Rentabilität ihres Vorhabens überzeugt sind. Bei der erheblichen Kapitalinvestition, die die Errichtung eines jeden neuen Bankunternehmens (…) erfordert, bürgt also schon das eigene Interesse der gerade auf dem Gebiet des Kreditwesens besonders sorgfältig abwägenden Unternehmer im allgemeinen dafür, dass neue Institute (…) nur an solchen Plätzen errichtet werden, an denen sie lebensfähig sind. Allerdings lässt sich nicht bestreiten, dass die ungehemmte Zulassung neuer Institute die Ertragslage vorhandener Unternehmen beeinträchtigen und die Existenz schwacher Betriebe gefährden kann. Es kann demgegenüber jedoch allenfalls Aufgabe des Staates sein, im gesamtwirtschaftlichen Interesse die rechtzeitige Schließung solcher Kreditinstitute herbeizuführen, die sich im Konkurrenzkampf nicht mehr behaupten oder nicht durchsetzen können, nicht aber lebensfähigen Unternehmen die Betätigungsmöglichkeiten zu beschneiden. Ein ruinöser Wettbewerb unter den rivalisierenden Instituten durch ungesunde Unterbietung der Kreditkonditionen oder durch Zubilligung überhöhter Habenzinsen lässt sich durch eine scharfe Bankaufsicht sowie durch Festsetzung von Zins- und Provisionssätzen und durch andere wettbewerbsregelnde Maßnahmen ausschalten; seine Verhinderung gebietet jedenfalls nicht das Verbot der Zulassung neuer Institute" (BVerwGE 8, 14, 15 ff.).

450 Das geltende KWG kennt daher eine solche Regelung nicht mehr.

2. Verkehrswirtschaft

Die Verkehrsmärkte in der Bundesrepublik sind weitgehend staatlich ge-   451
lenkt. Dies gilt für den Eisenbahn- und den Güterverkehr ebenso wie für
die Personenbeförderung im Straßenverkehr (Linienbusse, Taxis) und den
Luftverkehr. Der Staat steuert die Verkehrsmärkte, er überwacht nicht nur
die technische Seite, sondern bestimmt Preis, Angebot und den Zugang zum
Verkehrsgewerbe.

In keinem Bereich finden sich so viele **objektive Zulassungsbeschränkun-**   452
gen wie im Verkehrsgewerbe. Taxis werden nicht zugelassen, „wenn die öffentlichen Verkehrsinteressen dadurch beeinträchtigt werden, dass durch
die Ausübung des beantragten Verkehrs das örtliche Taxengewerbe in seiner Funktionsfähigkeit bedroht wird" (so § 13 Abs. 4 Personenbeförderungsgesetz).

Diese objektive Zulassungsbeschränkung des „numerus clausus" für Ta-   453
xis ist angreifbar. Das Bundesverwaltungsgericht suchte sie so zu rechtfertigen:

Bei der Anwendung des § 13 Abs. 3 [heute: § 13 Abs. 4] komme es darauf an, „ob das
bestehende Droschkengewerbe bei der Zulassung neuer Unternehmer durch Überset-
zung und ruinösen Wettbewerb in seiner Existenz bedroht sein würde. Dies ist der Fall,
wenn eine derartige Gefahr eingetreten oder bedrohend näher gerückt ist. Es kommt
somit (...) nicht auf den Schutz der wirtschaftlichen Interessen bestehender Kraft-
droschkenunternehmen gegenüber der Konkurrenz an. Die Zugangssperre dient allein
dem öffentlichen Verkehrsinteresse, nicht dagegen den wirtschaftlichen Interessen der
einzelnen Droschkenunternehmer." Es müsse geprüft werden, „welcher Grad der Konkurrenzkampf zwischen den Droschkenunternehmern erreicht hat und ob dieser bereits
dazu geführt hat, dass der Ruin einer nicht unerheblichen Zahl von Droschkenunternehmern eingetreten oder zu erwarten ist." „Geprüft werden müsse insbesondere, „ob im
Laufe der letzten Jahre einzelne Unternehmer in Konkurs gegangen sind, aus allgemeinen betrieblichen Gründen Vollstreckungsmaßnahmen ausgesetzt waren oder sogar wegen Unwirtschaftlichkeit ihren Betrieb aufgegeben haben. (...) Ferner kann von Bedeutung sein, ob den Anforderungen, die an die Betriebssicherheit der Kraftdroschken
gestellt werden müssen, in erhöhtem Umfange nicht entsprochen wird und diese Entwicklung auf wirtschaftliches Unvermögen der Unternehmer zurückzuführen ist"
(BVerwGE 23, 314, 317 f.).

3. Numerus clausus

Seiner liberalen Konzeption nach ist Art. 12 Abs. 1 GG ein Schutzrecht   454
des (berufstätigen) Individuums vor sachlich nicht gerechtfertigten Eingriffen des Staates. Der Staat soll bei der Berufswahl und -ausübung nicht bevormunden dürfen und Regelungsbefugnisse nur insoweit haben, als sie
höherrangigen Zwecken zu dienen bestimmt sind. Aus dieser Sicht ist dem
Art. 12 Abs. 1 GG ein Anspruchsdenken, das dem Individuum Ansprüche
auf staatliche Leistungen gibt, fremd. Das Recht, den Arbeitsplatz frei zu
wählen, verpflichtet den Staat nicht, Arbeitplätze zu schaffen und zu erhalten; das Recht, den Beruf frei zu wählen, schließt nicht die Verpflichtung
des Staates mit ein, die materiellen Voraussetzungen, die dafür nötig sind,
zur Verfügung zu stellen.

Art. 12 Abs. 1 GG garantiert neben freier Berufs- und Arbeitsplatzwahl   455
auch das Grundrecht auf freie Wahl der Ausbildungsstätte. Sieht man dieses

Recht ebenfalls als reines Abwehrrecht, verkennt man, dass viele Ausbildungswege beim Staat monopolisiert sind. Insbesondere die akademische Ausbildung kann fast nur an staatlichen Universitäten erworben werden. An diesem Punkt setzt die Numerus-clausus-Problematik an. Das Bundesverfassungsgericht hat in seiner hierzu ergangenen Entscheidung die Möglichkeiten und Grenzen **sozialstaatlicher Grundrechtssicht** deutlich werden lassen.

> „Der verfassungsrechtliche Grundrechtsschutz im Bereich des Ausbildungswesens erschöpft sich indessen nicht in der den Freiheitsrechten herkömmlich beigemessenen Schutzfunktion gegen Eingriffe der öffentlichen Gewalt. (...) Je stärker sich der moderne Staat der sozialen Sicherung und kulturellen Förderung der Bürger zuwendet, desto mehr tritt im Verhältnis zwischen Bürger und Staat neben das ursprüngliche Postulat grundrechtlicher Freiheitssicherung vor dem Staat die komplementäre Forderung nach grundrechtlicher Verbürgerung der Teilhabe an staatlichen Leistungen. (...) Die Problematik absoluter Zulassungsbeschränkungen ist dadurch gekennzeichnet, dass die vorhandene Kapazität nicht ausreicht, um jedem hochschulreifen Zulassungsberechtigten seinen Studienplatz zuzuteilen. Würde sich die verfassungsrechtliche Betrachtung von Anfang an auf die Teilhabe am Vorhandenen verengen, ginge sie daher am Kern der Schwierigkeiten vorbei. Während im Normalfall sozialstaatlicher Teilhabegewährung, nämlich bei finanziellen Begünstigungen, die nachteiligen Folgen einer Beschränkung auf vorhandene Mittel durch Umverteilung einigermaßen aufgefangen werden können, führt der absolute numerus clausus zu der krassen Ungleichheit, dass ein Teil der Bewerber alles und der andere Teil (...) nichts erhält. Übersteigt die Zahl der Abgewiesenen wie beim Medizinstudium sogar weit mehr als die Hälfte der Bewerber, dann droht der verfassungsrechtlich geschützte Zulassungsanspruch weitgehend leerzulaufen. Wegen dieser Auswirkungen ist nicht zu bestreiten, dass sich der absolute numerus clausus am Rande des verfassungsrechtlich Hinnehmbaren bewegt. (...) Auch soweit Teilhabeberechte nicht von vornherein auf das jeweils Vorhandene beschränkt sind, stehen sie doch unter dem Vorbehalt des Möglichen im Sinne dessen, was der Einzelne vernünftigerweise von der Gesellschaft beanspruchen kann. Dies hat in erster Linie der Gesetzgeber in eigener Verantwortung zu beurteilen, der bei seiner Haushaltswirtschaft zu andere Gemeinschaftsbelange zu berücksichtigen und nach der ausdrücklichen Vorschrift des Art. 109 Abs. 2 GG den Erfordernissen des gesamtwirtschaftlichen Gleichgewichts Rechnung zu tragen hat." (...) Der Staat sei daher nicht verpflichtet, „für jeden Bewerber zu jeder Zeit den von ihm gewünschten Studienplatz bereitzustellen und auf diese Weise die aufwendigen Investitionen im Hochschulbereich ausschließlich von der häufig fluktuierenden und durch mannigfache Faktoren beeinflussbaren individuellen Nachfrage abhängig zu machen. Das liefe auf ein Missverständnis von Freiheit hinaus, bei dem verkannt würde, dass sich persönliche Freiheit auf die Dauer nicht losgelöst von Funktionsfähigkeit und Gleichgewicht des Ganzen verwirklichen lässt und dass ein unbegrenztes subjektives Anspruchsdenken auf Kosten der Allgemeinheit unvereinbar mit dem Sozialstaatsgedanken ist" (BVerfGE 33, 303, 330 ff.).

456   Grenze sozialstaatlicher Grundrechtssicht ist nach dieser Entscheidung die Befugnis des Parlaments, bei der staatlichen Ausgabenwirtschaft Prioritäten zu setzen.

Weiterführende Hinweise:

BVerfGE 7, 377 ff. (Apotheken-Urteil; Drei-Stufen-Theorie);
BVerfG, NJW 2006, 1261 ff. (Sportwetten-Monopol);
Kimms, Das Grundrecht der Berufsfreiheit in der Fallbearbeitung, JuS 2001, 664;
Nolte/Tams, Grundfälle zu Art. 12 Abs. 1 GG, JuS 2006, 31, 130, 218.

Kapitel 21: Die Koalitionsfreiheit (Art. 9 Abs. 3 GG)

Art. 9 GG lautet: **457**

„(1) Alle Deutschen haben das Recht, Vereine und Gesellschaften zu bilden.
(2) Vereinigungen, deren Zwecke oder deren Tätigkeit den Strafgesetzen zuwiderlaufen oder die sich gegen die verfassungsmäßige Ordnung oder gegen den Gedanken der Völkerverständigung richten, sind verboten.
(3) Das Recht, zur Wahrung und Förderung der Arbeits- und Wirtschaftsbedingungen Vereinigungen zu bilden, ist für jedermann und für alle Berufe gewährleistet. Abreden, die dieses Recht einschränken oder zu behindern suchen, sind nichtig, hierauf gerichtete Maßnahmen sind rechtswidrig. Maßnahmen nach den Artikeln 12a, 35 Abs. 2 und 3, Artikel 87a Abs. 4 und Artikel 91 dürfen sich nicht gegen Arbeitskämpfe richten, die zur Wahrung und Förderung der Arbeits- und Wirtschaftsbedingungen von Vereinigungen im Sinne des Satzes 1 geführt werden."

Art. 9 Abs. 1 GG garantiert dem Einzelnen das Recht, Vereine und Ge- **458** sellschaften zu gründen. Unter den Schutz dieser Vorschrift fallen auch alle erwerbswirtschaftlich orientierten Gesellschaften (z.B. Genossenschaften, Aktiengesellschaften, Gesellschaften mit beschränkter Haftung). Soweit Einzelgesetze für diese im Wirtschaftsleben tätigen Gesellschaften Mindesterfordernisse (z.B. Mindestkapital, Eintragung im Handelsregister) vorschreiben, müssen die Anforderungen auf den Ordnungszweck (z.B. Gläubigerschutz, Publizität) bezogen sein und dürfen nicht über das Notwendige hinausgehen.

Für die Wirtschafts- und Sozialordnung in der Bundesrepublik von erst- **459** rangiger Bedeutung ist das in Art. 9 Abs. 3 GG garantierte Recht der Koalitionsfreiheit für Arbeitnehmer und Arbeitgeber, das Abwehrrecht gegen staatliche Eingriffe ist und zugleich gemäß Satz 2 unmittelbare Drittwirkung im privatrechtlichen Bereich entfaltet. Von der allgemeinen Vereinigungsfreiheit in Art. 9 Abs. 1 GG unterscheidet sich die Koalitionsfreiheit durch Einbeziehung eines bestimmten Zweckes in den grundrechtlichen Schutz. Die Koalitionsfreiheit dient der sinnvollen Ordnung des Arbeitslebens. Art. 9 Abs. 3 GG enthält das Existenzgrundrecht der Arbeitgeber- und Arbeitnehmerorganisationen: Die verfassungsmäßige Zusicherung von Tarifautonomie als Ausprägung und Konkretisierung des Sozialstaatsprinzips und das Arbeitskampfrecht.

I. Tarifautonomie

Die Koalitionsfreiheit sichert Gewerkschaften und Arbeitgeberverbänden **460** einen Freiraum gesellschaftspolitischer Eigenverantwortung zu, innerhalb dessen sich die „Sozialpartner" unabhängig von staatlicher Einflussnahme um einen gemeinsamen Nenner für ihre unterschiedlichen Interessen bemühen können. Das Ergebnis ihres Kompromisses findet seinen Niederschlag im **Tarifvertrag.** Zweck des Tarifvertrages ist es, das wirtschaftliche Übergewicht der Arbeitgeber gegenüber den einzelnen Arbeitnehmern auszugleichen. Im 19. Jahrhundert waren die Arbeitgeber aufgrund dieser Überlegenheit in der Lage, die Arbeitsbedingungen einseitig festzusetzen; die Vertragsfreiheit denaturierte zu einem Recht des wirtschaftlich Stärkeren.

Erst durch den Zusammenschluss der Arbeitnehmer zu Gewerkschaften bildete sich ein Gegenpol zu dieser wirtschaftlichen Überlegenheit.

461   **Der Tarifvertrag ist ein privatrechtlicher Vertrag zwischen Arbeitgebern oder Arbeitgeberverbänden und Gewerkschaften über Inhalt, Abschluss und Beendigung von Arbeitverhältnissen.** Er ist die wichtigste Rechtsquelle im Arbeitsrecht zur Gestaltung von Arbeitsbedingungen. In der modernen Marktwirtschaft und für den ihr zugehörigen freien Arbeitsmarkt hat sich der Tarifvertrag als **das** rechtliche Mittel herausgebildet, mit dem Arbeitgeber und Arbeitnehmer die Arbeitsbedingungen, insbesondere die Löhne und Gehälter für die verschiedenen Wirtschaftszweige und Berufe, festlegen. Die Besonderheit des Tarifvertrages ist darin zu sehen, dass er sich nicht auf die Festlegung von Rechten und Pflichten der Tarifvertragsparteien, also Gewerkschaften und Arbeitgeberverbände, beschränkt (sog. schuldrechtlicher Teil des Tarifvertrages), sondern rechtliche Wirkungen, genauso wie Gesetzesrecht auch für die Tarifunterworfenen erzeugt (sog. normativer Teil), vgl. hierzu § 4 Abs. 1 TVG. Weiterhin besteht die Möglichkeit auf Antrag einer Tarifvertragspartei, den Tarifvertrag durch den Bundesminister für Arbeit für **allgemeinverbindlich** erklären zu lassen, so dass auch die nicht tarifgebundenen Arbeitnehmer in den zwingenden Geltungsbereich des Tarifvertrages einbezogen werden. Die Allgemeinverbindlicherklärung nach § 5 Abs. 1 TVG hat demnach den Zweck, in Zeiten eines Arbeitskräfteüberhanges eine Benachteiligung der tarifgebundenen Arbeitnehmer zu vermeiden; denn eine solche könnte sich daraus ergeben, dass die Arbeitgeber nur noch nichtgebundene Arbeitnehmer einstellten, um sich so von den Lasten des Tarifvertrages zu befreien.

462   Der Tarifvertrag, dessen maßgebliche Wirkungen sich aus dem bereits genannten Tarifvertragsgesetz ergeben, hat im Wesentlichen drei Bedeutungen:
   – Seine **Schutzfunktion** ergibt sich in erster Linie aus seiner unmittelbaren und zwingenden Wirkung, so dass Abweichungen grundsätzlich ausgeschlossen sind. Angesichts der Schutzfunktion sind entsprechend des sog. Günstigkeitsprinzips Abweichungen zugunsten des Arbeitnehmers möglich, vgl. § 4 Abs. 3 TVG.
   – Seine **Ordnungsfunktion** resultiert aus der festgelegten Laufzeit des Tarifvertrages, während der die Arbeitnehmer unveränderte Arbeitsbedingungen und die Arbeitgeber kalkulierbare Personalkosten erwarten dürfen.
   – Seine **Friedensfunktion** ergibt sich daraus, dass während der Laufzeit des Vertrages Arbeitskämpfe unzulässig sind.

II. Grundzüge des Arbeitskampfrechts

463   Neben der Tarifautonomie als Essentiale der Betätigungsfreiheit der Sozialpartner wird von Art. 9 Abs. 3 GG ebenfalls das Recht zum Arbeitskampf in Form von Streik auf Arbeitnehmerseite und Aussperrung auf Arbeitgeberseite garantiert. Streikrecht ist freilich eine etwas ungenaue Bezeichnung: Art. 9 Abs. 3 GG gibt nur ein Recht auf Unterbleiben staatlicher Unterdrückungsmaßnahmen im Falle eines Arbeitskampfes, garantiert

aber kein Recht zum Streik in dem Sinne, dass es den Arbeitnehmern jederzeit freisteht, im Kampf um bessere Arbeitsbedingungen die Arbeitsleistung zu verweigern. Ein Streik während der vertraglich vereinbarten Laufzeit ist nichts anderes als eine rechtswidrige Vertragsverletzung; diese steht nicht unter dem Schutz des Grundgesetzes. Andererseits beinhaltet die Garantie der Tarifautonomie zugleich das Recht zum Arbeitskampf. Das grundrechtlich geschützte System des Aushandelns von Arbeitsbedingungen wäre nicht wirkungsvoll, wenn Arbeitnehmer- und Arbeitgeberverbände nicht auch Druckmittel zur Durchsetzung von Forderungen gebrauchen dürften.

Das schärfste Druckmittel, dessen sich die Arbeitnehmerorganisationen **464** zur Durchsetzung ihrer Forderungen bedienen können, ist der Streik. **Streik ist die gemeinsame und planmäßig durchgeführte Arbeitsniederlegung durch eine größere Zahl von Arbeitnehmern zu einem bestimmten Kampfziel** (BAGE 1, 291, 304). Trotz Verletzungen des Arbeitsvertrages, in dem sich der Arbeitnehmer zur Arbeitsleistung verpflichtet hat, ist der Streik unter den folgenden Voraussetzungen rechtmäßig:

1. Der Tarifvertrag muss abgelaufen sein. Der Streik ist das Kampfmittel der Arbeitnehmer beim Aushandeln eines neuen Tarifvertrages. Bis zum Ablauf des alten Tarifvertrages sind auch die Arbeitnehmer daran gebunden, sog. Friedenspflicht. Daraus folgt zugleich die Rechtswidrigkeit des **spontanen (wilden) Streiks**, d.h. des nicht von einer Koalition bzw. während eines noch laufenden Tarifvertrages geführten Streiks. Art. 9 Abs. 3 GG gibt nur das Recht, Arbeitnehmer- oder Arbeitgeberorganisationen zur Förderung der Arbeits- und Wirtschaftsbedingungen beizutreten, nicht aber die Befugnis, nach Belieben die Arbeit niederzulegen.
2. Ziel des Streiks muss die **Verbesserung der Arbeitsbedingungen** sein. Der Streik muss deshalb auf die Verwirklichung tariflich regelbarer Ziele gerichtet sein. Adressat der Streikdrohung sind mithin die Arbeitgeberverbände. Ein politischer Streik, bei dem der Staat Adressat der Streikdrohung ist, er unter Druck gesetzt und zu einem bestimmten Handeln gezwungen werden soll, ist rechtswidrig.
3. Der Streik unterliegt dem **Verhältnismäßigkeitsprinzip;** mit Streikmaßnahmen darf immer erst dann begonnen werden, wenn ohne sie ein Abschluss im Wege von Verhandlungen nicht erreicht werden kann. Streik ist demnach nur als letztes Mittel einzusetzen, sog. ultima-ratio-Gedanke.

Der Deutsche Gewerkschaftsbund hat deshalb „Richtlinien zur Führung **465** von Arbeitskämpfen" beschlossen, um übereilte Entschlüsse zum Arbeitskampf zu verhindern. Danach sind sieben Phasen zu unterscheiden:

1. Beschluss der Gewerkschaft zur Einleitung des Streiks,
2. Beschluss zur Durchführung der Streik-Urabstimmung,
3. Aufforderung an alle Mitglieder, zur Streik-Urabstimmung zu kommen,
4. Urabstimmung,
5. Genehmigung des Streikbeschlusses durch das zuständige Organ der Gewerkschaft,
6. Streikbefehl der Gewerkschaft an die Mitglieder, die Aufforderung zur Streikbeteiligung an die Nichtmitglieder und
7. tatsächliche Arbeitsniederlegung.

466   Vor den Toren eines bestreikten Unternehmens werden **Streikposten** auf-
        gestellt, um Arbeitswillige, sog. **Streikbrecher,** zu veranlassen, sich an der
        Arbeitsniederlegung zu beteiligen. Streikposten dürfen nur durch geistig
        ideelle Maßnahmen auf Arbeitswillige einwirken, der Arbeit fernzubleiben.

467   Schärfstes Mittel der **Arbeitgeberorganisationen** zur Durchsetzung ihrer
        Ziele bei den Tarifverhandlungen oder (wie es in der Regel der Fall ist) zur
        Abwehr eines Streikes ist die **Aussperrung. Aussperrung ist die planmäßige
        Arbeitsausschließung von Arbeitnehmern unter Verweigerung von Lohn-
        fortzahlung zur Erreichung bestimmter Ziele.** Der Streit um die Zulässig-
        keit der Aussperrung als Arbeitskampfmittel ist durch eine Entscheidung
        des Bundesarbeitsgerichts abschließend geklärt worden: Danach ist die
        Aussperrung als Kampfmittel zur Erreichung eines tariflich regelbaren Ziels
        grundsätzlich als Bestandteil des in Art. 9 Abs. 3 GG verfassungsrechtlich
        garantierten Tarifrechts zulässig.

468   Streik und Aussperrung verletzen gleichwohl den individuellen Arbeits-
        vertrag. Als kollektive Arbeitskampfmittel unterliegen sie jeweils bestimm-
        ten Zulässigkeitsvoraussetzungen. Wenn diese nicht erfüllt sind, ist die Ar-
        beitskampfmaßnahme rechtswidrig; es besteht eine Schadensersatzpflicht.

III. Negative Koalitionsfreiheit

469   Während es bei allen anderen Grundrechten zweifelhaft und umstritten
        ist, ob ihr Inhalt sich auf die Bürger-Staat-Beziehung beschränkt oder sich
        auch auf privatrechtliche Verhältnisse erstreckt (Frage der sog. Drittwir-
        kung der Grundrechte), ist dies für die Koalitionsfreiheit ausdrücklich im
        Sinne **unmittelbarer Drittwirkung** entschieden. Nach Art. 9 Abs. 3 Satz 2
        GG sind alle Abreden, die die Koalitionsfreiheit einschränken oder behin-
        dern, nichtig. Art. 9 Abs. 3 GG ist sowohl verletzt, wenn Arbeitnehmer ge-
        hindert werden, überhaupt einer Gewerkschaft beizutreten als auch dann,
        wenn ihnen der Eintritt in eine bestimmte Gewerkschaft verwehrt wird.
        Verträge, die die Verpflichtung enthalten, keiner Gewerkschaft oder einer
        bestimmten Gewerkschaft beizutreten, sind nichtig.

470   Ebenso wie Art. 9 Abs. 3 GG ein unveräußerliches Recht auf Eintritt in
        eine Gewerkschaft gibt (**positive Koalitionsfreiheit**), garantiert er auch das
        Recht, einer Gewerkschaft fernzubleiben (**negative Koalitionsfreiheit**). Was
        die negative Koalitionsfreiheit angeht, zwingt der Wortlaut des Art. 9
        Abs. 3 GG allerdings nicht zu diesem Schluss. Gleiches gilt für die systema-
        tische Stellung der Vorschrift im Grundgesetz. Auch die historische Ausle-
        gung könnte gegen die Garantie der negativen Koalitionsfreiheit sprechen,
        da eine dahingehende Bestimmung in den Beratungen des Parlamentari-
        schen Rates gestrichen worden ist. Die teleologische Betrachtung spricht je-
        doch für den Schutz der negativen Koalitionsfreiheit als Pendant zur positi-
        ven Koalitionsfreiheit. Zweck der positiven Koalitionsfreiheit ist es,
        Arbeitnehmer- und Arbeitgeberorganisationen insoweit zu schützen, als es
        um ihr legitimes Wirken geht. Die positive Koalitionsfreiheit gibt ihnen je-
        doch kein Recht, Einzelne gegen ihren Willen zum Beitritt zu zwingen. Ne-
        gative Koalitionsfreiheit ist daher als notwendiges Gegenstück zur positiven
        verfassungsrechtlich gewährleistet. Das hat Konsequenzen: Gegen das
        Recht, einer Gewerkschaft fernzubleiben, wird nach der Rechtsprechung

des Bundesarbeitsgerichts auch dann verstoßen, wenn im Tarifvertrag Gewerkschaftsmitglieder bessergestellt sind (z.b. mehr Urlaubsgeld erhalten) als Nichtgewerkschaftsmitglieder (sog. „Trittbrettfahrer"). Derartige Differenzierungsklauseln liefen auf den mittelbaren Zwang hinaus, einer Gewerkschaft beizutreten. Dies sei mit dem Grundrecht auf negative Koalitionsfreiheit nicht vereinbar. Es verwundert nicht, dass dieses Urteil heftig umstritten ist und insbesondere von Seiten der Gewerkschaften als Versuch gewertet wird, den Beitritt zu ihnen unattraktiv zu machen und sie dadurch in Bestand und Glaubwürdigkeit zu schwächen.

Weiterführende Hinweise:

Günther/Franz, Grundfälle zu Art. 9 GG, JuS 2006, 788, 873;
Pieroth, Koalitionsfreiheit, Tarifautonomie und Mitbestimmung, in: Festschrift 50 Jahre BVerfG 2001, Band II, 293.

Kapitel 22: Die allgemeine Handlungsfreiheit (Art. 2 Abs. 1 GG)

471 Art. 2 Abs. 1 GG lautet:

„Jeder hat das Recht auf die freie Entfaltung seiner Persönlichkeit, soweit er nicht die Rechte anderer verletzt und nicht gegen die verfassungsmäßige Ordnung oder das Sittengesetz verstößt."

472 Neben den speziellen Freiheitsrechten der Art. 4 ff. GG ist Art. 2 Abs. 1 GG das **allgemeine** Freiheitsgrundrecht. Ein Rückgriff auf Art. 2 Abs. 1 GG ist immer dann erforderlich, wenn die Gewährleistungen der speziellen Freiheitsgrundrechte nicht eingreifen. Art. 2 Abs. 1 GG ist somit nur ein zu den anderen Freiheitsgrundrechten subsidiärer Prüfungsmaßstab. Man kann ihn daher auch als „Auffanggrundrecht" bezeichnen. Darin erschöpft sich allerdings seine Bedeutung nicht; seine Garantie eines umfassenden Schutzes individueller Betätigungsfreiheit beinhaltet zugleich eine **allgemeine Freiheitsvermutung** zugunsten des Individuums. Das hat Konsequenzen: Immer dann, wenn der Staat in die grundrechtlich geschützte individuelle Betätigungsfreiheit eingreift, muss er sich auf Gründe berufen können, die es erlauben, im Einzelfall die individuelle Freiheit zu beschränken. Vor der allgemeinen Freiheitsvermutung können dabei nur solche Gründe bestehen, die höherrangigen Zielen (also insbesondere dem Gemeinwohl) zu dienen bestimmt sind.

I. Allgemeine Bedeutung

473 Die **Garantie der freien Entfaltung der Persönlichkeit** beschränkt sich nicht auf die „höheren Sphären des Menschlichen", sondern **umfasst alle Ausprägungsformen menschlichen Tuns.** Garantiert ist die Vertragsfreiheit ebenso wie der Schutz der Privatsphäre, der es etwa verbietet, Aufnahmen eines Gespräches ohne Zustimmung des Partners zu machen; garantiert ist die Freiheit, das Gebiet der Bundesrepublik verlassen zu können ebenso wie die Freiheit, eine Haartracht seines Beliebens zu tragen. Sogar das Rauchen von Marihuana hat das Bundesverfassungsgericht dem Schutzbereich des Art. 2 Abs. 1 GG unterstellt –, wenn es auch die strafrechtliche Verfolgung im Grundsatz als zulässige Beschränkung anerkannt hat.

474 Mit dem weiten Schutzbereich dieses Grundrechts korrespondieren nämlich weite Einschränkungsmöglichkeiten, die allerdings ihrerseits wiederum an der allgemeinen Freiheitsvermutung zu messen sind. Sie sind zulässig, wenn sie Zielen zu dienen bestimmt sind, die gegenüber der individuellen Betätigungsfreiheit als höherrangig anzusehen sind. Die wichtigste Schranke des Rechts auf freie Entfaltung der Persönlichkeit ist die **verfassungsmäßige Ordnung.**

Zur verfassungsmäßigen Ordnung zählen alle formell und materiell gültigen Rechtsnormen, mit anderen Worten: **Verfassungsmäßige Ordnung ist die gesamte Rechtsordnung.** Das bedeutet im Ergebnis, dass die individuelle Entfaltungsgarantie unter einem **umfassenden Gesetzesvorbehalt** steht. Dennoch wäre es verfehlt zu behaupten, damit komme der grundrechtlichen Garantie gegenüber den sie einschränkenden einfachen Gesetzen kein Eigenwert mehr zu. Zu berücksichtigen ist nämlich, dass eine Norm, die das allgemeine Freiheitsrecht einschränkt,

1. in **formeller Hinsicht** (Gesetzgebungszuständigkeit, ordnungsgemäßes Verfahren und Form),
2. in **materieller Hinsicht** (Grundrechtsbindung, Verhältnismäßigkeitsprinzip) und
3. in **der Hinsicht ordnungsgemäß** sein muss, dass der allgemeinen Freiheitsvermutung, wonach individuelle Betätigung nur eingeschränkt werden darf, wenn dies aus höherrangigen Gründen erforderlich ist, genügt ist.

Bei dieser extensiven Auslegung des Begriffs „verfassungsmäßige Ordnung" ergeben sich weittragende Folgen für die Verfassungsbeschwerde (Art. 93 Abs. 1 Nr. 4a GG). Diese ist zulässig bei der Verletzung von Grundrechten. Art. 2 Abs. 1 GG ist ein Grundrecht, das durch alle formell und materiell ordnungsgemäßen Rechtsnormen eingeschränkt werden kann. Das bedeutet zugleich, dass dieses Grundrecht nur durch formell und materiell ordnungsgemäße Rechtsnormen eingeschränkt werden darf. Damit ist aber gesagt, dass jedes formell nicht ordnungsgemäße Gesetz gegen Art. 2 Abs. 1 GG verstößt. In der „Elfes"-Entscheidung führt das Bundesverfassungsgericht dazu aus: „**Verfahrensrechtlich bedeutet das: Jedermann kann im Wege der Verfassungsbeschwerde geltend machen, ein seine Handlungsfreiheit beschränkendes Gesetz gehöre nicht zur verfassungsgemäßen Ordnung, weil es formell oder inhaltlich gegen einzelne Verfassungsbestimmungen oder allgemeine Verfassungsgrundsätze verstoße; deshalb werde sein Grundrecht aus Art. 2 Abs. 1 GG verletzt.**" (BVerfGE 6, 32, 41).

Neben der **verfassungsmäßigen Ordnung** haben die anderen Einschränkungen der allgemeinen Handlungsfreiheit, die **Rechte anderer** und das **Sittengesetz**, keine selbstständige Bedeutung mehr.

II. Spezielle Bedeutung für die Wirtschaft

Für die Wirtschaftsordnung relevante Aussagen trifft das Grundgesetz nicht nur in Art. 14, Art. 12 und Art. 9 GG. Fragen wie die nach der verfassungsrechtlichen Zulässigkeit von Ladenschlusszeiten oder der Entschädigungspflicht von staatlichen Eingriffen in den eingerichteten und ausgeübten Gewerbebetrieb beurteilen sich nach Art. 12 Abs. 1 und Art. 14 GG. Dies sind spezielle grundrechtliche Verbürgungen, neben denen das Grundrecht der allgemeinen Handlungsfreiheit nicht angewendet werden kann. Im wirtschaftlichen Bereich gewährleistet dieses Recht aber über die erwähnten speziellen Freiheitssicherungen hinaus eine allgemeine wirtschaftliche Grundfreiheit, gelegentlich auch **Unternehmensfreiheit** oder **Wettbewerbsfreiheit** genannt. Ein wesentlicher Bestandteil dieser allgemeinen wirtschaftlichen Entfaltungsfreiheit ist die **Vertragsfreiheit**. Vertragsfreiheit und Wettbewerbsfreiheit unterliegen vielfältigen gesetzlichen Einschränkungen. Für viele Unternehmen der Daseinsvorsorge besteht **Kontrahierungszwang**, d.h., sie dürfen sich ihre Vertragspartner nicht frei wählen, sondern müssen ihre Dienstleistungen jedem erbringen, der den geforderten

475

476

Preis zu zahlen bereit ist. Nach § 22 Personenbeförderungsgesetz (PBefG) besteht z. B. eine grundsätzliche Beförderungspflicht. Bei Telekommunikationsdienstleitungen wählte der Gesetzgeber einen anderen Weg: Um eine flächendeckende Grundversorgung zu gewährleisten, wird eine Pflicht zum **Universaldienst** geschaffen. Nach § 78 Telekommunikationsgesetz (TKG) sind Universaldienstleistungen ein Mindestangebot an Diensten für die Öffentlichkeit, für die eine bestimmte Qualität festgelegt ist und zu denen alle Endnutzer unabhängig von ihrem Wohn- oder Geschäftsort zu einem erschwinglichen Preis Zugang haben müssen. Das Energiewirtschaftsrecht sieht einen ähnlichen **Grundversorgungsauftrag** vor.

477   Die Wettbewerbsfreiheit gibt das Recht, anderen Unternehmen Konkurrenz zu machen. Schranken dieser Befugnis enthält das Gesetz gegen den unlauteren Wettbewerb (UWG).

478   Um die zulässigen Grenzen staatlicher Regelungsbefugnisse auf dem Gebiet der Vertragsfreiheit und der Wettbewerbsfreiheit geht es im Folgenden.

1. Vertragsfreiheit

479   **Vertragsfreiheit** und **Marktwirtschaft** bedingen einander. In einem marktwirtschaftlichen System richtet sich der Marktpreis für Güter und Dienstleistungen nach Angebot und Nachfrage, der Marktpreis steuert und koordiniert das Verhalten von Unternehmen, Händlern und Verbrauchern. Grundvoraussetzung für dieses System ist die **Privatautonomie** der am wirtschaftlichen Erzeugungs-, Verteilungs- und Konsumprozess Beteiligten; mit anderen Worten: **die Freiheit, eigenverantwortlich darüber zu bestimmen, ob überhaupt ein Vertrag geschlossen werden soll, wer der Vertragspartner sein und welchen Inhalt der Vertrag haben soll (Vertragsfreiheit).** Greift der Staat in diesen Prozess regulierend und dirigierend ein, gibt es keine freie Marktwirtschaft. Sind die Dispositionsbefugnisse von privaten Erzeugern, Händlern und Verbrauchern so weitgehend von öffentlich-rechtlichen Vorschriften eingeengt, dass für die Vertragsfreiheit kaum mehr Spielraum bleibt, herrscht kein System der **freien Marktwirtschaft**, sondern **Marktordnung**. Die Marktordnung steht zwischen dem privat(markt)wirtschaftlichen und dem staatswirtschaftlichen System. Überführung in Gemeineigentum kennt das Marktordnungssystem nicht. Auf der anderen Seite werden hierbei jedoch der Wettbewerb und die Privatautonomie ganz oder teilweise durch öffentlich-rechtliche Regelungen ausgeschaltet oder jedenfalls beeinträchtigt. Aus der Tatsache, dass Art. 2 Abs. 1 GG eine Einschränkung privatrechtlicher Tätigkeit nur zulässt, wenn dies durch überwiegende Gründe des Gemeinwohls gerechtfertigt ist, folgt, dass ein Marktordnungssystem nur unter engen Voraussetzungen zulässig ist.

2. Staatswirtschaftliche Monopolbetriebe und freier Wettbewerb

480   Bei Versorgungs- und Produktionskrisen sowie bei Missständen im privaten Dienstleistungsgewerbe hat der Staat nicht nur die Möglichkeit, durch Gewerbeaufsichts- oder Marktordnungsbestimmungen kontrollierend und dirigierend in das wirtschaftliche Geschehen einzugreifen. Ebenso denkbar ist es, dass der Staat den kriselnden Wirtschaftszweig übernimmt und bei sich monopolisiert. Soweit davon die Wirtschaftszweige des Art. 15 GG be-

troffen sind, stellen sich keine grundrechtlichen Probleme, weil in diesen Bereichen eine Gemeinwirtschaft gerade zulässig ist. Problematisch ist in diesem Fall die haushaltsrechtliche Zulässigkeit, da nach § 65 Bundeshaushaltsordnung (BHO) und den entsprechenden haushaltsrechtlichen Vorschriften der Länder die erwerbswirtschaftliche Betätigung von Bund und Ländern nur unter engen Voraussetzungen zulässig ist. Art. 15 GG gibt jedoch keine Sozialisierungsmöglichkeiten für das Dienstleistungsgewerbe. In diesem Fall begegnet die Überführung erwerbswirtschaftlicher Tätigkeitsbereiche in die öffentliche Hand nicht nur haushaltsrechtlichen, sondern grundrechtlichen Bedenken.

Ein Gesetzentwurf enthält das Verbot privatwirtschaftlicher Wohnungsvermittlung. Die-   **481**
se darf nur noch von staatlichen Vermittlungsbehörden wahrgenommen werden. Die
vorhandenen privaten Makler werden entschädigt. Wäre das Gesetz verfassungsgemäß?

In Betracht kommt eine Verletzung der Art. 15, Art. 14, Art. 12 und   **482**
Art. 2 Abs. 1 GG.

Art. 15 GG ist nicht verletzt, weil von ihm keine Sperrwirkung dahinge-   **483**
hend ausgeht, dass Staatswirtschaft für andere als die dort genannten Erwerbszweige verboten ist.

Art. 14 GG ist, weil das Gesetz eine Entschädigungsregelung vorsieht,   **484**
nicht verletzt, sofern man der Ansicht ist, dass die Enteignung dem Wohle der Allgemeinheit dient; darüber lässt sich streiten.

Aus der Berufsfreiheit des **Art. 12 Abs. 1 GG** ist nach Inkrafttreten des   **485**
Gesetzes für die gewerbliche private Wohnungsvermittlung ein Berufsverbot geworden. Dieses Verbot wirkt sich für den Betroffenen noch unvergleichlich schwerer aus als eine objektive Zulassungsbeschränkung. Von diesem Gedanken ausgehend misst das Bundesverfassungsgericht die Zulässigkeit eines derartigen staatlichen Monopols (es ging um das Monopol staatlicher Arbeitsvermittlung) anhand des Art. 12 Abs. 1 GG.

„Im System einer grundsätzlich freien Wirtschaft bildet ein vom Gesetz geschaffenes   **486**
wirtschaftliches Monopol einen gewissen Fremdkörper; es schließt nicht nur diejenigen,
welche die monopolisierte Tätigkeit selbständig ausüben oder ausüben möchten, hiervon aus, sondern berührt auch entscheidend die freie wirtschaftliche Entfaltung weiterer
Kreise. (...) Jedenfalls greift das Arbeitsvermittlungsmonopol in das Grundrecht der Berufsfreiheit (Art. 12 Abs. 1 GG) ein: es schließt die Staatsbürger von der Möglichkeit
aus, den selbständigen Beruf des Arbeitsvermittlers zu ergreifen und auszuüben. (...)
Das Vermittlungsmonopol richtet daher ein objektives Hindernis auf, den Beruf des
selbständigen Arbeitsvermittlers zu wählen. (...) Ein Eingriff in das Grundrecht der
freien Berufswahl von dieser Intensität kann nur unter zwei Bedingungen Bestand haben: erstens muss das Monopol den Schutz besonders wichtiger Gemeinschaftsgüter bezwecken, denen der Vorrang vor der Freiheit des einzelnen (...) eingeräumt werden
muss; dabei müssen die Gefahren, von denen das Gemeinschaftsgut bedroht ist, schwer
sowie nachweisbar oder wenigstens höchstwahrscheinlich sein. Zweitens muss das Monopol als Mittel zur Abwehr dieser Gefahren unentbehrlich sein" (BVerfGE 21, 245,
249 ff.).

Misst man die Zulässigkeit monopolisierter staatlicher Wohnungsver-   **487**
mittlung anhand dieser Kriterien, dann wird man zwangsläufig zur Verfassungswidrigkeit kommen müssen. Unentbehrlich zur Abwehr von Missständen bei der Wohnungsvermittlung ist ein Staatsmonopol keinesfalls. Ein milderes Mittel wäre eine verschärfte Gewerbeaufsicht oder – wie in einigen Städten geschehen – die Errichtung kommunaler Wohnungsvermittlungen als Ergänzung und Konkurrenz zum privaten Gewerbe.

488   **Art. 2 Abs. 1 GG** enthält eine grundsätzliche **Vermutung für private Betätigungsfreiheit.** Der Einzelne soll sich wirtschaftlich frei entfalten dürfen. Dieser grundrechtlichen Freiheitsvermutung widerspricht es, wenn der Staat beliebig Monopole gründen und mit eigenen Wirtschaftsbetrieben in Konkurrenz zur Privatwirtschaft treten dürfte. Die Freiheit der Privatwirtschaft darf daher nur beschränkt werden, wenn dies im Interesse der Gesamtheit notwendig ist, d. h. wenn dafür Gründe des Gemeinwohls sprechen. In der Freiheitsvermutung enthalten ist daher das **Prinzip der Subsidiarität:** Grundsätzlich ist es Aufgabe der Bürger, im privaten Erwerbs- und Zusammenleben für gedeihliche Lebensbedingungen zu sorgen, der Staat darf erst dann eingreifen, wenn ein gemeinschaftswichtiges Ziel anders nicht erreicht werden kann. Für die wirtschaftlichen Unternehmen der Gemeinden ist dieses Subsidiaritätsprinzip teilweise in den Kommunalgesetzen der Länder enthalten.

489   Das Subsidiaritätsprinzip untersagt dem Staat allerdings **nicht jede** erwerbswirtschaftliche Betätigung. Die Verwaltung überkommenen Vermögens ist damit vereinbar. Unvereinbar und zugleich verfassungswidrig wären allerdings umfangreiche, auf Dauer und Verdienst angelegte erwerbswirtschaftliche Unternehmen des Staates. Aus diesen Grundsätzen lässt sich auch eine Verpflichtung des Staates zur Reprivatisierung seiner Beteiligungen an Wirtschaftsunternehmen (z. B. VW, Bundespost und Telekom) ableiten, sobald der mit der Beteiligung verfolgte Zweck erreicht ist.

Diese Grundsätze gelten für jede wirtschaftliche Betätigung des Staates, mithin auch für die monopolisierte staatliche Wohnungsvermittlung. Öffentlicher Zweck, der hier ein Staatsmonopol rechtfertigen könnte, könnten Missstände im privaten Vermittlungsgewerbe und die Tatsache sein, dass die von ihm erhobenen Vermittlungsprovisionen für wirtschaftlich schwache Bevölkerungskreise untragbar hoch sind.

490   Nicht jeder öffentliche Zweck rechtfertigt aber Monopolisierung beim Staat. Hier wie bei jedem staatlichen Handeln ist der Grundsatz der **Verhältnismäßigkeit** zu beachten. Um Missstände im privaten Wohnungsvermittlungsgewerbe zu beseitigen, bedarf es keiner Übernahme dieser Tätigkeit durch den Staat. Milderes und mindestens ebenso geeignetes Mittel ist es, durch Gesetz die Maklertätigkeit zu reglementieren, beispielsweise Provisionshöchstsätze festzulegen. In jedem Fall verfassungswidrig wäre es daher, die Wohnungsvermittlung beim Staat zu monopolisieren. Ob es zulässig ist, dass kommunale Wohnungsvermittlungsinstitute privaten Maklern Konkurrenz machen, ist in der Literatur heftig umstritten. Es spricht viel dafür, dass Missständen bei der Wohnungsvermittlung mit milderen Mitteln begegnet werden kann als durch Errichtung kommunaler Konkurrenzinstitute.

Weiterführende Hinweise:

BVerfGE 6, 32 (Elfes-Entscheidung);
BVerfGE 80, 137, 152 ff. (Reiten im Walde);
BVerfGE 65, 1, 38 ff. (Volkszählungsgesetz);
Degenhart, Die allgemeine Handlungsfreiheit des Art. 2 Abs. 1 GG, JuS 1990, 161;
Kube, Die Elfes-Konstruktion, JuS 2003, 111;
Odendahl, Grundsatzentscheidungen des BVerfG zur allgemeinen Handlungsfreiheit, JA 2001, 757.

Kapitel 23: Der Gleichheitssatz (Art. 3 Abs. 1 GG)

Art. 3 Abs. 1 GG lautet: **491**

„(1) Alle Menschen sind vor dem Gesetz gleich."

I. Der Inhalt des Gleichheitssatzes

1. Der Anwendungsbereich

Das Grundgesetz bestimmt in Art. 3 Abs. 1, dass alle Menschen vor dem   **492**
Gesetz gleich sind. Art. 3 Abs. 1 GG gewährt rechtliche Gleichheit unter
zwei Gesichtspunkten: Zum einen muss das Recht von der **Exekutive** und
Judikative zugunsten oder zulasten aller Betroffenen gleich angewendet
werden. Es besteht Gleichheit vor dem Gesetz (**Rechtsanwendungsgleich-
heit**). Zum zweiten ist der **Gesetzgeber** gemäß Art. 1 Abs. 3 GG an den
Gleichheitssatz gebunden. Die von der Legislative beschlossenen Gesetze
müssen inhaltlich dem Gleichheitssatz entsprechen (**Rechtsetzungsgleichheit**). Ein Verstoß gegen Art. 3 Abs. 1 GG ist damit sowohl beim **Erlass** eines Gesetzes als auch bei dessen **Anwendung** durch die Verwaltung möglich.
Praktisch bedeutsam ist vor allem die Nichtbeachtung des Gleichheitssatzes
bei der **Rechtsetzung**. Dabei geht es um den Regelungsinhalt von Gesetzen.
Deshalb werden hier vor allem die Probleme der Rechtsetzungsgleichheit
behandelt. Die aufgezeigten inhaltlichen Strukturen des Gleichheitssatzes
lassen sich ohne Schwierigkeit auf die Rechtsanwendung übertragen. Bei
der Rechtsanwendung kommt dem Gleichheitssatz hauptsächlich bei Ermessensentscheidungen Bedeutung zu.

Als allgemeines Menschenrecht gilt Art. 3 Abs. 1 GG für In- und Auslän-   **493**
der. Inländische juristische Personen des Privatrechts genießen den Schutz
des Art. 3 Abs. 1 GG in den Grenzen des Art. 19 Abs. 3 GG.

2. Der Begriff „Gleichheit"

Die rechtliche Prüfung, ob der Gesetzgeber den Gleichheitssatz verletzt   **494**
hat, beginnt immer damit, dass zwei Sachverhalte, die unterschiedlich geregelt wurden, miteinander verglichen werden.

> Schadstoffarme Kraftfahrzeuge sind für einen bestimmten Zeitraum von der Kraftfahr-   **495**
> zeugsteuer befreit worden. Will man nun prüfen, ob diese Regelung mit Art. 3 Abs. 1
> GG vereinbar ist, muss der Lebenssachverhalt „schadstoffarmer Pkw" mit dem Sach-
> verhalt „nicht schadstoffarmer Pkw" verglichen werden.

Dieses Beispiel zeigt, dass sich die beiden Sachverhalte in dem Merkmal   **496**
„schadstoffarm" unterscheiden. Um festzustellen, ob der Gesetzgeber zwei
Lebenssachverhalte in zulässiger Weise gleich oder ungleich behandelt hat,
muss man zuvor je ein **wesentliches Merkmal** (oder mehrere wesentliche
Merkmale) der beiden Sachverhalte auswählen. Nur diese Merkmale werden dann miteinander verglichen. Sind die als „wesentlich" ausgewählten
Merkmale gleich, sind die beiden Lebenssachverhalte auch dann gleich zu
behandeln, wenn sie sich in anderen Merkmalen unterscheiden. Sind hinge-

gen die als wesentlich ausgewählten Merkmale ungleich, dürfen die Sachverhalte nicht gleich geregelt werden, auch wenn die sonstigen Merkmale gleich sind. Wählt man im Beispielsfall das Merkmal „nicht schadstoffarm" als wesentliches Merkmal eines Vergleichspaares aus, dann darf der Gesetzgeber an das Merkmal „schadstoffarm" die Steuerfreiheit knüpfen, weil sich dieses Merkmal vom Merkmal „nicht schadstoffarm" unterscheidet.

497   Art. 3 Abs. 1 GG enthält somit zwei Aussagen: Er **verbietet**, wesentlich Gleiches ungleich und wesentlich Ungleiches gleich zu behandeln. Er **fordert**, wesentlich Gleiches gleich und wesentlich Ungleiches ungleich zu behandeln. Art. 3 Abs. 1 GG verbietet, dass „eine Gruppe von Normadressaten im Vergleich zu einer anderen Gruppe von Normadressaten ohne sachlichen Grund anders behandelt wird".

498   Die Schwierigkeit bei der praktischen Anwendung des Gleichheitssatzes besteht darin festzustellen, welche Merkmale der beiden Sachverhalte „wesentlich" sind, um sie dann miteinander zu vergleichen.

499   Der Gesetzgeber hat beschlossen, den Verkauf schadstoffarmer Autos zu fördern. Er will hierzu Autoherstellern, die ihre Diesel-Fahrzeuge mit Rußfiltern ausstatten, eine Subvention gewähren. Diese Subvention sollen nicht alle Autohersteller erhalten, sondern nur diejenigen, die 80% ihrer Diesel-Fahrzeuge mit einem Rußfilter ausstatten. Die vergleichbaren Lebenssachverhalte lauten:
Autohersteller, die 80% ihrer Diesel-Fahrzeuge mit einem Rußfilter ausstatten, und Autohersteller, die nicht 80% mit einem Rußfilter ausstatten. Vergleicht man die Sachverhaltsmerkmale „Autohersteller" miteinander, dann unterscheiden sie sich nicht voneinander. Eine unterschiedliche Behandlung hinsichtlich der Subvention darf hier nicht erfolgen. Vergleicht man hingegen die Sachverhaltsmerkmale „80% mit Rußfilter" und „nicht 80% mit Rußfilter", dann sind diese verschieden. Die Subvention soll aber gerade deshalb erfolgen, weil ein bestimmter Autohersteller 80% seiner Diesel-Fahrzeuge mit Rußfiltern ausstattet. Dies ist der Grund für die Differenzierung von den sonstigen Herstellern.

500   Dasjenige Merkmal eines Sachverhalts, das den Grund für die Differenzierung darstellt, nennt man das **Differenzierungskriterium**. Die Auswahl dieses Differenzierungskriteriums erfolgt nicht durch einen logischen Denkvorgang, sondern sie beruht auf einer juristischen Wertung. Anhaltspunkte für diese Wertung bietet das vom Gesetzgeber mit der gesetzlichen Regelung verfolgte Ziel, das sog. **Differenzierungsziel**.

501   Die bisherige Darstellung hat sich nur mit dem **formalen** Aspekt des Gleichheitssatzes befasst. Noch nicht behandelt wurde die Frage, an welches Merkmal eines Sachverhalts der Gesetzgeber anknüpfen **darf**, um im Vergleich zu einem anderen Sachverhalt eine unterschiedliche Regelung zu treffen. Durfte z. B. der Gesetzgeber im Subventionsfall an das Merkmal „80% mit Rußfilter" anknüpfen? Das Bundesverfassungsgericht sieht den **materiellen** Gehalt des Gleichheitssatzes im „**Willkürverbot**". Es räumt dem Gesetzgeber einen weiten Gestaltungsspielraum ein bei der Auswahl des Merkmals, an das er bei seiner Regelung anknüpfen möchte. Die Auswahl eines bestimmten Merkmals darf nur nicht willkürlich sein. Nach einer oft verwendeten Formulierung des Bundesverfassungsgerichts ist dies nur dann der Fall, wenn sich kein vernünftiger, aus der Natur der Sache folgender oder sonstwie einleuchtender Grund für die Gleich- bzw. Ungleichbehandlung finden lässt.

502   Über die Deutung des Gleichheitssatzes als Willkürverbot bestand lange Zeit weitestgehend Einigkeit. Umstritten war gleichwohl oftmals die Frage,

ob ein sachlicher Grund für eine Ungleichbehandlung vorliegt, d. h., letztlich geht es um die **inhaltliche Grenze**, die der Gesetzgeber bei der Auswahl des Differenzierungskriteriums zu beachten hat.

In der neueren Rechtsprechung des Bundesverfassungsgerichts wird der **503** dem Gesetzgeber gegebene Spielraum durch die Interpretation des Gleichheitssatzes als reines Willkürverbot indessen zunehmend als zu weit empfunden und dementsprechend einzuschränken versucht. Als Maßstab für die Frage, ob ein Differenzierungskriterium noch als sachlicher Grund i. S. d. Art. 3 Abs. 1 GG qualifiziert werden kann, dient dabei die Frage nach der Wesentlichkeit der vom Gesetzgeber vorgefundenen Unterschiede. Das Willkürverbot wird damit dahingehend erweitert, dass eine Verletzung des Gleichheitssatzes bereits dann vorliegt, wenn nicht „Gründe von solcher Art und solchem Gewicht bestehen, dass sie die ungleichen Rechtsfolgen rechtfertigen können" (BVerfGE 95, 39, 45).

II. Die inhaltlichen Grenzen der gesetzgeberischen Gestaltungsfreiheit

1. Differenzierungsverbote

Darüber hinaus ist es dem Gesetzgeber in einigen Fällen durch die Ver-   **504** fassung untersagt, **trotz** vorliegender Unterschiede zwei Sachverhalte ungleich zu behandeln. Solche **Differenzierungsverbote** sind im Grundgesetz selbst niedergelegt. So enthält der 1994 neugefasste Art. 3 Abs. 2 und Abs. 3 GG eine ganze Anzahl von Differenzierungsverboten. Der Gesetzgeber darf bei Regelungen nicht an die dort genannten Merkmale anknüpfen. Das bedeutet, dass z. B. Geschlecht, Abstammung, Rasse oder Sprache nicht als Differenzierungskriterium verwendet werden dürfen. Der neugefasste Art. 3 Abs. 2 Satz 2 GG soll, so der Staatsauftrag, gleiche Ausgangschancen für Männer und Frauen schaffen und die hierzu bereits bestehende Rechtsprechung des Bundesverfassungsgerichts stärken. Weitere Differenzierungsverbote sind in Art. 33 Abs. 1 bis 3, Art. 6 Abs. 5 und Art. 9 Abs. 3 GG enthalten.

2. Unzulässige Differenzierungsziele; Verhältnis von Differenzierungskriterium zu Differenzierungsziel

Das mit einer gesetzlichen Regelung angestrebte Ziel muss ebenfalls ver-   **505** fassungsgemäß sein. Verboten ist z. B. das Ziel, einem Menschen die wirtschaftliche Lebensgrundlage zu entziehen. Eine Steuer, die den Steuerpflichtigen übermäßig belasten und seine Vermögensverhältnisse grundlegend beeinträchtigen würde (sog. **Erdrosselungssteuer**), wäre wegen Verstoßes gegen das Sozialstaatsprinzip unzulässig. Verbotene Ziele können sich u. a. aus einzelnen Prinzipien und Wertentscheidungen der Verfassung ergeben (z. B. Demokratieprinzip, Rechtsstaatsprinzip, Sozialstaatsprinzip).

Der Gesetzgeber muss vor allem auf das richtige **Verhältnis** des Differenzierungskriteriums zum Differenzierungsziel achten. Hier fängt die eigentliche Willkürprüfung an und damit die Schwierigkeit, inhaltlich festzulegen, wann eine gesetzliche Regelung willkürlich ist. Die „Formel", wonach ein sachlicher Grund für eine gesetzliche Regelung vorliegen muss, steckt – wie bereits oben erläutert – nur den äußeren Rahmen der Willkürprüfung ab.

Neben verbotenen Differenzierungskriterien und Differenzierungszielen muss der Gesetzgeber vielmehr auch im Rahmen des Gleichheitssatzes all diejenigen verfassungsrechtlichen Grundsätze beachten, die auch sonst jeglichem staatlichen Handeln Grenzen setzen. Dazu zählt neben den Grundrechten vor allem der **Grundsatz der Verhältnismäßigkeit** mit seinem Inhalt, nur **geeignete** und **erforderliche** Maßnahmen zu treffen und dabei die **Mittel-Zweck-Relation** zu beachten. Wird dieser Grundsatz verletzt, ist die gesetzliche Regelung nicht sachgerecht.

506   Dabei unterliegen personenbezogene Differenzierungen nach der neueren Rechtsprechung des Bundesverfassungsgerichts einer besonders intensiven Verhältnismäßigkeitsprüfung. Bei sachverhaltsbezogenen Differenzierungen, die sich nur mittelbar auf die betroffenen Personen auswirken, ist der Gestaltungsspielraum des Gesetzgebers in der Regel weitreichender.

3. Keine Gleichbehandlung im Unrecht

507   **Art. 3 Abs. 1 GG** gewährt **keinen Anspruch auf Gleichbehandlung im Unrecht.** Ist eine staatliche Maßnahme unzulässig, weil sie den Gleichheitssatz verletzt, kann sich kein Dritter auf Art. 3 Abs. 1 GG berufen, um ebenfalls in den Genuss der gleichen rechtswidrigen Maßnahme zu gelangen. Andernfalls könnte eine „rechtswidrige Praxis" den Grundsatz der Gesetzmäßigkeit der Verwaltung (Art. 20 Abs. 3 GG) umgehen und die rechtswidrigen Zustände auch für die Zukunft perpetuieren.

Weiterführende Hinweise:

Odendahl, Der allgemeine Gleichheitssatz: Willkürverbot und „neue Formel" als Prüfungsmaßstäbe, JA 2000, 170; *Scherzberg/Meyer,* Die Prüfung des Gleichheitssatzes in der Verfassungsbeschwerde, JA 2004, 137.

Kapitel 24: Übungsfall zum 2. Teil

Fall: Im Jahre 1965 wurde durch ein Bundesgesetz eine Bevorratungspflicht für Erdöl- **508** erzeugnisse (Benzin, Dieselkraftstoff, Heizöl) eingeführt. Hauptzweck des Gesetzes ist es, die Energieversorgung auch in Krisenzeiten sicherzustellen (vgl. zur heutigen Rechtslage das Gesetz über die Bevorratung mit Erdöl und Erdölerzeugnissen neugefasst durch Bekanntmachung vom 6. 4. 1998). Zur Vorratshaltung verpflichtet sind sowohl Raffinerieunternehmen, die eingeführtes Rohöl selbst verarbeiten, als auch Importunternehmen, die die eingeführten Erdölerzeugnisse lediglich importieren, ohne sie selbst weiterzuverarbeiten. Entschädigung oder Aufwendungsersatz sind für die wirtschaftlichen Belastungen im Gesetz nicht vorgesehen. Etwa 90% des Energiebedarfs des inländischen Marktes werden durch Unternehmen abgedeckt, die Erdölerzeugnisse einführen und daneben auch weiterverarbeiten. Für diese Unternehmen gehörte eine Vorratshaltung schon bisher zur sachnotwendigen und üblichen Wirtschaftstätigkeit – freilich in deutlich geringerem Umfang als jetzt durch Gesetz vorgeschrieben.

Die Firma M gehört zu jenen etwa 20 unabhängigen Unternehmen, die sich ausschließlich auf den Import von Mineralölerzeugnissen beschränken. Diese reinen Importunternehmen sehen ihre Marktfunktion hauptsächlich in der Spitzendeckung des Energiebedarfs, insbesondere in der Beseitigung auftretender Energieengpässe, indem sie kurzfristig die benötigte Energie vermitteln. Alle diese Firmen verfügen deshalb auch nur über ganz geringe Lagerkapazitäten.

M hält das Gesetz für verfassungswidrig, da es ihn zu einer betriebswirtschaftlich sinnlosen Lagerhaltung nötige; Lagerhaltung sei für reine Importunternehmen nicht erforderlich, sie widerspreche ihrer Marktfunktion. Die hohen Betriebskosten für die Vorratshaltung nötigten die Importunternehmen letztlich zur Geschäftsaufgabe. Im Übrigen sei die Sicherstellung der Energieversorgung eine öffentliche Aufgabe, die der Staat nicht ohne Entschädigung auf Private abwälzen dürfe.

(Erdölbevorratungsfall, BVerfGE 30, 292 ff.; das Urteil wurde teilweise wörtlich in die Falllösung eingearbeitet.)

1. Darf der Staat überhaupt private Unternehmen zur Erfüllung einer öffentlichen Aufgabe wie der Energiesicherung in Anspruch nehmen?
2. Ist die generelle Regelung des Gesetzes mit der verfassungsrechtlich garantieren Berufsfreiheit vereinbar? Welche Beurteilungskriterien sind dafür maßgeblich?
3. Ist es verfassungsrechtlich bedeutsam, dass M zu den Unternehmen gehört, die typischerweise ohne Vorratshaltung wirtschaften?
4. Berührt die Pflicht zur Vorratshaltung auch die Eigentumsgarantie und die allgemeine Handlungsfreiheit?
5. Nach welchen Bestimmungen des Grundgesetzes war der Bund zum Erlass des Gesetzes zuständig?
6. Wie kann M das Gesetz gerichtlich überprüfen lassen?

1. Das Gesetz legt privaten Unternehmen bestimmte Pflichten auf, um **509** damit die Erfüllung einer öffentlichen Aufgabe, hier der ausreichenden Energieversorgung, sicherzustellen. Diese „Indienstnahme Privater für öffentliche Aufgaben" verbietet das Grundgesetz nicht generell. Zulässigkeit und Grenzen lassen sich nicht einheitlich beurteilen. Wichtig ist zunächst die Art der übertragenen Aufgaben. Da in einer auf dem Prinzip des freien Unternehmertums beruhenden Wirtschaftsordnung die Versorgung der Gesamtwirtschaft auch mit lebensnotwendigen Gütern grundsätzlich zu den Funktionen der privaten Unternehmen gehört, liegt es nahe, dass der Staat, wenn er im Gemeinwohlinteresse die Versorgung zu einer öffentlichen Aufgabe erklärt, sich zu ihrer Erfüllung dieser Unternehmen bedient. Bei der Mineralölbevorratung überträgt er ihnen keine typischen staatlichen Funktionen, die ihrem Wesen nach nur von Staatsorganen wahrgenommen wer-

den können (z. B. Polizei, Verteidigung, Rechtsprechung), sondern verpflichtet sie lediglich zu wirtschaftlichen Maßnahmen und Verhaltensweisen, die nach Form und Inhalt zu dem Bereich privater Unternehmertätigkeit gehören. Dagegen bestehen **grundsätzlich keine verfassungsrechtlichen Bedenken.** Die Grenzen der Belastbarkeit der Unternehmer durch eine solche Indienstnahme ergeben sich aus den Grundrechten.

Die Verfassungsmäßigkeit einer Indienstnahme privater Unternehmen für staatliche Aufgaben ist in erster Linie an Art. 12 Abs. 1 GG zu messen.

510   2. Die Auferlegung der Bevorratungspflicht könnte eine **Berufsausübungsregelung** sein. Betroffen ist der Beruf des Mineralölimporteurs. Der Zugang zu diesem Beruf wird weder durch eine **subjektive** noch durch eine **objektive Zulassungsbeschränkung** erschwert, da keine zusätzlichen Anforderungen an die Person des Bewerbers gestellt werden und die vorgesehene Regelung den Beruf des Mineralölimporteurs auch nicht generell zum Erliegen bringt, sondern allenfalls die Existenz der Unternehmer gefährdet, die ihren Aufgabenbereich in der Spitzendeckung des Energiebedarfs sehen. Eine von objektiven Kriterien abhängige Zulassungsschranke hat das Gesetz nicht errichtet. Es handelt sich mithin um eine Berufsausübungsregelung. Eine solche Regelung ist zulässig, wenn (a) sachliche Gründe dafür sprechen und wenn (b) der Gesetzgeber das Prinzip der Verhältnismäßigkeit gewahrt hat. Das bedeutet für den vorliegenden Fall:

(a) Der Eingriff in Art. 12 Abs. 1 GG muss sich mit vernünftigen Erwägungen begründen lassen.

(b) Das vom Gesetzgeber eingesetzte Mittel muss geeignet, erforderlich und angemessen sein, um den erstrebten Zweck zu erreichen. Das Mittel ist geeignet, wenn es den gewünschten Erfolg fördert; es ist erforderlich, wenn es eine gleich wirksame, das Grundrecht weniger einschränkende Möglichkeit nicht gibt, und es ist angemessen, wenn das eingesetzte Mittel zu dem verfolgten Zweck in einem nach vernünftigen Erwägungen angemessenen Verhältnis steht.

511   (a) Der Gesetzgeber hat die Bevorratungspflicht eingeführt, weil wegen der zunehmenden Einfuhrabhängigkeit der deutschen Energieversorgung selbst vorübergehende Unterbrechungen bestimmter Einfuhrströme ernste wirtschaftliche Störungen verursachen können und zur kurzfristigen Überbrückung möglicher Versorgungsschwierigkeiten die Unterhaltung ständiger Mindestvorräte der wichtigsten Erdölerzeugnisse unerlässlich ist. Diese wirtschaftlichen Ziele sind verfassungsrechtlich nicht zu beanstanden.

Bei der Gesamtabwägung zwischen den durch das Gesetz auferlegten Beschränkungen und den Gemeinschaftsinteressen, denen die gesetzliche Regelung dienen will, ist zu beachten, dass die Sicherung der Energieversorgung ein Gemeinschaftsinteresse höchsten Ranges ist. Die ständige Verfügbarkeit ausreichender Energiemengen ist eine entscheidende Voraussetzung für die Funktionsfähigkeit der gesamten Wirtschaft. Dieses Interesse an einer geordneten und langfristig gesicherten Energieversorgung wiegt so schwer, dass der durch das Gesetz bewirkte Eingriff in die erwerbswirtschaftliche Tätigkeit der Mineralölimporteure angemessen erscheint, zumal das Gesetz nicht die Abwälzung der Bevorratungskosten auf die Verbraucher durch Preiserhöhungen verbietet.

(b) Die zur Verwirklichung der Sicherung der Energieversorgung einge-   512
setzten gesetzlichen Mittel müssen jedoch ferner auch geeignet und erforderlich sein, den angestrebten Zweck zu erreichen. Dass das vom Gesetzgeber gewählte Bevorratungssystem die Sicherheit der Energieversorgung erhöhen kann, liegt auf der Hand. Das Gesetz ist daher geeignet, da es den gewünschten Erfolg fördert. Bei der Prüfung, ob die getroffene Regelung zur Erreichung der gesetzgeberischen Ziele erforderlich ist, muss beachtet werden, dass eine weniger einschneidende Alternativlösung sachlich dasselbe leisten müsste, um der vom Gesetzgeber gewählten Regelung entgegengestellt werden zu können. Als Alternative kommt entweder die Übernahme der Vorratshaltung durch den Staat oder die Bevorratung durch andere als die vom Gesetzgeber gewählten Unternehmer in Betracht. Eine vollständige Übernahme der Vorratshaltung durch den Staat wäre für die Erreichung der gesetzgeberischen Ziele nicht gleichwertig. Abgesehen von den riesigen unwirtschaftlichen Aufwendungen für neue Anlagen würde eine umfassende Staatsbevorratung zu unmittelbaren staatlichen Interventionen auf dem Energiemarkt in einem Umfang führen, der die freie unternehmerische Initiative und den Wettbewerb auf diesem Markt unverhältnismäßig einschränken und bevormunden würde.

Die Heranziehung anderer Unternehmer als die Importeure und Hersteller könnte als Alternative in Betracht kommen. Für die Anknüpfung an den Import spricht jedoch die Erwägung, dass die Sicherheit der Energieversorgung gerade durch die Einfuhrabhängigkeit gefährdet ist. Die Herausnahme aller Mineralölimporteure und mineralölverarbeitenden Unternehmer würde eine Lücke ergeben, die nicht voll durch die Heranziehung anderer geeigneter Unternehmen geschlossen werden könnte. Das Gesetz ist daher auch erforderlich. Da es auch nicht außer Verhältnis zum erstrebten Zweck, der Sicherung der Energieversorgung, steht, handelt es sich mithin bei der Bevorratungspflicht um eine verfassungsrechtlich zulässige Berufsausübungsregelung, die die vom Verhältnismäßigkeitsgrundsatz gezogenen Schranken wahrt.

3. Es bleibt zu prüfen, ob das Gesetz, das hinsichtlich der Gesamtheit der   513
Berufsgruppe der Mineralölimporteure den **Grundsatz der Verhältnismäßigkeit** auch insoweit wahrt, als es den strukturellen Unterschieden innerhalb der betroffenen Berufsgruppe, namentlich den besonderen Verhältnissen der unabhängigen Importeure, ausreichend Rechnung trägt. Ausübungsregelungen können nicht nur dann verfassungswidrig sein, wenn sie in ihrer generellen Wirkung auf die betroffene Berufsgruppe den Grundsatz der Verhältnismäßigkeit verletzen. Sie müssen auch die Ungleichheiten berücksichtigen, die typischerweise innerhalb des Berufes bestehen, dessen Ausübung geregelt wird. Werden durch eine Berufsausübungsregelung, die im ganzen verfassungsrechtlich nicht zu beanstanden ist, innerhalb der betroffenen Berufsgruppe nicht nur einzelne, aus dem Rahmen fallende Sonderfälle, sondern bestimmte Gruppen typischer Fälle ohne ausreichende sachliche Gründe wesentlich stärker belastet, dann kann Art. 12 Abs. 1 GG i. V. m. Art. 3 Abs. 1 GG verletzt sein. Es fragt sich, ob dies bei den unabhängigen Importeuren der Fall ist.

Diese bilden auf dem Mineralölmarkt eine nach objektiven Merkmalen abgrenzbare Unternehmensgruppe, die ein besonderes, sich aus der spezifischen Struktur dieser Unternehmen ergebendes Marktverhalten aufweist. Als besondere Unternehmensgruppe sind sie durch die Auferlegung der unentgeltlichen Bevorratungspflicht gegenüber den anderen Importunternehmen, die Erdöl einführen und weiterverarbeiten, stärker belastet worden: Auf die Wettbewerbssituation der unabhängigen Importeure, die auf der Absatzseite in Konkurrenzkampf mit den internationalen Mineralölkonzernen stehen, wirken sich kostensteigernde Belastungen einschneidender aus als auf die übrigen Importunternehmen, die keine vergleichbare eigene Absatz- und Preispolitik betreiben müssen, sondern die Rohware erst verarbeiten. Die geringere Kapitalkraft der unabhängigen Importeure bewirkt bei ihnen auch eine größere Empfindlichkeit für die Verschlechterung ihrer Wettbewerbslage. Sie erschwert ihnen betriebswirtschaftlich die Anlage und ständige Unterhaltung größerer Vorräte, auf die die verarbeitenden Importeure zwangsläufig angewiesen sind.

Es steht also fest, dass bei einer zwar zahlenmäßig kleinen, aber nach typischen Merkmalen deutlich abgrenzbaren Gruppe von Unternehmen die Pflicht zur ständigen Vorratshaltung zu einer ungleich fühlbareren wirtschaftlichen Belastung führt. Dadurch, dass das Gesetz keine Möglichkeit vorsieht, diese Sonderfälle angemessen zu berücksichtigen, sie vielmehr unterschiedslos der allgemeinen Regelung unterwirft, insoweit also in einer das Gerechtigkeitsgefühl nicht befriedigenden Weise „Ungleiches gleich" behandelt, ist bei der in dem angefochtenen Gesetz enthaltenen Berufsausübungsregelung Art. 12 Abs. 1 i. V. m. Art. 3 Abs. 1 GG verletzt. Das Gesetz ist insoweit verfassungswidrig.

514   4. Die Frage, ob neben Art. 12 Abs. 1 GG auch die **Eigentumsgarantie** des Art. 14 Abs. 1 GG betroffen ist, hängt davon ab, welche Freiheitsbereiche die beiden Grundrechte schützen. Art. 12 Abs. 1 GG schützt die Freiheit des Bürgers, jede Tätigkeit, für die er sich geeignet glaubt, als Beruf zu ergreifen. Das Grundrecht der Berufsfreiheit ist also in erster Linie persönlichkeitsbezogen. Es konkretisiert das Grundrecht auf freie Entfaltung der Persönlichkeit im Bereich der individuellen Leistung und Existenzerhaltung. Art. 14 Abs. 1 GG garantiert dem Einzelnen vor allem den durch eigene Arbeit, Leistung oder Erbgang erworbenen Bestand an vermögenswerten Gütern, er ist in erster Linie objektbezogen. Daraus folgt auch die grundsätzliche Abgrenzung zu Art. 12 Abs. 1 GG: **Art. 14 Abs. 1 GG** schützt das **Erworbene**, das Ergebnis der Betätigung, **Art. 12 Abs. 1 GG** dagegen den **Erwerb**, die Betätigung selbst. Greift ein Akt der öffentlichen Gewalt eher in die Freiheit der individuellen Erwerbs- und Leistungstätigkeit ein, so ist der Schutzbereich des Art. 12 Abs. 1 GG berührt; begrenzt er mehr die Innehabung und Verwendung vorhandener Vermögensgüter, so kommt der Schutz des Art. 14 Abs. 1 GG in Betracht.

Nach Auffassung des Bundesverfassungsgerichts in diesem Fall werden die betroffenen Unternehmer zur Pflichtbevorratung herangezogen, weil sie bestimmte erwerbswirtschaftliche Tätigkeiten ausüben. Die Pflicht zur Vorratshaltung träfe sie in ihrer Eigenschaft als Unternehmer, nicht aber in ihrer Eigenschaft als Eigentümer eines Unternehmens. Indem das Gesetz den

Betroffenen ein bestimmtes wirtschaftliches Verhalten zur Pflicht macht, regele es ihre gewerbliche Tätigkeit, nicht ihre Ausübung von Eigentümerbefugnissen. Dem kann jedoch so nicht gefolgt werden. Wenn durch die Pflicht zur Erdölbevorratung Tankkapazität der freien Verfügung der Unternehmer entzogen wird, ist auch der Schutzbereich des Art. 14 GG betroffen. Die entgegengesetzte Ansicht des Bundesverfassungsgerichts in diesem Fall steht in Widerspruch zu seiner sonstigen Rechtsprechung zum Eigentumsschutz. Danach ist das durch Art. 14 GG gewährleistete Eigentum in seinem rechtlichen Gehalt durch Privatnützigkeit und grundsätzliche **Verfügungs- und Nutzungsbefugnis des Eigentümers** über den Eigentumsgegenstand gekennzeichnet. Wenn Erdöllagerkapazitäten für Bevorratung benötigt werden, sind diese Rechtspositionen betroffen. Es liegt **keine Enteignung** i.S. d. Art. 14 Abs. 3 GG vor, da es nicht um einen **zielgerichteten konkret-individuellen Entzug einer Eigentumsposition** geht. Der Gesetzgeber hat vielmehr das Eigentum durch eine allgemeine Regelung abstraktgenerell beschränkt. Eine solche Beschränkung stellt eine Inhaltsbestimmung des Eigentums dar. Da diese nach dem oben Genannten unverhältnismäßig ist, liegt ein rechtswidriger Eingriff in Art. 14 Abs. 1 Satz 2 GG vor. Eine Konkurrenz von Art. 12 und 14 GG braucht nicht geprüft werden, da Art. 12 und 14 GG ohne weiteres nebeneinander betroffen sein können, sog. Anspruchskonkurrenz. Die von Art. 2 Abs. 1 GG geschützte **allgemeine Handlungsfreiheit** ist nicht verletzt, da sich der Einzelne auf dieses allgemeine Grundrecht nur insoweit berufen kann, als seine Freiheit in dem betroffenen Lebensbereich unter dem gleichen Gesichtspunkt nicht bereits durch eine besondere Grundrechtsnorm geschützt wird. Im Bereich der Berufsfreiheit aber ist Art. 12 Abs. 1 GG die speziellere Norm.

5. Die Zuständigkeit des Bundes ergibt sich aus Art. 74 Nr. 11 GG. Der 515 Begriff „Recht der Wirtschaft" ist in einem weiten Sinne aufzufassen. Dazu zählen alle Gesetze, die ordnend und lenkend in das Wirtschaftsleben eingreifen und sich in irgendeiner Form auf die Erzeugung, Herstellung und Verteilung von Gütern des wirtschaftlichen Bedarfs beziehen.

6. M kann innerhalb eines Jahres vom Inkrafttreten des Gesetzes an da- 516 gegen **Verfassungsbeschwerde** erheben (Art. 93 Abs. 1 Nr. 4a GG, § 93 Abs. 2 BVerfGG), da er vom Gesetz selbst gegenwärtig und unmittelbar betroffen ist. Seine Bevorratungspflicht hat er nämlich vom Inkrafttreten des Gesetzes an zu erfüllen, ohne dass die Exekutive sich noch einmal durch besondere Leistungsanforderung dazwischenschaltet.

Weitere Fälle zu den Grundrechten:
Hatje/Terhechte, Warnhinweise auf alkoholischen Getränken, JuS 2007, 51;
Korte, Grundrechtsgeltung für Personengesellschaften, JuS 2003, 444;
Reimer, Die Unfalldatenschreiber-Pflicht, JuS 2004, 44.

3. TEIL

DIE BUNDESREPUBLIK DEUTSCHLAND ALS MITGLIED DER EUROPÄISCHEN UNION

Kapitel 25: Grundlagen des Europäischen Gemeinschaftsrechts

Nach dem im Europarecht gebräuchlichen „Drei-Säulen-Modell" ruht 517
die Europäische Union derzeit auf drei verschiedenen Säulen:

1. den Gemeinschaftsverträgen (EG-Vertrag und Euratom-Vertrag);
2. der gemeinsamen Außen- und Sicherheitspolitik (GASP) i.S.d. Art. 11 bis 28 EUV;
3. der Zusammenarbeit in den Bereichen Justiz und Inneres (ZBJI) i.S.d. Art. 29 bis 42 EUV.

Während es sich bei der zweiten und dritten Säule um Bereiche rein in- 518
tergouvernementaler Zusammenarbeit, mit anderen Worten: also um eine
bloße Kooperation der Mitgliedstaaten, handelt, besteht die erste Säule aus
einer Rechtsordnung, welche Vorrang vor den Rechtsordnungen der Mitgliedstaaten genießt und somit nicht nur internationales, sondern **suprana-
tionales Recht** darstellt. Allein diese erste Säule soll im Folgenden behandelt
werden, da es sich bei GASP und ZBJI um politische Problemkreise handelt, die für Wirtschaftswissenschaftler wenig Relevanz haben.

I. Die Entwicklung der europäischen Integration im Überblick

Der Beginn der europäischen Integrationsbestrebungen nach dem Zwei- 519
ten Weltkrieg stand im Zeichen der Sorge um die politische Entwicklung
des zweigeteilten Deutschlands während des sich verschärfenden Kalten
Krieges. Mit dem Ziel, die kriegswichtigen Schlüsselindustrien gemein-
schaftlich zu kontrollieren, gründeten Belgien, Deutschland (West), Frankreich, Italien, Luxemburg und die Niederlande bereits 1951 die **Europäische Gemeinschaft für Kohle und Stahl (EGKS** oder **Montanunion)**, 1957
folgte die **Europäische Wirtschaftsgemeinschaft (EWG)** sowie die **Europäische Atomgemeinschaft (EAG)**. Zum 23. 7. 2002 ist der EGKS-Vertrag
ausgelaufen. Die heute aus 27 Mitgliedstaaten bestehenden Gemeinschaften
– zum 1. 1. 2007 traten Bulgarien und Rumänien bei – verfügen zur Verwirklichung ihrer Ziele im Rahmen begrenzter Kompetenzen über eigene
Rechtsetzungsinstrumente (Verordnungen, Richtlinien und Entscheidungen). Ihre Organe wurden 1965 durch einen Fusionsvertrag zusammenge-
legt; rechtlich bestehen sie jedoch als selbstständige Organisationen weiter.
Der **Vertrag von Maastricht** (1992) gründete die **Europäische Union (EU)**,
welche nicht nur einen einheitlichen institutionellen Rahmen für die Gemeinschaften, sondern darüber hinaus gleichsam das Dach der oben be-
zeichneten drei Säulen darstellt. Durch den **Vertrag von Amsterdam** von

1997, der am 1. 5. 1999 in Kraft trat, wurde das Vertragswerk an veränderte Rahmenbedingungen angepasst und die Erweiterung der EU nach Mittel- und Osteuropa vorbereitet. Weitere Vereinbarungen zur EU-Erweiterung enthält schließlich der **Vertrag von Nizza** aus dem Jahre 2000. Im Zuge dieser Erweiterung werden dabei insbesondere die Weichen für eine grundlegende **institutionelle Reform** der EU gestellt. Schließlich gelang auf der Konferenz in Nizza erstmals auch die Proklamation einer europäischen **Grundrechte-Charta**. Geplant war ein Verfassungsvertrag, der die Europäische Union auch bei größerer Mitgliederzahl handlungsfähiger machen sollte. Durch die Ablehnung des Verfassungsvertrages bei Volksabstimmungen in Frankreich und den Niederlanden ist das Projekt vorläufig gescheitert.

II. Die Gründungsverträge

520   Im **Vertrag zur Gründung der Europäischen Gemeinschaft für Kohle und Stahl (EGKSV)** wurden für die Grundstoffindustrien Kohle, Eisen und Stahl Wettbewerbs- und Preisregeln sowie Subventionsvorschriften für die nationalen Regierungen und Freizügigkeitsregeln für Montanfacharbeiter getroffen.

521   Die **Europäische Atomgemeinschaft** wurde insbesondere auf Bestreben Frankreichs gegründet, um eine gemeinsame friedliche Nutzung der Kernenergie zu sichern.

522   Der **Vertrag zur Gründung einer Europäischen Wirtschaftsgemeinschaft** (EWGV, heute: EG-Vertrag oder EG) ist der wichtigste Vertrag. Er wurde vor allem auf Betreiben der Bundesrepublik geschlossen, die in der Schaffung eines Binnenmarktes eine große Chance für ihre nach dem Wiederaufbau rasch wachsende Exportindustrie sah. Er dient der Schaffung eines möglichst harmonisierten Wirtschaftsraums und dadurch der besseren Entwicklung des Wirtschaftslebens, einer größeren Stabilität und der Hebung des allgemeinen Wohlstands.

III. Der Unionsvertrag von Maastricht

523   Der am 7. 2. 1992 in Maastricht unterzeichnete Vertrag über die Europäische Union (EUV) bildet mit seinen 17 Zusatzprotokollen und 33 Erklärungen der Mitgliedstaaten eine wichtige Basis für die Fortentwicklung der Gemeinschaften. Er ist als Mantelvertrag ausgestaltet und bildet damit gewissermaßen das Dach, unter dem der EG-Vertrag und der EAGV ihre alte Bedeutung als selbstständige Vertragswerke beibehalten. Der EUV brachte eine Reihe formaler Änderungen. So wurde etwa die Europäische Wirtschaftsgemeinschaft (EWG) in Europäische Gemeinschaft (EG) umbenannt; dementsprechend wird der EWGV nunmehr mit EG abgekürzt. Seit dem Inkrafttreten des EUV zum 1. 11. 1993 hat sich der Begriff der Europäischen Union mit bemerkenswerter Geschwindigkeit durchgesetzt; ein schönes Beispiel für politisches Marketing und den Versuch, durch Sprache und Begriffe Bewusstseinsänderung zu bewirken. Denn juristisch betrachtet ist die EU nur ein vertragliches Fernziel, eine Union mit eigener Rechtspersön-

lichkeit existiert heute (noch) nicht. Dennoch wird im Folgenden, um dem allgemeinen Sprachgebrauch und der Formulierung in Art. 23 Abs. 1 GG Rechnung zu tragen, der Begriff der Europäischen Union verwendet.

Der EUV hat darüber hinaus auf wirtschaftlichem Gebiet große Bedeu-   524 tung. So vereinbarten die Mitgliedstaaten die Errichtung der Europäischen Wirtschafts- und Währungsunion (WWU), die mit einer verstärkten Abstimmung der staatlichen Wirtschaftspolitiken begann. Die Verantwortung für die Geldpolitik in den zwölf an der Währungsunion teilnehmenden EU-Mitgliedstaaten ist auf die Europäische Zentralbank (EZB) mit Sitz in Frankfurt übergegangen. Zudem ist der Euro seitdem die gesetzliche Währung für die Teilnehmerstaaten. Mit der Einführung des Euro-Bargelds zum 1. 1. 2002 wurde die Deutsche Mark endgültig als gesetzliches Zahlungsmittel in Deutschland ersetzt.

Auch in einem vereinten Europa fordern die Länder, Regionen und   525 Kommunen der Mitgliedstaaten mehr Rechte. Ihre Forderung nach mehr Beteiligung an den Entscheidungsprozessen der EU erscheint nicht unberechtigt. Denn die EU befasst sich mit vielen Fragen, die auch den regionalen und kommunalen Bereich betreffen. Aus diesem Grunde werden die Länder und Regionen im sog. „Ausschuss der Regionen" in die Entscheidungsprozesse eingebunden. Der Ausschuss hat allerdings nur beratende Funktion. Darüber hinaus bestimmt der Maastrichter Vertrag ausdrücklich, dass die Union die nationale Identität ihrer Mitgliedstaaten achtet (Art. 3 Abs. 3 EUV) und die Gemeinschaften ihre Ziele nach Maßgabe des EG und unter Beachtung des in Art. 5 Abs. 2 EG normierten **Subsidiaritätsprinzips** verwirklichen. Zweck des Subsidiaritätsprinzips ist es, Entscheidungen auf möglichst tiefer Ebene und damit bürgernah zu treffen. In den Bereichen, die nicht in die ausschließliche Zuständigkeit der EU fallen, darf die Gemeinschaft nach dem Subsidiaritätsprinzip deshalb nur tätig werden, sofern und soweit diese Ziele wegen des Umfangs oder der Wirkungen der in Betracht gezogenen Maßnahmen besser auf Gemeinschaftsebene als auf der Ebene der einzelnen Mitgliedstaaten erreicht werden können.

IV. Der Vertrag von Amsterdam

Ziel der Konferenz von Amsterdam im Frühsommer 1997 war die An-   526 passung des EUV und der Gemeinschaftsverträge an veränderte politische und wirtschaftliche Rahmenbedingungen, die Festsetzung konkreter Vorgaben für die Schaffung einer einheitlichen europäischen Währung, die Verbesserung der Handlungsfähigkeit der EU durch eine teilweise Vergemeinschaftung der Außen- und Sicherheits- sowie der Innen- und Justizpolitik und auch eine Steigerung der Effizienz der Gemeinschaftsinstitutionen. Diese Anpassungen erfolgten nicht zuletzt im Hinblick auf eine mögliche Erweiterung der EU nach Mittel- und Osteuropa.

V. Der Vertrag von Nizza

Der Vertrag von Nizza vom Dezember 2000 enthält als bisher jüngste   527 wirksam gewordene Reform des Vertragswerks zunächst weitere Regelungen bezüglich der Aufnahme neuer Mitgliedstaaten. Im Zuge einer grundle-

genden institutionellen Reform wurde ferner eine Neugewichtung der
Stimmen im Rat vorgenommen, welche den Einfluss bevölkerungsreicher
Mitgliedstaaten wie insbesondere Deutschland stärkt. Demgegenüber geht
der Einfluss der großen Mitgliedstaaten auf die Entscheidungen der Kommission insoweit zurück, als diese ab 2005 auf den ihnen nach bisherigem
Recht zustehenden zweiten Kommissar verzichten. Wenn die Union auf 27
Mitgliedstaaten angewachsen ist, soll darüber hinaus auch nicht mehr jeder
Mitgliedstaat einen Kommissar stellen, sondern die Kommission in einem
rollierenden System besetzt werden. Um die Entscheidungsprozesse im Rat
abzukürzen, wurde in Nizza auch eine deutliche Ausweitung der Mehr-
heitsentscheidung, mithin eine umfassende Streichung nationaler Vetorech-
te, vorgenommen. All diese und eine Reihe weiterer institutioneller Änderungen sollen gewährleisten, dass die EU auch bei einer annähernd
verdoppelten Anzahl von Mitgliedstaaten ihre Handlungsfähigkeit bewahrt
bzw. ihre Entscheidungsprozesse weiter effektiviert.

VI. Die gescheiterte EU-Verfassung

528   Auf der Tagung des Europäischen Rates Ende 2001 in Laeken wurde der
„Konvent zur Zukunft Europas" unter dem Vorsitz des früheren französischen
Staatspräsidenten Valéry Giscard d'Estaing ins Leben gerufen und damit beauftragt, den Entwurf eines EU-Verfassungsvertrages auszuarbeiten. Zwischen
Februar 2002 und Juni 2003 erstellten die Vertreter von Regierungen und
Volksvertretungen der EU-Länder mit Europaabgeordneten und EU-Kom-
missaren die Grundlage jenes Dokuments, das – nachdem der erste Einigungs-
versuch während der EU-Regierungskonferenz im Jahr 2003 in Rom gescheitert war – auf dem Gipfeltreffen der EU-Regierungschefs in Dublin im Juni
2004 angenommen wurde.

529   Der Verfassungsvertrag kann aber nur in Kraft treten, wenn er von allen
Mitgliedstaaten ratifiziert wird. Die Franzosen lehnten den Verfassungsvertrag
in einer Volksabstimmung am 29. 5. 2005 mehrheitlich ab. Diesem Votum
folgten wenig später die Bürger der Niederlande in einer Volksbefragung. Daraufhin verschoben einige Mitgliedstaaten (z.B. das Vereinigte Königreich) bereits angesetzte Volksabstimmungen über den Verfassungsvertrag auf unbestimmte Zeit. Damit ist der Verfassungsvertrag vorläufig gescheitert.

VII. Die Übertragung von Hoheitsrechten auf die EU

530   Für die Übertragung von Hoheitsrechten auf die Gemeinschaften stützte
sich die Bundesrepublik bis 1992 ausschließlich auf **Art. 24 Abs. 1 GG.**
Diese auch als „Integrationshebel" bezeichnete Norm erlaubt es dem Bund,
durch einfaches Gesetz Kompetenzen auf zwischenstaatliche Einrichtungen
zu übertragen.

531   Mit Abschluss des Maastrichter Vertrages hat sich die Bundesrepublik
verpflichtet, zur Entwicklung eines vereinten Europas weitere Hoheitsrech-
te auf die EU zu übertragen. Um die verfassungsrechtlichen Voraussetzungen zu schaffen, wurde 1992 ein neuer **Art. 23 GG** in das Grundgesetz eingefügt. Diese Vorschrift regelt nun als **lex specialis** die Übertragung von
Hoheitsrechten auf die EU. Art. 23 Abs. 1 GG enthält das Bekenntnis, dass
die Bundesrepublik Deutschland an der Verwirklichung der Europäischen

Union mitwirkt. Gleichzeitig wird verfassungsrechtlich gefordert, dass die EU einen dem Grundgesetz im Wesentlichen vergleichbaren Grundrechtsschutz gewährleistet. Ferner ist es erforderlich, dass die Union dem Grundsatz der Subsidiarität (Art. 5 Abs. 2 EG) und den für die Bundesrepublik geltenden Staatszielen gemäß Art. 20 GG („demokratische, rechtsstaatliche, soziale und föderative Grundsätze") verpflichtet ist. Die Übertragung von Hoheitsrechten geschieht nach Art. 23 Abs. 1 Satz 2 GG durch Gesetz mit Zustimmung des Bundesrates. Strenger sind die Anforderungen für Übertragungen, durch die das Grundgesetz seinem Inhalt nach geändert oder ergänzt wird. Hierfür bedarf es nach Art. 23 Abs. 1 Satz 3 GG i. V. m. Art. 79 Abs. 2 GG der Zustimmung von zweidrittel der Mitglieder des Bundestages sowie von zweidrittel der Stimmen der Mitglieder des Bundesrates. Wesentlich ist ferner, dass Art. 23 Abs. 1 Satz 3 GG ausdrücklich auf die Geltung des Art. 79 Abs. 3 GG verweist. Bei der Verwirklichung der EU dürfen daher gemäß der „Ewigkeitsgarantie" des Art. 79 Abs. 3 GG die Gliederung des Bundes in Länder, die grundsätzliche Mitwirkung der Länder bei der Gesetzgebung oder die in Art. 1 und Art. 20 GG niedergeschriebenen Grundsätze nicht berührt werden.

Weiterführende Hinweise:

Oppermann, Vom Nizza-Vertrag 2001 zum Europäischen Verfassungskonvent 2002/2003, DVBl. 2003, 1;

Rupp, Grundgesetz und Europäischer Verfassungsvertrag, JZ 2005, 741;

Streinz/Ohler/Herrmann, Die neue Verfassung für Europa, 2005;

Wuermeling, Die Tragische: Zum weiteren Schicksal der EU-Verfassung, ZRP 2005, 149.

532　Die Organe der Gemeinschaften sind der **Rat** (Ministerrat), die **Kommission**, das **Europäische Parlament**, der **Gerichtshof** und der **Rechnungshof** (Art. 7 Abs. 1 EG).

Ursprünglich existierten für jede einzelne Gemeinschaft (EWG, EGKS, EAG) getrennte Organe. So gab es drei Räte und drei Kommissionen, drei Versammlungen und drei Gerichtshöfe. Dies änderte sich mit den Fusionsverträgen von 1957 und 1965: Mit diesen Verträgen erfolgte die Verschmelzung der Organe der Gemeinschaften durch die Bildung gemeinsamer Organe. Heute gibt es also nur noch einen Rat, eine Kommission, ein Parlament und einen Gerichtshof, die jeweils für alle Verträge zuständig sind. Diese Organe handeln auch für die EU, die – wie bereits erwähnt – keine eigenen Organe besitzt.

I. Der Rat

533　Der Rat ist das wichtigste **Beschlussorgan**. Er besteht aus Vertretern der Mitgliedstaaten, die jeweils ein Mitglied ihrer Regierung entsenden. Der Vorsitz wechselt alle sechs Monate nach festgelegter Reihenfolge. Welcher Regierungsvertreter anwesend ist, richtet sich nach dem zu behandelnden Sachgebiet; in der Regel werden die betroffenen Fachminister entsandt. Man spricht deshalb etwa vom Agrar-, Finanz- oder Verkehrsministerrat. Darüber hinaus treten regelmäßig die Staats- und Regierungschefs zusammen. Dieses Gremium nennt sich „**Rat der Europäischen Union**". Es ist oberstes Organ der Gemeinschaft und besteht neben den Staats- und Regierungschefs der Mitgliedstaaten aus dem Präsidenten der Kommission. Der Rat als wichtigstes Gremium der EU hat primär folgende Funktionen (Art. 202 EG):

534　Zum ersten ist der Rat das zentrale **Rechtsetzungs- und Entscheidungsorgan**. So ist er – meist unter Mitwirkung des Europäischen Parlaments – das für den Erlass von Verordnungen und Richtlinien zuständige Organ. Zudem ist er maßgeblich am Verfahren zur Änderung der Verträge beteiligt und unter den Voraussetzungen des Art. 308 EG zur Ergänzung des EG befugt.

535　Zum zweiten hat der Rat im Rahmen der **Außenbeziehungen** der EU die Aufgabe, völkerrechtliche Verträge der Gemeinschaften zu ratifizieren (Art. 300 EG). Er entscheidet über den Beitritt neuer Staaten (Art. 49 EUV) und schließt Assoziierungsabkommen (Art. 310 EG). In der Praxis ist vor allem Art. 133 EG bedeutsam, wonach der Rat die Grundsätze der Handelspolitik der EU festlegt.

Zum dritten ist der Rat nach Art. 272 EG das letztlich entscheidende Organ in **Haushaltsfragen**. So beschließt er nach Beratung mit den anderen Organen in einem komplizierten Verfahren den Haushaltsplan und hat aufgrund dieser finanzpolitischen Kompetenz erheblichen Einfluss auf alle Entwicklungen in der EU.

Für die **Abstimmungen im Rat** gelten je nach Wichtigkeit eines Beschlus- 536
ses verschiedene Mehrheitsanforderungen. Für normale Beschlussfassungen
legt Art. 205 Abs. 1 EG als Regel die einfache Mehrheit der Mitglieder fest.
Einstimmigkeit ist in all den Fällen vorgesehen, die die Grundlagen der EU
betreffen, wie Beitritte, Assoziierungen oder Kompetenzergänzungen nach
Art. 308 EG. Maßnahmen zur Angleichung der Rechts- und Verwaltungsvorschriften der Mitgliedstaaten zur Verwirklichung des Binnenmarktes
nach Art. 95 EG erlässt der Rat mit qualifizierter Mehrheit. Die praktisch
bedeutsamste Ausnahme hiervon betrifft die Harmonisierung von indirek-
ten Steuern gemäß Art. 93 EG; hier ist weiterhin Einstimmigkeit erforderlich.

Obwohl der EG-Vertrag mittlerweile in vielen Vorschriften Mehrheitsbe- 537
schlüsse des Rates genügen lässt, wird in der Praxis nach dem sog. „Luxemburger Kompromiss" von 1966 verfahren. Danach behalten es sich die
Mitgliedstaaten vor, bei für ihr Land besonders bedeutsamen Angelegenheiten Einstimmigkeit selbst dann zu verlangen, wenn der EG-Vertrag einfache
oder qualifizierte Mehrheit genügen lässt. Dieser Gedanke wurde mittlerweile in Art. 11 Abs. 2 Uabs. 2 EG fixiert. Obwohl der Luxemburger Kompromiss nur ein rechtlich unverbindliches „gentlemen's agreement" ist und
es bisher selten Fälle gab, in denen ein Mitgliedstaat trotz der Geltendmachung des Kompromisses überstimmt wurde, führt die politische Rücksichtnahme zu einer Verzögerung der Integration, da einzelne Mitgliedstaaten an sich notwendige Entscheidungen der EU aus rein nationalen
Interessen blockieren können.

II. Die Kommission

Die Kommission ist **Vorschlags- und Durchführungsorgan** der Gemein- 538
schaften. Als „Hüterin der Verträge" ist sie die Vertreterin des Gemein-
schaftsinteresses. So hat sie vor allem auch die Aufgabe, für die Anwendung
des Vertrages Sorge zu tragen (Art. 211 EG), indem sie etwa Vertragsverlet-
zungsverfahren vor dem Europäischen Gerichtshof nach Art. 226 EG gegen
solche Mitgliedstaaten einleitet, die nach ihrer Ansicht gegen Gemeinschaftsrecht verstoßen.

Zur Erhaltung der Arbeitsfähigkeit des Organs wurde im Vertrag von Nizza 539
ein Kompromiss über die Zusammensetzung der Kommission erarbeitet. Danach entsendet seit November 2004 jeder Mitgliedstaat einen Kommissar.
Gleichzeitig ist jeder neue Mitgliedstaat zur Stellung eines Kommissars berechtigt, was zu einer Kommissionsgröße von 25 Mitgliedern führt. Der Vertrag
von Nizza sieht weiterhin vor, dass beim Anstieg der Zahl der Mitgliedstaaten
auf 27 der Rat einstimmig die Größe der Kommission neu festlegt, wobei die
Zahl der Kommissare unter der Zahl der Mitgliedstaaten liegen wird. Demnach wird zukünftig nicht jeder Mitgliedstaat ständig durch einen Kommissar
vertreten sein, vielmehr wird ein Rotationssystem eingeführt, das die gleichberechtigte Vertretung der Mitgliedstaaten bzw. Regionen in Europa sichern soll.
Die **Ernennung der Mitglieder und des Präsidenten der Kommission** ist in
Art. 214 EG geregelt. Durch den Vertrag von Nizza wurde das Verfahren
grundlegend geändert. Wurden die Kommissionsmitglieder bisher von den Regierungen der Mitgliedstaaten mit Zustimmung des Europäischen Parlaments

bestimmt, haben nunmehr der Rat und vor allem der Kommissionspräsident entscheidende Rechte bei der Auswahl des Kollegiums. Der Rat ernennt mit qualifizierter Mehrheit und unter Zustimmung des Parlaments eine Person als zukünftigen Kommissionspräsidenten. Die Regierungen der Mitgliedstaaten schlagen einen Staatsangehörigen für einen Posten in der Kommission vor, es entscheidet allerdings der Rat mit qualifizierter Mehrheit im Einvernehmen mit dem designierten Kommissionspräsidenten, wer tatsächlich die Funktion eines Kommissars ausüben soll.

540   Eine wichtige Kompetenz der Kommission ist ihr Recht, dem Rat Maßnahmen nach dem EG-Vertrag vorzuschlagen. Ihr **Vorschlagsmonopol** nach Art. 250 bis 252 EG wird jedoch durch Art. 208 EG weitgehend ausgehöhlt, wonach sie dem Rat auf sein Anfordern Vorschläge zu unterbreiten hat. Andererseits kann der Rat von einem Vorschlag der Kommission nur durch einstimmigen Beschluss abweichen.

541   Ferner hat die Kommission **Durchsetzungsbefugnisse**, die ihr in zahlreichen Vorschriften, vor allem in den Agrarmarktordnungen und den kartellrechtlichen Bestimmungen der Art. 81 ff. EG, übertragen wurden. Schließlich führt sie den Haushalt durch und verwaltet z. B. Agrar-, Sozial-, Regional- und Entwicklungsfonds. Sie verfügt über einen umfangreichen Verwaltungsapparat, der die Beschlüsse der Kommission vorbereitet und die laufende Verwaltungsarbeit leistet.

542   In den ihr zugewiesenen Bereichen wird die Kommission nur auf Grundlage der ihr vom EG eingeräumten Einzelbefugnisse tätig. Eine Besonderheit besteht insoweit nur für unverbindliche Empfehlungen und Stellungnahmen (Art. 249 EG), die sie nach Art. 211 Abs. 2 EG auch ohne Ermächtigungsgrundlage erlassen darf, sofern sie dies als notwendig erachtet.

543   Da Rat und Kommission insbesondere für die Rechtsetzung und die Verwirklichung von Gemeinschaftsrecht zuständig sind, gelten sie als die „dynamischen Organe" der EU. Dies mag zwar für die Kommission zutreffen, die als „Hüterin der Verträge" das Einhalten des Gemeinschaftsrechts überwacht und das ordnungsgemäße Funktionieren und die Entwicklung des Gemeinsamen Marktes gewährleistet. Anderes gilt aber für den Rat. Zwar ist er der Dreh- und Angelpunkt der Institutionen der EU und nach dem EG auch das wichtigste Entscheidungsorgan. Ihm gehören jedoch nur Regierungsvertreter aus den Mitgliedstaaten an, so dass er auch eine politische Dimension hat. Da Regierungsvertreter die Entscheidungen des Rates in ihren jeweiligen Heimatländern begründen und vertreten müssen, tragen sie nicht immer alle aus der Perspektive der EU gebotenen Maßnahmen mit. Zudem macht die politische Dimension die Beschlussfassung im Rat schwerfällig. Kommissionsmitglieder sind dagegen sachlich unabhängig und nicht den Weisungen einer Regierung oder einer anderen Stelle unterworfen (Art. 213 Abs. 2 EG).

III. Das Europäische Parlament

544   Das früher im EG als „Versammlung" bezeichnete Europäische Parlament (EP) verkörpert das demokratische Element in der EU (Art. 189 ff. EG). Es besteht nach dem Beitritt von Bulgarien und Rumänien aus 732

Abgeordneten. Die Zahl der von den Mitgliedstaaten zu entsendenden Abgeordneten richtet sich nach deren Größe. Bis 1979 wurden die Abgeordneten von den nationalen Parlamenten entsandt. Seit der Wahlakte von 1978 werden sie in den einzelnen Mitgliedstaaten in allgemeiner unmittelbarer Wahl für eine fünfjährige Periode gewählt. Bislang richtet sich das Wahlverfahren noch nach nationalem Recht; so gilt etwa in Deutschland das Europawahlgesetz und die Europawahlordnung. Eine Vereinheitlichung des Wahlrechts scheiterte bisher am Widerstand Großbritanniens, das sich der Einführung eines Verhältniswahlrechts in der EU widersetzt.

Die Aufgaben des EP lassen sich nicht mit denen nationaler Parlamente **545** vergleichen. So ist das EP insbesondere nicht das maßgebliche Gesetzgebungsorgan in der EU. Vielmehr bestehen je nach Sachgebiet in unterschiedlicher Ausgestaltung **Mitsprache- und Kontrollrechte:** In Art. 252 EG ist das Verfahren geregelt, wenn der Rat Rechtsakte in Zusammenarbeit mit dem EP erlässt. Dieses **Kooperationsverfahren** kommt nur dann zur Anwendung, wenn es der EG ausdrücklich vorsieht. Beim Kooperationsverfahren kann das Parlament den Erlass von Rechtsakten seitens des Rates zwar nie verhindern, doch kann der Rat den Rechtsakt bei einer Missbilligung seines Standpunktes durch das EP gegen dessen Willen nur einstimmig beschließen. Durch den Vertrag von Maastricht wurde mit Art. 251 EG das Verfahren der Mitentscheidung **(Kodezisionsverfahren)** für bestimmte Bereiche neu eingeführt. Dieses Verfahren sieht mehrere Lesungen und auch einen Vermittlungsausschuss vor, wobei es das EP letztlich in der Hand hat, den Erlass eines Rechtsaktes zu verhindern. Das Kodezisionsverfahren wird nur dann angewendet, wenn in den einzelnen Sachkompetenzvorschriften auf Art. 251 EG verwiesen wird. Solche Verweisungen finden sich beispielsweise im Bereich der Grundfreiheiten (Art. 40, Art. 44, Art. 46, Art. 47, Art. 55 EG) und der Angleichung von Vorschriften zur Errichtung des Binnenmarktes (Art. 95 EG). Dies alles zeigt den nicht zu unterschätzenden politischen Einfluss des EP.

IV. Der Gerichtshof der Europäischen Gemeinschaften

Der **Gerichtshof der Europäischen Gemeinschaften (EuGH)** hat seinen **546** Sitz in Luxemburg. Trotz der Erweiterung der EG nach Mittel- und Osteuropa gilt beim EuGH gemäß Art. 221 Abs. 1 EG das Prinzip „Ein Mitgliedstaat, ein Richter" und damit die **gleichberechtigte Repräsentation der Mitgliedstaaten** und der Rechtsordnungen auch nach dem Nizzaer Vertrag fort. Die steigende Richterzahl im Rahmen der Erweiterung ist durchaus gerechtfertigt, gewährt doch die Repräsentation der Rechtsordnungen jedes einzelnen Mitgliedstaates durch einen Richter am EuGH die Anerkennung des Gerichtshofs und Befolgung seiner Urteile im gesamten Gemeinschaftsgebiet.

Dem Gerichtshof stehen acht Generalanwälte zur Seite, die in anhängigen Rechtssachen öffentlich in voller Unabhängigkeit und Überparteilichkeit Plädoyers (sog. Schlussanträge) halten. Die zentrale Aufgabe des EuGH ist in Art. 220 EG umschrieben: Danach hat er „die Wahrung des Rechts bei der Auslegung und Anwendung dieses Vertrages" zu sichern. Diese Aufgabe nimmt er in verschiedenen Verfahrensarten wahr, die in Spezialvorschriften enumerativ und abschließend festgelegt sind.

547   Seit dem 1. 11. 1989 wird der EuGH vom **Gericht erster Instanz (EuG)** entlastet (Art. 225 EG).

Weiterführender Hinweis:

Ambos/Rackow, Institutionelle Ordnung der Europäischen Union und Europäischen Gemeinschaft, Jura 2006, 505.

Kapitel 27: Rechtsordnung und Rechtsetzung der EU

I. Das Verhältnis des deutschen zum europäischen Recht

Das Recht der Europäischen Gemeinschaften lässt sich in zwei große Be- 548
reiche unterteilen. Die Gründungsverträge der Europäischen Gemeinschaften, ihre Änderungen und Erweiterungen durch die EEA, den EUV oder den
Amsterdamer Vertrag, einschließlich der ihnen beigefügten Protokolle und
Beitrittsverträge, bilden neben den sog. allgemeinen Rechtsgrundsätzen und
dem Gewohnheitsrecht das **primäre Gemeinschaftsrecht.** Es stellt eine Art
Verfassungsrecht dar, das die Grundstrukturen der EU bildet. Hiervon abzugrenzen ist das **sekundäre Gemeinschaftsrecht.** Es umfasst alle Rechtsakte der EU-Organe, die auf Grundlage des primären Gemeinschaftsrechts
erlassen wurden. Hierunter fallen folglich Verordnungen, Richtlinien, Empfehlungen und Stellungnahmen (vgl. Art. 249 EG).

Um das Verhältnis des deutschen zum europäischen Recht klären zu 549
können, muss man sich zunächst über die Qualifikation des Europarechts
klar sein. Das Bundesverfassungsgericht ist in Übereinstimmung mit dem
Europäischen Gerichtshof der Ansicht, dass „das Gemeinschaftsrecht weder
Bestandteil der nationalen Rechtsordnung, noch Völkerrecht ist, sondern
eine eigenständige Rechtsordnung bildet, die aus einer autonomen Rechtsquelle fließt" (BVerfGE 37, 271). Das **Europarecht** stellt mithin eine **eigenständige Rechtsquelle** dar.

Die nationale und die gemeinschaftliche Rechtsordnung stehen jedoch 550
nicht beziehungslos nebeneinander. Vielmehr sind sie in vielfacher Weise
miteinander verschränkt. Das zeigt sich insbesondere bei der verwaltungs-
mäßigen Durchführung des Europarechts. Sie liegt, abgesehen von der
Durchführung der Wettbewerbsvorschriften, bei den Behörden der Mitgliedstaaten. Diese wenden dabei ergänzend zum Europarecht das nationale
Verwaltungsrecht an.

Aus der besonderen Natur und der Eigenständigkeit des Europarechts
hat der EuGH hergeleitet, dass diesem keine wie auch immer gearteten nationalen Rechtsvorschriften vorgehen können. Damit besteht ein **absoluter
Vorrang des Europarechts** auch vor deutschen Normen. Dies bedeutet jedoch nicht, dass dem Gemeinschaftsrecht zuwiderlaufendes Recht nichtig
ist, vielmehr ist dem Gemeinschaftsrecht nur ein Anwendungsvorrang vor
nationalem Recht einzuräumen. Im Falle einer Kollision ist deutsches Recht
daher nicht unwirksam, sondern nur **unanwendbar.**

Diesem Standpunkt des Europäischen Gerichtshofs ist das Bundesverfas- 551
sungsgericht in Bezug auf das Verhältnis des Europarechts zum einfachen
deutschen Gesetzesrecht gefolgt. Zweifelhaft hingegen ist die Stellung des
Europarechts zum deutschen Verfassungsrecht, insbesondere zu den Grundrechten. In dem vielzitierten „**Solange I"-Beschluss** behielt sich das Bundesverfassungsgericht eine Prüfung von sekundärem Gemeinschaftsrecht an
den Grundrechten des Grundgesetzes „solange vor, wie der Integrations-
prozess der Gemeinschaft nicht soweit fortgeschritten ist, dass das Gemein-

schaftsrecht auch einen vom Parlament beschlossenen und in Geltung stehenden Katalog von Grundrechten enthält, der dem Grundrechtskatalog des Grundgesetzes adäquat ist" (BVerfGE 37, 271). Das Bundesverfassungsgericht wollte also Gemeinschaftsrecht an den deutschen Grundrechten messen.

552   Die bis heute gültige Wende in der Rechtsprechung des Bundesverfassungsgerichts trat erst mit dem sog. „Solange II"-Beschluss ein: „Solange die Europäischen Gemeinschaften, insbesondere die Rechtsprechung des Gerichtshofs der Gemeinschaften, einen wirksamen Schutz der Grundrechte gegenüber der Hoheitsgewalt der Gemeinschaften generell gewährleisten, der dem vom Grundgesetz als unabdingbar gebotenen Grundrechtsschutz im wesentlichen gleichzuachten ist, (...) wird das Bundesverfassungsgericht seine Gerichtsbarkeit über die Anwendbarkeit von abgeleitetem Gemeinschaftsrecht (...) nicht mehr ausüben und dieses Recht mithin nicht mehr am Maßstab der Grundrechte des Grundgesetzes überprüfen" (BVerfGE 73, 339). Zur Begründung verwies das Bundesverfassungsgericht darauf, dass der vor allem vom Europäischen Gerichtshof entwickelte europarechtliche Grundrechtsschutz „nach Konzeption, Inhalt und Wirkungsweise dem Grundrechtsstandard des Grundgesetzes im wesentlichen gleichzuachten" ist.

553   Im „Maastricht-Urteil" des Bundesverfassungsgerichts vom 12. 10. 1993 wurde die Einschätzung aus dem „Solange II"-Beschluss um die folgenden Ausführungen ergänzt: „Allerdings übt das Bundesverfassungsgericht seine Gerichtsbarkeit über die Anwendbarkeit von abgeleitetem Gemeinschaftsrecht in Deutschland in einem ‚Kooperationsverhältnis' zum EuGH aus, in dem der EuGH den Grundrechtsschutz in jedem Einzelfall für das gesamte Gebiet der Europäischen Gemeinschaften garantiert, das Bundesverfassungsgericht sich deshalb auf eine generelle Gewährleistung des unabdingbaren Grundrechtsstandards beschränken kann" (BVerfG, NJW 1993, 3047ff.; Fettdruck v. Verf.). Das Bundesverfassungsgericht beschränkt damit seine Grundrechtskontrolle auf eine – im Ergebnis theoretische – Reservekompetenz. Bei der Prüfung der „generellen Gewährleistung des unabdingbar gebotenen Grundrechtsstandards" nimmt das Bundesverfassungsgericht einen abstrakten, alle Grundrechtstatbestände des Grundgesetzes und der europäischen Grundrechte umfassenden Vergleich und keine Einzelfallprüfung vor.

II. Rechtsetzungskompetenzen der EU

554   Die Gemeinschaftsverträge geben der EU keine generelle Ermächtigungsgrundlage zum Erlass von Rechtsakten. Vielmehr gilt das „Prinzip der begrenzten Einzelermächtigung". Dieses Prinzip besagt, dass für jeden Rechtsakt eine eigene Ermächtigungsgrundlage vorhanden sein muss. Mit dieser Ermächtigung wird den EU-Organen meist auch gleichzeitig die Handlungsform vorgeschrieben. So bestimmt Art. 47 EG, dass der Rat nach dem Verfahren des Art. 251 EG für die gegenseitige Anerkennung von Diplomen, Prüfungszeugnissen und sonstigen Befähigungsnachweisen Richtlinien erlassen darf. Hiermit ist erstens eine Ermächtigung verbunden, einen entsprechenden Rechtsakt zu erlassen, und zweitens die Handlungsform der Richtlinie vorgegeben.

Um bei etwaigem Handlungsbedarf und bei Entwicklungen, die beim 555
Abschluss der Gründungsverträge noch nicht berücksichtigt werden konnten, der EU die Möglichkeit zu geben, schnell und wirkungsvoll zu reagie-
ren, sehen die Verträge sog. **„Lückenklauseln"** vor. Die „Lückenklausel"
des EG-Vertrages ist Art. 308 EG. Danach wird auf Vorschlag der Kommission der Rat nach Anhörung des Parlamentes ermächtigt, die zur Verwirklichung der Vertragsziele erforderlichen Vorschriften zu erlassen. Dies kann
nur einstimmig geschehen. Grenze dieser Lückenfüllung ist die Kompetenz-
übertragung durch die Mitgliedstaaten. Die Gemeinschaften haben **keine**
sog. **„Kompetenz-Kompetenz"**, d.h. nicht das Recht, ihre Befugnisse aus
eigener souveräner Machtvollkommenheit auszuweiten. Ihre Kompetenzen
beruhen vielmehr ausschließlich auf einer Übertragung von Hoheitsrechten
durch die Mitgliedstaaten. Auf Gebieten, auf denen der EU keine Kompetenzen übertragen wurden, kann daher auch über Art. 308 EG keine Kompetenz begründet werden.

III. Rechtsakte der EU

Ebenso wenig wie es rechtliche Organe der EU gibt, sind an sich Rechts- 556
akte der EU denkbar. Rechtsakte beruhen vielmehr ausschließlich auf den
Gemeinschaftsverträgen, insbesondere auf dem EG-Vertrag. Leider hat die
bereits beschriebene „europäische Sprachverwirrung" den Rechtsetzungs-
bereich nicht ausgespart. In Übereinstimmung mit dem allgemeinen Sprachgebrauch ist im Folgenden von EU-Richtlinien und EU-Verordnungen die
Rede, obwohl diese an sich auf dem EG-Vertrag beruhen.

Für verbindliche Rechtsakte der Organe sieht Art. 249 EG die Formen 557
der **Verordnung**, der **Richtlinie** und der **Entscheidung** vor.

1. Die Verordnung

Die **Verordnung** hat allgemeine Geltung; sie ist in allen ihren Teilen ver- 558
bindlich und gilt unmittelbar in jedem Mitgliedstaat (Art. 249 Abs. 2 EG).
Damit erfüllt sie materiell alle Merkmale eines Gesetzes. Die unmittelbare
Geltung der Verordnung im innerstaatlichen Recht ergibt sich aus ihrer Definition; ihr Vorrang vor entgegenstehendem nationalem Recht ist anerkannt.

2. Die Richtlinie

Die **Richtlinie** ist für jeden Mitgliedstaat, an den sie gerichtet wird, hin- 559
sichtlich des zu erreichenden Ziels verbindlich, überlässt jedoch den innerstaatlichen Stellen die Wahl der Form und der Mittel ihrer **Umsetzung**
(Art. 249 Abs. 3 EG). Die Richtlinie setzt somit nicht unmittelbar inner-
staatliches Recht, sondern enthält nur den verbindlichen Auftrag an die
Mitgliedstaaten, die Richtlinie innerhalb einer festgelegten Frist in nationales Recht umzusetzen. Hauptanwendungsfall für den Erlass von Richtlinien
ist heute Art. 95 EG, der den Rat zum Erlass von Richtlinien zur Harmonisierung der nationalen Rechtsordnungen ermächtigt. Durch die Rechts-
technik der Richtlinie kann jeder Mitgliedstaat selbst entscheiden, wie er
innerhalb des von der Richtlinie gesetzten Rahmens die Vereinheitlichung

von Steuersystemen, wichtigen Wirtschaftsgesetzen und sonstigen Rechtsnormen realisiert. Der EuGH hat diesen inhaltlichen Gestaltungsspielraum
jedoch insoweit eingeschränkt, als die Mitgliedstaaten verpflichtet sind, diejenige Maßnahme zur Umsetzung einer Richtlinie zu wählen, die zur Gewährung ihrer praktischen Wirksamkeit („effet utile") am besten geeignet
ist.

560   Abweichend von der Konzeption des Art. 249 Abs. 3 EG können Richtlinien unter bestimmten Voraussetzungen auch ohne Umsetzung **unmittelbare Wirkung** im innerstaatlichen Bereich haben.

561   Zur Begründung dieser Rechtsfortbildung berief sich der Gerichtshof auf
Art. 249 Abs. 3 i.V.m. Art. 10 EG. Denn eine Richtlinie, die gemäß
Art. 249 Abs. 3 EG für die Mitgliedstaaten in ihrem Ziel verbindlich sein
soll, verfehlte ihre Wirkung, wenn die Mitgliedstaaten durch die Nichtumsetzung der Richtlinie über deren Geltungskraft befinden könnten. Daneben weist der EuGH noch auf den Rechtsgedanken des „venire contra fac- .
tum proprium" hin: Ein Mitgliedstaat soll sich dem Bürger gegenüber nicht
auf die unterbliebene Umsetzung einer Richtlinie berufen können, wenn er
selbst seiner Pflicht zur Umsetzung nicht nachgekommen ist. Die Verletzung
der Pflicht zur Umsetzung wird also mit der unmittelbaren Wirkung der
Richtlinie sanktioniert.

562   Da diese Begründung nur gegenüber den zur Umsetzung verpflichteten
Mitgliedstaaten, nicht aber gegenüber den Marktbürgern greift, hat der
EuGH mehrfach klargestellt, dass unmittelbar wirkende Richtlinien nur gegenüber den Mitgliedstaaten (sog. **vertikale Direktwirkung**), nicht aber gegenüber den Marktbürgern (sog. **horizontale Direktwirkung**) geltend gemacht werden können.

563   Die unmittelbare Wirkung von Richtlinien hat der EuGH davon abhängig gemacht,
– dass die Richtlinie **nicht fristgemäß** oder **inhaltlich nicht ordnungsgemäß**
  umgesetzt worden ist,
– dass die Bestimmungen der Richtlinie **inhaltlich unbedingt** sind, und
– dass die Bestimmungen der Richtlinie **hinreichend genau** sind.

> Nach der Betriebsordnung der staatlichen Southampton Health Authority enden die
> Arbeitsverhältnisse mit Erreichen einer Altersgrenze, die für Männer bei 65 Jahren und
> für Frauen bei 60 Jahren liegt. Frau Marshall hat beinahe das 60. Lebensjahr erreicht
> und soll entlassen werden. Da sie jedoch bis zu ihrem 65. Lebensjahr arbeiten möchte,
> will sie die Entlassung verhindern. Zu ihrem Schutz beruft sie sich auf die EG-Richtlinie
> 76/207, die Großbritannien nicht innerhalb der vorgeschriebenen Frist umgesetzt hat.
> Die Richtlinie regelt in sehr detaillierten Vorschriften die Gleichbehandlung von Män-
> nern und Frauen hinsichtlich des Berufszugangs und der Berufsausübung. Ausnahmen
> und Vorbehalte von der Gleichbehandlung von Männern und Frauen sind nicht vorge-
> sehen. Kann sich Frau Marshall mit Erfolg gegen die Entlassung wehren? (EuGH, Slg.
> 1986, 723 – „Marshall")

564   In der Betriebsordnung ist vorgesehen, dass Frauen mit Erreichen des 60.
Lebensjahres entlassen werden. Dem könnte aber die Richtlinie 76/207
entgegenstehen, wenn sie unmittelbar für das Verhältnis zwischen Frau
Marshall und ihrem Arbeitgeber gelten würde.
    Grundsätzlich entfaltet eine Richtlinie keine unmittelbare Rechtswirkung
im innerstaatlichen Bereich. Unter bestimmten Voraussetzungen hat der

EuGH jedoch eine unmittelbare Wirkung von Richtlinien angenommen. Die Richtlinie 76/207 wurde nicht innerhalb der vorgeschriebenen Frist umgesetzt. Da die Richtlinie die Gleichbehandlung nicht von Vorbehalten und Ausnahmen abhängig macht, sind die Bestimmungen der Richtlinie auch inhaltlich unbedingt. Des Weiteren enthält die Richtlinie sehr detaillierte Vorschriften. Hieraus kann man entnehmen, dass die Vorschriften ohne weitere Konkretisierung angewendet werden können. Die Richtlinie ist also auch hinreichend genau.

Da eine Richtlinie nur gegenüber dem für ihre Umsetzung verantwortlichen Mitgliedstaat, nicht aber gegenüber einem Marktbürger geltend gemacht werden kann, ist weiterhin zu prüfen, ob Frau Marshall von einem privaten Arbeitgeber oder dem Staat beschäftigt wird. Auch wenn die Southampton Health Authority eine von dem Staat Großbritannien unabhängige Rechtspersönlichkeit haben sollte, so ist sie doch eine staatliche Stelle. Deshalb liegt kein Fall einer horizontalen, sondern der vertikalen Direktwirkung einer Richtlinie vor.   **565**

Folglich kann sich Frau Marshall gegenüber der Southampton Health Authority direkt auf die Richtlinie berufen. Die Richtlinie ist als Gemeinschaftsrecht höherrangig als die Betriebsordnung. Da die Betriebsordnung aber gegen die von der Richtlinie festgelegte Gleichbehandlung verstößt, ist die Southampton Health Authority verpflichtet, Männer und Frauen in Bezug auf die Entlassungsbedingungen gleich zu behandeln. Wie die Southampton Health Authority dieser Gleichbehandlungspflicht nachkommt (möglich ist z. B. eine Festsetzung der Altersgrenze für alle Beschäftigten auf 60, 65 oder auch 63 Jahre), ist freilich ihr selbst überlassen.   **566**

Der EuGH hat die „Sanktionen" gegen Mitgliedstaaten, die eine Richtlinie nicht ordnungsgemäß umsetzen, sogar noch verstärkt. Für den Fall der Nichtumsetzung einer Richtlinie hat er eine **Staatshaftung** des betreffenden Mitgliedstaates angenommen.   **567**

Um den Arbeitnehmern einen finanziellen Mindestschutz bei Zahlungsunfähigkeit des Arbeitgebers zu gewährleisten, wurde die Richtlinie 80/987 erlassen, die dem Arbeitnehmer einen gewissen Anteil an nicht erfüllten Lohnforderungen gegen den Arbeitgeber garantiert. Da Italien die Richtlinie nicht in der vorgegebenen Frist umsetzte, verlangte der italienische Staatsangehörige Francovich von Italien Schadensersatz. Als Begründung führte er an, sein in Konkurs gegangener Arbeitgeber habe seine Lohnforderung nicht erfüllen können; wegen der Nichtumsetzung der Richtlinie 80/987 habe dann auch keine Mindestlohngarantie bestanden. (EuGH, Slg. 1991 I, 357 ff. – „Francovich")   **568**

Der EuGH prüfte zunächst, ob sich eine Haftung Italiens unmittelbar aus einer Direktwirkung der Richtlinie ergibt. Eine diesbezügliche Haftung lehnte der Gerichtshof jedoch ab, da nach dem Inhalt der Richtlinie der Staat nicht zwingend als Schuldner des Garantieanspruchs vorgesehen war. Die Richtlinie sei deshalb nicht hinreichend genau genug. Es stellte sich daher die Frage, ob die italienische Republik nicht allein deshalb haftet, weil sie die Richtlinie nicht innerhalb der vorgesehenen Frist umgesetzt hat.   **569**

Diese Staatshaftung wegen **Nichtumsetzung einer Richtlinie** hat der EuGH von vier Voraussetzungen abhängig gemacht: **570**

– Der Mitgliedstaat muss gegen seine Verpflichtung zur ordnungs- und fristgemäßen Umsetzung der Richtlinie verstoßen haben.

– Die Richtlinie muss eine „Verleihung von Rechten an Einzelne" beinhalten; d. h., es muss ein rechtlich geschütztes Interesse eines Marktbürgers betroffen sein.

– Das betroffene Recht muss durch die Richtlinie hinreichend bestimmt sein.

– Zwischen dem Verstoß gegen die Umsetzungsverpflichtung und dem beim berechtigten Marktbürger eingetretenen Schaden muss ein unmittelbarer Kausalzusammenhang bestehen.

571   Da der EuGH die vier Voraussetzungen als gegeben ansah, hat er eine Schadensersatzverpflichtung Italiens wegen der Nichtumsetzung der Richtlinie 80/987 ausgesprochen.

572   Die weitreichenden Folgen dieser Entscheidung zeigt das Beispiel der Nichtumsetzung der Richtlinie 90/314 durch die Bundesrepublik, die den Schutz der Verbraucher bei Konkurs von Reiseveranstaltern bezweckt. Nach Art. 7 der Richtlinie muss der Reiseveranstalter dem Kunden nachweisen, dass im Fall der Zahlungsunfähigkeit oder des Konkurses die Erstattung gezahlter Beträge und die Rückreise des Kunden sichergestellt ist. Die Bundesrepublik hatte die Pflicht, die Richtlinie bis zum 31. 12. 1992 in nationales Recht umzusetzen. Da die Bundesrepublik dieser Pflicht aber nicht nachgekommen war und im Sommer 1993 viele deutsche Reisende aufgrund des Konkurses eines Reiseveranstalters einen Schaden erlitten, erhoben betroffene Reisende eine auf Art. 34 GG, § 839 BGB gestützte Amtshaftungsklage gegen die Bundesrepublik. Auf Vorlage des LG Bonn griff der EuGH (Slg. 1996 I, 4845 – „Dillenkofer") die in der „Francovich"-Entscheidung dargelegten Haftungsgrundsätze auf und verfestigte sie.

573   Richtlinien binden nicht nur die nationale Gesetzgebung, sondern haben auch auf die Rechtsprechung Auswirkungen. So leitet der EuGH aus Art. 249 Abs. 3 und Art. 10 EG eine Verpflichtung der nationalen Gerichte zur **richtlinienkonformen Auslegung** des nationalen Rechts ab. Schließlich hat der EuGH Richtlinien vor Ablauf der Umsetzungsfrist eine **Vorwirkung** für die nationale Gesetzgebung zugesprochen. Bereits ab dem Zeitpunkt ihrer Bekanntgabe verbiete der Grundsatz der Vertragstreue in Art. 10 EG, dass Mitgliedstaaten vor Ablauf der Umsetzungsfrist Vorschriften erlassen, die geeignet sind, das durch die Richtlinie vorgegebene Ziel zu gefährden.

574   Die zuvor erörterte, auf Art. 10 EG sowie den Rechtsgedanken des „effet utile" und des „venire contra factum proprium" gestützte Rechtsprechung des EuGH zur Staatshaftung bei nicht rechtzeitig umgesetzten Richtlinien wurde inzwischen auf ein weiteres Feld ausgedehnt, welches mit der Richtlinienproblematik unmittelbar nichts mehr zu tun hat. Es handelt sich um die **Staatshaftung für legislatives Unrecht**. Seit 1996 bejaht der EuGH nicht nur die unmittelbare Haftung eines Mitgliedstaates gegenüber dem Marktbürger bei Nichtumsetzung einer Richtlinie, sondern auch für den Fall eines gegen den EG verstoßenden nationalen Parlamentsgesetzes (EuGH, EuZW 1996, 205 – „Brasserie du Pêcheur"). Diese europarechtlich begründete

Haftung des Mitgliedstaates für seine eigenen Rechtsetzungsakte greift unter den folgenden drei Voraussetzungen ein:

- Die Rechtsnorm des EG, gegen die das nationale Gesetz verstößt, bezweckt, dem Einzelnen Rechte zu verleihen.
- Der Verstoß des nationalen Gesetzes gegen diese Norm ist hinreichend qualifiziert, d.h., es liegt ein offenkundiger und erheblicher Ermessensfehler vor.
- Zwischen dem Verstoß des Mitgliedstaates gegen seine Verpflichtung zu europarechtskonformer Rechtsetzung und dem dem einzelnen EU-Bürger entstandenen Schaden besteht ein unmittelbarer Kausalzusammenhang.

Das vom EuGH entwickelte, im EG nicht ausdrücklich vorgesehene **ge-** 575 **meinschaftsrechtlich begründete Staatshaftungsrecht** geht damit weit über das national begründete Staatshaftungsrecht hinaus. Denn eine Amtshaftung für legislatives Unrecht wird im deutschen Recht von der Rechtsprechung in der Regel verneint.

Inzwischen wurde der gemeinschaftsrechtliche Staatshaftungsanspruch 576 auf Fehlentscheidungen von Gerichten ausgedehnt, wenn offensichtlich europarechtswidrig entschieden wurde. Mit der Anerkennung einer **Staatshaftung für judikatives Unrecht** ist nun jedes europarechtswidrige Staatshandeln anspruchsbegründend. Damit ist ein umfassender, **allgemeiner europarechtlicher Staatshaftungsanspruch** kreiert worden.

3. Die Entscheidung

Eine Entscheidung gemäß Art. 249 Abs. 4 EG ist „in allen ihren Teilen 577 für diejenigen verbindlich, die sie bezeichnet". Im Gegensatz zur Verordnung ist der Adressat bestimmt oder zumindest bestimmbar; dies kann ein Mitgliedstaat oder auch eine Einzelperson sein. Anders als die Richtlinie ist die Entscheidung in allen Teilen verbindlich und entfaltet gegenüber ihrem jeweiligen Adressaten unmittelbare Wirkung. Sie ist somit mit dem Verwaltungsakt des deutschen öffentlichen Rechts vergleichbar.

4. Empfehlungen und Stellungnahmen

Empfehlungen und Stellungnahmen gemäß Art. 249 Abs. 5 EG sind nicht 578 verbindlich. Ihr Adressatenkreis ist offen; gleichwohl richten sie sich meistens an die Mitgliedstaaten. Sie haben keinen unmittelbaren Geltungsbereich. Meist sind sie Teil eines mehrstufigen Verfahrens oder enthalten nur politische Absichtserklärungen.

Weiterführende Hinweise:

Colneric, Auslegung des Gemeinschaftsrechts und gemeinschaftsrechtskonforme Auslegung, ZEuP 2005, 225;

Dörr, Rechtsprechungskonkurrenz zwischen nationalen und europäischen Verfassungsgerichten, DVBl. 2006, 1088;

Kling, Die Haftung der Mitgliedstaaten der EG bei Verstößen gegen das Gemeinschaftsrecht, Jura 2005, 298;

Möller, Verfassungsgerichtlicher Grundrechtsschutz gegen Gemeinschaftsrecht, Jura 2005, 298.

Kapitel 28: Der Rechtsschutz vor dem Gerichtshof der Europäischen Gemeinschaften

579 Der Europäische Gerichtshof sichert nach Art. 220 EG die Wahrung des Rechts bei Auslegung und Anwendung der Verträge. Diese Aufgabe nimmt der EuGH in verschiedenen Verfahrensarten wahr, die ihm durch den EG enumerativ und abschließend zugewiesen sind. Der EuGH kann keiner der typischen deutschen Gerichtsarten zugeordnet werden. Vielmehr fungiert er als Verfassungsgericht, wenn er die Verletzung der Gründungsverträge durch einen Mitgliedstaat feststellt (Art. 220 EG), als Verwaltungsgericht, wenn er die Nichtigkeit oder Unterlassung von Entscheidungen feststellt (Art. 230, 232 EG) und schließlich als Zivilgericht, wenn er über Schadensersatzansprüche gegen die Organe der EU entscheidet (Art. 235 EG).

I. Vertragsverletzungsverfahren (Art. 226 EG)

580 Ist die Kommission der Auffassung, ein Mitgliedstaat habe **gegen seine Verpflichtung aus dem EG verstoßen**, gibt sie eine mit Gründen versehene Stellungnahme hierzu ab. Kommt der betroffene Staat der in der Stellungnahme geäußerten Forderung nicht innerhalb einer gesetzten Frist nach, so kann der EuGH angerufen werden. Neben der Kommission ist jeder Mitgliedstaat klagebefugt, auch wenn er von dem Verhalten des anderen Mitgliedstaates selbst nicht unmittelbar betroffen ist (Art. 227 EG). Zuvor ist ein Vorverfahren durchzuführen, nach dessen erfolglosem Ablauf ist die Klage zulässig.

581 Hat ein Mitgliedstaat tatsächlich seine Pflichten aus den Gründungsverträgen verletzt, wird dies durch den EuGH festgestellt. Hieraus ergibt sich dann gemäß Art. 228 EG die Verpflichtung des Mitgliedstaates, Abhilfe zu schaffen. Kommt er der Verpflichtung nicht nach, kann die Kommission gemäß Art. 228 Abs. 2 EG erneut den Gerichtshof anrufen. Der EuGH kann dann die Zahlung eines Pauschalbetrags oder eines Zwangsgeldes verhängen.

II. Nichtigkeitsklage (Art. 230 EG)

582 Mit dieser Verfahrensart überwacht der Gerichtshof die **Rechtmäßigkeit von Handlungen der Gemeinschaftsorgane**, soweit es sich nicht um Empfehlungen oder Stellungnahmen handelt. Zu diesem Zweck ist er für Klagen zuständig, die ein Mitgliedstaat, der Rat oder die Kommission wegen Unzuständigkeit, Verletzung wesentlicher Formvorschriften, Verletzung des EG oder einer bei seiner Durchführung anzuwendenden Rechtsnorm oder wegen Ermessensmissbrauchs erhebt. Unter den gleichen Voraussetzungen ist der EuGH zuständig für Klagen des Europäischen Parlaments, des Rechnungshofs und der Europäischen Zentralbank, die auf die Wahrung ihrer Rechte abzielen. Klagebefugt ist daneben auch jede natürliche oder juristische Person, soweit sie unmittelbar und individuell betroffen ist (Art. 230 Abs. 4 EG).

Die Klage ist begründet, wenn die angefochtene Handlung wegen Unzuständigkeit, Verletzung wesentlicher Formvorschriften, Rechtsverletzungen oder Ermessensmissbrauch rechtswidrig ist. Die Handlung wird dann vom EuGH als von vornherein nichtig erklärt.

III. Untätigkeitsklage (Art. 232 EG)

Unterlässt es das Europäische Parlament, der Rat oder die Kommission unter Verletzung des EG, **einen Beschluss zu fassen,** so kann durch jeden Mitgliedstaat und die anderen Organe der Gemeinschaft beim Gerichtshof Klage auf Feststellung dieser Vertragsverletzung erhoben werden. Antragsbefugt sind nicht nur die Mitgliedstaaten und sämtliche Organe der Gemeinschaft, sondern gemäß Art. 232 Abs. 3 EG auch alle natürlichen oder juristischen Personen, soweit sie durch die Untätigkeit des EU-Organs unmittelbar betroffen sind.   583

Die Untätigkeitsklage ist begründet, wenn das Organ aus dem EG oder aus sekundärem Gemeinschaftsrecht verpflichtet ist, den unterlassenen Beschluss zu fassen.   584

IV. Amtshaftungsklage (Art. 235 EG)

Eine weitere Zuständigkeit des EuGH besteht für haftungsrechtliche Fragen. Ist durch Handlungen oder Unterlassungen eines EU-Organs eine natürliche oder juristische Person rechtswidrig geschädigt worden, so kann sie ihren Schaden von der EU gemäß Art. 288 Abs. 2 EG ersetzt erhalten. Ein vorausgehendes Nichtigkeits- oder Untätigkeitsverfahren gegen den verletzenden Rechtsakt ist nicht notwendig. Vielmehr kann die EU direkt auf Ersatz des Schadens in Anspruch genommen werden. Der Schadensersatz richtet sich nach den allgemeinen Rechtsgrundsätzen, die den Rechtsordnungen der Mitgliedstaaten gemeinsam sind.   585

V. Vorabentscheidungsverfahren (Art. 234 EG)

Gemäß Art. 234 EG entscheidet der Gerichtshof im Wege der Vorabentscheidung über die Auslegung des EG-Vertrags und über die Gültigkeit und Auslegung der Handlungen der EU-Organe und der Europäischen Zentralbank, sobald eine derartige Frage von einem Gericht eines Mitgliedstaates gestellt wird, dieses Gericht eine Entscheidung darüber zum Erlass seines Urteils für erforderlich hält und dem EuGH die Frage deshalb zur Entscheidung vorlegt.   586

Das Vorabentscheidungsverfahren ist auf nationaler Ebene mit der konkreten Normenkontrolle des Art. 100 GG vergleichbar. Es soll insbesondere die Einheitlichkeit der Rechtsanwendung gewährleisten und es nicht den nationalen Instanzgerichten überlassen, über die Auslegung des EG-Vertrags zu entscheiden. Über das Vorabentscheidungsverfahren besitzt der EuGH das **Auslegungsmonopol** für das gesamte europäische Recht. Dieses Verfahren ist damit in der Praxis das mit Abstand bedeutsamste.   587

Im Gegensatz zu Art. 100 GG besteht bei Art. 234 EG für nationale Gerichte aber nicht immer die Pflicht, dem EuGH eine Zweifelsfrage vorzulegen. Diese Verpflichtung besteht vielmehr nur, wenn das Urteil des nationa-   588 len Gerichts nicht mehr mit Rechtsmitteln anfechtbar ist (Art. 234 Abs. 3 EG), oder wenn das nationale Gericht eine Gemeinschaftsrechtsnorm wegen Ungültigkeit nicht anwenden will. In diesem Fall ist das nationale Gericht zur Vorlage an den EuGH verpflichtet. In jedem nationalen Rechtsstreit, in dem es auf die Anwendung und Auslegung von europäischem Gemeinschaftsrecht ankommt, besteht aber die Möglichkeit für das entscheidende Gericht, Zweifelsfragen über die Auslegung des europäischen Rechts dem EuGH gemäß Art. 234 EG vorzulegen.

589   Beantragt z. B. ein französischer Steuerberater seine Niederlassung in Deutschland und verweigert ihm die deutsche Steuerberaterkammer die Zulassung, so wäre im Rahmen einer Klage vor einem deutschen Finanzgericht (§ 33 Abs. 1 Nr. 3 FGO) entscheidend, ob die Versagung der Zulassung gegen die Dienstleistungsfreiheit des EG-Vertrages verstößt. Diese Frage **könnte** das Gericht dem EuGH vorlegen. Der Bundesfinanzhof als letzte Instanz **müsste** vorlegen.

Weiterführende Hinweise:

Harmer, Die Nichtigkeitsklage nach Art. 230 EG, JA 2004, 728;

Schäfer, Art. 226 EG: Verstöße der nationalen Judikative gegen Gemeinschaftsrecht als Gegenstand eines Vertragsverletzungsverfahrens, JA 2004, 525;

Wernsmann/Behrmann, Das Vorabentscheidungsverfahren nach Art. 234 EG, Jura 2006, 181.

Kapitel 29: Die europäischen Grundrechte

I. Ansatzpunkte zur Herleitung eines Grundrechtsschutzes in der EU

Im Recht der Europäischen Union findet sich im Gegensatz zum Grund- 590
gesetz (bisher) **kein geschriebener Grundrechtskatalog.** Dennoch gibt es
auch auf europäischer Ebene einen Grundrechtsschutz. Er wurde seit den
70er Jahren vom Europäischen Gerichtshof entwickelt und ist dem grund-
gesetzlichen deutschen Grundrechtsschutz mittlerweile zumindest im
Grundsatz ebenbürtig. Am 8. 12. 2000 proklamierte der Europäische Rat
in Nizza nunmehr die **Charta der Grundrechte der Europäischen Union.**
Diese ist zur Zeit zwar noch unverbindlich, doch ist damit zu rechnen, dass
die Grundrechts-Charta in der Rechtsprechung des EuGH schon bald insoweit auch rechtliche Bedeutung erlangen wird, als der EuGH in seiner
Rechtsprechung – neben geschriebenen und ungeschriebenen Grundsätzen
des Gemeinschaftsrechts, dem Grundrechtskatalog der EMRK sowie den
Verfassungsordnungen der EU-Mitgliedstaaten – schon bisher auf die Grund-
rechtserklärungen der EU-Organe rekurrierte. Die europäische Grundrechts-Charta dürfte dem EuGH somit als wertvolle Auslegungshilfe bei der
Feststellung der für die Gemeinschaft geltenden Grundrechtsstandards dienen. Die Grundrechts-Charta sollte der zweite Teil des vorläufig geschei-
ten Verfassungsvertrages über die Europäische Union werden.

Daneben kommt freilich auch in Zukunft der Herleitung grundrechtli- 591
cher Gewährleistungen unmittelbar aus den verschiedenen **geschriebenen
Vorschriften des EG** entscheidende Bedeutung zu. Als solche sind zunächst
die sog. **Nichtdiskriminierungsklauseln** (z. B. Art. 12 oder Art. 141 EG) zu
nennen, die einen speziellen Aspekt des Gleichbehandlungsgebots gewährleisten. Weiterhin spielen die **Grundfreiheiten** des EG-Vertrages eine wichtige Rolle. Diese enthalten nicht nur Verpflichtungen für die Mitgliedstaaten,
sondern werden vom EuGH als grundrechtsähnliche subjektive Abwehr-
oder Teilhaberechte des einzelnen Gemeinschaftsbürgers angesehen. Aus
wertausfüllungsbedürftigen Begriffen des EG-Vertrages, wie z. B. „angemessen" in Art. 33 Abs. 1 EG oder „gerechtfertigt" in Art. 30 und Art. 46
Abs. 1 EG werden schließlich grundrechtsähnliche Gewährleistungen wie
das Verhältnismäßigkeitsprinzip und der Vertrauensschutz hergeleitet.

Ferner entwickelte der EuGH den Grundrechtsschutz aus den sog. **allge-** 592
meinen Rechtsgrundsätzen. Diese im französischen Rechtskreis verbreitete
Methode erlaubt den Rückgriff auf Rechtssysteme, die außerhalb des geschriebenen EU-Rechts liegen. Dabei wird auf die **Verfassungsordnungen in
den Mitgliedstaaten** zurückgegriffen. Im Zuge dieses Ansatzes finden sich in
mehreren Urteilen des EuGH rechtsvergleichende Untersuchungen zum
Grundrechtsschutzstandard in den Mitgliedstaaten. Die Hoffnung, dass der
EuGH dabei stets den maximalen Schutzumfang auf die europäische Ebene
übertragen würde, hat sich jedoch nicht erfüllt. Daneben dient auch die
von allen EU-Staaten ratifizierte **Europäische Menschenrechtskonvention**
(EMRK) von 1950 dem EuGH als Quelle des Grundrechtsschutzes im Ge-

meinschaftsrecht. Insbesondere die Rechtsprechung zum Eigentumsschutz wurde von der betreffenden Regelung in der Menschenrechtskonvention (Art. 1 des Ersten Zusatzprotokolls zur EMRK) stark beeinflusst.

593   Schließlich enthält **Art. 6 Abs. 1 und Abs. 2 des EUV** seit dem Vertrag von Maastricht die Gewährleistung von Grundrechten. Danach beruht die EU auf den allen Mitgliedstaaten gemeinsamen Grundsätzen der Freiheit, der Demokratie, der Achtung der Menschenrechte und Grundfreiheiten sowie der Rechtsstaatlichkeit.

II. Der Schutz einzelner Grundrechte

1. Das Eigentumsgrundrecht

594   Der EuGH hat mehrfach entschieden, dass das Eigentum auch im EU-Recht grundrechtlich gewährleistet wird.

595   Bei der genaueren Ausgestaltung dieses Schutzes sind umfangreiche Parallelen zu Art. 14 GG festzustellen. Ein Hauptgrund dafür ist, dass gerade in der Bundesrepublik durch die umfangreiche Rechtsprechung des Bundesverfassungsgerichts zum Eigentumsschutz eine intensive Durchdringung dieser Rechtsfragen erreicht wurde.

596   So umfasst der Schutzbereich des Eigentumsgrundrechts auch auf europäischer Ebene alle vermögenswerten Rechte. Zudem wird dort in Anlehnung an das Erste Zusatzprotokoll zur EMRK, entsprechend der Einteilung in Enteignung und Sozialbindung, zwischen dem Rechtsentzug und der Beschränkung der Rechtsausübung unterschieden. Bei der Prüfung der Zulässigkeit einer Sozialbindung untersucht der EuGH, ob die umstrittene Maßnahme tatsächlich dem allgemeinen Wohl der Gemeinschaft dient und ob der Eingriff bezüglich des verfolgten Ziels verhältnismäßig ist.

2. Die Berufsfreiheit

597   Die Berufsfreiheit hat in ihrer Gesamtheit bislang wenig Beachtung im Gemeinschaftsrecht gefunden. Der EuGH hat jedoch unter Bezugnahme auf die Verfassungsordnungen verschiedener Mitgliedstaaten auch dieses Recht als im EU-Recht garantiert bezeichnet.

Bei der Frage nach der Zulässigkeit eines Eingriffs wird vom EuGH – ähnlich wie bei Art. 12 GG – zwischen unterschiedlich stark belastenden Eingriffen in die Berufsausübung und in die Berufswahl differenziert und dem Verhältnismäßigkeitsprinzip große Bedeutung beigemessen.

Größere Aufmerksamkeit wurde den in den Grundfreiheiten garantierten Teilaspekten der Berufsfreiheit, der Freizügigkeit der Arbeitnehmer (Art. 39–42 EG), der Niederlassungsfreiheit (Art. 43–48 EG) und der Dienstleistungsfreiheit (Art. 49–55 EG) gewidmet.

3. Der Gleichheitsgrundsatz

598   Weit über die Diskriminierungsverbote des EG-Vertrages hinaus hat der EuGH den allgemeinen Gleichheitssatz als fundamentalen Rechtssatz anerkannt. In der Entscheidung „Wagner" (Slg. 1983, 371, 387) gebrauchte er sogar die zu Art. 3 Abs. 1 GG gängige Formel, dass eine Diskriminierung

immer dann anzunehmen sei, „wenn gleiche Sachverhalte ungleich oder ungleiche Sachverhalte gleich behandelt werden".

4. Grundrechtsgleiche Gewährleistungen

Neben den „klassischen Grundrechten" lassen sich der Rechtsprechung 599
des EuGH eine Reihe von grundrechtsgleichen Gewährleistungen entnehmen. Dazu gehört vor allem der **Verhältnismäßigkeitsgrundsatz.** Rechtsakte von Gemeinschaftsorganen dürfen danach nicht die Grenzen dessen überschreiten, was für die Erreichung des verfolgten Zieles erforderlich und angemessen ist.

Ein weiteres tragendes Prinzip ist der Grundsatz des **Vertrauensschutzes.** 600
Damit garantiert auch der EuGH das berechtigte Vertrauen in die Fortdauer eines bestimmten Sach- und Rechtszustandes. Jedoch ist – wie im nationalen Recht – nicht jede Rücknahme von Verwaltungsakten oder jede Rückwirkung von Rechtsakten ausgeschlossen. Eine Rückwirkung ist zulässig, wenn das auf diesem Wege angestrebte Ziel das schutzwürdige Vertrauen der Betroffenen auf Fortdauer des bisherigen Zustandes überwiegt.

Weitere wichtige grundrechtsgleiche Gewährleistungen im EU-Recht sind 601
der Grundsatz der Gesetzmäßigkeit der Verwaltung, die Begründungspflicht von Einzelfallentscheidungen, der Grundsatz des rechtlichen Gehörs, der Anspruch auf effektiven gerichtlichen Rechtsschutz und auf einen fairen Prozess und schließlich noch der Grundsatz „ne bis in idem".

5. Das arbeitsrechtliche Diskriminierungsverbot (Art. 141 EG)

Art. 141 EG postuliert den **Grundsatz des gleichen Entgelts für Männer** 602
und Frauen bei gleicher Arbeit, d. h., er garantiert ein spezifisches arbeitsrechtliches Diskriminierungsverbot, das nicht nur für die Mitgliedstaaten unmittelbare Bindungswirkung besitzt, sondern auch private Rechtsbeziehungen wie beispielsweise Tarif- oder Einzelarbeitsverträge erfasst.

Beweggrund für die Aufnahme dieser Vorschrift in den EG-Vertrag war 603
ursprünglich nicht deren sozialpolitische Zielsetzung, sondern die Befürchtung einiger Mitgliedstaaten, dass andere Mitgliedstaaten **ungerechtfertigte Wettbewerbsvorteile** durch Lohndumping für weibliche Arbeitnehmer erlangen könnten. Dieser ursprünglichen Zielsetzung zum Trotz lässt sich Art. 141 EG heute als **grundrechtsgleiche Gewährleistung mit unmittelbarer Drittwirkung** begreifen.

Ergänzt und erweitert wird die Gewährleistung des Art. 141 EG durch 604
sekundärrechtliche Maßnahmen. So wurde der Gleichbehandlungsgrundsatz in den siebziger Jahren durch Richtlinien z. B. auf die Bereiche des Zugangs zur Beschäftigung, zur Berufsausbildung und zum beruflichen Aufstieg, der Arbeitsbedingungen und der gesetzlichen Systeme der sozialen Sicherheit ausgedehnt. In den achtziger Jahren erfolgten Ergänzungen u. a. auf den Gebieten der betrieblichen Systeme der sozialen Sicherheit, der selbstständig Erwerbstätigen und des Mutterschutzes.

Inhalt und Tragweite des Grundsatzes der Entgeltgleichheit sind durch 605
den Europäischen Gerichtshof in zahlreichen Entscheidungen näher bestimmt worden. So hat er klargestellt, dass Art. 141 EG nicht nur unmittelbare Diskriminierungen untersagt, die unterschiedliche Behandlungen aus-

drücklich mit dem Geschlecht begründen, sondern auch **mittelbare Diskriminierungen** erfasst. Zu dem Begriff der mittelbaren Diskriminierung, der bei allen Diskriminierungsverboten des EG-Vertrags von Bedeutung ist, findet sich eine umfangreiche Rechtsprechung, die sich zu folgenden Tatbestandsmerkmalen zusammenfassen lässt:

(a) Die in Rede stehende Maßnahme knüpft formal nicht an das Geschlecht, sondern an geschlechtsunspezifische Maßnahmen (z. B. Teilzeitarbeit, Dauer der Betriebszugehörigkeit) an.

(b) Durch die Regelung werden erheblich mehr Angehörige eines Geschlechts tatsächlich benachteiligt (z. B. wenn in Teilzeit vornehmlich Frauen beschäftigt sind).

(c) Die nachteiligen Auswirkungen für ein Geschlecht können nicht mit anderen Gründen als denen des Geschlechts bzw. der Geschlechterrollen erklärt werden.

(d) Die Maßnahme ist nicht objektiv gerechtfertigt, d. h., sie dient nicht einem „wirklichen Bedürfnis des Unternehmens" und ist auch nicht zur Erreichung des mit ihr verfolgten Ziels geeignet und erforderlich.

606   Als unzulässige mittelbare Diskriminierungen hat der EuGH beispielsweise die Zahlung niedrigerer Stundensätze an Teilzeitbeschäftigte sowie die einseitige, ein Geschlecht begünstigende Ausgestaltung eines beruflichen Einstufungssystems oder auch die Ungleichbehandlung in Bezug auf das Rentenzugangsalter angesehen.

Weiterführende Hinweise:

Dorf, Zur Interpretation der Grundrechtecharta, JZ 2005, 126;
Kingreen, Die Gemeinschaftsgrundrechte, JuS 2000, 857;
Möller, Verfassungsgerichtlicher Grundrechtsschutz gegen Gemeinschaftsrecht, Jura 2005, 298.

Kapitel 30: Die wirtschaftsrechtlichen Grundlagen der EU

I. Europäische Wirtschaftsverfassung

1. Ziele

Die Mitgliedstaaten haben es sich mit Gründung der EWG zur Aufgabe 607
gemacht, „die wirtschaftliche Entwicklung innerhalb der Gemeinschaft
harmonisch, expandierend, ausgewogen und stabil zu gestalten, um den
Lebensstandard ihrer Bürger zu heben und engere Beziehungen untereinander zu begründen" (Art. 1, 2 EG). Zur Erreichung dieser Ziele verlangt
Art. 2 EG u. a. die Errichtung eines sog. „Gemeinsamen Marktes". Ein solcher **Binnenmarkt** setzt den freien Fluss aller gewerblichen Leistungen innerhalb der Gemeinschaft voraus. Hierzu musste zunächst die Erhebung
von Zöllen an den Binnengrenzen der Mitgliedstaaten eingestellt und zum
Ausgleich ein **gemeinsamer Zolltarif** gegenüber Drittstaaten eingeführt
werden (vgl. Art. 25 ff. EG). Entscheidend für einen funktionierenden Binnenmarkt sind schließlich die **Grundfreiheiten**.

2. Grundsatz: Freier Wettbewerb ohne Wettbewerbsverzerrungen

Die Grundstruktur der europäischen Wirtschaftsordnung lässt sich wie 608
folgt beschreiben: Grundsätzlich ist wirtschaftliches Handeln frei. Diese
Freiheit wird beschränkt durch notwendige Interventionen zum Schutze des
Allgemeinwohls entweder durch EU-Recht oder den nationalen Gesetzgeber. Damit dieser sich bei seinen Maßnahmen nur im Rahmen des Erforderlichen bewegt, haben die im EG-Vertrag enthaltenen Vorschriften die
Aufgabe, notwendige Beschränkungen des freien Handels (Schutz höher-
rangiger Rechtsgüter wie Gesundheit, Eigentum etc.) von Maßnahmen pro-
tektionistischer Natur zu trennen.

Näher befasst sich der EG-Vertrag mit dem Warenverkehr, der Landwirt- 609
schaft, der Freizügigkeit von Arbeitskräften und Dienstleistungen sowie
dem Verkehr. Weiter konkretisiert der Vertrag, wie die Politik der Gemeinschaft auf dem Gebiet von Wettbewerb, der Wirtschaftspolitik, der Angleichung von Rechtsvorschriften sowie der Sozialpolitik aussehen soll.

Es stellt sich die Frage, ob der EG-Vertrag ein bestimmtes Wirtschaftssys- 610
tem, eine **europäische „Wirtschaftsverfassung"**, vorschreibt. Fest steht, dass
vor allem die beiden Extrempositionen des Manchester-Liberalismus einerseits und des Sozialismus andererseits den oben dargestellten Vorstellungen
des EG-Vertrags widersprechen. Die wirtschaftlichen Grundfreiheiten, die
eine freie Bewegung der Produktionsfaktoren garantieren sollen, Diskriminierungsverbote und ein vom EuGH entwickelter Grundrechtsschutz (insbesondere auch für das Eigentumsgrundrecht) setzen Bestrebungen zum
Sozialismus klare und enge Grenzen. Auf der anderen Seite ist es Aufgabe
der Gemeinschaft, den Lebensstandard zu fördern, die Beschäftigungsmöglichkeiten der Arbeitnehmer zu verbessern, einen europäischen Sozialfonds
zu schaffen sowie die Sozialpolitik zu harmonisieren. Dies schließt auch die

andere Extremposition aus. Damit ergibt sich, dass innerhalb der Ziele der Gemeinschaft unter Beachtung der Grundrechte und der Grundfreiheiten des EG-Vertrags jede Art von Wirtschaftspolitik erlaubt ist.

3. Ausnahme: Marktordnung

611   Für bestimmte, vermeintlich sensible Wirtschaftszweige war man bei den Verhandlungen über den EWG-Vertrag nicht bereit, das eben beschriebene Modell der grundsätzlichen wirtschaftlichen Freiheit zu übernehmen. Auch heute werden deshalb noch einige Wirtschaftssparten durch Gemeinschaftsorgane gelenkt und kontrolliert. Paradebeispiel hierfür ist die **Landwirtschaft**. Dies hängt insbesondere mit der Bedeutung dieses Wirtschaftszweiges für manche schwächeren Volkswirtschaften zusammen. Man befürchtete, durch Gewährung von Wettbewerbsfreiheit und die daraus resultierende Konkurrenz könnten in den betroffenen Mitgliedstaaten Existenzprobleme für die jeweilige nationale Landwirtschaft entstehen. Die daraus folgende Ablehnung der Gründungsverträge hätte die europäische Einigung gefährden können. Deshalb wurden Marktordnungen eingeführt, die sich z. T. nicht unerheblich voneinander unterscheiden. Sie reichen von vollständigen Preissystemen über preisregulierende Beihilfen bis hin zu einfachen Handelsregelungen oder Qualitätsnormierungen.

612   Nach Art. 32 EG umfasst der EU-Agrarmarkt sowohl die klassische Landwirtschaft als auch den Handel mit landwirtschaftlichen Erzeugnissen. Über 90% des Agrarmarktes der Gemeinschaft unterliegen besonderen, vom freien Wettbewerb abweichenden Bestimmungen. Es handelt sich dabei um ein nahezu klassisches Marktordnungsmodell mit all seinen Vor- und Nachteilen, bei dem an die Stelle der Vertragsfreiheit ein enges Bündel normativer Vorschriften getreten ist. Hierdurch wurde der freie Markt praktisch abgeschafft und ein planwirtschaftliches Geflecht von detaillierten Steuerungsinstituten geschaffen.

II. Die Grundfreiheiten

1. Allgemeine Grundfreiheitslehren

a) Systematischer Überblick

613   Die Grundfreiheiten sind das **wesentliche** Mittel, um den in Art. 2 EG geforderten Gemeinsamen Markt zu formen und zu erhalten. Sie gliedern sich systematisch in drei Gruppen: den **freien Warenverkehr** (Art. 23–31 EG), die **Personenverkehrsfreiheiten** (Art. 39–55 EG) und die **Kapital- und Zahlungsverkehrsfreiheit** (Art. 56–60 EG). Der freie Warenverkehr ist seinerseits unterteilt in die **Zollunion** und die **Warenverkehrsfreiheit im engeren Sinne**. Zu den Personenverkehrsfreiheiten zählen die **Arbeitnehmerfreizügigkeit**, die **Niederlassungsfreiheit** sowie die **Dienstleistungsfreiheit**. Die Dienstleistungsfreiheit ist gegenüber den Vorschriften über den freien Waren- und Kapitalverkehr und der Freizügigkeit der Personen **subsidiär**, Art. 50 Abs. 1 EG.

614   Sämtliche Grundfreiheiten sind **grundrechtsähnlich** ausgestaltet. Sie verbürgen **subjektive Rechte**, auf die sich der einzelne EU-Bürger berufen kann. Da es sich bei den Grundfreiheiten um **unmittelbar anwendbare Rechtsnormen** handelt, kann jeder EU-Bürger vortragen, bei einem grenzüberschreitenden Rechtsakt, durch den er betroffen ist, sei eine nationale Rechtsnorm nicht anzuwenden, da sie gegen eine Grundfreiheit des EG-Vertrags verstoße.

b) Schutzumfang

Ein Verstoß gegen die Grundfreiheiten liegt vor, wenn eine nationale 615 Maßnahme EU-Ausländer im Schutzbereich einer Grundfreiheit benachteiligt. Werden ausländischen EU-Gewerbetreibenden von einer inländischen Rechtsordnung Auflagen gemacht, die ihre inländischen Konkurrenten nicht zu erfüllen haben, liegt hierin eine EU-rechtswidrige Diskriminierung. Dies zu verhindern ist die ursprüngliche Funktion der Grundfreiheiten. Insoweit spricht man auch vom **Gebot der Inländergleichbehandlung**. Gleichzeitig **konkretisieren** die Grundfreiheiten auf diese Weise das **allgemeine Diskriminierungsverbot** des Art. 12 EG.

Problematischer ist, ob die Grundfreiheiten auch solche staatlichen 616 Maßnahmen verbieten, die **unterschiedslos In- und Ausländer in gleicher Weise belasten**, so dass eine Diskriminierung gerade nicht vorliegt. Eine solche unterschiedslos wirkende Maßnahme ist beispielsweise gegeben, wenn eine nationale Norm allen Gewerbetreibenden, unabhängig von ihrer Staatsangehörigkeit, bestimmte in den Schutzbereich einer Grundfreiheit eingreifende Auflagen macht. Der Wortlaut mancher Grundfreiheiten indiziert eher, dass diese unterschiedslos wirkenden Maßnahmen nicht erfasst sind. Um Schutzlücken zu vermeiden, wendet die Rechtsprechung die Grundfreiheiten jedoch auch auf unterschiedslos wirkende Maßnahmen an. Auf diese Weise hat der EuGH die Grundfreiheiten im Laufe der Zeit zu **Beschränkungsverboten** weiterentwickelt, welche auch unterschiedslos wirkende, Inländer und EU-Ausländer gleichermaßen betreffende Maßnahmen erfassen, soweit diese sich beeinträchtigend auf den **Marktzugang** von EU-Ausländern auswirken.

Verstößt ein Staat durch das Handeln seiner nationalen Organe gegen 617 eine Grundfreiheit, so führt dies nicht – wie im deutschen Verfassungsrecht – als **Rechtsfolge** zur Nichtigkeit der Norm. Da die Grundfreiheiten nur den grenzüberschreitenden Verkehr regeln, können ihnen auch nur Rechtsfolgen für den zwischenstaatlichen Bereich zugeordnet werden: Die angegriffene Norm ist daher zwar **im grenzüberschreitenden Verkehr** innerhalb der Gemeinschaft **unanwendbar**; im übrigen – d.h. im innerstaatlichen und außergemeinschaftlichen – Bereich bleibt sie jedoch in Kraft.

Ein französischer Käsehersteller exportiert Käse mit einem Fettgehalt von 30% nach 618 Italien, wo der Vertrieb von Käse mit geringerem Fettgehalt als 45% verboten ist (EuGH, Slg. 1990, 3647; EuGH, Slg. 1990, 3697 – „Französischer Käse").

Die italienische Norm diskriminiert zwar nicht EU-Ausländer gegenüber 619 Italienern, behindert aber gleichwohl als unterschiedslos wirkende Maßnahme den grenzüberschreitenden Warenverkehr mit Käse. Dies ist gemäß Art. 28, 30 EG unzulässig, da die in Art. 30 EG genannten Rechtfertigungsgründe – z.B. Gesundheitsschutz – nicht greifen. Für Produkte aus dem EU-Ausland ist diese Norm unanwendbar: Der französische Hersteller darf den

Käse in Italien vertreiben. Allerdings bleibt die Vorschrift für alle Italiener und Nicht-EU-Ausländer anwendbar.

620   An diesem Beispiel zeigt sich das Problem der sog. **Inländerdiskriminierung.** Der französische Hersteller darf seinen Käse nach Italien einführen und dort vertreiben; Italienern ist der Vertrieb hingegen aufgrund nationalen Rechts untersagt. Der EuGH vertritt den Standpunkt, dass eine solche Inländerdiskriminierung vom EG-Vertrag nicht verboten ist, da die für Inländer nachteilige Situation einen internen Sachverhalt des betreffenden EU-Staates betrifft. Die Zulässigkeit einer Inländerdiskriminierung bemisst sich allein nach dem jeweiligen nationalen Recht.

c) Rechtfertigungstatbestände

621   Wie die Grundrechte des Grundgesetzes benötigen auch die Grundfreiheiten des EG-Vertrags immer dann, wenn ein Eingriff in den Schutzbereich zu bejahen ist, d.h. eine Diskriminierung oder Beschränkung vorliegt, eine Rechtfertigung. Ohne eine solche Rechtfertigung ist die in den Schutzbereich einer Grundfreiheit eingreifende nationale Norm im grenzüberschreitenden Verkehr unanwendbar.

622   Besonders deutlich wird die Struktur zwischen Grundfreiheit und Rechtfertigung am Beispiel der Warenverkehrsfreiheit: Art. 28 EG formuliert den Schutzbereich, an den sich der Art. 30 EG mit einer enumerativen Aufzählung diverser Rechtfertigungsgründe anschließt.

623   Beschränkungen der Arbeitnehmerfreizügigkeit können nach Art. 39 Abs. 3 EG aus Gründen der öffentlichen Ordnung, Sicherheit oder Gesundheit gerechtfertigt werden. Eingriffe in die Niederlassungsfreiheit sind auf Art. 46 Abs. 1 EG zu stützen, wobei dessen Rechtfertigungsgründe mit denen des Art. 39 EG übereinstimmen. Allerdings mit einer Einschränkung: Art. 46 Abs. 1 EG setzt voraus, dass der Eingriff in einem Verstoß gegen das Gebot der Inländergleichbehandlung besteht („die eine Sonderregelung für Ausländer vorsehen"). Auf eben diesen Tatbestand verweist auch Art. 55 EG, soweit es um die Rechtfertigung von Diskriminierungen des freien Dienstleistungsverkehrs geht.

624   Schließlich gibt es noch Normen, die eine Heranziehung einer Grundfreiheit schon auf der Schutzbereichsebene ausschließen. Aufgrund der Bestimmungen der Art. 39 Abs. 4, Art. 55 i.V.m. Art. 45 Abs. 1 EG werden Tätigkeiten, die eng mit der **Ausübung öffentlicher Gewalt** verbunden sind, vom Geltungsbereich der Grundfreiheiten ausgenommen. Dieses Tatbestandsmerkmal wird vom EuGH restriktiv ausgelegt. Ausgenommen von den Grundfreiheiten sind danach im Prinzip nur **Tätigkeiten hoheitlichen Charakters** (Polizei, Streitkräfte, Rechtspflege, Steuerverwaltung), während staatliche Einrichtungen, die mit der Verwaltung und Erbringung von Dienstleistungen betraut sind, nicht zur Ausübung öffentlicher Gewalt zählen.

625   Zusätzlich zu den geschriebenen Rechtfertigungstatbeständen sind ungeschriebene Einschränkungen der Grundfreiheiten, die sog. **immanenten Schranken,** anerkannt. Bekanntestes Beispiel für die immanenten Schranken ist die sog. „Cassis-de-Dijon"-Formel zur **Warenverkehrsfreiheit** i.S.d. Art. 28 EG (EuGH, Slg. 1979, 649, 662 – „Cassis de Dijon"):

„(Tz. 8) (…) Hemmnisse für den Binnenhandel der Gemeinschaft, die sich aus den   **626**
Unterschieden der nationalen Regelungen ergeben, müssen hingenommen werden, soweit diese Bestimmungen notwendig sind, um zwingenden Erfordernissen gerecht zu
werden, insbesondere den Erfordernissen einer wirksamen steuerlichen Kontrolle, des
Schutzes der öffentlichen Gesundheit, der Lauterkeit des Handelsverkehrs und des Ver-
braucherschutzes. (…)"

Die hier skizzierte Entwicklung hat aber nicht nur im Bereich der Waren-   **627**
verkehrsfreiheit stattgefunden, sondern lässt sich auch für die **Dienst-
leistungs-** und **Niederlassungsfreiheit** nachzeichnen. Ausgangspunkt in diesem Bereich ist der Fall „van Binsbergen" (EuGH, Slg. 1974, 1299)
gewesen, bei dem der EuGH erstmals – und seitdem in ständiger Rechtsprechung – „zwingende Gründe des Allgemeininteresses" als ungeschriebene Einschränkungen des Anwendungsbereichs genügen ließ, um einen
Verstoß zu rechtfertigen. Solche immanenten Schranken können jedoch
nicht Diskriminierungen, sondern nur unterschiedslos wirkende Maßnahmen rechtfertigen.

Alle Rechtfertigungstatbestände müssen sich allerdings ihrerseits an be-   **628**
stimmten Maßstäben messen lassen. Dieser **allgemeine Rechtsgedanke,** wonach auch die Zulässigkeit einer Rechtfertigung gesondert zu prüfen ist,
liegt auch Art. 30 Satz 2 EG zugrunde: „Diese Verbote oder Beschränkungen dürfen weder ein Mittel zur willkürlichen Diskriminierung noch eine
verschleierte Beschränkung des Handels zwischen den Mitgliedstaaten darstellen." Mithin darf einerseits die auf einen Rechtfertigungsgrund gestützte
Maßnahme **nicht diskriminierend wirken.** Zum anderen aber – und dies ist
in der Praxis von wesentlich höherer Bedeutung – legt der EuGH den Begriff einer verschleierten Beschränkung des Handels so aus, dass er dabei
auf den **Grundsatz der Verhältnismäßigkeit** zurückgreift. Es ist also vor allem die Frage zu prüfen ist, ob nicht ein **milderes Mittel** den Zweck in gleicher Weise zu erfüllen vermag wie die zu beurteilende staatliche Maßnahme.

d) Adressatenkreis

Unstrittig ist, dass Gesetzgebung, Rechtsprechung und Verwaltung der   **629**
Mitgliedstaaten und auch die Gemeinschaft selbst an die Grundfreiheiten
gebunden sind. Im Einzelnen ungeklärt ist hingegen die Frage, ob und inwieweit die einzelnen Grundfreiheiten auch zwischen privaten Dritten Geltung entfalten (**unmittelbare Drittwirkung**).
Bei den **Personenverkehrsfreiheiten** befürwortet der EuGH eine unmit-   **630**
telbare Drittwirkung zumindest bei Art. 39 und Art. 49 EG, wenn es sich
um **privatrechtliche Vereinigungen** handelt, die durch **Kollektivverein-
barungen** Hindernisse aufbauen. Bezüglich der Arbeitnehmerfreizügigkeit
hat der EuGH den Adressatenkreis nochmals erweitert, als das Inländergleichbehandlungsgebot auch für einzelne **Privatpersonen** Geltung bean-
spruche.
Die **Warenverkehrsfreiheit** i.S.v. Art. 28, Art. 30 EG hat keinerlei Wir-   **631**
kung im Verkehr zwischen privaten Individuen und Unternehmen. Denn für
diesen Personenkreis gelten die Wettbewerbsregeln der Art. 81 ff. EG.

2. Die Warenverkehrsfreiheit (Art. 28 ff. EG)

a) Der Anwendungsbereich des freien Warenverkehrs

632   Der räumliche Anwendungsbereich des freien Warenverkehrs folgt aus Art. 23 Abs. 2 EG: Die Freiheit des Warenverkehrs gilt für die aus den Mitgliedstaaten stammenden Waren sowie für Waren aus Drittstaaten, die sich in den Mitgliedstaaten im freien Verkehr befinden.

633   Eine Drittlandsware befindet sich dann im freien Verkehr innerhalb der Gemeinschaft, wenn sie gemäß Art. 24 EG rechtmäßig und unter Zahlung der erforderlichen Einfuhrabgaben in einen Mitgliedstaat eingeführt worden ist. Hieraus folgt, dass eine Ware nach ihrer rechtmäßigen Einfuhr in das EU-Zollgebiet im gesamten Bereich der Gemeinschaft Freizügigkeit genießt.

b) Struktur der Warenverkehrsfreiheit

634   Aus den Formulierungen der Art. 28 und 30 EG ergibt sich die **Struktur** der Warenverkehrsfreiheit: Zunächst werden sämtliche **mengenmäßigen Beschränkungen und Maßnahmen gleicher Wirkung** verboten, die den Handel zwischen den Mitgliedstaaten beeinträchtigen. Da es jedoch Handelsbeschränkungen gibt, die ihren guten Sinn haben, erklärt Art. 30 EG Beschränkungen aus den dort genannten Gründen für gerechtfertigt. Weitere Voraussetzung ist jedoch, dass eine solche Rechtfertigung nicht nur vordergründig die in Art. 30 EG angesprochenen Zwecke verfolgt. Wenn es sich dabei in Wirklichkeit um eine **verschleierte Handelsbeschränkung** handelt, greift die Rechtfertigung nicht. Art. 28 EG richtet sich seinem Sinn und Zweck nach gegen Maßnahmen der Mitgliedstaaten auf dem Gebiet des Warenverkehrs. Praktisch bedeutet dies, dass nationale Verwaltungsakte, Rechtsverordnungen, Gesetze wie sonstiges rechtliches Handeln der Mitgliedstaaten an Art. 28 EG zu messen sind.

c) Auslegung des Begriffs „Maßnahmen gleicher Wirkung"

635   Nach dem Wortlaut des Art. 28 EG ist es zunächst verboten, Kontingentierungen einzelner Produkte, d.h. eine mengenmäßige Einfuhrbeschränkung, zu errichten. Mehr Schwierigkeiten bereitet die Auslegung des Begriffes „Maßnahmen gleicher Wirkung". Unter diesen Begriff fallen nach der Rechtsprechung des EuGH **sämtliche Maßnahmen** der Mitgliedstaaten, die **geeignet sind, den innergemeinschaftlichen Handel unmittelbar oder mittelbar, tatsächlich oder potenziell zu behindern** (sog. „Dassonville"-Formel; vgl. EuGH, Slg. 1974, 837, 853). Möchte z. B. ein Franzose eine Ware nach Deutschland ausführen und wird er hierbei durch eine deutsche Norm behindert, so ist dies gemäß Art. 28 EG unzulässig, sollte nicht ausnahmsweise ein Rechtfertigungstatbestand greifen.

Problematisch wird es, wenn eine inländische Norm nicht nur einen Ausländer benachteiligt, sondern sowohl für Inländer als auch für Ausländer gilt. Ob solche sog. **unterschiedslos wirkenden Maßnahmen** ebenfalls „Maßnahmen gleicher Wirkung" sind, war lange Zeit streitig. In seiner Entscheidung „Cassis de Dijon" (EuGH, Slg. 1979, 649) hat der EuGH festgestellt, dass auch solche Maßnahmen, die In- und Ausländer gleichermaßen behindern, Maßnahmen gleicher Wirkung i. S. d. Art. 28 EG sind. Damit hat er den **Schutzbereich** des Art. 28 EG erheblich **erweitert**.

Durch das Urteil „Keck" hat der EuGH (EuGH, Slg. 1993 I, 6097) den **636** dadurch erweiterten Schutzbereich des Art. 28 EG insoweit wieder **einge-schränkt**, als nationale Bestimmungen, die nur **Verkaufsmodalitäten** betref-fen, von Art. 28 EG nicht erfasst werden, soweit sie den Absatz der inländi-schen und der Erzeugnisse aus anderen Mitgliedstaaten rechtlich wie tatsächlich in der gleichen Weise berühren. Besonders einsichtig wird diese Rechtsprechung am Beispiel des britischen Verbots für Einzelhändler, sonn-tags ihre Geschäfte zu öffnen. Dieses Verbot betrifft nur die Verkaufsmoda-litäten und fällt somit nicht in den Schutzbereich des Art. 28 EG.

d) Art. 30 EG und die sog. „Cassis-de-Dijon"-Formel

Verstößt eine Maßnahme gegen Art. 28 EG ist zu prüfen, ob sie aus- **637** nahmsweise zulässig ist. Dafür stellt **Art. 30 EG** eine Reihe von Rechtferti-gungsgründen zur Verfügung. Kann eine handelshemmende Maßnahme ei-nes Mitgliedstaates mit einem dieser Topoi gerechtfertigt werden, so ist sie ausnahmsweise zulässig.

Darüber hinaus hat der EuGH diese Systematik durch seine als imma- **638** nente Schranke zu qualifizierende „**Cassis-de-Dijon**"**-Formel** durchbrochen. Auch den Umwelt- und Verbraucherschutz zählt der EuGH inzwischen zu den **zwingenden Erfordernissen des Allgemeinwohls** im Sinne der „Cassis"-Rechtsprechung.

Konsequenz der Rechtsprechung des EuGH ist, dass ein in einem Mit- **639** gliedstaat rechtmäßig hergestelltes und vermarktetes Erzeugnis grundsätz-lich in das Hoheitsgebiet der anderen Vertragsstaaten importiert werden darf, sofern nicht einer der Beschränkungsgründe des Art. 30 EG oder die „Cassis-de-Dijon"-Formel eingreift.

Firma R will in Deutschland französischen „Cassis de Dijon" (Johannisbeerlikör) ver- **640** treiben, der einen Alkoholgehalt von 15–20 Vol.% hat. Das Branntweinmonopolgesetz erlaubt jedoch in Deutschland nur den Vertrieb von Likör mit über 25 Vol.% Alkohol-gehalt. Folglich untersagt diese Norm es der R, französischen „Cassis de Dijon" nach Deutschland einzuführen (EuGH, Slg. 1979, 649).

Da hier ein französisches Produkt über die Grenze nach Deutschland **641** eingeführt werden soll, ist der grenzüberschreitende Verkehr betroffen. Damit ist Art. 28 EG anwendbar. Das Branntweinmonopolgesetz normiert keine mengenmäßige Beschränkung. Da diese Vorschrift aber praktisch ein Einfuhrverbot für Cassis de Dijon bewirkt, ist sie ein Handelshemmnis und damit zunächst eine Maßnahme gleicher Wirkung i. S. d. Art. 28 EG. Zwei-fel an der Anwendbarkeit des Art. 28 EG könnte man haben, weil nicht nur Ausländern die Einfuhr verboten wird, sondern in ganz Deutschland der Vertrieb von Cassis de Dijon – gleichgültig ob von In- oder Ausländern – untersagt ist. Nach der seit dieser Entscheidung ständigen Rechtsprechung des EuGH ist dies jedoch nicht entscheidend, es kommt nur darauf an, ob sich die Norm als Handelshemmnis auswirkt. Dies ist der Fall. Man könnte nun überlegen, ob das Branntweinmonopolgesetz sich über Art. 30 EG rechtfertigen lässt. Dies setzt allerdings voraus, dass diese Vorschrift zum Schutz der Gesundheit erlassen worden ist. Man könnte die Ansicht vertre-ten, das Vertriebsverbot von Alkoholika mit 15–20 Vol.% Alkohol diene dem Schutz der Gesundheit. Da das Branntweinmonopolgesetz allerdings den Vertrieb von Alkoholika über 25 Vol.% Alkohol wieder zulässt, ist die-

se Argumentation widersinnig. Warum ausgerechnet Alkoholika zwischen
15 und 25 Vol.% Alkohol besonders schädlich sein sollen, ist nicht einsichtig. Eine Rechtfertigung gemäß Art. 30 EG kommt somit nicht in Betracht.
Mit dieser Argumentation hätte der EuGH bereits die Unanwendbarkeit
der entsprechenden Vorschrift des Branntweinmonopolgesetzes im grenzüberschreitenden Verkehr feststellen können. Stattdessen entwickelte er – in
dieser Entscheidung eigentlich überflüssig – die „Cassis-de-Dijon"-Formel
und siedelte den Gesundheitsschutz in dieser Formel an, obgleich er in
Art. 30 EG ausdrücklich genannt ist. Richtigerweise ist diese Formel nur
dann anzuwenden, wenn es um zwingende Erfordernisse des Allgemeinwohls, wie z.B. um Verbraucher- oder Umweltschutz, geht, die in Art. 30
EG nicht ausdrücklich genannt sind.

e) Die Problematik der Verhältnismäßigkeit

642   Gemäß Art. 30 EG reicht es nicht aus, dass sich ein Mitgliedstaat auf diese Norm bzw. auf die „Cassis-de-Dijon"-Formel beruft. Denn die Berufung
auf diese Rechtfertigungsgründe darf nicht dazu dienen, willkürlicher Diskriminierung oder einer verschleierten Beschränkung des Handels zwischen
den Mitgliedstaaten Vorschub zu leisten. Ob dies der Fall ist, ist vor allem
eine Frage der **Verhältnismäßigkeit.**

643   Ist z.B. eine die Warenverkehrsfreiheit beschränkende nationale Maßnahme angeblich aufgrund des Schutzes der öffentlichen Gesundheit erlassen worden, so ist die Frage, ob die Maßnahme wirklich dem Gesundheitsschutz dient und nicht in Wahrheit ein verschleiertes Handelshemmnis
darstellt, am Maßstab des Verhältnismäßigkeitsprinzips zu beantworten. Ist
die Maßnahme unverhältnismäßig, so indiziert dies, dass der Mitgliedstaat
– z.B. mit dem Erlass einer Norm unter dem Etikett des Gesundheitsschut-
zes – in Wahrheit ein verschleiertes Handelshemmnis anstrebt.

644   In diesem Fall wird die Norm für den grenzüberschreitenden Verkehr,
und auch nur für diesen, für unanwendbar erklärt. Im innerstaatlichen Verkehr ist sie jedoch – dies sei hier nochmals betont – nach wie vor wirksam.
Im Einzelnen ist es allerdings oftmals höchst **strittig,** inwiefern sich die Mitgliedstaaten bei ihren handelshemmenden innerstaatlichen Vorschriften auf
den Gesundheits-, Verbraucher- und Umweltschutz als Rechtfertigungsgrund berufen können. Denn die „Cassis-de-Dijon"-Formel bzw. die Tatbestandsmerkmale des Art. 30 EG sind durchaus **unscharf.**

645   Nach dem deutschen § 9 Abs. 1 Biersteuergesetz dürfen zur Zubereitung von untergäri-
gem Bier nur Gerstenmalz, Hopfen, Hefe und Wasser verwendet werden. Enthält ein
ausländisches Bier andere Stoffe, steht seiner Einfuhr ein absolutes Verkehrsverbot entgegen. Verstößt diese Regelung gegen Art. 28 EG? (Beispiel: EuGH, Slg. 1987, 1227 –
„Reinheitsgebot")

646   Die Regelungen der §§ 9 f. Biersteuergesetz stellen Handelshemmnisse
i.S.d. Art. 28 EG dar, da sie den Handel zwischen den Mitgliedstaaten beeinträchtigen. Wer Bier aus anderen Stoffen als den in Deutschland zulässigen gebraut hat und dieses Erzeugnis nach Deutschland einführen will,
sieht sich einem Einfuhrverbot gegenüber. Dieses Einfuhrverbot basiert auf
dem Reinheitsgebot, das somit ein Handelshemmnis darstellt. Dies ist als
Maßnahme gleicher Wirkung i.S.d. Art. 28 EG zu qualifizieren. Entscheidend ist, ob die Regelungen des Biersteuergesetzes gemäß Art. 30 EG dem

Verbraucher- und Gesundheitsschutz dienen. Ein deutscher Verbraucher verbindet mit dem Begriff Bier ein Getränk, das nach dem Reinheitsgebot des § 9 Biersteuergesetz gebraut wurde. Enthält ein Bier andere Stoffe, so wird der Verbraucher über die Beschaffenheit des Getränkes getäuscht. Folglich dienen §§ 9 f. Biersteuergesetz dem Verbraucherschutz. Eine Rechtfertigung nach Art. 30 EG oder der „Cassis-de-Dijon"-Formel kommt aber nur in Frage, wenn die Regelung nicht ein verschleiertes Handelshemmnis darstellt. Maßstab dafür ist der Verhältnismäßigkeitsgrundsatz. Um eine Täuschung der Verbraucher zu vermeiden, würde auch eine Etikettierung des Bieres, die in deutlicher Weise die verwendeten Stoffe aufzeigt, ausreichen. Da ein milderes Mittel dem Verbraucherschutz in gleicher Weise gerecht wird, ist ein Verkehrsverbot für Bier mit Zusatzstoffen unverhältnismäßig. Dann aber ist es über Art. 30 EG nicht zu rechtfertigen und somit wegen Art. 28 EG im grenzüberschreitenden Verkehr unzulässig. Konsequenz ist, dass ausländische Produzenten Biere, die nicht dem Reinheitsgebot entsprechen, in die Bundesrepublik einführen und hier vertreiben dürfen, während deutsche Produzenten nach wie vor an das Reinheitsgebot gebunden sind. Hier zeigt sich das Problem der **Inländerdiskriminierung** erneut in voller Deutlichkeit.

Die Art. 28, 30 EG gehören zu den praktisch bedeutsamsten Vorschriften des EG-Vertrages. Hieran hat auch die Vollendung des Binnenmarktes nichts geändert. Im Zentrum der Auseinandersetzung über Art. 28 EG steht dabei die Frage, ob und inwieweit die Mitgliedstaaten noch einen souveränen nationalstaatlichen Entscheidungsspielraum im Umwelt- und Verbraucherschutz und bei technischen Normen, z.B. zum Schutze der Arbeitnehmer, haben.   **647**

3. Die Personenverkehrsfreiheiten (Art. 39 ff. EG)

Die in den Art. 39–55 EG geregelten drei Freiheiten betreffen Formen des wirtschaftlichen Austausch zwischen den Staaten, deren ungestörtes Funktionieren zusammen mit dem freien Warenverkehr Voraussetzung der Entstehung des vom EG angestrebten einheitlichen Wirtschaftsraums ist. Sie beinhalten im Einzelnen   **648**

– die **Freizügigkeit der Arbeitnehmer** (Art. 39–42 EG),
– die **freie Niederlassung** (Art. 43–48 EG) und
– den **freien Dienstleistungsverkehr** (Art. 49–55 EG).

Ziel aller Personenverkehrsfreiheiten ist die Herstellung der sog. **Inländergleichbehandlung.** Dies bedeutet, dass EU-Ausländer und Bürger der einzelnen Mitgliedstaaten vor dem Gesetz gleich sind und gleich behandelt werden müssen. Insofern haben die Freiheiten des Personenverkehrs primär den Charakter von Gleichheitsrechten. Sinn und Zweck dieser Vorschriften leuchten unmittelbar ein: Ein Binnenmarkt funktioniert nur dann, wenn außer den Waren auch der Produktionsfaktor Arbeit, das Kapital sowie Dienstleistungen ohne Beschränkungen frei verkehren können. Problematisch ist dabei allerdings, dass zwischen den einzelnen Mitgliedstaaten teilweise ein erhebliches Gefälle hinsichtlich der Qualität der sozialen Absiche-   **649** rung besteht. Unternehmen können in einzelnen Mitgliedstaaten bei Dienstleistungen, der Einstellung von Arbeitnehmern oder der Errichtung eines Unternehmens „Sozialdumping" betreiben und sich dadurch einen Wettbewerbsvorteil verschaffen, der den Zielen des EG-Vertrags (Hebung des sozialen Standards und Besserung der Lebens- und Arbeitsbedingungen) widerspricht.

650   Auf diese Befürchtungen lässt sich die Struktur der Personenverkehrsfreiheiten zurückführen, die nicht deutlich als Rechte der einzelnen EU-Bürger ausformuliert wurden, sondern eher wie an die einzelnen Regierungen adressierte Programmsätze anmuten, innerhalb einer bestimmten Zeit die gewünschten Zustände herbeizuführen. Nichtsdestoweniger ist heute anerkannt, dass auch die **Personenverkehrsfreiheiten unmittelbar anwendbares Recht** sind. Wie bei der Warenverkehrsfreiheit kann sich somit jeder Bürger eines EU-Mitgliedstaates auf die Personenfreiheiten berufen; sie sind in einem Rechtsstreit von jedem nationalen Gericht zu beachten.

a) Die Freizügigkeit der Arbeitnehmer (Art. 39–42 EG)

651   In Form eines konkreten Diskriminierungsverbotes verbietet Art. 39 EG jede auf der Staatsangehörigkeit beruhende unterschiedliche Behandlung der Arbeitnehmer der Mitgliedstaaten in Bezug auf Beschäftigung, Entlohnung und sonstige Arbeitsbedingungen. Darüber hinaus verleiht er das Recht, sich um tatsächlich angebotene Stellen zu bewerben und statuiert ein Aufenthaltsrecht für die Arbeitssuche, für die Ausübung der Beschäftigung und, nach Maßgabe von Verordnungen, auch für die Zeit nach Beendigung der Beschäftigung. Vergleichbar der Warenverkehrsfreiheit steht auch ein Verstoß gegen die Freizügigkeit der Arbeitnehmer unter dem Rechtfertigungsvorbehalt der öffentlichen Ordnung, Sicherheit und Gesundheit (Art. 39 Abs. 3 EG).

652   Der belgische Staatsangehörige T, der in Belgien den Beruf des Fußballtrainers erlernt hatte und im Besitz eines belgischen Fußballtrainerdiploms war, wurde vom „Lille Olympic Sporting Club" als Trainer der Berufsfußballmannschaft dieses Clubs angestellt. In Frankreich ist jedoch der Zugang zum Beruf des Fußballtrainers vom Besitz eines französischen Fußballtrainerdiploms oder eines als gleichwertig anerkannten ausländischen Diploms abhängig. Die französische Regierung weigerte sich, das belgische Trainerdiplom als dem französischen gleichwertig anzuerkennen, weil sie der Ansicht war, ausländische Trainer hätten in der französischen Fußballliga nichts zu suchen, es gäbe außerdem genug französische arbeitslose Trainer (EuGH, Slg. 1987, 4097 – „UNECTEF").

653   Die französische Auffassung könnte mit Art. 39 f. EG unvereinbar sein. In den Genuss dieser Vorschriften kommt jeder Arbeitnehmer, der als EU-Ausländer in einem Mitgliedstaat der EU gegenüber Inländern unterschiedlich behandelt wird. Arbeitnehmer ist hierbei derjenige, der einer dauerhaften, abhängigen Tätigkeit nachgeht oder nachgehen will. Hierunter fällt auch ein Fußballtrainer. Da T entgegen dem von Art. 39 Abs. 2 EG geforderten Inländergleichbehandlungsgrundsatz behandelt wird, ist die Maßnahme der französischen Regierung unzulässig, wenn sie nicht von Art. 39 Abs. 3 EG, der den einzelnen Mitgliedstaaten das Recht gibt Beschränkungen einzuführen, die aus Gründen der öffentlichen Ordnung, Sicherheit und Gesundheit notwendig sind, gedeckt ist. Die französische Regierung begründet ihre Maßnahme aber nicht mit solchen Erwägungen, vielmehr

knüpft ihre Untersagung allein an die Staatsangehörigkeit an. Gemäß Art. 12 EG ist jedoch jede Diskriminierung aus Gründen der Staatsangehörigkeit verboten. Die genannten Erwägungen sind somit unzulässig. Die Ansicht der französischen Regierung verstößt gegen Art. 39 EG.

In Zusammenhang mit der Freizügigkeit der Arbeitnehmer sei noch auf **654** die **soziale Sicherung der Arbeitnehmer im grenzüberschreitenden Verkehr** hingewiesen. Der Rat der EU wurde durch Art. 42 EG beauftragt, zur sozialen Sicherung und zur Herstellung der Freizügigkeit der Arbeitnehmer die notwendigen Maßnahmen zu treffen; zu diesem Zweck sollte er insbesondere ein System einführen, welches aus- und einwandernden Arbeitnehmern und deren anspruchsberechtigten Angehörigen Sozialversicherungsansprüche auch gegen die Sozialversicherungsträger im EU-Ausland sichert. Ein Großteil dieser Verordnungen ist in der Zwischenzeit ergangen. Durch ein ausgewogenes System der sozialen Sicherung, das niemanden benachteiligt, der im EU-Ausland eine Tätigkeit aufnimmt, wird gewährleistet, dass die Freizügigkeit der Arbeitnehmer auch tatsächlich zum Gelingen des Gemeinsamen Marktes beiträgt.

Im Laufe des Jahres 1998 hat der EuGH mit drei Entscheidungen das **655** EU-Sozialrecht erheblich ausgebaut. Diese neuere Spruchpraxis wird unter dem Stichwort „Export von Sozialleistungen" diskutiert. Danach sind die nationalen Sozialversicherungsträger verpflichtet, den Export von Geldleistungen in andere EU-Mitgliedstaaten zuzulassen. Außerdem darf der gemeinschaftsweite Bezug von Sachen und Dienstleistungen nicht behindert werden. Auf diese Weise wirkt das Gemeinschaftsrecht immer intensiver auf die nationalen Systeme sozialer Sicherheit ein.

b) Die Niederlassungsfreiheit (Art. 43–48 EG)

Die Niederlassungsfreiheit umfasst die Aufnahme und Ausübung selbst- **656** ständiger Erwerbstätigkeiten sowie die Gründung und Leitung von Unternehmen nach den Bestimmungen des Aufnahmestaats für seine eigenen Angehörigen. Sachlich sind behindernde staatliche und solche kollektiven Maßnahmen angreifbar, die eine ähnliche Wirkung haben können wie z. B. Berufsordnungen oder Tarifverträge. Falls derartige Maßnahmen die Niederlassungsfreiheit beeinträchtigen, können sich sämtliche davon betroffenen EU-Staatsangehörigen vor Gericht unmittelbar dagegen wenden, ebenso Gesellschaften, die in einem EU-Mitgliedstaat rechtmäßig gegründet worden sind. Dies gilt unabhängig von der Ansässigkeit einer Person. Eine Berufung auf Art. 43 EG ist Personen versagt, deren Tätigkeit mit der Ausübung öffentlicher Gewalt verbunden ist, Art. 45 EG. Auch Art. 43 EG steht unter dem Vorbehalt der öffentlichen Sicherheit und Ordnung bzw. Gesundheit (Art. 46 EG). Verhältnismäßige Maßnahmen, die diese Rechtsgüter schützen, dürfen die Niederlassungsfreiheit beschränken.

Die deutsche Gesanglehrerin C möchte sich in Griechenland niederlassen, um dort pri- **657** vat Gesangstunden zu erteilen. Die zuständige griechische Behörde untersagt ihr dies, weil sie als Deutsche aus einem Land komme, wo die Krankheit Aids verbreitet sei. Erst nach einem negativen Aids-Test dürfe sie ihre Tätigkeit ausüben. Von Inländern verlangt die griechische Behörde den Aids-Test nicht.

Die Beschränkung der Niederlassungsfreiheit könnte gegen Art. 43, 46 **658** EG verstoßen. Da Art. 43 f. EG unmittelbar anwendbar sind, kann sich

auch C in einem Rechtsstreit auf diese Normen berufen. Da C in selbstständiger Art und Weise eine Erwerbstätigkeit in einem EU-Mitgliedstaat
aufnehmen will, fällt sie auch sachlich unter die Niederlassungsfreiheit. Der
von ihr verlangte Aids-Test wäre somit unzulässig, wenn er nicht über
Art. 46 EG zu rechtfertigen wäre. Danach sind Sonderregelungen für Ausländer zulässig, wenn die öffentliche Sicherheit es erfordert. Hier behauptet
die Behörde, eine Übertragung der Krankheit Aids zu verhindern gebiete es,
der C die Tätigkeit zu untersagen. Eine Maßnahme lässt sich jedoch nur
über Art. 46 EG rechtfertigen, wenn sie verhältnismäßig ist. Es ist äußerst
zweifelhaft, ob Aids überhaupt durch die Tätigkeit einer Gesanglehrerin
übertragen werden kann. Da dies nach dem heutigen Stand der Medizin
auszuschließen ist, eignet sich die Maßnahme der Behörde nicht, die Gesundheit der griechischen Bevölkerung zu schützen. Es ist ferner nicht einzusehen, warum eine Aids-Gefahr nur von Ausländern ausgehen soll. Da
Krankheiten von jedem Menschen übertragen werden können, müsste als
wirksamer Gesundheitsschutz der Aids-Test von allen, also auch von inländischen Lehrern, verlangt werden. Mangels Eignung der Maßnahme kann
sie somit nicht über Art. 46 EG gerechtfertigt werden. Sie ist unzulässig.

659   Wie bereits festgestellt, sind alle „Beschränkungen" der Niederlassungsfreiheit vor Art. 43 EG verboten. Die Frage ist nun, wie der Begriff der „Beschränkung" i. S. d. Art. 43 EG zu bestimmen ist. Einigkeit besteht insofern,
dass Art. 43 EG **zumindest** ein **Diskriminierungsverbot** aufstellt. Das bedeutet: EU-Ausländer können sich in einem Mitgliedstaat unter den gleichen
Bedingungen wie Inländer niederlassen (Prinzip der Inländergleichbehandlung).

Ob die Niederlassungsfreiheit darüber hinaus ein Beschränkungsverbot
enthält, ist in der Literatur noch umstritten. Während die traditionelle Ansicht Art. 43 EG lediglich als Verbot sowohl offener als auch versteckter
Diskriminierungen ansieht, mehren sich die Stimmen, die Art. 43 EG einen
weitergehenden Inhalt beimessen wollen: Art. 43 EG erfasse nicht nur diskriminierende, sondern auch diskriminierungsfreie, beschränkende Maßnahmen.

660   Unabhängig vom Streit um die Reichweite des Art. 43 EG sind mittler-
weile durch Erlass von sekundärem Gemeinschaftsrecht Fortschritte bei der
Verwirklichung der Niederlassungsfreiheit erzielt worden. Dies wird am
Beispiel der Rechtsanwälte deutlich: So wurde 1998 die „Richtlinie 98/5
EG des Europäischen Parlaments und des Rates zur Erleichterung der ständigen Ausübung des Rechtsanwaltsberufs in einem anderen Mitgliedstaat
als dem, in dem die Qualifikation erworben wurde" (Rechtsanwalts-
Niederlassungsrichtlinie) erlassen. Diese Richtlinie enthält sogar die Befugnis, eine Beratung im Recht des Aufnahmestaates vorzunehmen; dabei dürfen die Rechtsanwälte unter ihrer heimischen Berufsbezeichnung tätig werden und können auf Antrag nach dreijähriger effektiver und regelmäßiger
Tätigkeit im Aufnahmestaat die Berufsbezeichnung dieses Staates verliehen
bekommen. Für Deutschland wurde die Richtlinie am 14. 3. 2000 durch
das „Gesetz über die Tätigkeit europäischer Rechtsanwälte in Deutschland" (EuRAG) in nationales Recht umgesetzt.

Anders als bei der Niederlassungsfreiheit natürlicher Personen sind der **661** Freizügigkeit von juristischen Personen, die nach den Vorschriften einer mitgliedstaatlichen Rechtsordnung gegründet wurden (z. B. GmbH, AG), rechtliche Grenzen gesetzt, weil sie aufgrund der divergierenden nationalen Gesellschaftsrechtsordnungen keine gemeinsame gemeinschaftsrechtliche Grundlage haben. Gleichwohl sieht das EG-Niederlassungsrecht vor, dass sich **neben natürlichen Personen** auch die ihnen über **Art. 48 EG gleichgestellten Gesellschaften** in vollem Umfang auf die **Freiheit der Standortwahl** berufen können und dürfen.

Die niederländische Gesellschaft Überseering (Ü), die nach niederländischem Gesell- **662** schaftsrecht wirksam gegründet wurde, verlegt – unter Beibehaltung ihres Satzungssitzes in den Niederlanden – ihren effektiven Hauptverwaltungssitz nach Deutschland. Ü verklagt in Deutschland ein Bauunternehmen auf die Beseitigung von Baumängeln. Die Klage wird als unzulässig abgewiesen, da die niederländische Gesellschaft nicht rechtsfähig und damit auch nicht parteifähig sei (§ 50 Abs. 1 ZPO).

Die Nichtanerkennung der Rechtsfähigkeit und damit der Parteifähigkeit **663** von Ü durch die deutschen Gerichte könnte gegen Art. 43 Abs. 1 EG verstoßen. Nach weit verbreiteter Auffassung hängt die Anwendbarkeit von Art. 43 Abs. 1 EG davon ab, ob eine Gesellschaft nach dem Internationalen Privatrecht sowohl des Wegzugs- als auch des Zuzugsstaates als rechtsfähig anerkannt wird (**Vorbehalt des Internationalen Gesellschaftsrechts**). Aus der Perspektive des Zuzugsstaates Deutschland richtet sich die Beurteilung der Rechtsfähigkeit der niederländischen Gesellschaft danach, nach welchem Kriterium man ihr Heimatrecht (= Gesellschafts- oder Personalstatut) bestimmt. Ermittelt wird das Personalstatut in der innerstaatlichen Rechtspraxis nach der sog. Sitztheorie (Bestimmung der Staatszugehörigkeit nach dem Recht des Staates, in dem die juristische Person ihren effektiven Hauptverwaltungssitz hat). Legt man diese zugrunde, beurteilt sich die Rechtsfähigkeit von Ü nach deutschem Gesellschaftsrecht. Danach besteht die ursprüngliche niederländische Gesellschaft als solche mangels wirksamer Gründung nicht fort. Ü kann sich daher nicht auf Art. 43, Art. 48 EG berufen, da der Vorbehalt des Internationalen Gesellschaftsrechts zugunsten des Sitztheorie-Staates Deutschland eingreift.

Einer solchen, von der herrschenden Lehre befürworteten teleologischen **664** Restriktion ist der Gerichtshof jedoch nicht beigetreten. Stattdessen stellt er allein auf den Normtext von Art. 43, 48 EG ab und zieht daraus die Schlussfolgerung, dass die Inanspruchnahme der Niederlassungsfreiheit zwingend die Anerkennung dieser Gesellschaften als rechtsfähig durch alle Mitgliedstaaten voraussetzt, in denen sie sich niederlassen wollen. Die Aberkennung der Rechtsfähigkeit der Gesellschaft niederländischen Rechts durch deutsche Behörden stellt daher einen Eingriff in den Kernbereich der Niederlassungsfreiheit dar, der nach Ansicht des EuGH nicht zu rechtfertigen ist. Damit ist diese **wesentliche Rechtsfolge der Sitztheorie europarechtswidrig**.

c) Die Dienstleistungsfreiheit (Art. 49–55 EG)

Art. 49 EG gilt für Staatsbürger und Gesellschaften der Mitgliedstaaten, **665** die in einem anderen Mitgliedstaat ansässig sind als in demjenigen, in dem die Dienstleistung erbracht wird. Eine Dienstleistung i. S. d. Art. 50 EG ist jede Leistung, die gegen Entgelt erbracht wird, grenzüberschreitenden Bezug hat und nur von vorübergehender Dauer ist, soweit sie nicht den Vorschriften über den freien Waren- und Kapitalverkehr und über die Freizügigkeit der Personen unterliegt. Mit dem Zusatz „soweit" erweist sich der freie Dienstleistungsverkehr als Auffangtatbestand der anderen Freiheiten, insbesondere des freien Warenverkehrs. Es sind drei Formen denkbar, in denen eine Dienstleistung i. S. d. Art. 49 EG erbracht werden kann:

– Der Leistungserbringer begibt sich zur Erbringung seiner Leistung in einen anderen Mitgliedstaat,
– der Empfänger der Dienstleistung begibt sich zum Leistungserbringer in dessen Heimatstaat (passive Dienstleistungsfreiheit),
– Leistungserbringer und Empfänger verbleiben in ihren Heimatstaaten und nur die Dienstleistung überschreitet die Grenze (z. B. grenzüberschreitender Rundfunk).

666   Dabei ist die Dienstleistung ein europäischer Begriff, der jede am Ort der Erbringung erlaubte Handlung umfasst. Ein legaler Schwangerschaftsabbruch ist deshalb eine Dienstleistung i. S. d. EG-Vertrages. Dementsprechend darf die Ausreise einer Irin zum Zwecke eines legalen Schwangerschaftsabbruchs in England nicht behindert oder der Abbruch nachträglich in Irland bestraft werden. Art. 49 EG untersagt sowohl diskriminierende als auch unterschiedslos wirkende Maßnahmen. Verboten sind also nicht nur Maßnahmen, die EU-Ausländer diskriminieren, sondern auch Regelungen, die für In- und Ausländer gleichermaßen gelten, aber gleichwohl zu einer Beeinträchtigung der Dienstleistungsfreiheit führen.

4. Die Freiheit des Kapital- und Zahlungsverkehrs (Art. 56 ff. EG)

667   In einem gemeinsamen Binnenmarkt müssen nicht nur geldwerte Waren und Dienstleistungen umlauffähig sein und Arbeitnehmer und Angehörige der freien Berufe ihren Tätigkeitsort frei wählen können, sondern es muss auch ein liberalisierter Kapitalfluss ermöglicht werden. Erst dann kann von einer unbeschränkten Mobilität der Produktionsfaktoren und Produkte die Rede sein. Aus diesem Grund regelt der EG-Vertrag auch die Freiheit des Kapital- und Zahlungsverkehrs.

668   Wenn im EG-Vertrag selbst auch keine Definition des Kapitalverkehrs zu finden ist, so handelt es sich dabei nach allgemeiner Meinung um eine im Wesentlichen einseitige Wertübertragung von einem Mitgliedstaat in einen anderen, ohne dass sie Zug um Zug gegen eine andere Leistung erfolgt.

669   In den Genuss der **Kapitalverkehrsfreiheit** kommt jeder, dessen Kapital im Bereich der Europäischen Gemeinschaft „ansässig" ist, unabhängig von der Staatsangehörigkeit seines Eigners. Unter die Kapitalverkehrsfreiheit fallen sowohl Direktinvestitionen wie Unternehmensbeteiligungen, als auch Anleihen, Bürgschaften, Kredite oder Wertpapieranlagen. Nach Art. 56 Abs. 1 EG sind alle Beschränkungen des Kapitalverkehrs zwischen den Mitgliedstaaten sowie zwischen den Mitgliedstaaten und dritten Ländern verboten.

670   Dies bedeutet jedoch nicht, dass die Freiheit des Kapitalverkehrs schrankenlos gilt: Der EG-Vertrag sieht in Art. 57 ff. EG eine Reihe von Ausnah-

men vor. Die Ausnahmen der Kapitalverkehrsfreiheit sind damit primär-
rechtlich festgeschrieben. Beispielsweise lässt Art. 57 EG bestimmte Beschränkungen der Kapitalverkehrsfreiheit gegenüber Drittstaaten, die bereits am 31. 12. 1993 bestanden, fortbestehen.

Im Gegensatz zur Kapitalverkehrsfreiheit schützt die **Zahlungsverkehrs-**   **671**
freiheit des Art. 56 Abs. 2 EG den einseitigen Transfer von Kapitalmitteln,
die als Gegenleistung im Rahmen eines Vertrages fließen. Die Zahlungsverkehrsfreiheit ist also das **notwendige Gegenstück** zu den **Grundfreiheiten:**
Soweit die Grundfreiheit Schutz gewährt, ist auch die Gegenleistung zu der
von der Grundfreiheit geschützten Betätigung frei von Beschränkungen.

III. Wettbewerbsrecht

Durch staatliche Beihilfen ist es den **Mitgliedstaaten** möglich, freien   **672**
Wettbewerb im Binnenmarkt zugunsten ihrer nationalen Unternehmen zu
verzerren. Durch Kartelle und den Missbrauch marktbeherrschender Stel-
lungen sind es die **Unternehmen** selbst, die der Versuchung verfallen, durch
Absprachen, Marktaufteilung oder sonstige Verhaltensweisen eigennützig
den Wettbewerb zu verfälschen. In beiden Fällen ist es Aufgabe des europäischen Wettbewerbsrechts, einen fairen und offenen Wettbewerb im europäischen Binnenmarkt zu sichern.

1. Das Kartellverbot

Art. 81 EG verbietet alle aufeinander abgestimmten Verhaltensweisen   **673**
zwischen Unternehmen und Unternehmensvereinigungen, die den Handel
zwischen den Mitgliedstaaten zu beeinträchtigen geeignet sind, soweit sie
eine Verhinderung, Einschränkung oder Verfälschung des Wettbewerbs innerhalb des Gemeinsamen Marktes bezwecken oder bewirken. Bereits die
Formulierung zeigt, dass Art. 81 EG **unmittelbar anwendbares** Recht ist.
Adressaten der Norm sind alle Subjekte, die sich am Wirtschaftsverkehr beteiligen, unabhängig von der Rechtsform, in der sie organisiert sind. Dies
bedeutet, dass alle Wirtschaftsunternehmen, Freiberufler und Künstler, aber
auch Berufs- und Interessenverbände erfasst sind.

Das Kartellverbot ist immer dann zu prüfen, wenn **aufeinander abge-**   **674**
stimmte Verhaltensweisen vorliegen, die **wirtschaftlich relevant** sind. Dies
sind insbesondere Verträge, aber auch Beschlüsse von Unternehmensvereinigungen und sonstige Verhaltensweisen wie Empfehlungen oder die Ausübung von Druck gehören hierzu. Dabei ist es ohne Bedeutung, ob die Abstimmung im Verhalten auf **horizontaler** Ebene zwischen Konkurrenten
(z. B. Preisabsprachen), oder im **vertikalen** Bereich, also zwischen Angehörigen der verschiedenen Wirtschaftsstufen (z. B. Alleinvertriebsvereinbarun-
gen) stattfindet. Die auf diese Weise festgestellten wettbewerbsbeschränkenden Folgen einer Vereinbarung müssen des Weiteren **spürbar** sein, was
voraussetzt, dass einer Vereinbarung europaweit Bedeutung zukommt. Eine
Preisabsprache zwischen einem Straßburger Bäcker und einem Bäcker aus
Baden-Baden wird insofern kaum unter Art. 81 EG fallen. Ob Spürbarkeit
vorliegt, muss im Einzelfall geprüft werden; als Anhaltspunkt hat die
Kommission einen Umsatzanteil der Beteiligten von 5% am Gemeinsamen
Markt vorgegeben.

675   Die Feststellung, ob im Einzelfall ein Kartell vorliegt, kann durchaus problematisch sein. Für die Unternehmen ist es aber von größter Bedeutung, zu wissen, ob ihr Verhalten erlaubt oder verboten ist. Sie können sich deshalb von der Kommission bestätigen lassen, dass sie durch ihr Verhalten nicht gegen Art. 81 EG verstoßen. Diese Bestätigung wird **Negativattest** genannt.

676   Das Kartellverbot gilt allerdings nicht uneingeschränkt, sondern richtet sich nur gegen solche Kartelle, die den Wettbewerb schädigen. In der Praxis existieren auch Kartelle, die **wirtschaftlich sinnvoll** und deshalb **erwünscht** sind. Da diese prinzipiell ebenfalls von Art. 81 EG erfasst werden, ist der Kommission Ermessen eingeräumt worden, in bestimmten Einzelfällen das Kartellverbot für nicht anwendbar zu erklären. In diesem sog. **Freistellungsverfahren** gemäß Art. 81 Abs. 3 EG können abgestimmte Verhaltensweisen ausnahmsweise genehmigt werden, wenn sie der angemessenen Beteiligung der Verbraucher am entstehenden Gewinn, der Verbesserung der Warenerzeugung oder Warenverteilung oder der Förderung des technischen bzw. wirtschaftlichen Fortschritts dienen. Dies trifft z.B. auf Rationalisierungs-, Spezialisierungs-, Forschungs-, Transport- und Servicekartelle zu.

677   **Rechtsfolge** eines Verstoßes gegen das Kartellverbot ist grundsätzlich die **Nichtigkeit** der Vereinbarung. Nach nationalem Recht können Kartellrechtsverstöße Unterlassungs- und Schadensersatzansprüche (z.B. gemäß § 823 Abs. 2 BGB i.V.m. Art. 81 Abs. 1 EG) begründen. Darüber hinaus kann die Kommission bestimmte Verhaltensweisen untersagen und Bußgelder verhängen.

2. Das Verbot des Missbrauchs einer marktbeherrschenden Stellung

678   Gefahr für die Aufrechterhaltung wettbewerblicher Konkurrenzsituationen kann aber nicht nur von Unternehmensvereinbarungen, sondern auch von dem **Verhalten einzelner am Wirtschaftsleben Beteiligter** ausgehen. Haben diese eine überragende Stellung, können sie Preise und Vertragsbedingungen diktieren, andere Mitbewerber im Preiskampf unterbieten oder gar vom Markt drängen. Deshalb verbietet Art. 82 EG „die missbräuchliche Ausnutzung einer beherrschenden Stellung auf dem Gemeinsamen Markt oder einem wesentlichen Teil desselben durch ein oder mehrere Unternehmen, soweit dies dazu führen kann, den Handel zwischen den Mitgliedstaaten zu beeinträchtigen". Entscheidendes Problem des Art. 82 EG ist der Nachweis einer **marktbeherrschenden Stellung** eines Unternehmens. Sie liegt vor, wenn das Unternehmen **wirksamem Wettbewerb entgehen** oder ihn **verhindern** kann. Das Vorliegen dieses Kriteriums wird in der Realität an verschiedenen Indizien verifiziert: So führt die Fähigkeit, Preise autonom, d.h. vom Wettbewerb unabhängig, festzulegen ebenso zu einer marktbeherrschenden Stellung wie eine vollständige Produktions- und Absatzkontrolle der relevanten Güter, die Beherrschung von Rohstoffmärkten, das Innehaben eines Schlüsselpatents oder die Beherrschung von Vertriebskanälen. Entscheidendes Kriterium ist allerdings der Marktanteil. Eine marktbeherrschende Stellung ist bei einem Anteil von über 40% am relevanten Markt oder auch bei einem den Marktanteil der übrigen Wett-

bewerber deutlich überragenden Anteil anzunehmen. Eine Marktbeherrschung kann dabei nicht nur von einem Unternehmen ausgehen, sondern ebenso von einer Mehrzahl von Unternehmen, z. B. den Mineralölgesellschaften. Dann spricht man von einem **marktbeherrschenden Oligopol**. Das Innehaben einer marktbeherrschenden Stellung ist im modernen Wirtschaftsleben allerdings nichts Außergewöhnliches. Als natürliche Folge des Wettbewerbs führt eine solche Stellung nur dann zur Missbilligung, wenn sie von dem oder den betroffenen Unternehmen **missbräuchlich ausgenutzt** wird. Dies ist der Fall, wenn andere unter Ausnutzung der marktbeherrschenden Stellung ausgebeutet bzw. in ihrem Wettbewerb behindert werden. Art. 82 EG nennt hierfür einige Beispiele: So ist die Erzwingung von unangemessenen Preisen bzw. Geschäftsbedingungen ebenso verboten wie die Einschränkung der Erzeugung, des Absatzes oder der technischen Entwicklung zum Schaden der Verbraucher.

3. Das Beihilfeverbot

Wettbewerbsverzerrungen entstehen nicht nur durch Einfuhrbeschrän- **679**
kungen, Maßnahmen gleicher Wirkung oder durch die unzulässige Zusammenarbeit von Unternehmen, sondern ebenso durch **staatliche Unterstützung** bestimmter Wirtschaftszweige. Subventionierte inländische Güter können auf dem Markt billiger verkauft werden als vergleichbare nichtsubventionierte Güter aus dem Ausland. Dennoch verbietet das Zusammenwachsen des Gemeinsamen Marktes einen schlagartigen Abbau aller staatlichen Beihilfen. Diese tragen sozialen und regionalen Besonderheiten Rechnung und verhindern, dass durch den Untergang einzelner Wirtschaftszweige ganze Wirtschaftsordnungen gefährdet werden. In diesem Spannungsfeld versuchen die Art. 87–89 EG angemessene Regelungen zu treffen. Wegen der engen Verzahnung mit dem nationalen Verwaltungsrecht wird hierauf im Einzelnen in Kapitel 37 eingegangen.

Weiterführende Hinweise:
Dörr, Das Wettbewerbsrecht des EG, JuS 2001, 313;
Ohler, Das Beschränkungsverbot der Grundfreiheiten, JA 2006, 939;
Thiele, Die Grundfreiheiten in der öffentlich-rechtlichen Arbeit, JA 2005, 621.

680   *Der deutsche Bundesligaverein V steht nach einem Drittel der laufenden Saison kurz vor einem Abstiegsplatz. Er will daher als Verstärkung den niederländischen Jungnationalspieler S verpflichten. Nach den Statuten des DFB darf ein Verein aber nicht mehr als drei Nichtdeutsche in einem Spiel einsetzen. V hat bereits drei Spieler aus dem EU-Ausland unter Vertrag. Diese Spieler gelten als Leistungsträger der Mannschaft – sie spielen nahezu jedes Spiel.*

Aufgabe 1: Der Manager von V ist der Ansicht, dass die Ausländerklausel des DFB eine unzulässige Beschränkung der nach Europäischem Gemeinschaftsrecht gewährleisteten Arbeitnehmerfreizügigkeit darstellt. Hat er Recht?

Aufgabe 2: Der DFB hebt seine Ausländerklausel auf, nachdem ihm im Hinblick auf eine gemeinschaftsrechtliche Zulässigkeit Bedenken gekommen sind. Daraufhin treffen die Vereine der Bundesliga eine Absprache, dass sie auch weiterhin auf einen Einsatz von mehr als drei Ausländern pro Spiel verzichten wollen. Verstößt die Absprache gegen Art. 81 EG?

Aufgabe 3: Die Kommission ist der Ansicht, dass die Vereinbarung der Bundesliga gegen Europäisches Gemeinschaftsrecht verstößt und will daher gegen die Vereine vorgehen. Um Beweisstücke zu sichern, durchsucht die Kommission die Vereinsräume einiger Fußballclubs. Die Kommission stützt ihre Maßnahme auf Art. 20 EG-Verordnung Nr. 1/2003, der den Bediensteten der Kommission u. a. die Befugnis einräumt, bei der Vornahme von Nachprüfungen „alle Räumlichkeiten, Grundstücke und Transportmittel von Unternehmen und Unternehmensvereinigungen zu betreten", „die Bücher und sonstigen Geschäftsunterlagen, unabhängig davon, in welcher Form sie vorliegen, zu prüfen" sowie „Kopien oder Auszüge gleich welcher Art aus diesen Büchern und Unterlagen anzufertigen oder zu erlangen". Ist diese Maßnahme mit den EU-Grundrechten vereinbar?

Aufgabe 1

681   Es kommt im Falle des Spielers S ein Verstoß gegen **Art. 39 EG (Arbeitnehmerfreizügigkeit)** in Betracht.

682   **I. Der persönliche Anwendungsbereich** des Art. 39 EG müsste eröffnet sein. Nach Art. 39 Abs. 2 EG gilt die Grundfreiheit für Arbeitnehmer, die Staatsangehörige eines Mitgliedstaates sind. Fraglich ist, ob professionelle Fußballspieler als Arbeitnehmer i. S. d. Art. 39 EG anzusehen sind. Nach der Rechtsprechung des EuGH sind die wesentlichen Merkmale eines Arbeitnehmers, dass er Leistungen von gewissem wirtschaftlichen Wert für einen Anderen, von dessen Weisungen er abhängig ist, erbringt und dass er als Gegenleistung eine Vergütung erhält. Diese Merkmale erfüllt S; er ist ein Arbeitnehmer nach Art. 39 EG.

683   **II.** Zu prüfen ist weiter, ob auch der **sachlich-räumliche Anwendungsbereich** des Art. 39 EG eröffnet ist. Fraglich ist, ob der **Bereich des Sports**

überhaupt dem Gemeinschaftsrecht unterfällt. Der EG-Vertrag enthält im Bereich des Sports keine ausdrückliche Kompetenzzuweisung an die Gemeinschaft. Das Fehlen einer ausdrücklichen Kompetenzzuweisung an die Gemeinschaft hat aber nicht zur Folge, dass der Bereich des Sports dem Gemeinschaftsrecht vollständig entzogen ist. Vielmehr bedeutet dies nur, dass sportliche Betätigungen nur insoweit dem Gemeinschaftsrecht unterfallen, als sie zum **Wirtschaftsleben** i. S. v. Art. 2 EG gehören. Dies muss man für die Tätigkeit von Profifußballspielern bejahen, da sie ihre Arbeitsleistung gegen Entgelt erbringen. Der Fall des Niederländers S, der ein Arbeitsverhältnis in Deutschland eingehen will, weist auch einen zwischenstaatlichen Bezug auf. Die Arbeitnehmerfreizügigkeit innerhalb der Gemeinschaft ist betroffen.

III. Weiter müsste ein **Verstoß** gegen die Gewährleistung des Art. 39 EG **684** vorliegen. Problematisch ist, ob sich die Statuten des DFB überhaupt an Art. 39 EG messen lassen müssen. Dies könnte insofern zweifelhaft sein, als sich Art. 39 EG als Grundfreiheit zunächst nur gegen Maßnahmen von Mitgliedstaaten richtet und es sich bei der Satzung des DFB um die Maßnahme eines Sportverbandes handelt. Der DFB müsste ein tauglicher **Normadressat** des Art. 39 EG sein.

Der EuGH hat festgestellt, dass die Normadressaten des Art. 39 EG zwar in erster Linie die Mitgliedstaaten sind. Von Art. 39 EG würden aber auch solche Maßnahmen erfasst, die eine kollektive Regelung im Arbeits- und Dienstleistungsbereich enthalten. Dies wurde vom EuGH damit begründet, dass andernfalls privatrechtlich autonome Vereinigungen durch Kollektivregelungen Hindernisse für die Freizügigkeit schaffen könnten, die den Mitgliedstaaten verboten sind. Damit wäre aber die Gewährleistung der Freizügigkeit zwischen den Mitgliedstaaten in erheblichem Umfang gefährdet.

IV. Nun müsste die Satzung des Fußballverbandes die durch Art. 39 **685** EG gewährleistete Freizügigkeit in rechtswidriger Weise **beeinträchtigen.** Art. 39 Abs. 2 EG sieht vor, dass die Arbeitnehmerfreizügigkeit die Abschaffung jeder auf der Staatsangehörigkeit beruhenden unterschiedlichen Behandlung der Arbeitnehmer in Bezug auf Beschäftigung, Entlohnung und sonstige Arbeitsbedingungen umfasst. Damit enthält Art. 39 Abs. 2 EG ein **Diskriminierungsverbot,** das die Ungleichbehandlung von Arbeitnehmern aus dem Inland und dem EU-Ausland verbietet. Die Ausländerklausel des deutschen Verbandes hat einen diskriminierenden Charakter, da die Zahl der Spieler aus dem EU-Ausland, die in einem Spiel eingesetzt werden dürfen, auf drei beschränkt wird, während der zahlenmäßige Einsatz von inländischen Spielern nicht limitiert ist. Dies stellt eine **Benachteiligung** der Spieler aus dem EU-Ausland gegenüber den inländischen Spielern dar.

Nun könnte man einwenden, dass sich die Ungleichbehandlung nur auf den Einsatz des Spielers in einem Spiel bezieht, die Vereine aber das Recht hätten, beliebig viele Spieler aus dem EU-Ausland zu verpflichten. Diese Argumentation übersieht jedoch, dass die Beschäftigungschancen eines Fußballers davon abhängen, inwieweit er in einem Spiel auch eingesetzt werden darf. Jeder Verein wird eine Ausländerklausel bei der Verpflichtung von Spielern berücksichtigen, sodass eine Ausländerklausel auch die Beschäftigungsmöglichkeiten eines Spielers bei einem Verein im EU-Ausland beeinträchtigt. An dem diskriminierenden Charakter der Ausländerklausel ist daher nicht zu zweifeln.

686   V. Zu erwägen ist allerdings, ob die Diskriminierung nicht **zulässig** ist.

687   1. Im EG-Vertrag niedergelegte Schranken für Diskriminierungen im Rahmen der Arbeitnehmerfreizügigkeit finden sich in **Art. 39 Abs. 3 und Abs. 4 EG.** Nach Art. 39 Abs. 3 EG können Beschränkungen aus Gründen der öffentlichen Ordnung, Sicherheit und Gesundheit gerechtfertigt sein. Die Ausländerklausel der Satzung des Deutschen Fußball-Bunds dient aber nicht diesen Zwecken, sodass Art. 39 Abs. 3 EG nicht eingreift. Nicht im EG-Vertrag genannt, aber gleichwohl vom EuGH anerkannt, ist eine Rechtfertigung nationaler Beschränkungen der Arbeitnehmerfreizügigkeit aus **zwingenden Gründen des Allgemeininteresses.** Dieser Rechtfertigungsgrund kann aber grundsätzlich nur bei unterschiedslos geltenden Maßnahmen herangezogen werden, sodass er im Fall der hier vorliegenden Diskriminierung nicht geprüft werden darf.

688   2. Über diese Schranken hinaus hat der EuGH für den Bereich des Sports einen weiteren Rechtfertigungsgrund für Diskriminierungen anerkannt. So bejaht der EuGH eine Vereinbarkeit mit dem EG-Vertrag in dem Fall, dass ausländische Sportler aus **objektiven, nichtwirtschaftlichen Gründen,** die nur den Sport als solchen betreffen, ausgeschlossen werden. Als Beispiel hierfür hat der Gerichtshof die Aufstellung von Nationalmannschaften angeführt. Dieser besondere Rechtfertigungsgrund ist hier aber nicht einschlägig, da der Zusammensetzung von Mannschaften im Profisport gerade wirtschaftliche Erwägungen zugrunde liegen.

689   3. Ein Verstoß gegen Art. 39 EG liegt damit vor.

Aufgabe 2

690   In Betracht kommt ein Verstoß gegen **Art. 81 EG,** der Vereinbarungen zwischen Unternehmen, welche den Handel zwischen Mitgliedstaaten zu beeinträchtigen geeignet sind und eine Verhinderung, Einschränkung oder Verfälschung des Wettbewerbs innerhalb des Gemeinsamen Marktes bezwecken oder bewirken, verbietet. Bereits oben wurde die generelle **Anwendbarkeit des Gemeinschaftsrechts** auf den Bereich des Sports dargelegt. Dieser allgemeine Grundsatz gilt auch im Hinblick auf das Wettbewerbsrecht. Damit unterliegt der Sport – auch wenn er nicht nur wirtschaftliche, sondern zudem soziale und kulturelle Bezugspunkte aufweist – prinzipiell der Wettbewerbskontrolle der EU.

691   I. Eine Anwendbarkeit der Art. 81 ff. EG setzt zunächst voraus, dass es sich bei den Vereinen des Profifußballs um Unternehmen i. S. d. Art. 81 EG handelt. Nach der Rechtsprechung des EuGH ist ein Unternehmen **jede** eine **wirtschaftliche Tätigkeit ausübende Einheit,** unabhängig von der jeweiligen Rechtsform und der Art der Finanzierung. Dass Fußballvereine der Profiliga eine wirtschaftliche Tätigkeit ausüben, ist – angesichts der finanziellen Transaktionen und der Umsätze der Vereine – unmittelbar einsichtig.

692   II. Des Weiteren müsste eine in Art. 81 EG genannte Maßnahme der Unternehmen vorliegen. Hier haben die Vereine untereinander eine **Absprache**

getroffen, an der Ausländerklausel festzuhalten. Diese Absprache stellt eine Vereinbarung i. S. d. Art. 81 EG dar, da eine Willenseinigung der Vereine vorliegt, durch die sie sich zu einem bestimmten Tun bzw. Unterlassen verpflichten.

III. Weitere Voraussetzung des Art. 81 Abs. 1 EG ist, dass der **Handel** 693 **zwischen den Mitgliedstaaten beeinträchtigt wird.** Durch die Ausländerklausel wird der Wechsel von Fußballern aus dem EU-Ausland in die deutsche Profiliga behindert und damit auf den Wirtschaftsverkehr zwischen den Mitgliedstaaten Einfluss genommen.

IV. Art. 81 EG setzt darüber hinaus voraus, dass die Vereinbarung eine 694 **Beschränkung des Wettbewerbs** (Verhinderung, Einschränkung oder Verfälschung) innerhalb des Gemeinsamen Marktes **bezweckt** oder **bewirkt.** Die Vereinbarung, nicht mehr als drei ausländische Spieler pro Begegnung einzusetzen, beschränkt den Wettbewerb innerhalb des Gemeinsamen Marktes, denn den Vereinen wird die Möglichkeit genommen, sich durch Einstellung von zusätzlichen ausländischen Spielern gegenseitig Konkurrenz zu machen. Der Wettbewerb zwischen den Profiligavereinen wird damit eingeschränkt.

V. **Ausnahmen** vom Kartellverbot sind nur in Art. 81 Abs. 3 EG vorgese- 695 hen. Hiernach kann die Kommission eine Freistellung vom Kartellverbot erteilen. Dies ist aber nicht geschehen, sodass sich über Art. 81 Abs. 3 EG die nach Art. 81 Abs. 1 EG verbotene Absprache nicht legitimieren lässt. Zudem wäre hier eine Freistellung nach der Praxis der Kommission ohnehin ausgeschlossen: Ausnahmen von kartellrechtswidrigen Vereinbarungen sollen nur möglich sein, wenn diese nicht das Recht der Arbeitnehmerfreizügigkeit berühren. Dies ist aber hier der Fall, sodass sich im Ergebnis festhalten lässt: Die Vereinbarung der Vereine verstößt gegen das Kartellverbot des Art. 81 EG.

Aufgabe 3

I. Die Kommission hat ihre Durchsuchung der Vereinsräume auf Art. 20 696 EG-Verordnung Nr. 1/2003 gestützt. Diese Vorschrift ermächtigt die Kommission in Abs. 2 lit. a)-c), die Räumlichkeiten von Unternehmen zu betreten, Geschäftsunterlagen zu prüfen und Kopien anzufertigen. Die Maßnahmen der Bediensteten der Kommission liegen an sich noch im Rahmen der Kartellverordnung.

II. Grundsätzlich ist in der Rechtsprechung des EuGH anerkannt, dass 697 dem einzelnen Marktbürger gegenüber der Hoheitsgewalt der EU auf der Ebene des Gemeinschaftsrechts ein **Grundrechtsschutz** zusteht. Danach ist auch die Unverletzlichkeit der Wohnung grundrechtlich verbürgt. Die Frage ist aber, ob dieser Grundrechtsschutz – wie dies nach der Rechtsprechung des Bundesverfassungsgerichts im Rahmen des Grundgesetzes der Bundesrepublik Deutschland der Fall ist – nicht nur für **Privatwohnungen,** sondern auch für **Geschäftsräume** gilt.

Dies hat der EuGH unter Hinweis auf die für die Ableitung des Grund- 698 rechtsschutzes in der EU wesentlichen Ansatzpunkte abgelehnt. Gegen eine

Einbeziehung von Geschäftsräumen in den Schutzbereich spreche zunächst die Europäische Menschenrechtskonvention (EMRK). Nach Art. 8 Abs. 1 EMRK habe jedermann Anspruch auf Achtung seines Privat- und Familienlebens, seiner Wohnung und seines Briefverkehrs. Dieser Argumentation hat der Europäische Gerichtshof für Menschenrechte freilich ihre Grundlage entzogen, indem er Geschäftsräume ausdrücklich dem Schutz des Art. 8 Abs. 1 EMRK unterstellt hat: Es sei kein plausibler Grund ersichtlich, den beruflichen Bereich – der sich ohnehin nicht trennscharf vom Privatleben abgrenzen lasse – von dem Schutzbereich auszunehmen.

699   Allerdings hat der EuGH noch weitere Argumente für seine Sichtweise angeführt: Eine Einbeziehung von Geschäftsräumen in den Schutz der Wohnung könne auch nicht aus einer Gesamtschau der Verfassungsordnungen in den einzelnen Mitgliedstaaten abgeleitet werden. Denn die Rechtsordnungen der Mitgliedstaaten weisen – in Bezug auf Art und Umfang von Geschäftsräumen – nicht unerhebliche Unterschiede auf; ein gemeinsamer Grundsatz für einen Grundrechtsschutz von Geschäftsräumen sei daher nicht zu erkennen. Diese restriktive Auslegung des EuGH wird bestätigt durch weitere für die Herleitung des europäischen Grundrechtsschutzes relevante Gesichtspunkte: In den Erklärungen der Organe der EU zum Grundrechtsschutz findet sich kein Hinweis auf einen Schutz von Geschäftsräumen. Vielmehr sieht die Erklärung des Europäischen Parlaments vom 12. 4. 1989 in Art. 6 des vorgelegten Grundrechtskatalogs lediglich den Schutz des Privatlebens vor. Schließlich lässt sich auch mit dem geschriebenen Gemeinschaftsrecht – insbesondere dem EG-Vertrag – kein Grundrechtsschutz von Geschäftsräumen begründen.

700   Die Vereine können sich daher im vorliegenden Fall nicht mit Erfolg auf das europäische Grundrecht der Unverletzlichkeit der Wohnung berufen. Ob sich die rechtliche Beurteilung dann ändern wird, wenn die in Nizza proklamierte **Charta der Grundrechte der Europäischen Union** Verbindlichkeit erlangt, erscheint zweifelhaft. Denn der Wortlaut von Art. 7 Grundrechts-Charta orientiert sich weitgehend an Art. 8 Abs. 1 EMRK und statuiert damit einen Schutz der Wohnung ohne explizite Einbeziehung der Geschäftsräume.

Weiterführende Hinweise:

Arndt/Fischer, Europarecht 20 Fälle mit Lösungen, 5. Auflage 2006;
Haus/Cole, Grundfälle zum Europarecht, JuS 2002, 1181, JuS 2003, 145, 353, 561, 760, 978, 1179.

4. TEIL

AUSSENWIRTSCHAFTSRECHT

Kapitel 32: Grundlagen des Außenwirtschaftsrechts

I. Begriff und Aufgaben des Außenwirtschaftsrechts

Das Außenwirtschaftsrecht regelt den Verkehr von Waren, Dienstleistun- **701** gen, Kapital und anderen Gütern mit fremden Wirtschaftsgebieten. Da in Deutschland ungefähr ein Drittel der gesamten Wirtschaftsleistung exportiert wird, ist es für die deutschen Wirtschaftsunternehmen von besonderer Bedeutung.

Der Außenhandel muss unterschiedliche Interessen ausgleichen: Auf der **702** einen Seite setzt eine exportorientierte Wirtschaft eine liberale Außenwirtschaftsordnung voraus. Schließlich kann ein Staat von anderen Ländern kaum verlangen, Importe möglichst unreglementiert zuzulassen, wenn er selbst seine Grenzen abschottet. Auf der anderen Seite birgt ein liberaler internationaler Handel Gefahren: Unbeschränkte Kapitaleinfuhr führt zur sog. „importierten Inflation", aus sicherheitspolitischen oder humanitären Erwägungen sollte die Ausfuhr von militärisch nutzbaren Gütern in Krisengebiete verhindert werden. Es ist Aufgabe des Außenwirtschaftsrechts, an der Schnittstelle zwischen Recht, Wirtschaft und Politik einen angemessenen Ausgleich zu finden.

Dieses Rechtsgebiet ist durch vielerlei supranationale Regelungen beein- **703** flusst; daher ist die Autonomie des deutschen Gesetzgebers weitgehend eingeschränkt. Die Bundesrepublik hat mit vielen Staaten der Welt bilaterale **völkerrechtliche Verträge** geschlossen. Soweit diese Verträge Vereinbarungen über die gegenseitigen Wirtschaftsbeziehungen enthalten, sind sie vorrangig anwendbar. Im Folgenden wird kurz auf das wohl wichtigste internationale Handlungsregime – die WTO-Rechtsordnung – und seine Bedeutung für das deutsche Außenwirtschaftsrecht eingegangen.

II. Überblick über die WTO-Rechtsordnung

Die **Welthandelsorganisation** (World Trade Organization, WTO) ist eine **704** internationale Organisation mit derzeit 150 Mitgliedern (Verhandlungen über den Beitritt Russlands stehen Mitte 2007 bevor), die als Völkerrechtssubjekt anerkannt ist (vgl. Art. VIII Abs. 1 WTO). Ihre **Aufgabe** besteht darin, die **zwischenstaatliche Zusammenarbeit im Bereich des internationalen Handels zu institutionalisieren**, d.h., sie „erleichtert die Durchführung, die Verwaltung und Wirkungsweise" der diversen multilateralen Handelsübereinkommen (vgl. Art. III Abs. 1 WTO). Mit der Bezugnahme auf die Handelsübereinkommen wird gleichzeitig die materiell-rechtliche Grund-

konzeption der WTO angedeutet, die man als „Drei-Säulen-Modell" cha-
rakterisieren kann: Die erste Säule der Welthandelsordnung verkörpert das
Allgemeine Zoll- und Handelsabkommen (General Agreement on Tariffs
and Trade, GATT), die zweite Säule ergibt sich aus dem Allgemeinen
Übereinkommen über den Handel mit Dienstleistungen (General Agreement on Trade in Services, GATS) und die dritte Säule schließlich ist das
Übereinkommen über handelsbezogene Aspekte der Rechte des geistigen
Eigentums (Trade-Related Aspects of Intellectual Property Rights, TRIPS).
Ergänzt werden die drei bedeutendsten Verträge durch die Vereinbarung
über Regeln und Verfahren zur Beilegung von Streitigkeiten (Dispute Sett-
lement Understanding, DSU). Die genannten Übereinkünfte sind ein inte-
graler Bestandteil der WTO und für alle Vertragsparteien verbindliches
Recht (Art. II Abs. 2 WTO).

705   Die WTO besteht aus folgenden Organen: Die Ministerkonferenz ist als
politisches Leitorgan der WTO das höchste Organ. Sie tagt alle zwei Jahre.
Der allgemeine Rat ist das zentrale operative Organ. Er tritt zusammen als
Ausschuss zur regelmäßigen Überprüfung der Handelspolitik der Mitglieder und als Streitschlichtungsausschuss. Das Sekretariat steht unter der Leitung eines Generaldirektors. Es verfügt über keinerlei eigenständige Ent-
scheidungskompetenz, sondern leistet lediglich logistische und technische
Unterstützung für die übrigen Organe.

706   Der wichtigste WTO-Vertrag ist das reformierte GATT 1994. Dessen bedeutendste Strukturprinzipien sind das Gebot der Beseitigung von mengenmäßigen Beschränkungen für Waren (Art. XI), das Inländergleichbe-
handlungs- (Art. III) und das Meistbegünstigungsgebot (Art. I Abs. 1). Der
Anwendungsbereich des GATT ist eröffnet, wenn es um den Handel mit einem „product" – gemeint sind Waren im Sinne körperlicher Gegenstände –
im Zollgebiet einer Vertragspartei geht.

707   Das Gebot der Beseitigung von mengenmäßigen Beschränkungen untersagt Abgaben und sonstige Belastungen, alle Ein- und Ausfuhrverbote sowie mengenmäßige Beschränkungen des Im- oder Exports von Produkten.
Das Inländergleichbehandlungsgebot sichert die Wettbewerbsgleichheit,
wenn sich die Ware bereits im Inland befindet. Es fordert die Gleichstellung
ausländischer mit „gleichartigen" inländischen Waren auf dem Gebiet der
inneren Abgaben und Rechtsvorschriften. Der Grundsatz der Meistbegüns-
tigung bedeutet, dass Handelsbegünstigungen (z.B. bei Zöllen) gegenüber
allen Vertragsparteien gleichermaßen gewährt werden müssen. Sobald ein
Staat einem seiner Handelspartner einen bestimmten Vorteil zugesteht, ist
dieser auf alle anderen Mitglieder des GATT auszudehnen.

708   Verstößt eine nationale Maßnahme gegen einen der genannten Untersa-
gungstatbestände, ist sie grundsätzlich unzulässig, sofern nicht ausnahmsweise einer der im GATT kodifizierten Rechtfertigungsgründe einschlägig
ist. Neben den Freistellungstatbeständen der Art. XIX GATT (Notstands-
maßnahmen bei der Einfuhr bestimmter Waren) und Art. XXI GATT (Ausnahmen zur Wahrung der Sicherheit) ist im Welthandelsrecht die allgemeine

Ausnahme des Art. XX GATT der bedeutendste Rechtfertigungsgrund.
Danach können u.a. zum Schutz der öffentlichen Sittlichkeit, des Lebens
und der Gesundheit von Menschen, Tieren und Pflanzen beschränkende
staatliche Maßnahmen ergriffen werden. Allerdings dürfen sie **keinen diskriminierenden Charakter** aufweisen und müssen auch dem **Verhältnismäßigkeitsgrundsatz** genügen. Die Parallele zur Warenverkehrsfreiheit der
Art. 28, 30 EG ist offensichtlich.

Von entscheidender Bedeutung ist schließlich die in der Uruguay-Runde   709
erzielte Stärkung des Streitbeilegungsverfahrens. Während das GATT 1947
zur Streitbeilegung nur die unverbindliche Stellungnahme eines Experten-
gremiums (sog. Panel) vorsah, welche zu ihrer Wirksamkeit der Annahme
durch die Streitparteien bedurfte, treffen die Panels nunmehr eine verbindliche Streitentscheidung.

III. Außenwirtschaftsrecht der EG

Der EG regelt den **Außenwirtschaftsverkehr der EU**, d.h. den Wirt-   710
schaftsverkehr mit Drittstaaten, im Wesentlichen in den **Art. 131 ff. EG.**
Art. 131 EG enthält eine Grundsatzerklärung zur gemeinsamen Handelspolitik der EU gegenüber Drittstaaten und ein Bekenntnis zu einer liberalen
Handelspolitik. Darüber hinaus enthalten die Art. 131 ff. EG allerdings
kaum inhaltliche Vorgaben. Vielmehr ist die konkrete Ausgestaltung der
gemeinsamen Handelspolitik der EU als Aufgabe übertragen. Insofern bildet **Art. 133 EG** die Kernermächtigungsgrundlage. Er unterstellt die gemeinsame Handelspolitik, insbesondere die Änderung von Zollsätzen, den
Abschluss von Zoll- und Handelsabkommen, die Vereinheitlichung von Li-
beralisierungsmaßnahmen, die Ausfuhrpolitik und die handelspolitischen
Schutzmaßnahmen, z.B. im Fall von Dumping und Subventionen, der
Kompetenz der EU. Der gesamte Bereich der Handelspolitik ist damit ver-
gemeinschaftet und somit in vollem Umfang Aufgabe der EU. Soweit die
EU von dieser Kompetenz Gebrauch macht, tritt sie an die Stelle der bishe-
rigen nationalen Politiken und lässt für nationale Maßnahmen keinen
Raum mehr.

IV. Nationales Außenwirtschaftsrecht

Soweit dem deutschen Gesetzgeber im Rahmen dieser internationalen   711
Vorgaben Regelungskompetenzen verblieben sind, hat er hiervon primär im
Außenwirtschaftsgesetz (AWG) Gebrauch gemacht. Das AWG regelt den
grenzüberschreitenden Handel, soweit innerstaatliche Interessen von ihm
betroffen sind. Aufgrund dieses Gesetzes ist die **Außenwirtschaftsverord-
nung** erlassen worden, die das Ausfuhrgenehmigungsverfahren konkretisiert und in der Anlage Listen der Waren und Staaten enthält, hinsichtlich
derer der Handel genehmigungspflichtig ist. Daneben bestehen eigenständige Vorschriften zum Waffenhandel im **Kriegswaffenkontrollgesetz** und zum
Schutz deutschen Kulturgutes gegen Abwanderung.

Die praktisch bedeutsamsten Regelungen enthält das AWG. Nach § 1   712
Abs. 1 AWG ist der Wirtschaftsverkehr mit fremden Wirtschaftsgebieten

grundsätzlich frei. Er unterliegt nur den Einschränkungen, die sich aus dem AWG oder der auf ihm beruhenden Rechtsverordnungen ergeben. Den Prinzipien einer exportorientierten Wirtschaft folgend wird der grenzüberschreitende Handel von der staatlichen Aufsicht freigestellt. Allerdings haben es die gegenläufigen nationalen und internationalen Interessen notwendig werden lassen, von dem Regelungsvorbehalt des § 1 Abs. 1 Satz 2 AWG reichlich Gebrauch zu machen. So enthält das AWG zahlreiche Ermächtigungen an die Bundesregierung, im Wege von Verordnungen, allgemeine (§§ 5 bis 7 AWG) oder besondere (§§ 8 bis 21 AWG) Beschränkungen des Außenwirtschaftsverkehrs vorzunehmen. Schädigende Einflüsse aus fremden Wirtschaftsgebieten, die negative Folgen für die heimische Wirtschaft begründen, können gemäß § 6 AWG abgewendet werden. Solche negativen Folgen sind nach dem Gesetz dann zu befürchten, wenn durch grenzüberschreitende Rechtsgeschäfte inländischer Wettbewerb eingeschränkt, verfälscht oder verhindert wird bzw. der zwischenstaatliche Handel gefährdet wäre. Zweck der Vorschrift ist es, Maßnahmen fremder Länder, wie z. B. Exportsubventionen oder multiple Wechselkurse, abzuwehren. Ein weiteres wichtiges Anliegen des AWG ist der Schutz der Sicherheit und der auswärtigen Interessen. Aus diesem Grunde können gemäß § 7 AWG Handlungen im Außenwirtschaftsverkehr beschränkt werden, um die Sicherheit der Bundesrepublik Deutschland zu gewähren, um eine Störung des friedlichen Zusammenlebens der Völker zu vermeiden oder um zu verhindern, dass die auswärtigen Beziehungen der Bundesrepublik Deutschland erheblich gestört werden. Besondere sicherheits- und außenpolitische Gefahren birgt der Handel mit militärischen Gütern. Insofern sieht § 7 Abs. 2 AWG Beschränkungsmöglichkeiten insbesondere in Bezug auf Geschäfte über Waffen, Munition, sonstiges Kriegsgut sowie damit zusammenhängende Güter (Konstruktionszeichnungen, Patente) vor.

713   Von den Instrumentarien des Außenwirtschaftsgesetzes mit seinen **Einfuhr- und Ausfuhrverboten**, dem **Genehmigungsvorbehalt**, den **Kontingentierungsmöglichkeiten** macht die Bundesregierung allerdings nur **selten Gebrauch**. Die staatliche Wirtschaftslenkung bedient sich stattdessen auch im Außenwirtschaftsbereich der eleganteren und leiseren Methode, die beteiligten Wirtschaftsobjekte ohne oder gegebenenfalls mit anderen Druckmitteln zur Einsicht zu bringen. Notwendig erscheinende außenwirtschaftliche Maßnahmen werden in diesen Fällen nicht durch dirigistische Eingriffe mit dem Instrumentarium des Außenwirtschaftsgesetzes, sondern durch (oft nur scheinbar freiwillige) **Selbstbeschränkungsabkommen** durchgesetzt.

Weiterführender Hinweis:
Terhechte, Einführung in das Wirtschaftsvölkerrecht, JuS 2004, 1054.

5. TEIL

VERWALTUNGSRECHT

Kapitel 33: Die Gewerbeüberwachung

Fall: Unternehmer A möchte am Rande der Kleinstadt X eine Fabrik errichten, in der 714
Rohre aus nahtlosem Stahl hergestellt werden sollen. Die voraussichtlichen Investitionskosten betragen 80 Mio. €. Welche öffentlich-rechtlichen Erfordernisse hat A zu
beachten, um sein Vorhaben verwirklichen zu können?

I. Einführung

Üblicherweise wird der Stoff des Verwaltungsrechts in juristischen Lehr- 715
büchern untergliedert in das **allgemeine Verwaltungs- und Verwaltungsverfahrensrecht**, das **Verwaltungsprozessrecht** und das **besondere Verwaltungsrecht**.

Das allgemeine Verwaltungs- und Verwaltungsverfahrensrecht enthält die 716
Grundsätze, an denen sich jedes Verwaltungshandeln auszurichten hat. Das
Verwaltungsprozessrecht umfasst die außergerichtlichen und vor allem die
gerichtlichen Rechtsschutzmöglichkeiten für den Bürger, der ihn betreffen-
des Verwaltungshandeln für rechtswidrig hält. Zum besonderen Verwaltungsrecht schließlich gehören die zahllosen Gesetze, die sich mit einzelnen
Erscheinungsformen staatlicher Verwaltung befassen, – von Schul-, Polizei-
und Gewerberecht bis hin zum Sozialversicherungs-, Bauplanungs- und
Immissionsschutzrecht.

Bei der Darstellung dieser drei Zweige des Verwaltungsrechts gehen die 717
juristischen Lehrbücher üblicherweise vom Allgemeinen zum Besonderen,
d. h., sie stellen zunächst das allgemeine Verwaltungs- und Verwaltungsverfahrensrecht vor, sodann das Verwaltungsprozessrecht und schließlich die
Einzelgebiete des besonderen Verwaltungsrechts. Im Folgenden wird eine
andere, induktive Vorgehensweise gewählt. Anhand eines Ausgangsfalles
gelangt sie von Teilgebieten des besonderen Verwaltungsrechts – dem für
Wirtschaftswissenschaftler bedeutsamen Gewerbe- und Immissionsschutzrecht – über das Verwaltungsprozessrecht schließlich zu den wichtigsten
Regelungen des allgemeinen Verwaltungsrechts.

II. Beginn und Aufnahme eines Gewerbes

Im Ausgangsfall muss das Vorhaben des A zunächst gewerberechtlich zu- 718
lässig sein. Grundlegendes Gesetz für diese Materie ist die – inzwischen
mehrfach geänderte – Gewerbeordnung (GewO). Daneben gibt es eine
Vielzahl gewerberechtlicher Spezialgesetze, beispielsweise das Gaststätten-
gesetz oder die Handwerksordnung.

In § 1 Abs. 1 GewO ist der **Grundsatz der Gewerbefreiheit** niedergelegt.
Er besagt, dass grundsätzlich jedermann der Betrieb eines Gewerbes gestat-

tet ist; jedermann darf also jedwede gewerbliche Tätigkeit ausüben, ohne bei Beginn und Fortsetzung des Gewerbebetriebs anderen verwaltungsrechtlichen Beschränkungen unterworfen zu sein als denjenigen, die durch Bundesgesetz festgelegt sind (vgl. Art. 74 Nr. 11 GG, konkurrierende Gesetzgebungskompetenz des Bundes auf dem Gebiet des Gewerberechts). Seine Bedeutung besteht also vorwiegend darin, dass er landesrechtliche Beschränkungen verbietet. Es ist danach gleichgültig, in welchem Bundesland sich Unternehmer A niederlassen will: Die öffentlich-rechtlichen Regelungen, von denen Beginn und Fortsetzung seines geplanten Gewerbebetriebes abhängen, sind in jedem Bundesland die gleichen.

719   Mit dem Erlass des Grundgesetzes und der Statuierung der Berufsfreiheit in Art. 12 GG hat die Garantie der Gewerbefreiheit in § 1 GewO an Bedeutung verloren. Da Art. 12 GG nur für Deutsche gilt, hat § 1 GewO nach wie vor für Ausländer Relevanz, weil er die Gewerbefreiheit „jedermann" zugesteht. Auf den Grundsatz der Gewerbefreiheit kann sich A allerdings nur dann berufen, wenn es sich bei der von ihm beabsichtigten Tätigkeit um eine „gewerbliche" i.S.d. Gewerbeordnung handelt. Die Gewerbeordnung enthält keine Definition des Gewerbebegriffs. § 6 GewO bestimmt nur, welche Erwerbstätigkeiten nicht unter die Gewerbeordnung fallen. Dazu gehören Landwirtschaft, Fischerei, Bergbau (**Urproduktion**) und Tätigkeiten, die besondere Qualifikationen verlangen, wie die der Ärzte, Apotheker, Rechtsanwälte, Kapitäne und Lotsen (**freie Berufe**). Diese Tätigkeiten sind in besonderen Gesetzen geregelt.

Der Begriff des Gewerbes wird wie folgt definiert: **Gewerbe ist jede erlaubte, selbstständige, auf Gewinnerzielung gerichtete und auf Dauer angelegte Tätigkeit, die nicht Urproduktion, Verwaltung eigenen Vermögens oder ein freier Beruf ist.**

720   Unter den Begriff des Gewerbes i.S.d. Gewerbeordnung fallen danach insbesondere die industrielle und handwerkliche Produktion, Dienstleistungsbetriebe sowie der Groß-, Einzel- und Kleinhandel. Also kann sich auch Unternehmer A auf den Grundsatz der Gewerbefreiheit berufen.

III. Einschränkung der Gewerbefreiheit durch die Gewerbeordnung

721   Die Gewerbeordnung hält ein abgestuftes rechtstechnisches Instrumentarium zur Kontrolle von Gewerbebetrieben bereit. Anknüpfungspunkt für die unterschiedlichen Regelungen ist zunächst die Art der Gewerbeausübung. Danach werden **Reisegewerbe, Marktverkehr** und **stehende Gewerbebetriebe** unterschieden.

722   Beim **Reisegewerbe** (vgl. Legaldefinition in § 55 Abs. 1 GewO) fordert die Gewerbeordnung eine vorbeugende Kontrolle; wer ein Reisegewerbe betreibt, bedarf grundsätzlich einer behördlichen Erlaubnis (**Reisegewerbekarte** – § 55 Abs. 2 GewO), ohne die der Betrieb eines Reisegewerbes verboten ist (sog. **Verbot mit Erlaubnisvorbehalt**). Nach § 57 GewO ist die Reisegewerbekarte zu versagen, wenn die Behörde Grund zu der Annahme hat, dass der Bewerber die für die beabsichtigte Tätigkeit erforderliche Zuverlässigkeit nicht besitzt. Die Verwendung des unbestimmten Rechtsbegriffs „Zuverlässigkeit" ermöglicht der Behörde eine flexible Handhabung der Vorschrift. Unbestimmte Rechtsbegriffe sind voll justiziabel, was bedeu-

tet, dass die Entscheidung der Behörde, ob jemand zuverlässig ist oder nicht, durch die Gerichte überprüfbar ist. Nach allgemeiner Auffassung ist eine Person unzuverlässig i. S. d. Gewerbeordnung, wenn sie nach dem Gesamteindruck ihres Verhaltens nicht die Gewähr dafür bietet, dass sie in Zukunft ihr Gewerbe ordnungsgemäß betreiben wird. In Betracht kommt dabei, dass die Person nicht ein Mindestmaß an Sachkenntnis besitzt, oder dass ihr ein Mindestmaß an sozialer Rücksichtnahme und Rechtstreue abgeht. Der Eingriff in den Grundsatz der Gewerbe- und Berufsfreiheit durch § 57 GewO ist gerechtfertigt, weil vom Reisegewerbe besondere Gefahren für die Bevölkerung ausgehen: Zum einen sind Markttransparenz und Vergleichsmöglichkeiten erschwert, zum anderen kann das Reisegewerbe durch die Verwaltung nur ungleich schwerer kontrolliert werden als etwa ein stehender Gewerbebetrieb.

Für den **Marktverkehr** dagegen gilt wiederum uneingeschränkt der **723** **Grundsatz der Marktfreiheit.** Jeder kann mit den gleichen Befugnissen alle Märkte besuchen und auf allen Märkten ein- und verkaufen. Marktfreiheit bedeutet im Wesentlichen **Teilnahmefreiheit.** Probleme ergeben sich dann, wenn es für einen Markt mehr Bewerber als Platz gibt. Es stellt sich dann die Frage, nach welchen, den Vorgaben des § 70 Abs. 2 GewO Rechnung tragenden sachlichen Kriterien die Auswahl der Teilnehmer erfolgen kann. Als solche Kriterien werden in der Rechtsprechung insbesondere die Reihenfolge der Anmeldung, Bekanntheit und Bewährung sowie Ortsansässigkeit angesehen. **Markt i. S. d. Gewerbeordnung ist die nach Ort und Zeit von einer Behörde festgesetzte Möglichkeit, für eine bestimmte Vielzahl von Anbietern und Nachfragern an Ort und Stelle ihre Austauschgeschäfte abzuschließen.** Privatmärkte sind keine Märkte i. S. d. Gewerbeordnung. Die Gewerbeordnung umschreibt die Gegenstände des Marktverkehrs abschließend. Auf Wochenmärkten dürfen grundsätzlich nur Lebensmittel, Produkte des Obst- und Gartenbaus, der Land- und Forstwirtschaft sowie der Fischerei und rohe Naturerzeugnisse mit Ausnahme des größeren Viehs feilgeboten werden (§ 67 GewO), auf Jahrmärkten Waren aller Art (§ 68 Abs. 2 GewO). Dienstleistungen sind keine Gegenstände des Marktverkehrs. Wer also auf Märkten Dienstleistungen anbietet, benötigt dazu eine Reisegewerbekarte.

Beim **stehenden Gewerbe** hält die Gewerbeordnung nicht die Rechtsfigur **724** eines Verbotes mit Erlaubnisvorbehalt (vorbeugende Kontrolle), sondern die einer genehmigungsfreien **Erlaubnis mit Verbotsvorbehalt** für angemessen. Nach § 14 GewO braucht derjenige, der den selbstständigen Betrieb eines stehenden Gewerbes aufnehmen will, dieses Vorhaben lediglich der zuständigen Behörde **anzuzeigen.** Eine behördliche **Genehmigung** ist **nicht erforderlich.** Durch den in § 35 GewO enthaltenen Verbotsvorbehalt ist der Behörde nur eine nachträgliche Korrekturmöglichkeit an die Hand gegeben. Wenn sich nach Eröffnung des Gewerbes herausstellt, dass der Ausübende den Anforderungen nicht gewachsen ist, kann die zuständige Behörde die Ausübung des Gewerbes untersagen. Dazu müssen Tatsachen vorliegen, welche die Unzuverlässigkeit des Gewerbetreibenden in Bezug auf dieses Gewerbe dartun, und darüber hinaus muss die Untersagung zum Schutze der Allgemeinheit oder der im Betrieb Beschäftigten erforderlich sein.

725   Wenn ein Klempner Rohre so verlegt, dass ein Haus alsbald unter Wasser steht, mag
zwar auch er – mangels weiterer Aufträge – alsbald wirtschaftlich ruiniert sein, in vielen
Fällen aber vor allem die Bauherren. Gerade das soll § 35 GewO vermeiden helfen.

726   Unzuverlässig i. S. d. § 35 GewO ist nicht nur, wer für sein Gewerbe nicht
ein Mindestmaß an Sachkenntnis mitbringt. Gerade beim Handwerk kann
man im Regelfall davon ausgehen, fachlich qualifizierten Anbietern zu begegnen, da der selbstständige Betrieb eines Handwerks als (zulässige) subjektive Zulassungsbeschränkung die bestandene Meisterprüfung voraussetzt.
Unzuverlässig i. S. d. § 35 GewO ist vielmehr auch, wem ein Mindestmaß
an Ehrlichkeit und sozialer Rücksichtnahme fehlt. Der fachlich qualifizierte
Kraftfahrzeugmeister, der seine Kenntnisse dazu missbraucht, auch nicht
reparaturbedürftige Teile zu reparieren oder gar zu ersetzen, ist für sein
Gewerbe nicht tragbar. Unzuverlässig in diesem Sinne ist insbesondere
auch, wer einschlägige gesetzliche Bestimmungen missachtet, beispielsweise
Sozialversicherungsbeiträge für seine Arbeitnehmer nicht abführt.

727   In einigen enumerativ aufgeführten Fällen macht die Gewerbeordnung
die Ausübung eines stehenden Gewerbes und den Betrieb einer stehenden
gewerblichen Anlage von einer Erlaubnis abhängig. Die gewerbliche Tätigkeit ist dann so lange verboten, bis die Erlaubnis erteilt ist. Das Verbot mit
Erlaubnisvorbehalt dient dazu, wegen der potenziellen Gefahr eine vorbeugende Kontrolle zu ermöglichen. Wer „gefährliche" oder „anrüchige" Gewerbe betreibt, wie Spielhallen, Pfandleihen, Bewachungen und Versteige-
rungen, braucht zur Aufnahme eines solchen Gewerbes eine besondere
Genehmigung (**Personalkonzession**). Gleiches gilt für die Unternehmer von
Privatkrankenanstalten (§§ 30 bis 34 c GewO). Die Aufzählung der Gewerbeordnung ist abschließend. Der Ausdruck „Personalkonzession" weist
darauf hin, dass die Konzession an die Person des Bewerbers gebunden ist
und dass an sie bestimmte Anforderungen gestellt werden. Die Personalkonzession ist eine subjektive Zulassungsbeschränkung, wie es sie für eine
Vielzahl von Berufen – Ärzte, Rechtsanwälte, selbstständige Handwerker
etc. – gibt. Die Rechtfertigung einer Beschränkung ist deshalb gegeben, weil
diese dem Schutz wichtiger Gemeinschaftsgüter dient.

728   Art. 12 GG, das Grundrecht der Berufsfreiheit, verbietet es jedoch, die
Entscheidung darüber, ob eine Personalkonzession erteilt wird, in das Belieben der Behörde zu stellen. Die Erteilung einer Personalkonzession darf
nur bei Vorliegen ganz bestimmter, gesetzlich fixierter Gründe verweigert
werden. So muss beispielsweise jedem Bewerber die Genehmigung zum
Grundstücks- und Wohnungsmaklergewerbe erteilt werden, wenn nicht einer der beiden Ausnahmetatbestände des § 34 c Abs. 2 GewO vorliegt:

„Die Erlaubnis ist zu versagen, wenn
1. Tatsachen die Annahme rechtfertigen, dass der Antragsteller oder eine der mit der
Leitung des Betriebes oder einer Zweigniederlassung beauftragten Personen die für den
Gewerbebetrieb erforderliche Zuverlässigkeit nicht besitzt; die erforderliche Zuverlässigkeit besitzt in der Regel nicht, wer in den letzten fünf Jahren vor Stellung des Antra-
ges wegen eines Verbrechens oder wegen Diebstahls, Unterschlagung, Erpressung, Be-
truges, Untreue, Urkundenfälschung, Hehlerei, Wuchers oder einer Insolvenzstraftat
rechtskräftig verurteilt worden ist, oder
2. der Antragsteller in ungeordneten Vermögensverhältnissen lebt; dies ist in der Regel
der Fall, wenn über das Vermögen des Antragstellers das Insolvenzverfahren eröffnet
worden oder er in das vom Insolvenzgericht oder vom Vollstreckungsgericht zu führen-
de Verzeichnis (. . .) eingetragen ist."

Zurück zum Ausgangsfall: Bei dem Betrieb einer Fabrik für Röhren aus 729
nahtlosem Stahl handelt es sich um ein stehendes Gewerbe. Eine gewerberechtliche Personalkonzession braucht Unternehmer A nicht, da er keinen
der in den §§ 30 bis 34c GewO abschließend aufgezählten Berufe betreiben
will. Infolgedessen genügt eine Anzeige. Weitere Hindernisse legt ihm die
Gewerbeordnung zur Verwirklichung seines Vorhabens nicht in den Weg.

**IV. Einschränkung der Gewerbefreiheit durch das Bundes-Immissions-
schutzgesetz**

Eine schlichte Anzeige beim Gewerbeaufsichtsamt kann für die Errich- 730
tung einer großen Fabrik natürlich nicht genügen. Zerstörung der Land-
schaft und verheerende Folgen für die Umwelt wären unvermeidlich, wenn
Industrieansiedlungen dieses Ausmaßes unkontrolliert entstehen dürften.
Insbesondere gilt es, Anlieger und Nachbarn eines geplanten Betriebes vor
Geruchs- und Lärmbelästigungen zu verschonen.

Entsprechend der Personalkonzession der Gewerbeordnung kennt das 731
Bundes-Immissionsschutzgesetz (BImSchG) eine **Anlagen- oder Sachkonzession** für alle Gewerbebetriebe, die „auf Grund ihrer Beschaffenheit (...)
in besonderem Maße geeignet sind, schädliche Umwelteinwirkungen her-
vorzurufen oder in anderer Weise die Allgemeinheit oder die Nachbarschaft
zu gefährden, erheblich zu benachteiligen oder erheblich zu belästigen" (§ 4
Abs. 1 Satz 1 BImSchG). Für solche Betriebe macht das Bundes-Immissionsschutzgesetz also eine Ausnahme von dem gewerberechtlichen Grundsatz, dass die Errichtung und der Betrieb gewerblicher Anlagen keiner
behördlichen Vorkontrolle unterliegen. Welche Anlagen immissionsschutz-
rechtlich genehmigungsbedürftig sind, ist gemäß § 4 Abs. 1 Satz 3 BImSchG
der 4. Durchführungsverordnung zum BImSchG zu entnehmen.

Zweck dieses Gesetzes ist das Bedürfnis, Menschen sowie Tiere, Pflanzen 732
und andere Sachen vor schädlichen Umwelteinwirkungen zu schützen und
dem Entstehen schädlicher Umwelteinwirkungen vorzubeugen. Schädliche
Umwelteinwirkungen i.S.d. Bundes-Immissionsschutzgesetzes sind **Immissionen**, also alle auf Menschen sowie Tiere, Pflanzen oder andere Sachen
einwirkenden Luftverunreinigungen, Geräusche, Erschütterungen, ebenso
Licht, Wärme, Strahlen und ähnliche Umwelteinwirkungen, soweit sie nach
Art, Ausmaß oder Dauer geeignet sind, Gefahren, erhebliche Nachteile oder
erhebliche Belästigungen für die Allgemeinheit oder die Nachbarschaft herbeizuführen (§ 3 Abs. 1 und 2 BImSchG). Unter **Emissionen** werden gemäß
§ 3 Abs. 3 BImSchG die von einer – meist industriellen – Anlage **ausgehenden** Luftverunreinigungen, Geräusche, Erschütterungen, Licht, Wärme,
Strahlen und ähnliche Erscheinungen verstanden. Hier wird also nicht auf
die Betroffenen, sondern auf die Verursacher der Störung abgestellt.

Der Zweck des BImSchG, schädliche Umwelteinwirkungen so weitgehend wie möglich zu verhindern, lässt sich nur erreichen, wenn vor Beginn
der Bauarbeiten an einem Industriebetrieb sichergestellt ist, dass belästi-
gende Umwelteinwirkungen auf ein zumutbares Mindestmaß reduziert
werden. Gewerbebetriebe, von denen Gefahren und Belästigungen für die
Umwelt ausgehen können, bedürfen daher vorab einer behördlichen immissionsschutzrechtlichen Genehmigung (§ 4 Abs. 1 BImSchG).

1. Formelles Genehmigungsverfahren

733   Ein stehendes Gewerbe kann ohne Genehmigung aufgenommen werden, wenn die **Gewerbeordnung** dafür keine **Personalkonzession** und das **Bundes-Immissionsschutzgesetz** keine **Anlagen- oder Sachkonzession** vorschreibt.

734   Ob Unternehmer A für den Bau einer Stahlröhrenfabrik eine Sachkonzession benötigt, richtet sich nach § 4 Abs. 1 Satz 3 BImSchG. Danach bestimmt die Bundesregierung durch Rechtsverordnung mit Zustimmung des Bundesrates die gewerblichen Anlagen, die einer Genehmigung (Sachkonzession) bedürfen. Ziffer 3.16 des Anhangs zur 4. BImSchV führt „Anlagen zur Herstellung von warmgefertigten nahtlosen oder geschweißten Rohren aus Stahl" auf. Unternehmer A benötigt daher für die geplante Fabrik eine Sachkonzession.

735   Den formellen Verfahrensablauf regelt § 2 Abs. 1 BImSchV i.V.m. § 10 BImSchG i.V.m. der 9. Verordnung zur Durchführung des Bundes-Immissionsschutzgesetzes.

736   **Acht Verfahrensabschnitte** müssen unterschieden werden:

737   1. Die Genehmigungserteilung setzt nach § 10 Abs. 1 BImSchG zunächst einen **schriftlichen Antrag** an die zuständige Behörde voraus. Dem Antrag sind sämtliche Zeichnungen, Erläuterungen und sonstigen Unterlagen beizufügen, die notwendig sind, um erkennen zu können, welches Ausmaß die vom Betrieb ausgehenden Luftverunreinigungen, Geräusche, Erschütterungen usw. haben werden. Die Planungsarbeiten für das Röhrenwerk müssen schon sehr weit vorangeschritten sein, um diesem Erfordernis genügen zu können. In der Praxis müssen daher bereits erhebliche Investitionssummen aufgebracht werden, bevor überhaupt Pläne zwecks Erteilung der Sachkonzession bei der zuständigen Behörde eingereicht werden können. Welche Behörde jeweils zuständig ist, regeln die Länder durch Rechtsverordnung.

738   2. Die Behörde muss nunmehr das geplante Vorhaben **öffentlich bekanntmachen**, § 10 Abs. 3 und 4 BImSchG. Die Bekanntgabe muss im amtlichen Veröffentlichungsblatt und außerdem in den örtlichen Tageszeitungen, die im Bereich des Standorts der Anlage verbreitet sind, erfolgen. Dabei müssen Standort und Art der geplanten Anlage bezeichnet werden. Es ist mitzuteilen, wann und wo der Antrag auf Erteilung der Genehmigung und die Unterlagen zur Einsicht ausgelegt sind. Weiter muss darauf hingewiesen werden, dass Einwendungen gegen die geplante Anlage nur innerhalb einer Frist von zwei Monaten geltend gemacht werden können. Gleichzeitig wird ein Erörterungstermin bekannt gegeben, an dem über die Einwendungen verhandelt wird.

Diese Verfahrensstufe bezweckt, möglichst frühzeitig auf das geplante Vorhaben aufmerksam zu machen, um den betroffenen Anrainern Gelegenheit zu geben, ihre Interessen zu wahren. Andernfalls könnten die Anlieger ihre Bedenken erst vorbringen, wenn bereits mit den Bauarbeiten begonnen wurde. Dies würde sie oftmals vor vollendete Tatsachen stellen. Dadurch würde der ihnen zur Verfügung stehende Rechtsschutz (Grundsatz des effektiven Rechtsschutzes – Art. 19 Abs. 4 GG) geschmälert, da der Abbruch einer bereits errichteten Anlage wegen der immensen Kosten kaum je in Betracht kommen wird. Das Verfahren hat ferner den Sinn, späteren verwaltungsgerichtlichen Klagen gegen die Errichtung einer Anlage vorzubeugen.

3. Nach der Bekanntgabe im Amtsblatt und in den Tageszeitungen werden der Antrag und die Unterlagen **öffentlich** für einen Monat **ausgelegt.** Nur bis zwei Wochen nach Ablauf dieser Zeit können Einwendungen bei der Genehmigungsbehörde erhoben werden (§ 10 Abs. 3 Satz 2 BImSchG). **739**

4. § 10 Abs. 5 BImSchG sieht eine **Behördenbeteiligung** vor. Die Genehmigungsbehörde hat die Stellungnahme derjenigen anderen Behörden einzuholen, deren Aufgabenbereich durch das beantragte Vorhaben berührt wird. **740**

5. Nach dem Ablauf der Einwendungsfrist findet ein **Erörterungstermin** statt (§ 10 Abs. 6 BImSchG). Wer seine Einwendungen bis zum Fristablauf nicht geltend gemacht hat, kann sie in dem weiteren Verfahren nicht mehr vorbringen und später auch nicht mehr gerichtlich geltend machen. Er hat sich seiner Rechte begeben und muss die Anlage hinnehmen, § 10 Abs. 3 Satz 3 BImSchG. Dies gilt allerdings nicht für Einwendungen, die auf besonderen privatrechtlichen Rechtsansprüchen beruhen: Wenn Unternehmer A sich gegenüber einem Anlieger in einem privatrechtlichen Vertrag verpflichtet hat, die Anlage nicht zu bauen, kann der Vertragspartner jederzeit vor dem Zivilgericht auf Einstellung der Bauarbeiten klagen, § 10 Abs. 6 Satz 2 BImSchG. **741**

Solche besonderen, privatrechtlich fundierten Einwendungen haben mit der öffentlich-rechtlichen Genehmigung nichts zu tun, da die zuständige Behörde nur befugt ist zu prüfen, ob die öffentlich-rechtlichen Voraussetzungen für eine Genehmigung vorliegen. Zur Prüfung von privatrechtlichen Ansprüchen aus dem Nachbarschaftsverhältnis ist sie nicht befugt. Andernfalls würde sich die Behörde Befugnisse anmaßen, die dem Zivilgericht vorbehalten sind.

6. Gemäß § 3 Abs. 1 Satz 1 des Gesetzes über die Umweltverträglichkeitsprüfung (UVPG) ist für bestimmte, in der Anlage zu § 3 UVPG aufgeführte Anlagen eine **Umweltverträglichkeitsprüfung** durchzuführen. Dies betrifft vor allem die Errichtung einer nach §§ 4, 10 BImSchG genehmigungspflichtigen Anlage sowie die eine Änderungsgenehmigung nach § 16 BImSchG erfordernde wesentliche Änderung der Lage, der Beschaffenheit oder des Betriebes einer derartigen Anlage. **742**

7. Nunmehr prüft die Genehmigungsbehörde, ob das geplante Vorhaben allen übrigen öffentlich-rechtlichen Vorschriften entspricht. Wenn dies der Fall ist, muss sie die **Genehmigung erteilen**, vgl. § 6 BImSchG. Wie bei dieser Prüfung im Einzelnen vorgegangen wird, wird im nächsten Abschnitt, in dem es um die materiell-rechtlichen Voraussetzungen der Genehmigung geht, zu erörtern sein. **743**

8. Gelangt die Behörde zu der Ansicht, dass öffentlich-rechtliche Vorschriften und allgemeine privatrechtliche Ansprüche dem Vorhaben nicht entgegenstehen, erlässt sie einen **schriftlichen Genehmigungsbescheid,** der dem Antragsteller und allen denen, die Einwände gegen das Vorhaben erhoben haben, zugestellt wird, § 10 Abs. 7 BImSchG. **744**

In der Praxis verläuft das Genehmigungsverfahren beim Bau einer größeren Industrieanlage jedoch oftmals etwas anders: Bei umfangreichen oder **745** neuartigen Anlagen wird häufig die Planung und der Aufbau einer Anlage abschnitts- oder stufenweise vorgenommen werden. Diesen Formen moderner Industrieplanung würde eine gesetzliche Regelung, nach der die Errichtung und die Inbetriebnahme stets von einer vorherigen Genehmigung der gesamten Anlage abhängig gemacht wird, nicht immer gerecht. § 8 BImSchG sieht deshalb die Möglichkeit einer abschnittsweisen Genehmigung in Form einer **Teilgenehmigung** vor. Diese Lösung trägt sowohl dem Schutz der Allgemeinheit und der Nachbarschaft als auch den Belangen der Wirtschaft Rechnung.

746   Eine Teilgenehmigung soll unter folgenden Voraussetzungen erteilt werden:
(1) Für den zu genehmigenden Teilbereich müssen alle öffentlich-rechtlichen Erfordernisse erfüllt sein.
(2) Hinsichtlich der gesamten Anlage muss eine vorläufige Prüfung ergeben, dass die Genehmigungsvoraussetzungen auch beim Endausbau der Anlage erfüllt sein werden.
(3) Es muss ein berechtigtes Interesse an der Erteilung der Teilgenehmigung bestehen.

747   Eine Teilgenehmigung darf nur auf Antrag erteilt werden. Ihrer Rechtsnatur nach ist sie eine gültige Genehmigung, da sie für den Teilbereich, über den entschieden wird, grundsätzlich die gleichen Rechtswirkungen wie eine Vollgenehmigung hat. Einwendungen Dritter sind gemäß § 11 BImSchG gegen jede Teilgenehmigung zu erheben; bei Anfechtung einer Teilgenehmigung können keine Einwendungen geltend gemacht werden, die sich gegen frühere bestandskräftige Teilgenehmigungen wenden (materielle Präklusion).

748   Bei größeren Investitionsvorhaben ist neben der Teilgenehmigung nach § 8 BImSchG vor allem noch der **Vorbescheid** nach § 9 BImSchG von Bedeutung.

749   Während die Teilgenehmigung die Aufgliederung der geplanten Industrieansiedlung in Genehmigungsabschnitte zulässt, schafft der Vorbescheid die Möglichkeit, über einzelne Genehmigungsvoraussetzungen sowie über den Standort der Anlage vorweg zu entscheiden. Der Vorbescheid enthält keine Genehmigung, sondern eine Auskunftserteilung mit Feststellungswirkung. Er erlaubt im Gegensatz zur Teilgenehmigung kein Tätigwerden. Er darf nur dann erteilt werden, wenn ein vorläufiges Gesamturteil mit hinreichender Sicherheit die Genehmigungsfähigkeit der Anlage ergibt. Der Vorbescheid dient vor allem dazu, bei komplexen oder neuartigen Anlagen wichtige Vorfragen, zu denen vor allem die Standortwahl zählt, vorab zu klären, um das Investitionsrisiko in Grenzen zu halten.

750   § 9 BImSchG lautet:

„(1) Auf Antrag kann durch Vorbescheid über einzelne Genehmigungsvoraussetzungen sowie über den Standort der Anlage entschieden werden, sofern die Auswirkungen der geplanten Anlage ausreichend beurteilt werden können und ein berechtigtes Interesse an der Erteilung eines Vorbescheides besteht.
(2) Der Vorbescheid wird unwirksam, wenn der Antragsteller nicht innerhalb von zwei Jahren nach Eintritt der Unanfechtbarkeit die Genehmigung beantragt; die Frist kann auf Antrag bis auf vier Jahre verlängert werden.
(3) (...).“

Nach der Rechtsprechung des Bundesverwaltungsgerichts ist der Vorbe-   751
scheid für alle von der Industrieansiedlung Betroffenen von Vorteil: Der
Antragsteller kann nach Erlangung „des Vorbescheids ohne unangemesse-
nes Kostenrisiko die Pläne für die Einholung der Genehmigung anfertigen
lassen; Dritte, die sich durch das Vorhaben beeinträchtigt fühlen, können
schon in diesem Stadium des Verfahrens Einwendungen gegen die neue Anlage erheben und ihre Rechte im Verwaltungsprozess geltend machen; die
Behörde hat bei umfangreichen oder komplizierten Anlagen keine Veranlas-
sung, den Bau stillschweigend zu dulden oder erst die Inbetriebnahme der
Anlage von der Genehmigung der Errichtung der Anlage abhängig zu machen" (BVerwGE 24, 23, 28 f.).

Der Vorbescheid stellt zwar keine teilweise Genehmigung der Anlage dar,   752
doch entfaltet er hinsichtlich der entschiedenen Fragen eine nicht unerhebliche Rechtswirkung. Bei gleichbleibender Sach- und Rechtslage ist die Genehmigungsbehörde bei ihrer Entscheidung über den Genehmigungsantrag
an den positiven Vorbescheid gebunden, soweit in ihm über eine Genehmi-
gungsvoraussetzung oder über den Standort entschieden ist.

2. Materielle Voraussetzungen der Genehmigung

Nach § 6 BImSchG muss die Genehmigung erteilt werden, wenn dem ge-   753
planten Vorhaben keine immissionsrechtlichen oder sonstigen öffentlich-
rechtlichen Hindernisse entgegenstehen.

Für die sachgemäße Prüfung dieser gesetzlichen Anforderungen ist ein
umfangreiches Prüfungsverfahren notwendig. Von der Genehmigungsbehörde wird hoher technischer Sachverstand und spezielle technische und
betriebliche Erfahrung verlangt. Diese Voraussetzungen werden in besonderem Maße von den Gewerbeaufsichtsbehörden erfüllt. Die Gewerbeaufsicht
hat sich bei der Immissionsüberwachung, bei der technischen Gefahrenab-
wehr in der Unfallverhütung und in der Betriebshygiene bewährt.

Die immissionsrechtliche Genehmigung wird nur erteilt, wenn   754

„1. schädliche Umwelteinwirkungen und sonstige Gefahren, erhebliche Nachteile und
erhebliche Belästigungen für die Allgemeinheit und die Nachbarschaft nicht hervorgeru-
fen werden können,
2. Vorsorge gegen schädliche Umwelteinwirkungen und sonstige Gefahren, erhebliche
Nachteile und erhebliche Belästigungen getroffen wird (...) und
3. Abfälle vermieden, nicht zu vermeidende Abfälle verwertet und nicht zu verwertende
Abfälle ohne Beeinträchtigung des Wohls der Allgemeinheit beseitigt werden (...)" (§ 5
Abs. 1 Satz 1 Nr. 1 bis 3 BImSchG).

Diese Generalklauseln sind viel zu unbestimmt, um das im Einzelfall ver-   755
bindliche Höchstmaß zulässiger Emissionen ermitteln zu können. Die Bundesregierung hat deshalb durch das Bundes-Immissionsschutzgesetz die
Möglichkeit erhalten, mit Zustimmung des Bundesrates allgemeine Verwaltungsvorschriften zu erlassen, § 7 Abs. 1 BImSchG. Diese Verwaltungsvorschriften enthalten insbesondere Bestimmungen über:
(1) Immissionswerte, die zum Schutz vor schädlichen Umwelteinwirkungen
    nicht überschritten werden dürfen,
(2) Emissionswerte, deren Überschreiten nach dem Stand der Technik ver-
    meidbar ist, und
(3) das Verfahren zur Ermittlung der Emissionen und Immissionen.

756   Es gibt eine Fülle von einzelnen Verwaltungsvorschriften über die Höchstwerte zulässiger Emissionen, beispielsweise allein zehn detaillierte Vorschriften zum Schutz gegen Baulärm, die auf das Genaueste die zulässigen Geräuschhöchstwerte für Betonpumpen, Planierraupen, Kompressoren etc. enthalten. Obgleich diese Verwaltungsvorschriften – da sie keine Rechtsnormen sind – nur die zuständige Behörde binden, kann ihre Bedeutung für die Praxis gar nicht groß genug eingeschätzt werden. Für den Gewerbeaufsichtsbeamten konkretisieren sie verbindlich die oben genannten Generalklauseln. Auch die Rechtsprechung, die ja rechtlich keineswegs an Verwaltungsvorschriften, sondern allein an Rechtsnormen gebunden ist, akzeptiert die dort niedergelegten Werte.

757   Die beiden in der Praxis mit Abstand wichtigsten Verwaltungsvorschriften auf dem Gebiet des Umweltschutzrechts sind die novellierte Technische Anleitung zur Reinhaltung der Luft (TA-Luft) und die Technische Anleitung zum Schutz gegen Lärm (TA-Lärm), die beide auf § 48 BImSchG zurückzuführen sind. Diese Verwaltungsvorschriften haben rechtlich gesehen nur verwaltungsinterne Wirkung, allerdings haben sie mit ihren technischen, physikalischen und chemischen Begriffen für Fachleute in der Praxis eine nicht unerhebliche Außenwirkung erlangt und werden auch von der Rechtsprechung bei der Auslegung der unbestimmten Rechtsbegriffe des § 5 BImSchG herangezogen.

758   Der EuGH hat allerdings gefordert, dass die Umsetzung von EG-Richtlinien – auf solche gehen die TA-Luft und TA-Lärm zurück – durch Rechtsnormen geschehen muss. Die bloße Festlegung von Grenzwerten in einer Verwaltungsvorschrift genüge daher nicht. Mittlerweile hat die Bundesregierung Konsequenzen aus diesem Urteil gezogen und ihre Umsetzungspflicht durch den Erlass der 22. BImSchVO erfüllt, in der Grenzwerte für den Gehalt von Blei, Schwebestaub, Schwefel- und Stickstoffdioxid in der Luft festgelegt werden.

759   Nur wenn die geplante Röhrenfabrik diesen Anforderungen der TA-Luft und der TA-Lärm sowie der 22. BImSchVO entspricht, hat sie Aussicht, genehmigt zu werden. Wenn sich aus den von Unternehmer A eingereichten Unterlagen ergibt, dass die geplante Röhrenfabrik sämtlichen immissionsschutzrechtlichen Richt- und Grenzwerten entsprechen wird, ist damit die Prüfung noch nicht abgeschlossen. Gemäß § 6 Abs. 1 Nr. 2 BImSchG muss ferner sichergestellt sein, dass „andere öffentlich-rechtliche Vorschriften und Belange des Arbeitsschutzes der Errichtung und dem Betrieb der Anlage nicht entgegenstehen".

760   Die geplante Anlage muss allen öffentlich-rechtlichen Gesichtspunkten genügen, also insbesondere noch den bau-, feuer-, wasser- und gesundheitsrechtlichen Vorschriften. Diese umfassende Prüfungspflicht hat den Vorteil, dass die Genehmigung dann, wenn sie erteilt wird, alle anderen die geplante Anlage betreffenden behördlichen Entscheidungen mitumfasst, § 13 BImSchG (**Konzentrationswirkung der Genehmigung**). Die Tatsache, dass eine Genehmigungsbehörde über alle öffentlich-rechtlichen Fragen entscheidet, bietet eine Reihe weiterer Vorzüge: Sie dient der Verwaltungsver-

einfachung, insbesondere der Beschleunigung des Verfahrens und verhindert einander eventuell widersprechende Entscheidungen der verschiedenen, für die einzelnen Rechtsgebiete zuständigen Behörden. Sie ermöglicht ferner, die sich aus den verschiedensten rechtlichen Gesichtspunkten an die Anlage zu stellenden Anforderungen in optimaler Weise aufeinander abzustimmen. Für den Unternehmer bringt sie die größtmögliche Rechtsklarheit und Rechtssicherheit, eine wichtige Voraussetzung für zügige Planung und Produktionsaufnahme.

Es ist in der Praxis selten, dass die eingereichten Unterlagen den eindeu- **761** tigen und sicheren Schluss zulassen, dass das geplante Unternehmen allen öffentlich-rechtlichen Anforderungen entsprechen wird. Damit steht jedoch noch nicht fest, dass die Genehmigung zu versagen ist. Auch dann, wenn sich beispielsweise herausstellt, dass das geplante Röhrenwerk staubhaltige Abgase in einer Menge emittieren wird, die mit der TA Luft unvereinbar ist, muss der Bau der Fabrik nicht zum Scheitern verurteilt sein. Wenn sich der Staubgehalt durch technische Vorkehrungen, wie etwa durch die Verwendung von Filtern, unter die Schädlichkeitsgrenze reduzieren lässt, muss die Genehmigung dennoch erteilt werden. Sie ist jedoch mit einer Bedingung oder Auflage zu versehen.

3. Nebenbestimmungen zur Genehmigung

Nach § 12 Abs. 1 BImSchG können der Genehmigung **Bedingungen** und **762** **Auflagen** beigefügt werden, wenn dies notwendig ist, um die Voraussetzungen der Genehmigung – insbesondere die Umweltverträglichkeit – zu erfüllen:

„§ 12 Nebenbestimmungen zur Genehmigung
(1) Die Genehmigung kann unter Bedingungen erteilt und mit Auflagen verbunden werden, soweit dies erforderlich ist, um die Erfüllung der in § 6 genannten Genehmigungsvoraussetzungen sicherzustellen. (...)

Die Behörde wird daher einen Antrag, der erkennen lässt, dass die ge- **763** plante Anlage nicht den gesetzlichen Voraussetzungen entspricht, nicht ohne weiteres ablehnen. Sie wird vielmehr untersuchen, ob es nicht technische Mittel und Wege gibt, mit deren Hilfe die Genehmigungsvoraussetzungen erfüllt werden könnten und die Genehmigung dann mit einer entsprechenden **Bedingung** oder **Auflage** erteilen.

a) Bedingung

Bedingung bedeutet, dass die Wirksamkeit der Genehmigung „von dem **764** ungewissen Eintritt eines zukünftigen Ereignisses" (so § 36 Abs. 2 Nr. 2 VwVfG) abhängt. Bis zum Eintritt der Bedingung oder bis zu ihrem endgültigen Ausfall bleibt in der Schwebe, ob die Genehmigung wirksam wird.
Die Erteilung einer bedingten Genehmigung kommt nur in Ausnahmefäl- **765** len in Betracht. Die Bedeutung der Genehmigung besteht gerade darin, dem Unternehmer eine gesicherte Rechtsstellung zu verschaffen; eine bedingte Genehmigung bringt jedoch Ungewissheit mit sich. Dennoch kann ein Bedürfnis für eine bedingte Genehmigung nicht schlechthin verneint werden. Sie kommt beispielsweise dann in Betracht, wenn die gegenwärtige techni-

sche Entwicklung es noch nicht erlaubt, einem bestimmten Genehmigungs-
erfordernis, etwa einem niedrigen Geräuschpegel, zu genügen, es jedoch mit
hoher Wahrscheinlichkeit zu erwarten ist, dass die Technik in naher Zukunft dazu imstande sein wird. In diesem Fall kann eine bedingte Genehmigung erteilt werden.

b) Auflage

766   Die in der Praxis weitaus bedeutsamere Nebenbestimmung zur Genehmigung ist die **Auflage** (vgl. § 36 Abs. 2 Nr. 4 VwVfG). Mit Auflagen
können Unternehmer verpflichtet werden, bestimmte Erfordernisse bei der
Errichtung, der Beschaffenheit, der Unterhaltung oder der Wartung des Betriebes zu beachten.

767   Lassen die eingereichten Unterlagen erkennen, dass die geplante Anlage
den Genehmigungsvoraussetzungen nicht entsprechen wird, obgleich dies
nach dem technischen Stand der Dinge durchaus möglich wäre, wird die
Genehmigungsbehörde die Genehmigung mit der Auflage erteilen, dem erhöhten technischen Standard zu genügen.

768   Die **Bedingung unterscheidet** sich von der **Auflage** insbesondere dadurch,
dass sie die Wirksamkeit der Genehmigung von **einem ungewissen Ereignis**
abhängig macht. Sie ist unselbstständiger Bestandteil der Genehmigung und
von dieser nicht zu trennen, wohingegen eine Auflage getrennt neben der
Genehmigung steht. Sie ist nur eine zusätzliche Anordnung, die befolgt
werden muss. Ob die Auflage erfüllt wird oder nicht, hat keinen Einfluss
auf die Wirksamkeit der Genehmigung. Nach § 20 Abs. 1 BImSchG kann
die Behörde den Betrieb der Anlage allerdings ganz oder teilweise untersagen, wenn der Unternehmer einer Auflage nicht nachgekommen ist. Das
bedeutet in concreto, dass die Erfüllung einer Auflage auf diese Weise erzwungen werden kann. Die Ermächtigung, eine Anlage ganz oder teilweise
stillzulegen, ist sehr einschneidend, jedoch lässt die Beachtung des Grundsatzes der Verhältnismäßigkeit der Mittel nur selten eine Anwendung dieser
Vorschrift zu. Ist damit zu rechnen, dass weniger einschneidende Maßnahmen wie z. B. die Verhängung eines Bußgeldes zum gleichen Ziel führen,
sind diese zuvor zu ergreifen.

769   Die Bedeutung von Bedingungen und Auflagen beschränkt sich nicht auf
das Bundes-Immissionsschutzgesetz oder das Gewerberecht. Bedingungen
und Auflagen sind Hilfsmittel, mit denen bei jeder Spielart staatlicher Verwaltungstätigkeit gearbeitet wird. Immer dann, wenn der Bürger einen
Rechtsanspruch auf eine staatliche Leistung hat, darf die Erfüllung dieses
Anspruchs nicht beliebig durch Bedingungen oder Auflagen erschwert werden. Dies ist nur dann zulässig, wenn sich eine solche Nebenbestimmung
als notwendig erweist, um überhaupt den Voraussetzungen des Anspruchs
genügen zu können (vgl. § 36 VwVfG). Dem Unternehmer, aus dessen Unterlagen hervorgeht, dass sein geplantes Vorhaben allen immissionsschutz-
und sonstigen öffentlich-rechtlichen Vorschriften genügt, gibt § 6 BImSchG
einen Rechtsanspruch auf Genehmigung. Seine Geltendmachung darf die
Genehmigungsbehörde nicht durch zusätzliche Bedingungen oder Auflagen
erschweren. Es besteht insoweit für die Behörde kein Ermessen, sog. **gebundene Entscheidung**.

Auch einen Studenten, dem nach dem Bundesausbildungsförderungsge- 770
setz ein Rechtsanspruch auf Ausbildungsbeihilfe zusteht, darf das Amt für
Ausbildungsförderung nicht mit der Begründung abweisen, zuvor müsse er
noch zusätzliche, nicht im Gesetz vorgesehene Bedingungen oder Auflagen
erfüllen.

c) Widerrufsvorbehalt und befristete Genehmigung

Weitere Nebenbestimmungen zur Genehmigung finden sich in § 12 771
Abs. 2 BImSchG. Es handelt sich um den **Widerrufsvorbehalt** und um die
befristete Genehmigung.

Da die Genehmigung nach dem Bundes-Immissionsschutzgesetz dem Un- 772
ternehmer eine besonders gesicherte Rechtsstellung verschaffen soll, ist eine
befristete Genehmigung oder eine Genehmigung unter dem Vorbehalt eines
Widerrufs mit der Natur der Genehmigung schwer zu vereinbaren. Gleichwohl kann, gerade im Interesse des Unternehmers, in bestimmten Fällen auf
derartige Nebenbestimmungen nicht verzichtet werden. Bei neuartigen Anlagen können die Auswirkungen mitunter erst nach Ablauf einer längeren
Betriebszeit ausreichend beurteilt werden. § 12 Abs. 2 Satz 1 BImSchG erklärt deshalb eine **Befristung** für zulässig, falls der Unternehmer einen dahingehenden Antrag stellt. Dieser Antrag hat für den Unternehmer den Vorteil, dass er jedenfalls vorläufig eine Genehmigung erhält, während die
Behörde ohne diese Möglichkeit die Erteilung der Genehmigung abgelehnt
hätte.

Einen ähnlichen Zweck erfüllt der Widerrufsvorbehalt. Nach § 12 Abs. 2 773
Satz 2 BImSchG ist der Vorbehalt eines Widerrufs zulässig, vorausgesetzt,
dass die Anlage Erprobungszwecken dienen soll. Ohne diese Möglichkeit
würde die Genehmigung häufig versagt werden, was im Interesse der Entwicklung neuer Industrien nicht vertretbar wäre. Glaubt der Unternehmer
nach Ablauf der Erprobungszeit, eine unbeschränkte Genehmigung beanspruchen zu können, kann er einen dahingehenden Antrag stellen.

4. Rechtsfolgen der Genehmigung

Die immissionsschutzrechtliche Genehmigung ersetzt zunächst alle ande- 774
ren für die Anlage erforderlichen öffentlich-rechtlichen Genehmigungen
(§ 13 BImSchG; Konzentrationswirkung). Ausgenommen hiervon sind gemäß § 13 BImSchG Planfeststellungen, die Zulassung bergrechtlicher Be-
triebspläne sowie Entscheidungen auf Grund atom- oder wasserrechtlicher
Vorschriften. Nicht erfasst sind ferner behördliche Zustimmungen, wie das
gemeindliche Einvernehmen bei Baugenehmigungen nach § 36 BauGB.

Wenn A schließlich die Genehmigung zur Errichtung und zum Betrieb 775
seiner industriellen Anlage bekommen hat, hat er damit außerdem eine gesicherte Rechtsposition erhalten, die ihm eine Reihe von Vorteilen bietet:
§ 14 BImSchG schützt genehmigte Industrieanlagen vor zivilrechtlichen Ansprüchen von Nachbarn, die wegen Immissionsbelästigung auf Einstellung
des Betriebes klagen. Nach erfolgter Genehmigung können die Nachbarn
nicht mehr Betriebseinstellung verlangen, sondern nur Vorkehrungen, die
die benachteiligenden Wirkungen ausschließen. Wenn solche Schutzmaßnahmen nach dem Stand der Technik nicht durchführbar oder wirtschaft-

lich für den Betrieb nicht vertretbar sind, bleibt den Nachbarn nur ein Schadensersatzanspruch.

776   Die Röhrenfabrik des A hat ihren Betrieb aufgenommen. Schweinezüchter B, dem ein großer Teil der Grundstücke in der Nähe der Fabrik gehört, hatte, da er große Teile davon sehr günstig an Unternehmer A verkaufen konnte, keine Einwendungen gegen die Anlage im Genehmigungsverfahren vorgebracht. Obgleich das Röhrenwerk dem neuesten technischen Standard entspricht, sterben aufgrund der Geräusch- und Geruchsbelästigung, die von der Fabrik ausgeht, doppelt so viele Tiere des B als früher. Welche Ansprüche hat B?

777   Gegen die öffentlich-rechtliche Betriebsgenehmigung kann B schon deshalb nicht vorgehen, weil er bis zum Ablauf der Einwendungsfrist keine Einwendungen vorgebracht hat und nunmehr damit nach § 10 Abs. 3 Satz 3 BImSchG ausgeschlossen ist.

778   In Betracht kommt ein zivilrechtlicher Unterlassungsanspruch nach § 1004 BGB:

„(1) Wird das Eigentum in anderer Weise als durch Entziehung oder Vorenthaltung des Besitzes beeinträchtigt, so kann der Eigentümer von dem Störer die Beseitigung der Beeinträchtigung verlangen. Sind weitere Beeinträchtigungen zu besorgen, so kann der Eigentümer auf Unterlassung klagen.
(2) Der Anspruch ist ausgeschlossen, wenn der Eigentümer zur Duldung verpflichtet ist."

779   Die Voraussetzungen des § 1004 Abs. 1 Satz 2 BGB sind gegeben, da das Eigentum des B „in anderer Weise als durch Entziehung oder Vorenthaltung des Besitzes beeinträchtigt" wurde und aufgrund der bereits angelaufenen Produktion auch zukünftig mit Beeinträchtigungen zu rechnen ist. Nach § 1004 Abs. 1 Satz 2 BGB hat B daher einen Anspruch auf Unterlassen der gewerblichen Tätigkeit, soweit sie störende Immissionen hervorruft.

780   Die Durchsetzung dieses zivilrechtlichen Anspruchs aus § 1004 Abs. 1 Satz 2 BGB wird jedoch durch § 1004 Abs. 2 BGB i.V.m. § 14 BImSchG verhindert. Ist die Genehmigung erteilt, kann nicht mehr auf Betriebseinstellung geklagt werden, da die Nachbarn insoweit gemäß § 14 BImSchG zur Duldung verpflichtet sind. Sie können nur – wenn dies möglich und zumutbar ist – auf verbesserte technische Schutzvorrichtungen oder andernfalls auf einen Schadensausgleich in Geld klagen. § 14 BImSchG soll verhindern, dass hohe Investitionen umsonst getätigt werden.

781   § 14 BImSchG steht allen Ansprüchen auf Betriebseinstellung entgegen mit Ausnahme derer, die auf einer vertraglichen oder durch das Grundbuch abgesicherten Sonderbeziehung zwischen dem Unternehmer und einem Anlieger beruhen.

782   Die Betriebseinstellung einer genehmigungspflichtigen Anlage kann ansonsten nur durch fristgemäßes Vorbringen entgegenstehender Einwendungen im Verfahren nach § 10 BImSchG und, wenn die Genehmigung dennoch erteilt wurde, durch fristgemäße Klage vor dem Verwaltungsgericht erzwungen werden.

783   Dem Inhaber einer genehmigten Anlage wird, wie sich insbesondere aus § 14 BImSchG ergibt, eine Rechtsposition eingeräumt, die der Anlage erhöhten Bestandsschutz sichert. Dies ist im Hinblick auf die der Erteilung der Genehmigung vorausgehende eingehende Prüfung und die damit verbundene Anhörung der Nachbarn gerechtfertigt. Der Bestandsschutz darf

jedoch nicht so weit gehen, dass die Allgemeinheit oder die Nachbarschaft für alle Zeit gegenüber den durch die Industrieanlage hervorgerufenen schädlichen Umwelteinwirkungen oder sonstigen Gefahren schutzlos gestellt ist. § 17 BImSchG trifft deshalb eine ausgleichende Regelung. Der Unternehmer kann auch nach Erteilung der Genehmigung verpflichtet werden, Schutzmaßnahmen durchzuführen. Von dieser Ermächtigung soll die Behörde Gebrauch machen, wenn festgestellt wird, dass die Allgemeinheit oder die Nachbarschaft nicht ausreichend vor Beeinträchtigungen geschützt wird. Bei der behördlichen Entscheidung wird der Schutz der Allgemeinheit die größere Rolle spielen, da die Nachbarn im eingeschränkten Rahmen von § 1004 BGB, § 14 BImSchG ihre Rechte selbst einklagen können.

Nach der behördlichen Genehmigung der Anlage darf der Unternehmer **784** jedoch nicht mehr uneingeschränkt verpflichtet werden. Die nachträgliche Anordnung darf nur getroffen werden, wenn sie nicht unverhältnismäßig ist; vor allem darf der mit der Erfüllung der Anordnung verbundene Aufwand nicht außer Verhältnis zu dem mit der Anordnung angestrebten Erfolg stehen. Ist eine nachträgliche Anordnung wegen Unverhältnismäßigkeit nicht möglich, soll die zuständige Behörde jedoch die Genehmigung unter den Voraussetzungen des § 21 Abs. 1 Nr. 3 bis 5 BImSchG ganz oder teilweise widerrufen. Allerdings wäre in einem solchen Fall die Behörde verpflichtet, den Betroffenen nach Maßgabe des § 21 Abs. 4 bis 6 BImSchG zu entschädigen (§ 17 Abs. 2 Satz 2 BImSchG).

Die gesicherte Rechtsposition, die der Unternehmer mit der Erteilung der **785** Genehmigung zum Betrieb der genehmigungsbedürftigen Anlage erhält, zeigt sich schließlich auch in § 21 BImSchG, der die Voraussetzungen regelt, unter denen eine rechtmäßig erteilte Genehmigung widerrufen werden darf. Wenn die Genehmigung – ausnahmsweise – mit einem Widerrufsvorbehalt versehen oder der Unternehmer einer mit ihr verbundenen Auflage nicht nachgekommen ist, ist ein Widerruf auch ohne Entschädigung zulässig. In allen anderen Fällen aber, also insbesondere dann, wenn sich ein Widerruf als unumgänglich erweist, um schwere Nachteile für das Gemeinwohl abzuwenden (§ 21 Abs. 1 Nr. 5 BImSchG), erhält der Unternehmer eine Entschädigung für den Vermögensnachteil, den er dadurch erlitten hat, dass er auf den Bestand der Genehmigung vertraute.

In der Praxis ist der Widerruf einer genehmigten Anlage aufgrund der **786** Vorschrift des § 21 Abs. 1 Nr. 3 bis 5 BImSchG außerordentlich selten. Das liegt insbesondere daran, dass schon im Genehmigungsverfahren Zukunftsprognosen gestellt werden. Da genehmigungsbedürftige Anlagen ihrer Natur nach potenzielle Gefahrenquellen darstellen und in aller Regel über längere Zeiträume betrieben werden, genügt es nicht, schädliche Umwelteinwirkungen im Augenblick der Genehmigung auszuschließen. An die Möglichkeit künftiger Beeinträchtigungen muss ebenfalls gedacht werden. Immissionsschutz bei genehmigungsbedürftigen Anlagen ist stets auch vorbeugender Immissionsschutz.

Der entschädigungspflichtige Widerruf einer genehmigten Anlage ist auch **787** deshalb so selten, weil in den meisten Fällen der Erlass einer nachträglichen Anordnung nach § 17 BImSchG genügt. Sollte der nachträglichen Anordnung nicht nachgekommen werden, eröffnet § 20 Abs. 1 BImSchG der Behörde die Möglichkeit, die Weiterführung des Betriebes bis zur Erfüllung der Auflagen zu untersagen, ohne hierfür eine Entschädigung leisten zu müssen.

5. Betrieb nicht genehmigter genehmigungsbedürftiger Anlagen

788   Nach § 20 Abs. 2 BImSchG soll eine Anlage, die ohne die erforderliche Genehmigung betrieben wird, **stillgelegt oder beseitigt** werden. Diese Formulierung ist missverständlich. Zwei Fälle sind zu unterscheiden:

(1) Die Anlage wird ohne Genehmigung betrieben, obgleich alle Genehmigungsvoraussetzungen des Bundes-Immissionsschutzgesetzes erfüllt sind. In einem solchen Fall ist die Anlage wegen der fehlenden Genehmigung gleichwohl **formell** illegal.

(2) Die Anlage wird ohne Genehmigung betrieben. Sie genügt zugleich nicht den Ansprüchen, die das Bundes-Immissionsschutzgesetz an die Umweltverträglichkeit stellt. Da die Anlage nicht den Anforderungen des Gesetzes entspricht, ist sie in diesem Fall nicht nur formell, sondern auch **materiell** illegal.

789   Wenn die Anlage lediglich formell illegal ist, kommt eine Beseitigungsverfügung nie in Betracht. Sie wäre rechtswidrig, da der Abbruch einer Anlage, die materiell dem Anspruch des Bundes-Immissionsschutzgesetzes genügt, ein sinnloser und unverhältnismäßig belastender Eingriff wäre. Bei formeller Illegalität darf die Anlage lediglich so lange stillgelegt werden, bis das Genehmigungsverfahren nachgeholt und abgeschlossen ist. Die **Stilllegung** allerdings wird sich immer als angebracht erweisen, da man Sinn und Zweck des Bundes-Immissionsschutzgesetzes, bei bestimmten industriellen Anlagen eine vorbeugende Kontrolle zu ermöglichen, unterlaufen könnte, wenn man eine formell illegale Anlage während der Nachholung des Genehmigungsverfahrens weiter betreiben dürfte. Andernfalls würde der Unternehmer, der sich gesetzestreu verhalten hat, schlechter gestellt als der, der sich gesetzeswidrig verhielt und ohne Genehmigung eine genehmigungspflichtige Anlage betrieb.

790   Auch dann, wenn die Anlage formell und materiell illegal ist, muss sich die Behörde sehr genau überlegen, ob sie statt zur Stilllegungsanordnung zum stärkeren Mittel der Beseitigungsanordnung greift. Eine materiell illegale Anlage kann nämlich durchaus in vielen Fällen durch technische Verbesserungen auf einen Stand gebracht werden, der den Anforderungen des Bundes-Immissionsschutzgesetzes genügt. Eine Beseitigungsverfügung ist nur dann verhältnismäßig, wenn diese Möglichkeit auszuschließen und die Umweltgefahr anders nicht zu beseitigen ist.

6. Vereinfachte Genehmigung und genehmigungsfreie Anlagen

791   Die Genehmigung genehmigungsbedürftiger Anlagen nach dem Bundes-Immissionsschutzgesetz wird grundsätzlich in dem oben dargestellten **förmlichen Verfahren** erteilt. § 19 BImSchG ermächtigt die Bundesregierung, durch Rechtsverordnung für bestimmte Anlagengruppen eine Genehmigung

in einem **vereinfachten Verfahren** vorzuschreiben. Diese Ermächtigung hat die Bundesregierung durch § 2 Abs. 1 Nr. 2 4. BImSchV i. V. m. Spalte 2 des Anhangs zur 4. BImSchV ausgefüllt. Sie nennt knapp 100 gewerbliche Industrieanlagen, für die eine Genehmigung im vereinfachten Verfahren erteilt werden kann, beispielsweise „Anlagen zum Rösten von Kaffee, Kakao und Getreide". Hierbei handelt es sich generell um Anlagen, bei denen mit Rücksicht auf ihre Art oder ihren Umfang auf ein so weitreichendes Prüfungsverfahren, wie es § 10 BImSchG vorschreibt, verzichtet werden kann, ohne dadurch den Schutz der Allgemeinheit oder der Nachbarschaft zu beeinträchtigen. Sinnvoll ist das vereinfachte Verfahren für solche Anlagen, bei denen mit Rücksicht auf bestimmte umweltfreundliche Produktionsverfahren erfahrungsgemäß nicht mit erheblichen Emissionen zu rechnen ist.

Das vereinfachte Verfahren zeichnet sich insbesondere dadurch aus, dass   **792**
(1) der Antrag und die Unterlagen nicht zur Einsicht ausgelegt werden,
(2) das Vorhaben nicht öffentlich bekannt gemacht wird, und
(3) keine förmlichen Einwendungen gegen das Vorhaben erhoben werden können.

Eine Genehmigung, die im vereinfachten Verfahren erteilt wird, bietet   **793** dem Unternehmer nicht so viel Schutz und Rechtssicherheit wie eine Genehmigung im Verfahren nach § 10 BImSchG; insbesondere gilt § 14 BImSchG für diese Anlagen nicht. Die Rechte der Nachbarn in der in § 14 BImSchG vorgesehenen Weise zu beschränken ist nämlich nur dann gerechtfertigt, wenn die Nachbarn Gelegenheit hatten, ihre Einwendungen gegen die Errichtung und Inbetriebnahme der Anlage in einem förmlichen Verfahren geltend zu machen.

Die meisten gewerblichen Anlagen in der Bundesrepublik rufen in der   **794** Regel nicht in einem solchen Maß schädliche Umwelteinwirkungen hervor, dass sie einer eingehenden Prüfung in einem Genehmigungsverfahren oder zumindest einer Prüfung im vereinfachten Genehmigungsverfahren bedürfen. Alle gewerblichen Betriebe, die in der Verordnung über genehmigungsbedürftige Anlagen nicht aufgezählt sind, können daher eröffnet werden, ohne dass eine vorbeugende Kontrolle nach dem Bundes-Immissionsschutzgesetz notwendig ist.

Je nach den Betriebsverhältnissen oder ihrer Lage können jedoch auch   **795** diese Betriebe zu erheblichen Störungen der Nachbarschaft oder, etwa wegen ihrer Häufung an einem Standort, zu Beeinträchtigungen der Allgemeinheit führen. § 22 BImSchG nennt daher für die Errichtung und den Betrieb nicht genehmigungsbedürftiger Anlagen drei Grundpflichten, um schädliche Umwelteinwirkungen zu vermeiden oder jedenfalls auf ein vertretbares Maß zu beschränken:

1. Schädliche Umwelteinwirkungen sind zu verhindern, soweit sie nach dem Stand der Technik vermeidbar sind,
2. nach dem Stand der Technik unvermeidbare schädliche Umwelteinwirkungen müssen auf ein Mindestmaß beschränkt und
3. die beim Betrieb der Anlagen entstehenden Abfälle müssen ordnungsgemäß beseitigt werden.

796   Diese Vorschrift ist notwendigerweise weit gefasst. Die Verschiedenartigkeit der Anlagen und die rasch fortschreitende technische Entwicklung lassen eine starre gesetzliche Regelung von Einzelanforderungen nicht zu, zumal die Auswirkungen der Anlage je nach den örtlichen Gegebenheiten sehr unterschiedlich sein können. Wegen ihrer allgemeinen Forderung ist die Vorschrift des § 22 BImSchG in vielen Fällen konkretisierungsbedürftig. Dies geschieht entweder durch eine Rechtsverordnung nach § 23 BImSchG oder durch eine behördliche Anordnung nach § 24 BImSchG.

Weiterführende Hinweise:

Leidinger, Schwerpunktklausur – Umwelt und Planungsrecht, JuS 2006, 816; *Oberrath,* Ausgewählte Fragen des Gewerberechts, JA 2001, 991.

Kapitel 34: Der Verwaltungsakt und seine verwaltungsinterne sowie verwaltungsgerichtliche Kontrolle

Art. 20 Abs. 3 GG verpflichtet die Verwaltung, sich bei allen ihren Akti-   797
vitäten strikt an das Gesetz zu halten. Mit dem Bestehen dieses Grundsatzes
allein ist dem Bürger aber noch nicht viel geholfen. Vielfältig sind die Fehler, die der Verwaltung zu seinen Ungunsten unterlaufen können.

Einem Unternehmer kann der immissionsschutzrechtliche Genehmigungsbescheid oder   798
eine Subvention zu Unrecht versagt werden, einem Studenten der Übungsschein zu Unrecht nicht anerkannt oder eine Beurlaubung wegen Tätigkeit in der studentischen Mit-
verwaltung nicht genehmigt werden.

Zur Sicherung des Grundsatzes der Gesetzmäßigkeit der Verwaltung be-   799
stehen zwei streng voneinander zu trennende Kontrollmöglichkeiten: die
verwaltungsinterne Kontrolle und die verwaltungsgerichtliche Kontrolle.
Die **verwaltungsgerichtliche Kontrolle** ist verfassungsmäßig durch Art. 19   800
Abs. 4 GG abgesichert: „Wird jemand durch die öffentliche Gewalt in seinen Rechten verletzt, so steht ihm der Rechtsweg offen." Die **verwaltungsinterne Kontrolle** hat vor allem die Funktion, durch Selbstkontrolle die
Verwaltungsgerichtsbarkeit zu entlasten. Der Verwaltung wird die Möglichkeit gegeben, eventuelle Fehler selbst zu korrigieren, bevor der Fall zum
Verwaltungsgericht gelangt.

Dem hierarchischen Prinzip der Verwaltung ist es eigen, dass die höhere   801
Behörde des jeweiligen Verwaltungsaufbaus die untere kontrollieren und
ihr verbindliche Anweisungen geben darf. Die Oberfinanzdirektion bei-
spielsweise kann jederzeit in den Verwaltungsbetrieb der ihr unterstellten
Finanzämter eingreifen, wenn sie dies für zweckmäßig oder notwendig hält.
Eine Ausnahme von der generellen Eingriffsbefugnis der jeweils höheren
Verwaltungsinstanz bilden nur die staatliche Aufsicht über die kommunale
Selbstverwaltung und die Tätigkeit staatlicher Aufsichtsbehörden gegenüber
selbstständigen juristischen Personen des öffentlichen Rechts, z. B. des Kul-
tusministeriums gegenüber der Universität. Hier hat die Aufsichtsbehörde
nur die Befugnis, die Rechtmäßigkeit einer Maßnahme zu kontrollieren,
nicht jedoch deren Zweckmäßigkeit. Deshalb sind die staatlichen Rechtsauf-
sichtsbehörden den Behörden der Selbstverwaltungskörperschaften nicht in
dem Sinn übergeordnet, wie dies sonst im Bereich staatlicher Verwaltung
der Fall ist.

Die Aufsichtsmaßnahmen werden von der Aufsichtsbehörde selbstständig   802
aufgrund eigener Entschließung getroffen. Ein Antrag eines mit einer Verwaltungsentscheidung unzufriedenen Bürgers ist hierfür nicht erforderlich.
Aber auch der betroffene Bürger hat die Möglichkeit, mittels **formloser** und
förmlicher Rechtsbehelfe ein Verfahren verwaltungsinterner Selbstkontrolle
einzuleiten.

Das Recht, formlose Rechtsbehelfe einzulegen, ist durch Art. 17 GG, der   803
es jedermann gestattet, sich mit Bitten und Beschwerden an die zuständigen
Stellen zu wenden, verfassungsrechtlich verbürgt. Man unterscheidet dabei
die **Gegenvorstellung,** mit der man sich an die Behörde wenden kann, die

die beanstandete Maßnahme erlassen hat, die **sachliche Dienstaufsichtsbeschwerde**, die sich mit dem gleichen Ziel an die übergeordnete Behörde wendet und die **persönliche Dienstaufsichtsbeschwerde**, mit der missliebiges persönliches Verhalten eines Beamten bei seinem Vorgesetzten beanstandet werden kann. Die formlosen Rechtsbehelfe sind an keine Formen und Fristen gebunden. Da die Aussicht, auf formlosem Wege eine Änderung behördlicher Maßnahmen zu erreichen, nicht sehr groß ist, ist auch die praktische Bedeutung der formlosen Rechtsbehelfe gering. In dem Merksatz, sie seien form-, frist- und fruchtlos, steckt mehr als ein Körnchen Wahrheit.

804   Von sehr großer Bedeutung hingegen ist der förmliche Rechtsbehelf des **Widerspruchs**, vgl. §§ 68 ff. VwGO. Die Frist zur Einlegung des Widerspruchs beträgt gemäß § 70 Abs. 1 VwGO einen Monat. Die beiden wichtigsten verwaltungsgerichtlichen Klagearten, die Anfechtungs- und die Verpflichtungsklage, dürfen erst dann erhoben werden, wenn der betroffene Bürger im fristgerecht eingelegten Widerspruchsverfahren keine Änderung der von ihm beanstandeten Maßnahme hat erreichen können. Hier zeigt sich die Filterfunktion verwaltungsinterner Selbstkontrolle: Die Verwaltungsgerichtsbarkeit soll erst dann eingeschaltet werden, wenn keine Möglichkeit mehr besteht, dass die Meinungsverschiedenheiten zwischen Verwaltung und Bürger auf anderem Wege beigelegt werden können. Da ein abgeschlossenes Widerspruchsverfahren in den meisten Fällen Voraussetzung dafür ist, dass überhaupt das Verwaltungsgericht angerufen werden darf, ist das Widerspruchsverfahren in dem Gesetz, das den Zugang zu den Verwaltungsgerichten und das verwaltungsgerichtliche Verfahren regelt, der **Verwaltungsgerichtsordnung** (VwGO), ausgestaltet.

805   § 68 VwGO lautet:

„(1) Vor Erhebung der Anfechtungsklage sind Rechtmäßigkeit und Zweckmäßigkeit des Verwaltungsaktes in einem Vorverfahren nachzuprüfen. Einer solchen Nachprüfung bedarf es nicht, wenn ein Gesetz dies für besondere Fälle bestimmt oder wenn
1. der Verwaltungsakt von einer obersten Bundesbehörde oder von einer obersten Landesbehörde erlassen worden ist, außer wenn ein Gesetz die Nachprüfung vorschreibt, oder
2. der Abhilfebescheid oder der Widerspruchsbescheid erstmalig eine Beschwer enthält.
(2) Für die Verpflichtungsklage gilt Absatz 1 entsprechend, wenn der Antrag auf Vornahme des Verwaltungsaktes abgelehnt worden ist."

806   § 68 VwGO enthält drei wichtige Begriffe: **Verwaltungsakt, Anfechtungs-** und **Verpflichtungsklage.** Sie sollen zunächst erläutert werden.

I. Der Verwaltungsakt

807   Ein Widerspruchsverfahren schreibt die Verwaltungsgerichtsordnung nur vor, wenn der Bürger sich gegen einen ihn **belastenden Verwaltungsakt** wendet (§ 68 Abs. 1 VwGO) oder wenn die Verwaltungsbehörde seinen Antrag auf einen **begünstigenden Verwaltungsakt** abgelehnt hat (§ 68 Abs. 2 VwGO).

1. Der Begriff des Verwaltungsakts

808   Wenn Verwaltungshandeln einen konkreten individuellen Einzelfall betrifft, wenn also der einzelne Bürger einen Eingriff dulden muss oder ihm

eine Leistung gewährt wird, wird die Verwaltung regelmäßig durch Erlass eines **Verwaltungsaktes** handeln. Dies stellt die gebräuchlichste und in der Praxis mit Abstand wichtigste Form des Verwaltungshandelns dar. Unter Verwaltungsakt versteht man „jede Verfügung, Entscheidung oder andere hoheitliche Maßnahme, die eine Behörde zur Regelung eines Einzelfalles auf dem Gebiet des öffentlichen Rechts trifft und die auf unmittelbare Rechtswirkung nach außen gerichtet ist" (§ 35 Satz 1 VwVfG). Der Begriff des Verwaltungsaktes i. S. d. § 35 Satz 1 VwVfG wird im Folgenden näher erläutert:

Als **Maßnahme** (Verfügung, Entscheidung) ist jede Handlung anzusehen, **809** die einen Erklärungsgehalt aufweist. Die Bedeutung des Tatbestandsmerkmals „Behörde" ergibt sich aus der Legaldefinition des § 1 Abs. 4 VwVfG. Die Maßnahme muss des Weiteren auf dem **Gebiet des öffentlichen Rechts** getroffen werden. Ob dies der Fall ist, bestimmt sich nach den allgemeinen für die Abgrenzung des öffentlichen Rechts vom Privatrecht entwickelten Kriterien. Für die Verwaltungsakt-Qualität ist darüber hinaus Voraussetzung, dass die behördliche Maßnahme, in Abgrenzung zum schlichten Verwaltungshandeln, eine **Regelung** enthält. Eine solche liegt immer dann vor, wenn die Maßnahme unmittelbar auf die Herbeiführung einer Rechtsfolge gerichtet ist. Keine Regelungen und damit schlichtem Verwaltungshandeln zuzuordnen sind damit die sog. Realakte wie: Mitteilungen, Warnungen oder etwa Dienstfahrten. Die Regelung i. S. d. § 35 VwVfG muss dabei einen **Einzelfall** betreffen. Die Einzelfallregelung zeichnet sich im Gegensatz zu einer Rechtsnorm durch einen konkret-individuellen Charakter aus, indem sie einen konkreten Sachverhalt betrifft und sich an eine bestimmte Person richtet. Bei einem generellen Adressatenkreis liegt hingegen eine Einzelfallregelung nur dann vor, wenn die Voraussetzungen des § 35 Satz 2 VwVfG für die Allgemeinverfügung erfüllt sind. Schließlich muss der Verwaltungsakt auf **Außenwirkung** gerichtet sein. Dies ist anzunehmen, wenn die beabsichtigten Rechtsfolgen gegenüber einer außerhalb der Verwaltung stehenden natürlichen oder juristischen Person eintreten sollen, indem insbesondere deren Rechtsposition erweitert, eingeschränkt oder sonst regelnd in sie eingegriffen wird. Hieran fehlt es, wenn die Maßnahme nur Rechtswirkungen innerhalb der staatlichen Verwaltung entfaltet (z. B. Verwaltungsvorschriften).

Erlässt das Kreiswehrersatzamt einen Einberufungsbescheid, handelt es sich dabei eben- **810** so um einen Verwaltungsakt, wie wenn das Gewerbeaufsichtsamt eine immissionsschutzrechtliche Genehmigung nach § 6 BImSchG erteilt. In beiden Fällen liegt eine behördliche Maßnahme auf dem Gebiet des öffentlichen Rechts vor, die einen Einzelfall entscheidet und den betroffenen Bürger unmittelbar in seinen Rechten berührt. Die Genehmigung erweitert seine Rechte; er darf mit dem Bau der Fabrik beginnen, was er zuvor nicht durfte. Der Einberufungsbescheid dagegen schränkt seine Rechte ein. Im ersten Fall handelt es sich um einen **begünstigenden**, im zweiten Fall um einen **belastenden Verwaltungsakt**.

Sobald die Verwaltung bei ihrer Tätigkeit Rechte des Bürgers erweitert **811** oder einschränkt, bedient sie sich dabei typischerweise der einseitigen Verfügung in Form des **Verwaltungsaktes**. Sie handelt atypisch, wenn sie sich im Umgang mit dem Bürger anderer Mittel bedient, beispielsweise mit ihm einen **Vertrag** über einen nach öffentlich-rechtlichen Vorschriften zu beurteilenden Gegenstand, z. B. über die Vorauszahlung baurechtlicher Erschließungsbeiträge oder über den Standort einer industriellen Anlage, schließt (sog. öffentlich-rechtlicher Vertrag gemäß §§ 54 bis 62 VwVfG). Durch Vertrag ein bestimmtes Ergebnis zu erreichen ist für die Verwaltung im Regelfall schwieriger, da ein Vertrag das Einverständnis aller Beteiligten voraussetzt. Beim Verwaltungsakt hingegen kommt es nicht auf die Übereinstimmung mit dem Willen des betroffenen Bürgers an. Über seinen Erlass entscheidet die zuständige Behörde einseitig. Diese Entscheidung ist allerdings nicht in ihr Belieben gestellt. Art. 20 Abs. 3 GG bindet alles Verwaltungshandeln an das Gesetz. Rechtmäßig ist ein Verwaltungsakt nur, wenn die Verwaltung durch Gesetz zu dessen Erlass befugt ist.

2. Erforderlichkeit einer gesetzlichen Ermächtigungsgrundlage

812   Der Verwaltungsakt bedarf einer gesetzlichen **Ermächtigungsgrundlage**. Dies ist für belastende Verwaltungsakte unbestritten. Bei begünstigenden Verwaltungsakten dagegen wird teilweise die Auffassung vertreten, sie bedürften keiner gesetzlichen Grundlage, da sie die Rechtsposition des Bürgers erweitern. Dabei wird jedoch übersehen, dass die Begünstigung eines Unternehmers für den Konkurrenten durchaus belastende Folgen haben kann. Daher ist auch für begünstigende Verwaltungsakte in der Regel eine gesetzliche Ermächtigungsgrundlage erforderlich. Verwaltungsakte, zu deren Erlass die Verwaltung nicht durch Gesetz ermächtigt ist, sind daher in der Regel rechtswidrig.

3. Die Bestandskraft

813   In aller Regel, d. h. immer dann, wenn der Verwaltungsakt eine Rechtsmittelbelehrung enthält, beträgt die Widerspruchsfrist einen Monat. Nur dann, wenn keine **Rechtsmittelbelehrung** erteilt wurde, beträgt die Widerspruchsfrist ein Jahr (§ 70 Abs. 2 i. V. m. § 58 VwGO). Der Bürger hat daher in der Regel einen Monat Zeit, um die Entscheidung darüber zu treffen, ob er einen belastenden Verwaltungsakt oder die Ablehnung eines begünstigenden Verwaltungsaktes hinnehmen will oder ob er sich zum Widerspruch und nach erfolglosem Vorverfahren zur verwaltungsgerichtlichen Klage entschließt. Nach Ablauf der Widerspruchsfrist kann – von Ausnahmen abgesehen (vgl. z. B. § 60 VwGO) – weder ein Vorverfahren noch eine verwaltungsgerichtliche Klage durchgeführt werden. Der Verwaltungsakt wird **bestandskräftig** und zwar unabhängig davon, ob er rechtmäßig oder rechtswidrig ist. **Auch ein rechtswidriger Verwaltungsakt ist also nach Ablauf der Widerspruchsfrist vom Bürger zu befolgen, ohne dass dagegen noch etwas unternommen werden kann.**

814   Die nach Ablauf der Widerspruchsfrist eintretende Bestandskraft hat ihren guten Grund: Die Behörde muss sich darauf verlassen können, dass die Angelegenheit nach Ablauf eines Monats erledigt ist, und der Bürger muss die betreffende Entscheidung der Verwaltung zur Grundlage seiner Disposition machen können.

815   Unter bestimmten, eng umgrenzten Voraussetzungen kann die Bestandskraft eines Verwaltungsaktes jedoch ausnahmsweise durch die Möglichkeit der Behörde, ihn zurückzunehmen oder zu widerrufen, durchbrochen werden. „Rücknahme" i. S. d. § 48 VwVfG ist dabei die Aufhebung eines rechts-

widrigen Verwaltungsaktes, „Widerruf" i. S. d. § 49 VwVfG bezeichnet die Aufhebung eines rechtmäßigen Verwaltungsaktes.

Eine weitere, noch unbedeutendere Ausnahme von dem Grundsatz, dass   816
gegen Verwaltungsakte nach Ablauf der einmonatigen Frist nichts mehr unternommen werden kann, enthält § 43 Abs. 2 Satz 2 VwGO. Nach dieser
Bestimmung kann auch nach Ablauf der Widerspruchsfrist noch auf Feststellung geklagt werden, dass ein Verwaltungsakt **nichtig** sei. Diese Klage
hat nur selten Erfolg, da **rechtswidrige** Verwaltungsakte nur in Ausnahmefällen zugleich **nichtig** sind (vgl. § 44 VwVfG).

Rechtswidrig ist jeder Verwaltungsakt, der unter Verstoß gegen Rechts-   817
vorschriften erlassen wurde und nicht nichtig ist; sei es, dass es an der gesetzlichen Ermächtigungsgrundlage fehlt, sei es, dass eine Behörde ermessensfehlerhaft tätig geworden ist. Rechtswidrige Verwaltungsakte müssen
gleichwohl befolgt werden, denn sie sind so lange rechtswirksam, bis sie auf
Antrag des betroffenen Bürgers im Vorverfahren oder von den Verwaltungsgerichten aufgehoben werden. Befolgt werden müssen sie deshalb,
weil es oft nicht leicht ist, zwischen rechtmäßigem und rechtswidrigem
Verwaltungshandeln zu unterscheiden, und es in vielen Fällen nicht in das
Belieben des betroffenen Bürgers gestellt werden kann, ob er den von ihm
für rechtswidrig gehaltenen Verwaltungsakt befolgt oder nicht.

Nichtig ist ein Verwaltungsakt hingegen nur „soweit er an einem beson-   818
ders schwerwiegenden Fehler leidet und dies bei verständiger Würdigung
aller in Betracht kommenden Umstände offenkundig ist" (§ 44 Abs. 1 Vw-
VfG); etwa wenn das Gewerbeaufsichtsamt einen Einberufungsbescheid erlässt oder wenn die Untersagung der Gewerbeerlaubnis nach § 35 GewO
damit begründet wird, „Unzuverlässigkeit" im Sinne dieser Bestimmung
läge auch bei einem außerehelichen Seitensprung vor. Nichtige Verwaltungsakte werden nicht bestandskräftig. Gegen sie kann der Betroffene
auch noch nach Ablauf der Monatsfrist vorgehen. Da vergleichbares, auf
den ersten Blick erkennbares rechtswidriges Staatshandeln glücklicherweise
auf seltene Ausnahmen begrenzt ist, bleibt es bei dem **Grundsatz, dass nach
Versäumung der einmonatigen Widerspruchsfrist gegen einen Verwaltungsakt in der Regel nichts mehr unternommen werden kann.**

II. Die Anfechtungsklage

Ein Bürger kann sowohl durch den Erlass eines ihn unmittelbar oder mit-   819
telbar belastenden Verwaltungsakts (z. B. Bußgeldbescheid, Genehmigung
einer Schweinemast auf dem Nachbargrundstück), als auch durch die Unterlassung eines ihn begünstigenden Verwaltungsakts (z. B. Versagung einer
behördlichen Genehmigung) in seinen Rechten verletzt werden. Als Rechtsschutzmöglichkeiten sieht § 42 Abs. 1 VwGO für den ersten Fall die Anfechtungsklage, für den zweiten die Verpflichtungsklage vor.

Über die Anfechtungs- und die Verpflichtungsklage bestimmt § 42 VwGO: 820

„(1) Durch Klage kann die Aufhebung eines Verwaltungsaktes (Anfechtungsklage) sowie die Verurteilung zum Erlass eines abgelehnten oder unterlassenen Verwaltungsaktes
(Verpflichtungsklage) begehrt werden.

(2) Soweit gesetzlich nichts anderes bestimmt ist, ist die Klage nur zulässig, wenn der Kläger geltend macht, durch den Verwaltungsakt oder seine Ablehnung oder Unterlassung in seinen Rechten verletzt zu sein."

821 Eine Anfechtungsklage ist immer dann in Betracht zu ziehen, wenn sich der von einem belastenden Verwaltungsakt betroffene Bürger gegen diesen wehren will.

822 Wenn die Röhrenfabrik von A gemäß § 6 BImSchG genehmigt, diese Genehmigung jedoch vom Gewerbeaufsichtsamt mit der Auflage versehen wird, in der Fabrik mindestens 1200 Arbeitsplätze zu schaffen, obgleich bei rationeller Auslastung nur 1000 vonnöten wären, wird man dem Unternehmer raten müssen, dagegen vorzugehen, da das Bundes-Immissionsschutzgesetz die Verwaltung zum Erlass derartiger Auflagen nicht ermächtigt.

Ebenso kommt für den Nachbarn, dem die Röhrenfabrik in seiner Nähe nicht gefällt, nach erfolgloser Durchführung eines Vorverfahrens die Erhebung einer Anfechtungsklage gegen die Genehmigung in Betracht.

1. Das Vorverfahren gemäß § 68 VwGO und sonstige Zulässigkeitsvoraussetzungen der Anfechtungsklage

823 Nach § 68 Abs. 1 VwGO sind Rechtmäßigkeit und Zweckmäßigkeit eines Verwaltungsaktes vor Erhebung der Anfechtungsklage in einem **verwaltungsinternen Vorverfahren** nachzuprüfen. Erst wenn die Verwaltung im Widerspruchsverfahren dem Begehren des Widerspruchsführers nicht stattgibt, darf der Bürger den ihn belastenden Verwaltungsakt vor dem Verwaltungsgericht anfechten.

824 Nach § 68 Abs. 2 VwGO ist das Widerspruchsverfahren auch dann zu durchlaufen, wenn die Verwaltung den Antrag eines Bürgers auf einen ihn begünstigenden Verwaltungsakt, z.B. einen positiven BAföG-Bescheid, abgelehnt hat. Bevor mit der Verpflichtungsklage nach § 42 Abs. 1 VwGO auf Erlass des abgelehnten begünstigenden Verwaltungsaktes geklagt werden kann, muss der Verwaltung im Widerspruchsverfahren Gelegenheit zur Überprüfung gegeben worden sein. Die Einreichung eines Widerspruchs kann aber nicht zeitlich unbeschränkt erfolgen. Wird die in § 70 VwGO vorgeschriebene Frist nicht eingehalten, so hat der betroffene Bürger keine Möglichkeit mehr, sich gegen den Verwaltungsakt zu wehren. Der Verwaltungsakt ist bestandskräftig, auch wenn er rechtswidrig ist.

825 Der Widerspruch wird bei der Behörde eingelegt, die den Verwaltungsakt erlassen oder den Erlass des beantragten Verwaltungsaktes abgelehnt hat. Wenn sie den Widerspruch für begründet hält, hilft sie ihm ab (vgl. § 72 VwGO). Der Verwaltungsrechtsstreit hat dann bereits auf dieser Ebene sein Ende gefunden. Wird dem Widerspruch nicht abgeholfen, entscheidet in der Regel die nächsthöhere Behörde durch **Widerspruchsbescheid** (vgl. § 73 VwGO).

826 Dieser Widerspruchsbescheid kann im Einzelfall auch eine **Verschlechterung** der Rechtsposition des betroffenen Bürgers mit sich bringen. Der Unternehmer, der gegen eine ihn belastende Auflage zur immissionsschutzrechtlichen Genehmigung Widerspruch eingelegt hat, kann durchaus das Pech haben, dass bei der Überprüfung seines Widerspruchs entdeckt wird, dass die Auflage den immissionsschutzrechtlichen Anforderungen noch immer nicht genügt und demzufolge verschärft werden muss. In einem sol-

chen Fall darf der Widerspruch zurückgewiesen und eine neue, kostspielige-
re Auflage verfügt werden. Die Zulässigkeit einer solchen „reformatio in
peius" ist allerdings zwischen Rechtsprechung und Schrifttum umstritten,
sie ist jedenfalls nur dann zulässig, wenn der Widerspruchsbescheid keinen
völlig neuen Inhalt hat und die Widerspruchsbehörde nicht nur die
Rechtsaufsicht, sondern auch die Fachaufsicht über die Ausgangsbehörde
ausübt. Bevor man sich zum Widerspruch entschließt, sollte man auch dieses Risiko bedenken. Die Gefahr der Verschlechterung besteht allerdings
nur im Vorverfahren, nicht mehr im verwaltungsgerichtlichen Verfahren.

Der Widerspruchsbescheid ist zu begründen und mit einer Rechtsmittel-   827
belehrung zu versehen. Aus ihr muss hervorgehen, dass gegen den Bescheid
binnen eines Monats vor dem Verwaltungsgericht Klage erhoben werden
kann.

Zwingende Vorschriften darüber, in welcher Frist der Widerspruchsbe-   828
scheid ergehen muss, sind in der Verwaltungsgerichtsordnung nicht enthalten. Nach § 75 VwGO kann jedoch im Rahmen der Untätigkeitsklage vor
dem Verwaltungsgericht auch ohne Abschluss eines Widerspruchsverfahrens Klage erhoben werden, wenn über den Widerspruch innerhalb von
drei Monaten nicht entschieden wurde. Sinn dieser Vorschrift ist es, zu verhindern, dass die Verwaltung dadurch, dass sie die Entscheidung über den
Widerspruch über Gebühr hinauszögert, dem Bürger den Gang vor das
Verwaltungsgericht verwehrt.

2. Sonstige Zulässigkeitsvoraussetzungen der Anfechtungsklage

Neben dem Vorverfahren gibt es weitere Zulässigkeitsvoraussetzungen,   829
die vorliegen müssen, damit das Verwaltungsgericht überhaupt zu den
Sachfragen Stellung nimmt. Die wichtigsten davon sind:
a) Zulässigkeit des Verwaltungsrechtsweges (§ 40 VwGO),
b) statthafte Klageart (§§ 42, 43 VwGO),
c) Rechtsbeeinträchtigung des Klägers (sog. Klagebefugnis; § 42 Abs. 2
   VwGO) und
d) sachliche und örtliche Zuständigkeit des Verwaltungsgerichts (§§ 45 ff.
   VwGO),
e) ordnungsgemäße Klageerhebung (§§ 81, 82 VwGO),
f) Frist (§ 74 VwGO).
Eine nähere Erörterung ist nur für a), b) und c) notwendig.   830

a) Zulässigkeit des Verwaltungsrechtsweges

Die Zulässigkeit einer Klage vor dem Verwaltungsgericht hängt zunächst   831
davon ab, ob der Rechtsstreit überhaupt vor dieses Gericht gehört (Zulässigkeit des Verwaltungsrechtsweges).

Der Rechtsweg zu den allgemeinen Verwaltungsgerichten ist nach § 40
Abs. 1 VwGO grundsätzlich in allen **öffentlich-rechtlichen Streitigkeiten
nicht verfassungsrechtlicher Art** gegeben, soweit die Streitigkeit nicht durch
Gesetz ausdrücklich einem anderen Gericht zugewiesen ist.

Alle nicht im öffentlichen Recht wurzelnden – also privatrechtlichen –
Streitigkeiten gehören danach nicht vor die Verwaltungsgerichte. Folgende

öffentlich-rechtlichen Streitigkeiten gehören ebenfalls nicht vor die Verwaltungsgerichte:

(1) **Verfassungsrechtliche Streitigkeiten**, d. h. Rechtsstreite, bei denen auf beiden Seiten ein Verfassungsorgan beteiligt ist und bei denen es materiell um Verfassungsrecht geht. Verfassungsrechtliche Streitigkeiten entscheidet das **Bundesverfassungsgericht** (vgl. dazu Art. 93 Abs. 1 Nr. 1 bis 4 GG).

(2) Streitigkeiten, für die **besondere Zuweisungen zu anderen Gerichten** bestehen. Das ist der Fall für:
 – Angelegenheiten der Sozialversicherung, die den Sozialgerichten zugewiesen sind (§ 51 SGG), und
 – Streitigkeiten mit Bundes- und Landesfinanzbehörden, die den Finanzgerichten zugewiesen sind (§ 33 FGO).

(3) Öffentlich-rechtliche Streitigkeiten, die ausdrücklich den **ordentlichen Gerichten** zugewiesen sind:
 – Streitigkeiten über die Höhe der Enteignungsentschädigung (Art. 14 Abs. 3 Satz 4 GG),
 – Streitigkeiten über Aufopferungsansprüche und wegen enteignungsgleicher Eingriffe (§ 40 Abs. 2 VwGO),
 – Streitigkeiten über Schadenersatzansprüche aus Amtspflichtverletzung (Art. 34 GG).

Hält ein Verwaltungsgericht den Verwaltungsrechtsweg für nicht eröffnet, so verweist es nach Anhörung der Parteien von Amts wegen die Sache an das Gericht, zu dem es den Rechtsweg für gegeben hält (§ 17a Abs. 2 GVG). Dieser Beschluss ist für das Gericht, an das die Streitigkeit verwiesen wird, bindend.

b) Statthafte Klageart

832 Außer der Anfechtungsklage und der Verpflichtungsklage kennt die Verwaltungsgerichtsordnung noch **weitere Klagearten** der Hauptsache, die sich durch ihr Klageziel (**Klägerbegehren**) unterscheiden. Die Anfechtungsklage zielt – wie erläutert – auf die Aufhebung eines Verwaltungsaktes; das Ziel der Verpflichtungsklage ist es, die Verwaltung zum Erlass eines Verwaltungsakts gerichtlich zu verpflichten. Daneben gibt es die **allgemeine Leistungsklage**. Deren Begehr richtet sich auf sonstiges Verwaltungshandeln und das Unterlassen von Verwaltungshandeln. Mit der **Feststellungsklage** soll das Bestehen oder Nichtbestehen eines konkreten öffentlich-rechtlichen Rechtsverhältnisses geklärt werden. Eine besondere Klageart ist die **Fortsetzungsfeststellungsklage**. Da ein Gerichtsverfahren einige Zeit dauert, kann es vorkommen, dass der Verwaltungsakt, der angefochten werden soll, keine Wirkung mehr auf den Kläger hat. In diesem Fall spricht man von einem erledigten Verwaltungsakt (§ 43 VwVfG). Mit der Fortsetzungsfeststellungsklage kann nun dennoch die Rechtswidrigkeit des Verwaltungsaktes festgestellt werden.

833 Diese verschiedenen Klagearten haben unterschiedliche Zulässigkeitsvoraussetzungen, so ist etwa nur für Anfechtungs- und Verpflichtungsklagen ein Vorverfahren nach § 68 VwGO vorgesehen. Neben den allgemeinen Voraussetzungen einer Verwaltungsgerichtsentscheidung – wie etwa der Er-

öffnung des Verwaltungsrechtsweges – spricht man bei den Zulässigkeitsvoraussetzungen, die nur für eine Klageart gedacht sind, von **besonderen
Sachentscheidungsvoraussetzungen.** Im Prüfungspunkt der statthaften Klageart wird festgestellt, welche besonderen Sachentscheidungsvoraussetzungen zu beachten sind. Dazu ist das Klagebegehr festzustellen.

> Begehrt der Kläger z. B. die Erteilung einer immissionsschutzrechtlichen Genehmigung, **834**
> so möchte er, dass ein Verwaltungsakt erlassen wird. Statthafte Klageart ist die Ver-
> pflichtungsklage. Wird ihm hingegen aufgegeben, dass er seine Fabrik schließen muss,
> so begehrt er, dass das Gericht die als Verwaltungsakt ausgestaltete Schließungsverfü-
> gung aufhebt. Die statthafte Klageart ist die Anfechtungsklage.

c) Klagebefugnis

Anfechtungs- und Verpflichtungsklage darf nach § 42 Abs. 2 VwGO nur **835**
erheben, wer geltend machen kann, die Verwaltung habe ihn in seinen
Rechten verletzt. Diese Vorschrift hat einzig und allein den Sinn, sog. **Popularklagen,** die jedermann nach Belieben erheben kann, wenn er einen feh-
lerhaften Verwaltungsakt entdeckt zu haben meint, auszuschließen.

> Erhält A einen Gewerbesteuerbescheid, von dem B der Ansicht ist, dieser sei überhöht, **836**
> so kann B dennoch nicht dagegen klagen, da der Bescheid ihn unmöglich in seinen
> Rechten der Finanzverwaltung gegenüber beeinträchtigen kann.

Unzulässig ist die Anfechtungs- oder Verpflichtungsklage wegen Fehlens **837**
der Klagebefugnis nur dann, wenn der Kläger schlechthin nicht plausibel
geltend machen kann, dass zumindest die Möglichkeit besteht, der streitige
Verwaltungsakt beeinträchtige seine Rechte.

Unproblematisch ist die Klagebefugnis immer dann, wenn der Kläger **838**
Adressat des belastenden Verwaltungsaktes ist. In diesem Fall ist die Möglichkeit niemals auszuschließen, dass die Verwaltung in seine Rechte zu Unrecht eingegriffen hat.

Problematisch ist die Frage, ob der Kläger klagebefugt ist jedoch dann, **839**
wenn der Verwaltungsakt nicht an ihn, sondern an einen anderen gerichtet
ist. In der Regel wird er dann kaum darlegen können, er sei durch den an
einen anderen gerichteten Verwaltungsakt in seinen Rechten verletzt. B ist
nicht befugt, den Steuerbescheid des A anzufechten.

Es gibt jedoch Ausnahmen von dem Grundsatz, dass in der Regel nur der **840**
Adressat eines Verwaltungsaktes eine Rechtsverletzung i. S. d. § 42 Abs. 2
VwGO geltend machen kann: § 10 BImSchG gibt den **Nachbarn** einer geplanten genehmigungsbedürftigen industriellen Anlage die Möglichkeit, innerhalb einer Frist gegen den Antrag auf Genehmigung Einwendungen zu
erheben. Wenn die Genehmigungsbehörde nach Anhörung der Einwendungen trotzdem die Genehmigung erteilt, ist diese nicht an die Nachbarn,
sondern ausschließlich an den Unternehmer der industriellen Anlage gerichtet. Dass die Genehmigung nach § 10 Abs. 7 BImSchG auch den Nachbarn,
die rechtzeitig Einwendungen erhoben haben, zugestellt werden muss, ändert daran nichts. Obgleich die Nachbarn nicht Adressat der Genehmigung
sind, können sie diese jedoch nach erfolglosem Vorverfahren anfechten. Die
Möglichkeit, dass die Genehmigung, die die Rechtsposition des Unternehmers erweitert, diejenige der Nachbarn zu Unrecht einengt, ist nicht auszuschließen. Als möglicherweise verletztes Recht kommt das Eigentum an ih-

ren Grundstücken in Betracht. Zum Inhalt des Eigentums gehört nämlich nicht nur das Grundstück in seinem Bestand, sondern auch die räumliche Situation und die Umgebung, in die es hineingestellt ist. Diese Ausstrahlung des Eigentums über die Grundstücksgrenze hinweg wird aber entscheidend durch den Bau einer industriellen Anlage in der Nachbarschaft beeinträchtigt. Wegen der Möglichkeit der Rechtsbeeinträchtigung kann daher den Nachbarn die Klagebefugnis nicht abgesprochen werden. Ob die Genehmigung tatsächlich rechtswidrig ist oder nicht, ist nicht eine Frage der Zulässigkeit, sondern der Begründetheit der Klage. Der Filter des § 42 Abs. 2 VwGO hat lediglich die Funktion, Popularklagen auszuschließen. Die eigentliche Prüfung der materiellen Rechtslage bleibt immer der Begründetheitsprüfung der Klage vorbehalten.

841   Im Ausgangsbeispiel kann die Zulässigkeit der Klage problemlos bejaht werden: Bei der Auflage, in der geplanten Röhrenfabrik mindestens 1200 Arbeitnehmer zu beschäftigen, handelt es sich um eine belastende Nebenbestimmung zum Verwaltungsakt. Es liegt eine öffentlich-rechtliche Streitigkeit nichtverfassungsrechtlicher Art vor, für die die Verwaltungsgerichte zuständig sind, da keine andere Rechtswegzuweisung gegeben ist. Nach erfolglosem Vorverfahren ist A als Adressat des Verwaltungsaktes auch klagebefugt.

3. Begründetheit der Anfechtungsklage bei nicht ausreichender Ermächtigungsgrundlage

842   A wurde aufgegeben, dass er seine Röhrenfabrik zwar betreiben darf, er muss jedoch mindestens 1200 Arbeitnehmer anstellen. Gegen diese Auflage wehrt sich A mit einer zulässigen Anfechtungsklage.

843   Bei der Begründetheit der Klage geht es um die Rechtsfrage, ob eine immissionsschutzrechtliche Genehmigung mit einer derartigen Auflage versehen werden darf. Wenn dies der Fall ist, wird die Klage als unbegründet abgewiesen; andernfalls ist sie begründet.

844   Die Frage ist leicht zu entscheiden: Nach § 6 BImSchG ist die Genehmigung zu erteilen, wenn sichergestellt ist, dass die Anlage allen immissionsschutzrechtlichen und sonstigen öffentlich-rechtlichen Erfordernissen genügen wird. Unter dieser Voraussetzung gibt § 6 BImSchG einen Rechtsanspruch auf Erteilung einer Genehmigung. Eine Vorschrift, die den Staat ermächtigt, dem Antragsteller vorzuschreiben, wie viele Arbeitnehmer er zu beschäftigen hat, gibt es nicht. Da hier allen öffentlich-rechtlichen Vorschriften bereits Genüge getan war, war die Auflage auch nicht zur Sicherstellung der Einhaltung der gesetzlichen Voraussetzungen des Verwaltungsaktes erforderlich (vgl. § 12 BImSchG). Die Genehmigung durfte daher nicht mit einer Auflage versehen werden. Die Auflage ist rechtswidrig. Die Klage ist begründet. § 113 Abs. 1 Satz 1 VwGO bestimmt für diesen Fall:

> „Soweit der Verwaltungsakt rechtswidrig und der Kläger dadurch in seinen Rechten verletzt ist, hebt das Gericht den Verwaltungsakt und den etwaigen Widerspruchsbescheid auf."

Das Verwaltungsgericht wird daher die Auflage aufheben.

845   Im Ausgangsbeispiel war die Auflage als belastender Verwaltungsakt rechtswidrig, weil kein Gesetz die Verwaltung zu einem derartigen Eingriff ermächtigt.

Das Vorhandensein einer gesetzlichen Ermächtigungsgrundlage allein **846** macht einen Verwaltungsakt allerdings noch nicht rechtmäßig. Die Verwaltungsbehörde muss sich bei ihrem Vorgehen auch an bestimmte formelle Voraussetzungen halten; sie muss insbesondere für die Angelegenheit zuständig sein, ihre Maßnahmen begründen und die in einzelnen Gesetzen mitunter vorgeschriebenen besonderen Verfahrensvorschriften (z. B. § 10 BImSchG) beachten. Verstöße gegen diese formellen Vorschriften führen in der Regel ebenfalls zur Rechtswidrigkeit des Verwaltungsaktes.

Immer dann, wenn eine Anfechtungsklage gegen einen belastenden Ver- **847** waltungsakt in Betracht gezogen wird, ist jedoch die mit Abstand wichtigste Frage diejenige nach der **gesetzlichen Ermächtigungsgrundlage** für den Eingriff. Nur selten liegt allerdings die Rechtswidrigkeit staatlichen Handelns so offen zutage wie im Beispielsfall, wo der Verwaltung überhaupt keine gesetzliche Vorschrift zur Verfügung stand, auf die sie ihr Vorgehen hätte stützen können. In vielen Fällen wird die Verwaltung ihr Vorgehen mit einer gesetzlichen Vorschrift begründen, der betroffene Bürger hingegen einwenden, sie verkenne Sinn und Zweck eben dieser Norm, die in seinem individuellen Fall nicht als Ermächtigungsgrundlage herhalten könne. Das ist insbesondere dann der Fall, wenn ein Gesetz der Verwaltung einen **Ermessensspielraum** einräumt.

4. Begründetheit der Anfechtungsklage bei fehlerhafter Ermessensausübung

Oft knüpft ein Gesetz an einen Tatbestand nur eine Rechtsfolge. Dann ist **848** die Verwaltung gebunden. Nur eine Entscheidung, nämlich die vom Gesetz vorgeschriebene, ist rechtmäßig:

> Wer die Voraussetzungen des § 6 BImSchG erfüllt, hat einen Rechtsanspruch auf Genehmigung; wer Einkünfte ab einer bestimmten Höhe bezieht, wird besteuert; wer sich als unzuverlässig i. S. d. § 35 GewO erweist, dem ist die Ausübung seines Gewerbes zu untersagen.

In diesen Fällen hat die Behörde keinerlei Wahl, ob sie die Genehmigung **849** erteilen, ob sie besteuern oder die Ausübung des Gewerbes untersagen soll. Wenn die Verwaltung meint, die gesetzlichen Tatbestandsvoraussetzungen seien gegeben, muss sie den Gesetzesbefehl vollstrecken. Im Streitfall bleibt dem Gericht die Nachprüfung vorbehalten, ob die gesetzlichen Voraussetzungen tatsächlich vorgelegen haben. Dieses gesetzlich eindeutig festgelegte, **gebundene Verwaltungshandeln** hat einen großen Nachteil: Es hindert die Verwaltung daran, unvorhersehbaren Wechselfällen des Lebens und besonderen Gegebenheiten des Einzelfalles Rechnung zu tragen. Aus diesem Grund verzichtet der Gesetzgeber oft darauf, an einen Tatbestand nur eine Rechtsfolge zu knüpfen. Er beschränkt sich vielmehr darauf, die Verwaltung zu gewissen Verhaltensweisen, zu Gewährungen, zu Versagungen oder auch zu Eingriffen zu ermächtigen, ohne ihr dies zur verbindlichen Pflicht zu machen. Das Gesetz legt dann zwar die tatbestandlichen Voraussetzungen eines Einschreitens fest, überlässt aber die Setzung der Rechtsfolge dem **Ermessen** der zuständigen Behörde. Der Gesetzgeber vermeidet damit, der Verwaltung nur eine – im Ausnahmefall vielleicht unzweckmäßige oder ungerechte – Möglichkeit zur Regelung eines bestimmten Sachverhaltes zu geben.

850   So ist etwa nach § 35 Abs. 1 GewO die Ausübung eines Gewerbes zu untersagen, wenn Tatsachen vorliegen, welche die Unzuverlässigkeit des Gewerbetreibenden in Bezug auf dieses Gewerbe dartun, sofern die Untersagung zum Schutz der Allgemeinheit oder der im Betrieb Beschäftigten erforderlich ist.

851   § 35 Abs. 1 GewO lautet:

> „Die Ausübung eines Gewerbes ist von der zuständigen Behörde ganz oder teilweise zu untersagen, wenn Tatsachen vorliegen, welche die Unzuverlässigkeit des Gewerbetreibenden oder einer mit der Leitung des Gewerbebetriebes beauftragten Person in bezug auf dieses Gewerbe dartun, sofern die Untersagung zum Schutze der Allgemeinheit oder der im Betrieb Beschäftigten erforderlich ist. Die Untersagung kann auch auf die Tätigkeit als Vertretungsberechtigter eines Gewerbetreibenden oder als mit der Leitung des Gewerbebetriebes beauftragte Person sowie auf einzelne andere oder auf alle Gewerbe erstreckt werden, soweit die festgestellten Tatsachen die Annahme rechtfertigen, daß der Gewerbetreibende auch für diese Tätigkeiten oder Gewerbe unzuverlässig ist. Das Untersagungsverfahren kann fortgesetzt werden, auch wenn der Betrieb des Gewerbes während des Verfahrens aufgegeben wird."

852   Dieser gesetzliche Tatbestand ist sicher dann erfüllt, wenn ein Unternehmer mehrfach die Sozialversicherungsbeiträge für seine Arbeitnehmer nicht abgeführt, sondern zu eigenen Zwecken verwendet hat.

853   Wenn die Röhrenfabrik ihren Betrieb aufgenommen hat, Unternehmer A jedoch wiederholt Arbeitnehmer- und Arbeitgeberbeiträge zur Kranken- und Rentenversicherung seiner über 1000 Mitarbeiter im Betrieb belassen hat, bleibt der zuständigen Behörde nach § 35 Abs. 1 GewO gar keine andere Wahl, als ihm die Ausübung seines Gewerbes zu untersagen: Nur diese Entscheidung ist rechtmäßig.

854   § 35 Abs. 2 GewO bestimmt nun:

> „Dem Gewerbetreibenden kann auf seinen Antrag von der zuständigen Behörde gestattet werden, den Gewerbebetrieb durch einen Stellvertreter (§ 45) fortzuführen, der die Gewähr für eine ordnungsgemäße Führung des Gewerbebetriebes bietet."

855   Die sprachliche Fassung von § 35 Abs. 1 und Abs. 2 GewO unterscheidet sich erheblich: Wer sich als unzuverlässig erweist, dem ist die Ausübung des Gewerbes zu untersagen. Wenn er daraufhin beantragt, den Betrieb durch einen Stellvertreter fortzuführen, dann kann ihm das gestattet werden. Im ersten Fall hat die Behörde, wenn der Gewerbetreibende die gesetzlichen Tatbestandsvoraussetzungen erfüllt hat, keine Wahl mehr: Sie ist in ihrer Entscheidung **gebunden (gebundene Verwaltungsentscheidung)**. Im zweiten Fall kann die Behörde die Fortführung des Betriebes durch einen geeigneten Stellvertreter gestatten; ob sie es tut, ist in ihr **Ermessen** gestellt (**Ermessensentscheidung**).

856   In der Regel stellen Gesetze, die Eingriffe in den grundrechtlich gesicherten Bereich zulassen, diese nicht in das Ermessen der Behörde, sondern verpflichten bei Vorliegen der gesetzlichen Tatbestandsvoraussetzungen zu einem bestimmten Eingriff. Angesichts des Grundrechts der Berufsfreiheit beispielsweise ist bei Vorliegen der gesetzlichen Voraussetzungen die immissionsschutzrechtliche Genehmigung zu erteilen. Wenn hingegen Gesetze von einer Regelvorschrift Ausnahmen oder, wie im Falle des § 35 Abs. 2 GewO,

Vergünstigungen zulassen, überlassen sie es meist dem Ermessen der Behörde, ob davon im individuellen Fall Gebrauch gemacht werden soll. Die Befugnis, Ermessen auszuüben, drückt das Gesetz mit Worten wie „kann", „darf", „ist berechtigt", „Entscheidung ist in pflichtgemäßes Ermessen gestellt" etc. aus. Dass die Behörde gebunden sein soll, erkennt man an den Formulierungen „ist" oder „muss".

Gebundene Verwaltungsentscheidung und Ermessensentscheidung haben eines gemeinsam: In beiden Fällen darf der Gesetzesbefehl erst vollstreckt bzw. die Ermessensentscheidung erst getroffen werden, wenn der gesetzliche Tatbestand erfüllt ist. Der Unterschied zwischen beiden Formen des Verwaltungshandelns ist darin zu sehen, dass die Behörde bei gebundener Verwaltung nur eine einzige rechtmäßige Entscheidung treffen kann, während sie, wenn das Gesetz ihr einen Ermessensspielraum zubilligt, unter Umständen mehrere voneinander abweichende Entscheidungen treffen könnte, die allesamt rechtmäßig wären.   857

Der Ausdruck „Ermessen" darf nicht dahin missverstanden werden, dass die Verwaltung ihre Entscheidung willkürlich oder auch nur nach Belieben treffen darf. Die Verwaltung hat ihr Ermessen **pflichtgemäß** auszuüben. Sie muss ihre Entscheidung nach sachlichen Gesichtspunkten unter gerechter und billiger Abwägung des öffentlichen Interesses und der Einzelinteressen treffen. Sie ist dabei nicht frei von rechtlichen Bindungen, sondern insbesondere auch an die Grundrechte gebunden.   858

§ 40 VwVfG bestimmt: 859

> „Ist die Behörde ermächtigt, nach ihrem Ermessen zu handeln, hat sie ihr Ermessen entsprechend dem Zweck der Ermächtigung auszuüben und die gesetzlichen Grenzen des Ermessens einzuhalten."

In der Praxis ist die Ermessensausübung von Verwaltungsbehörden weitgehend gebunden durch Verwaltungsvorschriften und die eigene ständige Übung, von der zur Vermeidung von Ungleichbehandlungen nur ausnahmsweise und nur unter besonderer Begründung im Einzelfall abgewichen werden darf, sog. **Selbstbindung der Verwaltung.** Dies ist verfassungsrechtlich durch Art. 3 Abs. 1 GG verbürgt, der gewährleistet, dass gleiche Sachverhalte auch gleich behandelt werden müssen.   860

Der Unternehmer, dem die Verwaltung zu Recht gemäß § 35 Abs. 1 GewO die weitere Ausübung seines Gewerbes untersagt hat, ist also dann, wenn es um seinen Antrag nach § 35 Abs. 2 GewO geht, keinesfalls schutzlos dem Belieben der Verwaltung ausgeliefert. Diese muss vielmehr seinen Antrag sorgfältig unter Berücksichtigung aller Umstände des Einzelfalles prüfen. Wenn der Antrag dennoch negativ beschieden wird, braucht A sich damit nicht abzufinden: Art. 19 Abs. 4 GG eröffnet jedem, der sich durch die öffentliche Gewalt in seinen Rechten verletzt fühlt, den Rechtsweg. Es wäre allerdings ein Widerspruch in sich, wenn das Verwaltungsgericht bei einer gesetzlichen Vorschrift, die ausdrücklich der Verwaltungsbehörde einen Ermessensspielraum zubilligt, im Streitfalle sein eigenes Ermessen an die Stelle des behördlichen Ermessens setzen dürfte. Bei der Ermessensentscheidung können im Einzelfall mehrere unterschiedliche Entscheidungen gleichermaßen rechtmäßig sein. Sinn und Zweck der Ermessensvorschrift   861 ist es, die Behörde aufgrund ihrer Verwaltungserfahrung wählen zu lassen, welche aller zulässigen und rechtmäßigen Handlungsmöglichkeiten die zweckmäßigste ist. Die Verwaltungsgerichte entscheiden daher lediglich über die **Rechtmäßigkeit** eines Verwaltungsaktes, nicht jedoch über seine **Zweckmäßigkeit.** Die gerichtliche Überprüfung von Ermessensentscheidungen ist notwendigerweise beschränkt.

862   § 114 VwGO bestimmt:

> „Soweit die Verwaltungsbehörde ermächtigt ist, nach ihrem Ermessen zu handeln, prüft das Gericht auch, ob der Verwaltungsakt oder die Ablehnung oder Unterlassung des Verwaltungsaktes rechtswidrig ist, weil die gesetzlichen Grenzen des Ermessens überschritten sind oder von dem Ermessen in einer dem Zweck der Ermächtigung nicht entsprechenden Weise Gebrauch gemacht ist. Die Verwaltungsbehörde kann ihre Ermessenserwägungen hinsichtlich des Verwaltungsaktes auch noch im verwaltungsgerichtlichen Verfahren ergänzen."

863   § 114 VwGO nennt in Übereinstimmung mit § 40 VwVfG zwei Grenzen, die die Verwaltung bei der Ausübung von Ermessensentscheidungen zu beachten hat. Sind diese Grenzen überschritten, ist ein verwaltungsgerichtlich nachprüfbarer sog. **Ermessensfehler** gegeben. Der Ermessensgebrauch ist in einem solchen Fall rechtswidrig, weil er dem Sinn des das Ermessen einräumenden Gesetzes widerspricht.

864   Ermessensfehler liegen vor, wenn „die gesetzlichen Grenzen des Ermessens überschritten" worden sind (**Ermessensüberschreitung**) oder wenn „von dem Ermessen in einer dem Zweck der Ermächtigung nicht entsprechenden Weise Gebrauch gemacht ist" (**Ermessensmissbrauch**).

865   Bei der **Ermessensüberschreitung** verlässt die Verwaltung die ihr vom Gesetz gezogenen Grenzen. Es ist selbstverständlich, dass eine Verwaltungsentscheidung, die nicht mehr aus dem Gesetz begründbar ist, rechtswidrig ist. Im Beispielsfall würde die Verwaltung die ihr von § 35 Abs. 2 GewO gesetzten Grenzen überschreiten, wenn sie dem unzuverlässigen Unternehmer A gestatten würde, sein eigener Stellvertreter zu sein und mit der Ausübung seines Gewerbes fortzufahren. Aus § 35 Abs. 2 GewO ergibt sich nämlich eindeutig, dass als Stellvertreter nur eine andere, zuverlässige Person in Betracht kommt.

866   Aus einleuchtenden Gründen hat die Rechtsprechung der Ermessensüberschreitung die **Ermessensunterschreitung** gleichgestellt. Ermessensunterschreitung liegt vor, wenn die Behörde bei Anwendung einer Ermessensnorm nicht alle Möglichkeiten der Entscheidung und alle in Betracht kommenden Gesichtspunkte prüft, sei es, weil sie sich gebunden meint, obwohl sie in Wahrheit die Wahl zwischen mehreren Entscheidungen hat, sei es, dass sie aus anderen Gründen eine nähere Prüfung unterlässt.

867   Der häufigste Ermessensfehler ist der **Ermessensmissbrauch.** Im Gegensatz zur Ermessensüberschreitung hält sich ein ermessensmissbräuchlicher Verwaltungsakt durchaus im äußeren Rahmen der vom Gesetz zur Verfügung gestellten Möglichkeiten. Ermessensmissbräuchlich handelt die Verwaltung jedoch dann, wenn sie die inneren Schranken ihres Spielraums absichtlich oder irrtümlich missachtet. Der ermessensmissbräuchliche Verwaltungsakt hätte unter anderen Umständen und aus anderen Erwägungen, nicht aber bei den gegebenen Umständen, aufgrund der tatsächlich ange-

stellten Erwägungen getroffen werden dürfen. Hauptfälle des Ermessensmissbrauches sind **sachfremde Erwägungen** und die **Verletzung des Gleichheitsgrundsatzes.**

Sachfremd sind Erwägungen, aufgrund derer die getroffene Entscheidung 868 nicht hätte getroffen werden dürfen, weil sie in keinem Zusammenhang mit dem zu entscheidenden Sachverhalt stehen. Wird dem Antrag nach § 35 Abs. 2 GewO nicht entsprochen, weil der Unternehmer bei der zuständigen Behörde unbeliebt ist, weil er einer bestimmten Religion oder Partei angehört oder weil „ein Exempel" statuiert werden soll, sind diese Erwägungen ebenso sachfremd, wie wenn dem Antrag entsprochen wird, weil er der richtigen Partei, Religion etc. angehört.

Sachgemäß sind im Rahmen des § 35 Abs. 2 GewO nur solche Erwägun 869 gen, die sich mit dem öffentlichen Interesse, insbesondere mit Sinn und Zweck der Gewerbeuntersagung, und dem privaten Interesse des Betroffenen beschäftigen.

Im öffentlichen Interesse liegt es sicher, den Betrieb und damit die Ar 870 beitsplätze zu erhalten. Gleichfalls muss jedoch auch sichergestellt werden, dass derjenige, der sich als unzuverlässig erwiesen hat, auf die Entscheidungen seines Stellvertreters, der in seiner Person allen gesetzlichen Anforderungen genügt, keinen Einfluss nehmen kann. Das private Interesse desjenigen, der sich als unzuverlässig erwiesen hat, verlangt, den staatlichen Eingriff in seine Freiheitssphäre strikt auf die Maßnahmen zu beschränken, die erforderlich sind, um den Schutz der in § 35 Abs. 1 GewO angesprochenen Rechtsgüter sicherzustellen. Mehr bezweckt die Gewerbeuntersagung nicht. Eine darüber hinausgehende „Bestrafung" wäre mit dieser Norm nicht vereinbar. Wenn die Behörde diese Erwägungen anstellt, wird eine sachgerechte Ermessensentscheidung – ist der vorgeschlagene Stellvertreter als zuverlässig bekannt – im Regelfall zur Genehmigung des Antrags führen. In Ausnahmefällen – die freilich begründet werden müssen – kann die Stellvertretererlaubnis allerdings auch verweigert werden.

Gleichheitswidriger Ermessensmissbrauch liegt vor, wenn die Behörde 871 gleichliegende Sachverhalte ohne ersichtlichen oder vernünftigen Grund verschieden behandelt. Am Beispiel des § 35 Abs. 2 GewO erwies sich bereits, dass eine sachgerechte pflichtgemäße Ermessensentscheidung in Einzelfällen durchaus nur zu einem einzigen rechtmäßigen Ergebnis führen kann, eben weil alle anderen Möglichkeiten sich als nicht sachgerecht erweisen, da sie dem Sinn und Zweck der anzuwendenden Norm widersprechen (**Ermessensreduzierung auf Null**). Über den Gleichheitssatz wird eine noch engere Bindung behördlicher Ermessensentscheidungen erreicht: Er hat zur Folge, dass die Verwaltung dann, wenn sie – sei es rein tatsächlich, sei es aufgrund von Verwaltungsvorschriften – ihr Ermessen in gleichgelagerten Fällen nach generellen Gesichtspunkten ausübt, sich selbst bindet und damit ihren Ermessensspielraum einschränkt. Nur noch in besonders gelagerten Fällen kann und muss die Behörde prüfen, ob sie nicht eine von der Verwaltungspraxis abweichende Entscheidung treffen will. Diese Selbstbindung greift allerdings nur ein bei Fallgestaltungen, bei denen alle im Rahmen des Ermessens zu berücksichtigenden Gesichtspunkte gleich liegen. Liegen sachliche Differenzierungsgesichtspunkte vor, ist die Abweichung mit dem Gleichheitssatz vereinbar. Aufgrund von Art. 3 GG kann

man auch nicht verlangen, dass die Verwaltung einen Fehler wiederholt,
den sie in einem anderen Fall gemacht hat. Einen Anspruch auf gesetzes-
widrige Gleichbehandlung gibt es nicht („keine Gleichheit im Unrecht").

872   Sowohl die Stellvertretererlaubnis als auch damit verbundene Nebenbestimmungen können im individuellen Fall erteilt werden. Bei Ermessensvor-
schriften steht auch die Beifügung von Nebenbestimmungen im Ermessen
der Behörde (§ 36 Abs. 2 VwVfG). Wenn die Verwaltung die Stellvertretererlaubnis erteilt, hat sie nach pflichtgemäßem Ermessen z.b. darüber zu
entscheiden, ob und welche Auflagen mit ihr verbunden werden sollen.

873   Wird dem unzuverlässigen Unternehmer zur Auflage gemacht, dem Stellvertreter ein Jahreseinkommen von 100.000 € zu garantieren, sich selbst
aber fortan im Tessin aufzuhalten, um Unabhängigkeit zu gewährleisten
und Beeinflussung zu vermeiden, wird er – nach erfolglosem Vorverfahren –
versuchen, die Auflage anzufechten. Das Verwaltungsgericht, das über die
Begründetheit dieser Klage entscheidet, muss § 114 VwGO beachten. Die
Auflagen sind nur daraufhin zu prüfen, ob Ermessensmissbrauch oder Ermessensüberschreitung vorliegt.

874   Die erste Auflage beruht auf der Erwägung, die Höhe des Gehaltes könne
dazu beitragen, die persönliche Unabhängigkeit des Stellvertreters zu garantieren. Dieser Gedanke ist sicher sachgerecht. In welcher Höhe das Gehalt
festgesetzt wird, bleibt der pflichtgemäßen Ermessensausübung überlassen:
Bei einer Fabrik mit über 1000 Mitarbeitern reicht der Spielraum etwa von
80.000 bis 150.000 €. Innerhalb dieses Spielraums darf das Verwaltungsgericht nicht sein Ermessen an die Stelle des Ermessens der Verwaltung setzen.

875   Die zweite Auflage beruht auf der Erwägung, der Grad möglicher Beeinflussung mindere sich mit der räumlichen Entfernung. Auch diese Überlegung mag sachgerecht sein; die Behörde hat hier aber unzulässigerweise in
ein Grundrecht des Unternehmers eingegriffen und damit die ihr vom Gesetz gesteckten Grenzen verlassen. Sie hat ihr Ermessen überschritten:
Art. 11 GG gibt allen Deutschen das Freiheitsrecht, das Bundesgebiet nicht
zwangsweise verlassen zu müssen. Gegenüber deutschen Staatsangehörigen
hat die Verwaltung keinerlei Abschiebungs- und Auslieferungsbefugnisse.
Das Verwaltungsgericht wird daher die zweite Auflage als rechtswidrig
aufheben.

III. Die Verpflichtungsklage

876   Mit der Verpflichtungsklage kann die Verurteilung zum Erlass eines abgelehnten oder unterlassenen Verwaltungsaktes begehrt werden (§ 42 Abs. 1
VwGO).

877   Während man sich mit der Anfechtungsklage gegen den Erlass eines belastenden Verwaltungsaktes wendet, weil man das Tätigwerden der Verwaltung für nicht gerechtfertigt hält, erstrebt man mit der **Verpflichtungsklage**
den Erlass eines begünstigenden Verwaltungsaktes. In den meisten Fällen
wird die Verpflichtungsklage erhoben, nachdem die Behörde einen Antrag
auf Erlass des angestrebten Verwaltungsaktes abgelehnt hat. Bei der Ablehnung selbst, beispielsweise bei der Weigerung, die immissionsschutzrechtliche Genehmigung nach § 6 BImSchG zu erteilen, handelt es sich um einen

belastenden Verwaltungsakt. Der betroffene Unternehmer, der die Genehmigung erstrebt, muss aber nicht etwa Anfechtungsklage erheben, um die Ablehnung aus der Welt zu schaffen und zugleich Verpflichtungsklage, um die begehrte Genehmigung zu erreichen. In einem solchen Fall genügt es, allein die Verpflichtungsklage zu erheben. Verurteilt das Gericht die Verwaltung zum Erlass des begehrten Verwaltungsaktes, ist damit automatisch der ablehnende Bescheid aufgehoben.

1. Zulässigkeit der Verpflichtungsklage

Derjenige Unternehmer, dem das Gewerbeaufsichtsamt die nach § 6 **878** BImSchG erforderliche Genehmigung für sein genehmigungsbedürftiges Vorhaben nicht erteilt, wird – wenn er sich im Recht sieht – dagegen ebenso vorgehen wie der Student, der einen ablehnenden BAföG-Bescheid erhalten hat. Beide erstreben einen begünstigenden Verwaltungsakt; für beide kommt die Verpflichtungsklage vor dem Verwaltungsgericht in Betracht. Die Voraussetzungen, die für die Zulässigkeit einer derartigen Klage erforderlich sind, sind nahezu die gleichen wie bei der Anfechtungsklage:

(1) Es muss sich um eine **öffentlich-rechtliche Streitigkeit** nichtverfassungsrechtlicher Art handeln, die keinem anderen Gericht zugewiesen ist (§ 40 VwGO).
(2) Der Kläger muss bei der Verwaltung einen **Antrag** auf Erlass des Verwaltungsaktes gestellt haben. Diesem Antrag darf nicht stattgegeben worden sein.
(3) § 68 Abs. 2 VwGO schreibt ein **Widerspruchsverfahren** vor, wenn die Verwaltung den Antrag abgelehnt hat. Ebenso wie bei der Anfechtungsklage muss der Widerspruch fristgerecht, d. h. innerhalb eines Monats nach Ablehnung, eingelegt werden.
(4) Bei der Verpflichtungsklage nach Ablehnung des Verwaltungsaktes läuft – wie bei der Anfechtungsklage – nach Erlass des Widerspruchsbescheides gemäß § 74 VwGO eine **Klagefrist** von einem Monat. Wurde der Verwaltungsakt weder abgelehnt noch erlassen, so greift § 75 VwGO ein: Die Klage kann nicht vor Ablauf von drei Monaten seit dem Antrag auf Vornahme des Verwaltungsaktes erhoben werden, es sei denn, dass besondere Umstände des Einzelfalles eine kürzere Frist gebieten.
(5) Wie bei der Anfechtungsklage ist auch bei der Verpflichtungsklage gemäß § 42 Abs. 2 VwGO die Frage der **Klagebefugnis** zu prüfen. Der Kläger muss die Möglichkeit geltend machen können, durch die Ablehnung oder Unterlassung des Verwaltungsaktes in seinen Rechten verletzt worden zu sein.

Liegen diese Voraussetzungen vor, ist die Verpflichtungsklage zulässig; in **879** den beiden Ausgangsbeispielen also dann, wenn Unternehmer und Student fristgerecht und erfolglos Widerspruch eingelegt und daraufhin fristgerecht Klage erhoben haben.

2. Begründetheit der Verpflichtungsklage

Ob die Verpflichtungsklage begründet ist, richtet sich nach § 113 Abs. 5 **880** VwGO:

„Soweit die Ablehnung oder Unterlassung des Verwaltungsaktes rechtswidrig und der Kläger dadurch in seinen Rechten verletzt ist, spricht das Gericht die Verpflichtung der Verwaltungsbehörde aus, die beantragte Amtshandlung vorzunehmen, wenn die Sache spruchreif ist. Andernfalls spricht es die Verpflichtung aus, den Kläger unter Beachtung der Rechtsauffassung des Gerichts zu bescheiden."

881   § 113 Abs. 5 VwGO unterscheidet zwei Sachverhalte:

(1) Wenn die Angelegenheit **spruchreif** ist, hat das Gericht andere Befugnisse, als wenn
(2) sie noch **nicht spruchreif** ist.

882   Hinter dieser Terminologie verbirgt sich nichts anderes als die bereits bekannte Unterscheidung zwischen Ermessensverwaltung und gebundener Verwaltung. In beiden Beispielsfällen handelt es sich um **gebundene Verwaltung:** Die immissionsschutzrechtliche Genehmigung ist zu erteilen, wenn die Voraussetzungen des § 6 BImSchG erfüllt sind. Ausbildungsförderung muss gezahlt werden, wenn eigenes Einkommen oder das der Eltern gewisse Grenzen nicht überschreitet. Diese Sachverhalte gebundenen Verwaltungshandelns spricht § 113 Abs. 5 Satz 1 VwGO an: **Spruchreif** ist die Angelegenheit, falls feststeht, dass die Ablehnung oder Unterlassung des Verwaltungsaktes rechtswidrig ist. Wenn die Voraussetzungen des Bundes-Immissionsschutzgesetzes oder des Bundesausbildungsförderungsgesetzes vorliegen, hat der Bürger einen Anspruch auf Genehmigung oder Leistung, also auf einen begünstigenden Verwaltungsakt. Die Behörde, die trotz Vorliegen der gesetzlichen Tatbestandsmerkmale den beantragten Verwaltungsakt ablehnt, verletzt den Rechtsanspruch, den das Gesetz dem Kläger zubilligt. Das Gericht wird daher die Verpflichtung der Verwaltungsbehörde aussprechen, die beantragte Amtshandlung vorzunehmen. Die Sache ist spruchreif.

883   Wenn der abgelehnte oder unterlassene Verwaltungsakt hingegen im Ermessen der Verwaltungsbehörde steht, ist es dem Gericht verwehrt, sein Ermessen an die Stelle desjenigen der Verwaltung zu setzen. Lehnt das Gewerbeaufsichtsamt beispielsweise die Stellvertretererlaubnis gemäß § 35 Abs. 2 GewO mit der Begründung ab, der unzuverlässige Unternehmer sei als „Hinzugezogener" ortsfremd und man werde sich glücklich schätzen, wenn er wieder von dannen ziehe, so ist dies ermessensfehlerhaft. Die Begründung ist ermessensmissbräuchlich, da sie angesichts des § 35 Abs. 1 und 2 GewO sachfremd ist. Damit steht zwar fest, dass die Ablehnung, den Betrieb durch einen Stellvertreter fortführen zu lassen, **so wie sie erfolgt ist,** rechtswidrig ist. Es ist aber noch keineswegs sicher, welchen Inhalt die ermessensfehlerfreie Entscheidung haben wird, da ja durchaus noch sachliche Gründe gegeben sein können, die die Ablehnung rechtfertigen. Da das Gericht sein Ermessen nicht an die Stelle des Ermessens der Behörde setzen darf, ist die Sache noch nicht spruchreif. Es greift die Regel des § 113 Abs. 5 Satz 2 VwGO ein. In einem solchen Fall, d.h. insbesondere bei einem Ermessensfehler, wird die Behörde verurteilt, „den Kläger unter Beachtung der Rechtsauffassung des Gerichts zu bescheiden". Fehlende Spruchreife führt also keineswegs zur Abweisung der Klage! Im vorliegenden Fall wird das Verwaltungsgericht die Behörde verurteilen, über den Antrag des

unzuverlässigen Unternehmers, der die Stellvertretererlaubnis beantragt hat, neu zu entscheiden. In den Gründen des Urteils wird das Gericht darlegen, dass die Ablehnung mit den von der Behörde genannten Gründen rechtswidrig ist.

IV. Vorläufiger Rechtsschutz

Wie alle anderen Rechtsstreitigkeiten kosten auch Verwaltungsprozesse **884** viel Zeit. Der Weg durch alle drei Instanzen (Verwaltungsgericht, Oberverwaltungsgericht, Bundesverwaltungsgericht) dauert nicht selten mehrere Jahre. Aber selbst dann, wenn ein Prozess schon rechtskräftig in der ersten Instanz entschieden wird, sind viele Monate, oftmals über ein Jahr vergangen. Nicht selten geben sich die Prozessparteien deshalb mit dem Urteil des Verwaltungsgerichts zufrieden und verzichten darauf, die Berufungs- oder gar die Revisionsinstanz anzurufen.

Von größter praktischer Bedeutung ist daher die Frage, was während die- **885** ser Zwischenzeit aus dem angegriffenen belastenden bzw. aus dem erstrebten begünstigenden Verwaltungsakt wird. Zwei Möglichkeiten kommen in Betracht:

(1) Bis zur rechtskräftigen Klärung verbleibt es beim Rechtsstandpunkt der Behörde mit dem Ergebnis, dass der angefochtene Verwaltungsakt durchgesetzt bzw. der erstrebte Verwaltungsakt verweigert werden darf.

(2) Bis zur rechtskräftigen Klärung verbleibt es beim Rechtsstandpunkt des Bürgers mit dem Ergebnis, dass der angefochtene Verwaltungsakt nicht durchgesetzt bzw. der erstrebte Verwaltungsakt erteilt wird.

Diese extrem auseinanderliegenden Möglichkeiten verdeutlichen zugleich **886** die immense Bedeutung, die der vorläufige Rechtsschutz im verwaltungsgerichtlichen Verfahren hat:

Wird die Ausübung eines Gewerbebetriebes wegen Unzuverlässigkeit nach § 35 Abs. 1 GewO untersagt, so bleibt dem Unternehmer, der sich gegen die Untersagungsverfügung wendet, nach dem ersten Lösungsvorschlag keine andere Wahl, als sich bis zur rechtskräftigen gerichtlichen Klärung nach einer anderen beruflichen Existenz umzusehen. Nach dem zweiten Lösungsvorschlag hingegen darf er sein Gewerbe so lange weiter ausüben, bis die Frage, ob die Untersagungsverfügung rechtmäßig oder rechtswidrig ist, gerichtlich geklärt ist.

Dieses Beispiel zeigt zugleich, welcher Möglichkeit grundsätzlich der **887** Vorzug zu geben ist. Der Unternehmer, der nach vier Jahren gerichtlich bestätigt bekommt, dass die Untersagungsverfügung rechtswidrig war, da die Gewerbeaufsicht den Begriff „unzuverlässig" i.S.d. § 35 Abs. 1 GewO falsch ausgelegt hat, wird dem Begriff „Rechtsschutz" nur noch Hohn entgegenbringen können, wenn er seit Jahren seinen Betrieb aufgegeben hat und eine neue Existenz gründen musste. Der späte gerichtliche Sieg wäre für ihn wertlos, da die Konkurrenz seinen Marktanteil längst vereinnahmt hätte. Insbesondere um einen effektiven, wirksamen Rechtsschutz zu gewährleisten, hat sich die Verwaltungsgerichtsordnung dann, wenn es um die Anfechtung eines Verwaltungsaktes geht, in § 80 VwGO im Regelfall für die zweite Möglichkeit entschieden. Wenn es um die Verpflichtung zum Erlass eines Verwaltungsaktes geht, greift hingegen § 123 VwGO ein. Die eben dargestellte Abgrenzung von § 80 und § 123 VwGO ergibt sich aus § 123 Abs. 5 VwGO.

1. Vorläufiger Rechtsschutz gegen belastende Verwaltungsakte nach § 80 VwGO

888   § 80 VwGO, eine der wichtigsten Bestimmungen des Gesetzes, bereitet trotz seines folgerichtigen Aufbaues Anfängern erfahrungsgemäß erhebliche Verständnisschwierigkeiten. Die **Regel** enthält § 80 Abs. 1 Satz 1 VwGO: „Widerspruch und Anfechtungsklage haben aufschiebende Wirkung." Die nachfolgenden Absätze betreffen Ausnahmen von der Regel.

889   **Aufschiebende Wirkung bedeutet grundsätzlich, dass der Verwaltungsakt nicht vollzogen werden darf.** Es ist der Behörde verwehrt, seinen Inhalt zu verwirklichen.

890   Wird gegen die Gewerbeuntersagung Widerspruch eingelegt, darf nach der Regel des § 80 Abs. 1 VwGO dem Unternehmer bis zur rechtskräftigen gerichtlichen Klärung die Ausübung des Gewerbes nicht untersagt werden.

891   Es gibt jedoch Fälle, in denen Widerspruch und Anfechtungsklage keine aufschiebende Wirkung haben. Diese sind abschließend in § 80 Abs. 2 VwGO geregelt.

892   Am wichtigsten ist dabei der Fall des § 80 Abs. 2 Nr. 4 VwGO: Die Verwaltungsbehörde kann die sofortige Vollziehung schriftlich anordnen. Bei der Anwendung dieser Vorschrift besteht die Gefahr, dass die Verwaltung das Regel-Ausnahme-Verhältnis des § 80 Abs. 1 und 2 VwGO – aufschiebende Wirkung ist die Regel, Fortfall der aufschiebenden Wirkung die Ausnahme – ins Gegenteil verkehrt. Dieser Versuchung hat der Gesetzgeber einen Riegel vorgeschoben: Nach § 80 Abs. 3 VwGO müssen für die sofortige Vollziehung besondere – öffentliche oder private – Interessen sprechen, die schriftlich zu begründen sind. Die Begründung muss über die Begründung für den Erlass des Verwaltungsaktes hinausgehen: So könnte die sofortige Vollziehbarkeit bei einer Untersagung nach § 35 GewO nicht damit begründet werden, ein unzuverlässiger Gewerbetreibender stelle eine Gefahr für die Allgemeinheit dar. Dies ist ja gerade der Grund für die Verfügung nach § 35 GewO.

893   Auch dann, wenn die Ausnahme des § 80 Abs. 2 VwGO die Regel des § 80 Abs. 1 VwGO verdrängt, wenn also Anfechtung oder Widerspruch wegen § 80 Abs. 2 VwGO keine aufschiebende Wirkung haben, ist der betroffene Bürger nicht rechtsschutzlos.

894   Der Bürger, der trotz § 80 Abs. 2 VwGO erreichen möchte, dass sein Widerspruch bzw. seine Anfechtungsklage aufschiebende Wirkung hat, kann sich an das Verwaltungsgericht wenden. Die Möglichkeit dazu eröffnet ihm § 80 Abs. 5 VwGO, der den **vorläufigen gerichtlichen Rechtsschutz** regelt. Nach § 80 Abs. 5 VwGO kann das Verwaltungsgericht die aufschiebende Wirkung eines Rechtsmittels vorläufig anordnen bzw. wiederherstellen:

> „Auf Antrag kann das Gericht der Hauptsache die aufschiebende Wirkung in den Fällen des Absatzes 2 Nr. 1 bis 3 ganz oder teilweise anordnen, im Falle des Absatzes 2 Nr. 4 ganz oder teilweise wiederherstellen. Der Antrag ist schon vor Erhebung der Anfechtungsklage zulässig."(...)

Von überragender Bedeutung ist in der Praxis der Antrag auf Wiederher- 895
stellung der aufschiebenden Wirkung, nachdem die Verwaltung den sofortigen Vollzug nach § 80 Abs. 2 Nr. 4 VwGO angeordnet hat. Das Gericht hat
in diesen Fällen nachzuprüfen, ob die sofortige Vollziehung im öffentlichen
Interesse oder im überwiegenden Interesse eines der Beteiligten liegt. Das
letzte Wort über die sofortige Vollziehung hat also nicht die Verwaltungsbehörde, sondern das Gericht.

Das öffentliche Interesse verlangt die sofortige Vollziehung des Verwal- 896
tungsaktes nicht, wenn die Anfechtungsklage offensichtlich begründet ist,
der Verwaltungsakt also rechtswidrig ist. Es liegt niemals im öffentlichen
Interesse, dass ein Verwaltungsakt, der offensichtlich keinen Bestand haben
kann, vollzogen wird. Ist die Anfechtungsklage dagegen offensichtlich aus-
sichtslos, liegt die sofortige Vollziehung im öffentlichen Interesse.

2. Vorläufiger Rechtsschutz nach § 123 VwGO

Auch bei der Frage, ob jemand einen ihn begünstigenden Verwaltungsakt 897
beanspruchen kann, stellt sich das Problem des vorläufigen Rechtsschutzes.
Wenn beispielsweise der unzuverlässige Unternehmer, dessen Antrag auf
Stellvertretererlaubnis nach § 35 Abs. 2 GewO abgelehnt wurde, nach gut
vier Jahren in letzter Instanz siegt, dürfte sich dies als weitgehend wertlos
erweisen, wenn er seinen Betrieb so lange stilllegen musste. Um dies zu
vermeiden, bestimmt § 123 Abs. 1 VwGO für die Übergangszeit:

> „Auf Antrag kann das Gericht, auch schon vor Klageerhebung, eine einstweilige An-
> ordnung in bezug auf den Streitgegenstand treffen, wenn die Gefahr besteht, dass durch
> eine Veränderung des bestehenden Zustandes die Verwirklichung eines Rechts des An-
> tragstellers vereitelt oder wesentlich erschwert werden könnte. Einstweilige Anordnun-
> gen sind auch zur Regelung eines vorläufigen Zustandes in bezug auf ein streitiges
> Rechtsverhältnis zulässig, wenn diese Regelung, vor allem bei dauernden Rechtsver-
> hältnissen, um wesentliche Nachteile abzuwenden oder drohende Gewalt zu verhindern
> oder aus anderen Gründen nötig erscheint.“

Immer dann, wenn es darum geht, die Verwaltung vorläufig – d.h. bis 898
zur rechtskräftigen gerichtlichen Klärung – zu einer Leistung zu verpflichten, greift § 123 VwGO ein. Der Unternehmer, dessen Antrag auf Stellvertretererlaubnis auch im Widerspruchsverfahren (§ 68 Abs. 2 VwGO) abgelehnt wurde, wird daher Verpflichtungsklage beim Verwaltungsgericht
erheben und zugleich beim selben Gericht einen Antrag auf einstweilige
Anordnung nach § 123 VwGO mit dem Inhalt stellen, ihm vorläufig zu erlauben, den Betrieb durch einen Stellvertreter fortführen zu lassen.

Fraglich bleibt lediglich, wann die beantragte Regelung nötig ist. Dies 899
beurteilt sich nach den gleichen Grundsätzen wie bei § 80 Abs. 5 VwGO.
Nötig ist die Regelung dann, wenn die Verpflichtungsklage **offensichtlich
begründet** ist, **unnötig,** wenn sie offensichtlich **unbegründet** ist. Sind die Erfolgsaussichten unbestimmt, hat eine Abwägung zwischen öffentlichem und
privatem Interesse stattzufinden.

Jedenfalls darf eine Maßnahme nach § 123 VwGO nur vorläufigen Cha- 900
rakter haben. Ein Antrag auf Erlass einer einstweiligen Anordnung, durch
die die Hauptsache vorweggenommen würde, ist unzulässig. Das heißt,
dass die einstweilige Anordnung nie das gewähren kann, was ein entspre-

chender Verwaltungsakt gewährt, sondern eben nur eine vorläufige Maßnahme ist.

Weiterführende Hinweise:

Beaucamp, Ermessen der Verwaltung: Frei? Pflichtgemäß? Intendiert? – Eine Bestandsaufnahme, JA 2006, 74;

Detterbeck, Allgemeines Verwaltungsrecht mit Verwaltungsprozessrecht, 4. Auflage, 2006;

Ennuschat, Der Verwaltungsakt und seine Rechtsgrundlagen, JuS 1998, 905;

Hufen/Bickenbach, Der Rechtsschutz gegen Nebenbestimmungen zum Verwaltungsakt, JuS 2004, 966;

Schoch, Das verwaltungsbehördliche Ermessen, Jura 2004, 462;

Steiner (Hrsg.), Besonderes Verwaltungsrecht, 8. Auflage, 2006.

Kapitel 35: Die Verwaltungsverfahrensgesetze

I. Verwaltungsverfahrensgesetze

Die angeführten Beispielsfälle aus dem Bundes-Immissionsschutzgesetz **901**
und der Gewerbeordnung ließen sich anhand der jeweiligen Bestimmungen
des einschlägigen Gesetzes entscheiden. Es gibt im Verwaltungsrecht jedoch
eine ganze Reihe von immer wiederkehrenden allgemeinen Merkmalen, die
in gleicher Weise auf den verschiedensten Gebieten, sei es im Gewerberecht,
im Immissionsschutzrecht, im Polizeirecht oder bei der Ausbildungsförderung, auftauchen, ohne in diesen Gesetzen ausdrücklich geregelt zu sein.
Dazu zählen beispielsweise die Begriffe des Verwaltungsermessens und des
Verwaltungsaktes.

Diese allgemeinen Regelungen enthält das Verwaltungsverfahrensgesetz **902**
des Bundes. Dieses Gesetz enthält neben Bestimmungen über das Verwaltungsverfahren eine gesetzliche Regelung des allgemeinen Verwaltungsrechts. So enthält § 35 VwVfG eine Definition des Verwaltungsakts und
§ 40 VwVfG eine Regelung über die Ausübung des Ermessens.

Im Anschluss an das Verwaltungsverfahrensgesetz des Bundes haben die **903**
Parlamente aller Bundesländer ebenfalls Verwaltungsverfahrensgesetze erlassen; diese Gesetze sind weitestgehend inhaltsgleich mit dem Bundesverwaltungsverfahrensgesetz. Aus Vereinfachungsgründen wird in diesem Buch
allein auf das Bundesverwaltungsverfahrensgesetz Bezug genommen.

Die Vorschriften des Bundes- und des Landesverwaltungsverfahrensge- **904**
setzes sind allerdings nur dann anwendbar, wenn nicht in Einzelgesetzen
des besonderen Verwaltungsrechts Spezialregelungen enthalten sind (§ 1
Abs. 1 VwVfG; vgl. z. B. § 21 BImSchG).

II. Rücknahme eines rechtswidrigen Verwaltungsaktes nach § 48 VwVfG

Zu den bedeutsamsten Regelungen des allgemeinen Verwaltungsrechts **905**
zählen die in § 48 VwVfG kodifizierten Voraussetzungen, unter denen die
Verwaltung befugt ist, einen von ihr erlassenen bestandskräftigen Verwaltungsakt wieder aufzuheben. Der Adressat eines Verwaltungsaktes kann
nach Ablauf der Widerspruchsfrist in der Regel auch dann nicht mehr gegen den Verwaltungsakt vorgehen, wenn dieser rechtswidrig ist (**Bestandskraft**). Damit ist jedoch noch nichts darüber ausgesagt, welche Rechte der
Verwaltung nach Erlass des Verwaltungsaktes zustehen. Für die Frage, ob
die Verwaltung einen von ihr erlassenen Verwaltungsakt wieder aufheben
darf, ist zunächst einmal die Unterscheidung bedeutsam, ob der aufzuhe-
bende Verwaltungsakt rechtmäßig oder rechtswidrig sowie ob er begünsti-
gend oder belastend ist.

Von dieser Unterscheidung ausgehend spricht man von der **Rücknahme** **906**
eines **rechtswidrigen** und vom **Widerruf** eines **rechtmäßigen** Verwaltungsaktes. Beides steht unter dem gemeinsamen Oberbegriff der **Aufhebbarkeit**
von Verwaltungsakten durch die Verwaltung.

1. Rücknahme eines rechtswidrigen begünstigenden Verwaltungsaktes

907   Die Rechtswidrigkeit eines begünstigenden Verwaltungsaktes kann auf vielerlei Ursachen beruhen: Die Genehmigung einer genehmigungspflichtigen Anlage, die den Vorschriften des § 6 BImSchG nicht genügt, kann auf Bestechung des entscheidungsbefugten Beamten oder schlicht auf einem Versehen beruhen; der zu hoch berechnete BAföG-Bescheid auf fehlerhafter Programmierung einer Computers oder auf einer unrichtigen Angabe im Antragsformular. In all diesen Fällen ist der begünstigende Verwaltungsakt rechtswidrig, da er den gesetzlichen Vorschriften widerspricht. Da der begünstigte Bürger keinen Grund hat, sich gegen die Maßnahme zu wenden, wird sie nach Ablauf der einmonatigen Widerspruchsfrist für ihn bestandskräftig. Wenn die **Verwaltung** ihren Fehler bemerkt, fragt es sich, ob im konkreten Fall das **Prinzip der Gesetzmäßigkeit der Verwaltung** die Rücknahme des rechtswidrigen Verwaltungsakts oder aber das **Prinzip der Rechtssicherheit und des Vertrauensschutzes** dessen Aufrechterhaltung gebietet.

908   § 48 VwVfG hat zur Lösung des Konflikts zwischen Gesetzmäßigkeit und Vertrauensschutz dazu eine detaillierte Regelung getroffen. Zunächst ist festzustellen, ob der Betroffene tatsächlich auf den Bestand des Verwaltungsaktes vertraut hat. Nur wenn dies der Fall ist, ist weiter zu prüfen, ob sein Vertrauen auch schutzwürdig ist. Entscheidend für die Zulässigkeit der Rücknahme eines begünstigenden Verwaltungsaktes ist dann eine Abwägung zwischen dem Rücknahmeinteresse des Staates einerseits und dem Vertrauensschutzinteresse des betroffenen Bürgers andererseits.

909   Für den gutgläubigen BAföG-Empfänger bedeutet dies, dass er die überhöhten Beträge nicht zurückzahlen, sich von nun an jedoch mit dem gesetzmäßigen Bedarf zufriedengeben muss. Der rechtswidrige Bescheid wird also nicht ex tunc, d. h. mit Wirkung für die Vergangenheit, sondern nur ex nunc, mit Wirkung für die Zukunft, zurückgenommen. Ex tunc darf ein rechtswidriger begünstigender Verwaltungsakt nach der Rechtsprechung nur zurückgenommen werden, wenn das öffentliche Interesse an der Gesetzmäßigkeit der Verwaltung das Vertrauen des durch den Verwaltungsakt Begünstigten auf die Rechtsbeständigkeit der behördlichen Entscheidung überwiegt.

910   Für das Beispiel einer rechtswidrig erteilten immissionsschutzrechtlichen Genehmigung bedeutet dies: Der Fall ist nach § 48 Abs. 3 VwVfG zu entscheiden: Die Genehmigung nach § 6 BImSchG gewährt keine Geld- oder Sachleistung und war auch nicht Voraussetzung dafür. Bei Bestechung des entscheidungsbefugten Beamten kann von schutzwürdigem Vertrauen keine Rede sein. Die Genehmigung kann ohne Entschädigung zurückgenommen werden. Anders mag die Rechtslage aber dann sein, wenn die rechtswidrige Genehmigung auf einem behördlichen Versehen beruhte, das der begünstigte Unternehmer nicht erkennen konnte.

911   Wirtschaftsverwaltungs- und europarechtlich besonders aktuell ist die Frage, ob und unter welchen Umständen europarechtswidrige Beihilfen zurückverlangt werden können.

2. Rücknahme eines rechtswidrigen belastenden Verwaltungsaktes

912   Gegen die Rücknahme eines rechtswidrigen begünstigenden Verwaltungsaktes wird der Betroffene in aller Regel versuchen, sich zu wehren.

Ganz anders ist die Interessenlage, wenn es um die Rücknahme eines ihn **belastenden** Verwaltungsaktes geht. Mit Ablauf der einmonatigen Widerspruchsfrist wird ein belastender rechtswidriger Verwaltungsakt für den Adressaten **unanfechtbar**. Nach Eintritt der Unanfechtbarkeit kommen Widerspruch und Anfechtungsklage nicht mehr in Betracht. Der Betroffene aber hat größtes Interesse daran, dass die Verwaltung den ihn belastenden rechtswidrigen Verwaltungsakt zurücknimmt.

> Der Unternehmer, der eine Auflage zur immissionsschutzrechtlichen Genehmigung hat unanfechtbar werden lassen, obgleich die von ihm eingereichten Unterlagen den Anforderungen des § 6 BImSchG genügen, wird seinen Anwalt bitten, alle rechtlichen Möglichkeiten auszuschöpfen, um die Verwaltung zur Rücknahme der rechtswidrigen, für ihn mit hohem finanziellen Aufwand verbundenen Auflage zu bewegen. **913**

Der Verwaltung wiederum ist daran gelegen, laufende Verfahren zum Abschluss zu bringen. In manchen Bereichen (Finanzen, Sozialversicherung) ist sie gezwungen, täglich Tausende von Verwaltungsakten zu erlassen. Wegen der Möglichkeit eines Widerspruchs bringt der Erlass noch keinen Abschluss. Es liegt daher im dringenden Interesse der Verwaltung, mit Eintritt der Unanfechtbarkeit zu einem endgültigen Abschluss zu kommen. **914**

Ein Lösungsansatz für diesen Interessenkonflikt zwischen Adressat und Verwaltung ergibt sich aus Sinn und Zweck des Widerspruchsverfahrens: Wer es versäumt, rechtzeitig gegen einen ihn belastenden rechtswidrigen Verwaltungsakt anzugehen, der hat die Konsequenzen zu tragen. Er muss den Anordnungen des Verwaltungsaktes Folge leisten. Da Gesetzmäßigkeit und Rechtssicherheit gleichrangige Verfassungsprinzipien sind, kann sich die Verwaltung nach Ablauf der Widerspruchsfrist auf letztere berufen. Die Verwaltung ist in der Regel berechtigt, nach Eintritt der Unanfechtbarkeit die Angelegenheit als abgeschlossen anzusehen und gegebenenfalls die Durchsetzung auch rechtswidriger Verwaltungsakte zu erzwingen. **915**

Von dieser Regel gibt es jedoch Ausnahmen. Falls die Behörde es für geboten hält, ist sie selbstverständlich befugt, trotz Unanfechtbarkeit einen rechtswidrig belastenden Verwaltungsakt zurückzunehmen. Nach § 48 Abs. 1 Satz 1 VwVfG kann sie einen solchen Verwaltungsakt auch nach Unanfechtbarkeit zurücknehmen. Sie hat darüber nach **pflichtgemäßem Ermessen** zu entscheiden. Bei der Ermessensentscheidung sind Rechtssicherheit und Gesetzmäßigkeit sowie die besonderen Umstände des Einzelfalles abzuwägen. **916**

> Hat der Unternehmer im Beispielsfall aus Nachlässigkeit die Widerspruchsfrist versäumt, wird anders zu entscheiden sein, als wenn ihm kein Vorwurf gemacht werden kann, dass er die Rechtswidrigkeit der Auflage nicht erkannt hat. **917**

In **drei Ausnahmefällen** ist die Verwaltung nicht nur befugt, sondern sogar **verpflichtet**, nach Eintritt der Unanfechtbarkeit erneut zu entscheiden (§ 51 VwVfG): **918**

(1) Wenn der Betroffene geltend macht, dass sich die dem Verwaltungsakt zugrunde liegende Sach- oder Rechtslage nachträglich zu seinen Gunsten geändert hat. Diese Ausnahme leuchtet ohne weiteres ein: War die Auflage im Beispielsfall ursprünglich rechtmäßig, erfolgt jedoch im nachhinein eine Gesetzesänderung, die vergleichbare Auflagen verbie-

tet, wäre es unbillig, wenn sich die Verwaltung nicht mit den veränderten Gegebenheiten auseinandersetzte;

(2) wenn **neue Beweismittel** vorliegen, die eine dem Betroffenen günstigere Entscheidung herbeigeführt haben würden;

(3) wenn **Wiederaufnahmegründe** entsprechend § 580 ZPO gegeben sind. Ein derartiger **Restitutionsgrund** liegt etwa dann vor, wenn nachgewiesen werden kann, dass der Verwaltungsakt in strafbarer Weise zustande gekommen ist, z. B., wenn ein Konkurrent den entscheidungsbefugten Beamten bestochen hat.

III. Widerruf eines rechtmäßigen Verwaltungsaktes nach § 49 VwVfG

919   Unproblematisch sind die Voraussetzungen, unter denen der Widerruf eines rechtmäßigen belastenden Verwaltungsaktes verboten ist. Er ist insbesondere dann ausgeschlossen, wenn gleich im Anschluss an den Widerruf ein neuer Verwaltungsakt gleichen Inhalts zu ergehen hätte.

920   Nach dem Wehrpflichtgesetz muss jeder, der bestimmte Voraussetzungen erfüllt, gemustert, nach dem Einkommensteuergesetz jeder, der ein bestimmtes Einkommen hat, besteuert werden. Ein rechtmäßiger Musterungsbescheid darf ebenso wenig widerrufen werden wie ein rechtmäßiger Steuerbescheid, da die gesetzesgebundene Verwaltung sofort verpflichtet wäre, einen neuen belastenden Verwaltungsakt gleichen Inhalts zu erlassen.

921   Diese unproblematische Variante des **Widerrufs eines rechtmäßigen belastenden Verwaltungsaktes** regelt § 49 Abs. 1 VwVfG:

„Ein rechtmäßiger nicht begünstigender Verwaltungsakt kann, auch nachdem er unanfechtbar geworden ist, ganz oder teilweise mit Wirkung für die Zukunft widerrufen werden, außer wenn ein Verwaltungsakt gleichen Inhalts erneut erlassen werden müsste oder aus anderen Gründen ein Widerruf unzulässig ist."

922   Beim **Widerruf eines rechtmäßigen begünstigenden Verwaltungsaktes** liegt die Interessenlage auf der Hand: Dem Individualinteresse des Begünstigten am Bestand des Verwaltungsaktes steht das Verlangen der Verwaltung gegenüber, die Begünstigung dann zu widerrufen, wenn ihr dies als Sachwalterin des öffentlichen Interesses dringend notwendig erscheint. In § 49 Abs. 2 ff. VwVfG ist der Widerruf des rechtmäßig begünstigenden Verwaltungsaktes geregelt.

923   Vergleicht man diese Regelung mit § 21 BImSchG, in dem die Frage der Zulässigkeit des Widerrufs eines begünstigenden Verwaltungsaktes für die immissionsschutzrechtliche Genehmigung bereits normiert ist, erkennt man die nahezu wörtliche Übereinstimmung.

Nach § 49 Abs. 3 VwVfG kann ein begünstigender Verwaltungsakt ausnahmsweise auch mit Wirkung für die Vergangenheit, also ex tunc, widerrufen werden, wenn der Betroffene eine mit der Geldleistung verbundene Auflage oder Verwendungsbestimmung nicht erfüllt hat. Sinn dieser Regelung ist die vereinfachte Aufhebbarkeit von Subventionsbescheiden bei nicht dem Subventionszweck entsprechender Verwendung der staatlichen Leistungen. Die Rückforderung der Subventionsleistungen richtet sich in diesem Fall nach § 49 a VwVfG. Hiernach muss zunächst der ursprüngliche Subventionsbescheid aufgehoben werden. Anschließend kann die Behörde die Subventionsleistung durch Verwaltungsakt nach § 49 a Abs. 1 VwVfG zurückfordern.

IV. Verwaltungsrechtliche Zusage

Ein gewerbliches Unternehmen muss – wie jedermann – seine Planungen **924** häufig von dem Ergebnis behördlicher Entscheidungen abhängig machen, bis zu deren Erlass mitunter viel Zeit vergeht. In der Praxis sind deshalb die Fälle nicht selten, in denen bei der Verwaltung angefragt wird, um den Inhalt zukünftiger Entscheidungen – vorbehaltlich noch offener Punkte – bereits zuvor verbindlich zu erfahren.

Lange Jahre war die Frage der Verbindlichkeit einer Zusage der Rechtsprechung über- **925** lassen. Durch das VwVfG wurde in dessen § 38 eine Regelung zumindest für einen Unterfall der Zusage getroffen, und zwar für die **Zusicherung,** die sich auf den Erlass oder Nichterlass eines Verwaltungsaktes bezieht.

Eine Zusicherung bedarf zu ihrer Wirksamkeit der Schriftform; außer- **926** dem muss sie von der zuständigen Behörde erteilt sein. Zuständigkeit und Schriftform sind für die Zusicherung zwingende Wirksamkeitsvoraussetzungen; ein Verstoß gegen sie führt zur Unwirksamkeit. Weiterhin muss es sich um eine verbindlich gemeinte Erklärung handeln. Eine bloße Auskunft oder ein bloßes Inaussichtstellen von Leistungen kann keinen Anspruch auf Erlass oder Nichterlass eines Verwaltungsaktes begründen. Die Zusicherung darf darüber hinaus keine Zugeständnisse in Aussicht stellen, die aus materiellen Gründen rechtswidrig wären. Eine Zusicherung mit dem Inhalt, dass eine Baugenehmigung erteilt werden wird, obwohl das Bauwerk nicht die vorgeschriebenen statischen Voraussetzungen erfüllt, ist daher rechtswidrig. Nach § 38 Abs. 2 VwVfG sind die Regeln über die Wirksamkeit von Verwaltungsakten auf die Zusicherung entsprechend anzuwenden. Interessant ist hier insbesondere die analoge Anwendung von § 48 VwVfG, wenn eine Zusicherung rechtswidrig ist. Dies kann der Fall sein, weil zu beteiligende Behörden (z. B. nach § 36 BauGB) nicht mitgewirkt haben. Eine Zusicherung ist auch dann rechtswidrig, wenn sie einen Verwaltungsakt verspricht, für dessen Erlass die Voraussetzungen nicht vorliegen.

Umstritten ist, ob die Zusicherung selbst ein Verwaltungsakt ist. Wegen **927** § 38 Abs. 2 VwVfG, der die Regeln über den Verwaltungsakt für anwendbar erklärt, hat dieser Streit jedoch keine praktischen Auswirkungen.

§ 38 VwVfG findet keine Anwendung auf die Zusage schlichten Verwal- **928** tungshandelns. Insofern besteht eine Gesetzeslücke; die Wirksamkeit dieser Zusage richtet sich nach den ungeschriebenen Grundsätzen des allgemeinen Verwaltungsrechts. Es muss also der befugte Beamte der zuständigen Behörde mit dem erkennbaren Willen, die Behörde binden zu wollen, gehandelt haben. Ein Anspruch auf das zugesagte Verwaltungshandeln besteht auch nur dann, wenn die Zusage nicht gegen ein gesetzliches Verbot verstößt.

Weiterführende Hinweise:

Britz/Richter, Die Aufhebung eines gemeinschaftswidrigen nicht begünstigenden Verwaltungsaktes, JuS 2005, 198;

Erichsen/Brügge, Der Widerruf von Verwaltungsakten nach § 49 VwVfG und der Erstattungsanspruch nach § 49 a VwVfG, Jura 1999, 496;

Erichsen/Brügge, Die Rücknahme von Verwaltungsakten nach § 48 VwVfG, Jura 1999, 155;

Erichsen/Ebber, Das Wiederaufgreifen unanfechtbar abgeschlossener Verwaltungsverfahren gemäß § 51 VwVfG, Jura 1997, 109;

Geron, Die Rücknahme von Verwaltungsakten, JA 2002, 229.

Kapitel 36: Die Vollstreckung von Verwaltungsakten

Die meisten belastenden Verwaltungsakte befehlen dem Adressaten, ent   929
weder etwas zu zahlen (Steuerbescheid), etwas zu tun (einer Auflage nach-
zukommen) oder etwas zu unterlassen (Gewerbeuntersagung nach § 35
GewO). Falls der Adressat dem Befehl nicht freiwillig folgt, stellt sich die
Frage nach der Durchsetzung des Befohlenen. Die zwangsweise Durchsetzung erfolgt im Wege der **Verwaltungsvollstreckung.**

Die Verwaltungsvollstreckung unterscheidet sich grundsätzlich von der   930
Vollstreckung privatrechtlicher Ansprüche. Gerade hier spielt die Eigenart
des öffentlichen Rechts, das vor allem die Befugnisse des Hoheitsträgers zu
Erlass und Durchsetzung einseitiger Anordnungen regelt, eine besondere
Rolle. Derjenige, der einen privatrechtlichen Anspruch, beispielsweise auf
Darlehensrückzahlung, durchsetzen will, muss vor einem ordentlichen Gericht auf Rückzahlung klagen. Erst wenn er ein obsiegendes Urteil erlangt
hat, kann er aufgrund dieses Urteils den Gerichtsvollzieher beauftragen,
Zwangsvollstreckungsmaßnahmen zu ergreifen. Ganz anders verhält es sich
mit der Durchsetzung öffentlich-rechtlicher Ansprüche. **Die Verwaltungsbehörden sind befugt, von ihnen erlassene Verwaltungsakte selbst durchzusetzen.** Die Verwaltungsvollstreckung setzt kein gerichtliches Verfahren,
sondern lediglich einen unanfechtbaren Verwaltungsakt oder einen solchen,
bei dem Widerspruch und Anfechtungsklage keine aufschiebende Wirkung
haben (§ 80 Abs. 2 VwGO), voraus (§ 6 Abs. 1 BVwVG).

Die Verwaltungsvollstreckung bedarf, da es sich bei jeder zwangsweisen   931
Durchsetzung eines Verwaltungsaktes um einen belastenden Eingriff handelt, einer gesetzlichen Grundlage (Art. 20 Abs. 3 GG). Wird ein Verwaltungsakt durch eine Behörde des Bundes vollstreckt, gilt das Bundesverwaltungsvollstreckungsgesetz (BVwVG) und das Gesetz über den unmittelbaren Zwang (UZwG). Wird der Verwaltungsakt durch Landesbehörden
vollstreckt, gilt das jeweilige Landesrecht. Die Verwaltungsvollstreckungs-
gesetze der Länder haben im Wesentlichen den gleichen Inhalt wie das
Bundesverwaltungsvollstreckungsgesetz. Alle Vollstreckungsgesetze unterscheiden zwischen der Vollstreckung öffentlich-rechtlicher Geldforderungen
einerseits und der Erzwingung von Handlungen, Duldungen oder Unterlassungen andererseits.

I. Vollstreckung öffentlich-rechtlicher Geldforderungen

Öffentlich-rechtliche Geldforderungen sind insbesondere Steuern, Gebüh-   932
ren und Beiträge. Sie können, da ein Rechtsmittel gegen einen Abgabenbe-
scheid nach § 80 Abs. 2 Nr. 1 VwGO keine aufschiebende Wirkung hat, in
der Regel bei Nichtzahlung rasch zwangsweise beigetrieben werden. Die
Vollstreckung wird durch die **Vollstreckungsanordnung** eingeleitet. Diese ist
zulässig, wenn drei Voraussetzungen vorliegen (§ 3 Abs. 2 BVwVG):

(1) Es muss ein Verwaltungsakt, durch den der Schuldner zur Leistung auf-
    gefordert wurde, ergangen sein.

(2) Die Geldforderung muss fällig sein.

(3) Seit Bekanntgabe des Bescheides bzw. nach Eintritt der Fälligkeit muss eine einwöchige Frist abgelaufen sein.

Erst wenn diese Voraussetzungen vorliegen, kann das **Vollstreckungsverfahren** eingeleitet werden, zuvor soll der Schuldner jedoch mit einer weiteren Woche Frist gemahnt werden (§ 3 Abs. 3 BVwVG). Vollstreckt wird in das Vermögen des Schuldners, das notfalls durch Versteigerung verwertet wird, bis die öffentlich-rechtliche Geldforderung getilgt ist.

II. Erzwingung von Handlungen, Duldungen oder Unterlassungen

933   Wesentlich problematischer als bei der Vollstreckung öffentlich-rechtlicher Geldforderungen ist die Rechtslage dann, wenn es darum geht, Handlungen, Duldungen oder Unterlassungen zu erzwingen. Verwaltungsakte, die ein Handeln oder ein Unterlassen vorschreiben, gibt es in nahezu allen Lebensbereichen:

Dem Eigentümer eines baufälligen Hauses wird der Abriss befohlen; wer eine Spielhalle ohne Personalkonzession betreibt, wird aufgefordert, dieses zu unterlassen.

934   Die Einleitung von Zwangsmaßnahmen setzt einen **vollstreckungsfähigen Verwaltungsakt** voraus. Dazu bestimmt § 6 BVwVG:

„(1) Der Verwaltungsakt, der auf die Herausgabe einer Sache oder auf die Vornahme einer Handlung oder auf Duldung oder Unterlassung gerichtet ist, kann mit den Zwangsmitteln nach § 9 durchgesetzt werden, wenn er unanfechtbar ist oder wenn sein sofortiger Vollzug angeordnet oder wenn dem Rechtsmittel keine aufschiebende Wirkung beigelegt ist.

(2) Der Verwaltungszwang kann ohne vorausgehenden Verwaltungsakt angewendet werden, wenn der sofortige Vollzug zur Verhinderung einer rechtswidrigen Tat, die einen Straf- oder Bußgeldtatbestand verwirklicht, oder zur Abwendung einer drohenden Gefahr notwendig ist und die Behörde hierbei innerhalb ihrer gesetzlichen Befugnisse handelt."

935   Mit der Ausnahme des Absatzes 2 wird denjenigen Situationen Rechnung getragen, in denen unmittelbar gehandelt werden muss: Stürzt ein Tankwagen um und es droht Grundwasserverseuchung, muss die Behörde sofort eingreifen können, ohne zuvor den Eigentümer durch Verwaltungsakt zur Beseitigung der Gefährdung aufgefordert zu haben.

936   Für die Erzwingung von Handlungen oder Unterlassungen stellt das Bundesverwaltungsvollstreckungsgesetz ebenso wie die entsprechenden Gesetze der Länder drei Zwangsmittel zur Verfügung, wobei der Verhältnismäßigkeitsgrundsatz nochmals besonders in § 9 Abs. 2 BVwVG hervorgehoben wird.

1. Ersatzvornahme

937   § 10 BVwVG lautet:

„Wird die Verpflichtung, eine Handlung vorzunehmen, deren Vornahme durch einen anderen möglich ist (vertretbare Handlung), nicht erfüllt, so kann die Vollzugsbehörde einen anderen mit der Vornahme der Handlung auf Kosten des Pflichtigen beauftragen."

2. Zwangsgeld

§ 11 Abs. 1 BVwVG lautet: 938

„(1) Kann eine Handlung durch einen anderen nicht vorgenommen werden und hängt sie nur vom Willen des Pflichtigen ab, so kann der Pflichtige zur Vornahme der Handlung durch ein Zwangsgeld angehalten werden. Bei vertretbaren Handlungen kann es verhängt werden, wenn die Ersatzvornahme untunlich ist, besonders, wenn der Pflichtige außerstande ist, die Kosten zu tragen, die aus der Ausführung durch einen anderen entstehen."

3. Unmittelbarer Zwang

Das schärfste Zwangsmittel, das in besonderem Maße unter dem Verfas-   939
sungsgebot der Verhältnismäßigkeit steht, ist der unmittelbare Zwang.

§ 12 BVwVG lautet: 940

„Führt die Ersatzvornahme oder das Zwangsgeld nicht zum Ziel oder sind sie untunlich, so kann die Vollzugsbehörde den Pflichtigen zur Handlung, Duldung oder Unterlassung zwingen oder die Handlung selbst vornehmen."

Diese drei Zwangsmittel müssen, wenn nicht die Ausnahme des § 6   941
Abs. 2 BVwVG eingreift, vor ihrer Anwendung schriftlich angedroht werden (§ 13 Abs. 1 BVwVG). Wird der Verpflichtung innerhalb der Frist, die in der **Androhung** bestimmt ist, nicht nachgekommen, wird das geeignetste Zwangsmittel festgesetzt (§ 14 Satz 1 BVwVG). Nach der **Festsetzung** wird das Zwangsmittel angewendet.

§ 15 BVwVG bestimmt: 942

„(1) Das Zwangsmittel wird der Festsetzung gemäß angewendet.
(2) Leistet der Pflichtige bei der Ersatzvornahme oder bei unmittelbarem Zwang Widerstand, so kann dieser mit Gewalt gebrochen werden. Die Polizei hat auf Verlangen der Vollzugsbehörde Amtshilfe zu leisten.
(3) (...)."

Weiterführende Hinweise:
App, Einführung in das Verwaltungsvollstreckungsrecht, JuS 2004, 786;
Horn, Verwaltungsvollstreckung, Jura 2004, 447 und 597.

943   Der Staat kann auf verschiedene Weise gezielte Einflussnahme auf das Verhalten einzelner Wirtschaftssubjekte nehmen. Hier werden exemplarisch das Subventionswesen und die öffentliche Auftragsvergabe näher vorgestellt.

I. Subventionen

944   Das nach Umfang und Bedeutung wohl wichtigste Mittel der Einzelsteuerung ist die Vergabe von Subventionen.

1. Subventionsbegriff

945   Es wird zwischen Subventionen im weiten und im engen Sinne unterschieden. Unter **Subventionen im weiten Sinne** versteht man im Anschluss an § 12 StabG staatliche Geldleistungen und Steuervergünstigungen an die Wirtschaft und an private Haushalte, die zur Erreichung eines bestimmten, im öffentlichen Interesse liegenden Zweckes gewährt werden. Dieser weite Subventionsbegriff hat sich im Wirtschaftsverwaltungsrecht nicht durchsetzen können. Steuervergünstigungen werden ausgeklammert und traditionell dem Steuerrecht zugeordnet.

946   Der **enge Subventionsbegriff,** der für die hier maßgeblichen Wirtschaftssubventionen interessiert, ist hinsichtlich des Leistungsgegenstandes und auch hinsichtlich des Adressatenkreises der Leistung enger. Er ist an § 264 Abs. 7 StGB (Subventionsbetrug) angelehnt und umfasst nur solche **staatlichen Leistungen aus öffentlichen Mitteln, die ohne marktadäquate Gegenleistung zur Förderung der Wirtschaft erbracht werden.** Nicht erfasst werden durch ihn Abgabenvergünstigungen oder die soziale Förderung Privater.

947   Unter den Begriff der „Leistung aus öffentlichen Mitteln" fallen dabei mannigfache Förderungsarten: z.B. Zuschüsse, verlorene Zuschüsse (also solche Geldleistungen, die vom Empfänger nicht mehr zurückzuzahlen sind), günstige Darlehen, Bürgschaften und Naturalsubventionen (wie der verbilligte Verkauf von Gewerbegelände durch die öffentliche Hand).

2. Verfassungsrechtliche Subventionsproblematik

948   Zwar ist es einhellige Ansicht, dass die öffentliche Hand die Verfolgung wirtschaftspolitischer Ziele mit dem Mittel der Subventionierung verfolgen kann, umstritten ist jedoch, ob und inwieweit die Subventionierung unter den **Gesetzesvorbehalt** fällt. Eine beachtliche Minderheit im Schrifttum sieht in Art. 20 Abs. 3 GG ein Verfassungsgebot, jede Subventionierung dem Gesetzesvorbehalt zu unterwerfen. Vor allem die Judikatur geht indessen davon aus, Art. 20 Abs. 3 GG unterwerfe nur die Eingriffsverwaltung dem Gesetzesvorbehalt. Für die Subventionierung als Teil der Leistungsverwaltung reiche die Ausweisung der Mittel im Haushaltsplan als Rechtsgrundlage aus.

Übereinstimmung besteht allerdings darüber, dass die Subventionsbehör- **949** de als Teil der öffentlichen Verwaltung bei ihrer Tätigkeit unmittelbarer Grundrechtsbindung unterliegt. Wegen dieser Grundrechtsbindung besteht hinsichtlich der These der Unanwendbarkeit des Gesetzesvorbehaltsprinzips eine wichtige Einschränkung. Denn nach der Rechtsprechung des Bundes-verfassungsgerichts ist es Aufgabe des Gesetzgebers, die Entscheidungen, die wesentlich für die Verwirklichung eines bestimmten Grundrechts sind, selbst zu treffen (sog. „Wesentlichkeitstheorie").

Unmittelbare Subventionen an Presseunternehmen dürfen nur auf der **950** Grundlage eines materiellen Gesetzes vergeben werden, welches durch prä-zise Tatbestände die Voraussetzungen und Bedingungen der Hilfsmaßnah-men so eindeutig festlegt, dass für die Exekutive bei der Durchführung der Förderung kein Ermessensspielraum mehr bleibt. Andernfalls besteht die Ge-fahr, dass die Verwaltung von sich aus bestimmte Medien begünstigt und andere benachteiligt.

3. Verwaltungsrechtliche Subventionsproblematik

Ebenfalls problematisch ist die Frage nach der verwaltungsrechtlichen **951** **Handlungsform** bei der Subventionsvergabe. In Betracht kommt die Hand-lungsform des öffentlich-rechtlichen Vertrages oder des Verwaltungsaktes. Nach der sog. **Zwei-Stufen-Theorie** erfolgt die Subventionsvergabe in der Regel auf zwei rechtlichen Stufen: Auf der ersten Stufe entscheidet die Verwaltung über das „Ob" der Subventionsgewährung. Sie erlässt einen Subventionsbescheid, der als **Verwaltungsakt** i. S. d. § 35 VwVfG öffentlich-rechtlicher Natur ist. Auf der zweiten Stufe wird über das „Wie" der Sub-ventionsgewährung entschieden. Hier werden die Modalitäten wie Verzin-sung und Laufzeit der Subventionsgewährung geregelt, was durchaus auch durch einen **privatrechtlichen Darlehensvertrag** geschehen kann.

Diese Betrachtungsweise hat insbesondere Auswirkungen auf die Rück- **952** abwicklung von Subventionsverhältnissen, wenn sich z. B. herausstellt, dass die Subvention zu Unrecht gewährt wurde. Geht man davon aus, dass die Subventionsvergabe durch einen öffentlich-rechtlichen Vertrag geregelt wird, müsste die Verwaltung bei der Rückabwicklung zunächst diesen Ver-trag kündigen und dann auf Rückzahlung der Leistung klagen. Geht man dagegen davon aus, dass die Subvention durch Verwaltungsakt gewährt wird, kann die Verwaltung diesen nach §§ 48 f. VwVfG aufheben und ge-mäß § 49 a VwVfG einen Rückzahlungsbescheid erlassen, aus dem sie un-mittelbar in das Vermögen des Subventionsempfängers vollstrecken kann. Gegen den Rückforderungsbescheid muss der Subventionsempfänger sei-nerseits gerichtlich vorgehen.
Angesichts der vollstreckungsrechtlichen Vorteile, die für die Verwaltung in der Subventionsvergabe durch Verwaltungsakt liegen, wird sie im Zwei-fel diese Handlungsform und nicht die des öffentlich-rechtlichen Vertrages wählen.

Ein **Rechtsanspruch** auf Subventionsgewährung besteht nur in wenigen **953** gesetzlich geregelten Fällen. Im Regelfall steht der Verwaltung bei der Subventionsvergabe ein **Ermessen** zu, das jedoch durch Vergaberichtlinien, die unmittelbar keinen Subventionsanspruch begründen, beschränkt wird. Die Vergaberichtlinien sind Verwaltungsvorschriften, die für Bürger und Unternehmen weder Rechte noch Pflichten begründen, sondern lediglich als Dienstanweisung den handelnden Beamten binden. Dementsprechend hat der Subventionsbewerber nur ein subjektives Recht auf fehlerfreie Ermessensentscheidung, insbesondere auf gleichmäßige Anwendung der Vergaberichtlinien. Der Gleichbehandlungsgrundsatz des Art. 3 Abs. 1 GG kann dazu führen, dass aufgrund der Vergaberichtlinien oder der tatsächlichen Vergabepraxis eine Subvention bewilligt werden muss. So gewährleistet Art. 3 Abs. 1 GG, dass die Verwaltung von einer bisher eingehaltenen Vergaberichtlinie oder Vergabepraxis nicht ohne sachlichen Grund abweichen darf. Eine anderweitige Entscheidung wäre ermessensfehlerhaft. Der Subventionsbewerber erhält auf diese Weise einen Rechtsanspruch auf die Subventionsgewährung. Dieser Subventionsanspruch entfällt jedoch wieder, wenn die haushaltsmäßig bereitgestellten Mittel erschöpft sind, da die Entscheidung, wieviel Geld die Verwaltung ausgeben darf, vom Parlament als Haushaltsgesetzgeber getroffen werden muss.

4. Rechtsschutz

954   Wenn ein Unternehmer bei der Subventionsvergabe nicht berücksichtigt worden ist, kann er auf zwei Wegen gegen diese Entscheidung vorgehen. Er kann entweder gegen die Subventionierung seines Konkurrenten mit der verwaltungsgerichtlichen Anfechtungsklage angehen. Hierzu muss er jedoch klagebefugt sein (§ 42 Abs. 2 VwGO), d.h., grundsätzlich muss die Möglichkeit bestehen, dass er in seinen Rechten z.B. aus Art. 2 Abs. 1 GG (Wettbewerbsfreiheit) oder Art. 3 Abs. 1 GG (Wettbewerbsgleichheit) verletzt ist.

Der Unternehmer hat daneben die Möglichkeit, eine Verpflichtungsklage mit dem Ziel zu erheben, die Verwaltung zu verpflichten, auch ihm die Subvention zu gewähren. Auch hier erfordert die Klagebefugnis nach § 42 Abs. 2 VwGO, dass der Kläger geltend macht, dass durch die Nichtgewährung der Subvention die Möglichkeit einer Verletzung seiner Rechte besteht.

5. Subventionen und Europarecht

955   Durch die staatliche Unterstützung bestimmter Wirtschaftszweige können Wettbewerbsverzerrungen auch im europäischen Bereich entstehen, weil subventionierte nationale Güter billiger verkauft werden können als vergleichbare nichtsubventionierte Güter aus anderen EU-Ländern. Deshalb sind nach Art. 87 Abs. 1 EG **staatliche Beihilfen** – gleich welcher Art –, **die durch die Begünstigung bestimmter Unternehmen oder Produktionszweige den Wettbewerb verfälschen oder zu verfälschen drohen, mit dem Gemeinsamen Markt unvereinbar, soweit sie den Handel zwischen den Mitgliedstaaten beeinträchtigen.** Art. 87 EG umfasst dabei nicht nur positive Leistungen, sondern auch solche Maßnahmen, die in verschiedener Form die Belastungen mindern, die ein Unternehmen normalerweise zu tragen hat. Auch Abgabenbefreiungen sind daher Beihilfen i.S.d. Art. 87 Abs. 1 EG.

Art. 87 Abs. 2 EG schafft einen Katalog von **Ausnahmen** von dem   956
grundsätzlichen Subventionsverbot: Danach sind Beihilfen, die aus sozialen
Gründen an einzelne Verbraucher geleistet werden, zulässig, soweit sie nicht
nach Herkunft der gekauften Ware differenzieren. Hierunter fällt etwa der
subventionierte Verkauf billiger EU-Butter an Bedürftige. Hilfen zur Beseitigung von Schäden aus Naturkatastrophen sind ebenfalls zulässig. Art. 87
Abs. 3 EG stellt die Gewährung bestimmter weiterer Beihilfen in das **Ermessen** der Kommission. So kann die Förderung der wirtschaftlichen Entwicklung von Gebieten erlaubt werden, in denen der Lebensstandard
außergewöhnlich niedrig ist (**regionale Beihilfe**). Des Weiteren können Beihilfen zur Förderung wichtiger Vorhaben von gemeinsamem europäischem
Interesse oder zur Behebung einer beträchtlichen Störung im Wirtschaftsleben eines Mitgliedstaates ebenso genehmigt werden wie Strukturförde-
rungen für einzelne Wirtschaftszweige, soweit sie nicht dem gemeinsamen
Interesse der EU zuwiderlaufen (**sektorale Beihilfe**). Schließlich können
durch den Rat mit qualifizierter Mehrheit weitere Beihilfen zugelassen
werden.

Art. 88 EG stellt der Kommission ein Verfahren zur Verfügung, um gegen   957
unstatthafte Beihilfen vorzugehen. So überprüft die Kommission zum einen
repressiv die bestehenden Beihilfen der Mitgliedstaaten, zum anderen müssen die Mitgliedstaaten die Kommission präventiv von geplanten Beihilfen
in Kenntnis setzen, um die Vereinbarkeit einer Beihilfe mit dem Gemeinsamen Markt überprüfen zu lassen (sog. **Notifikationsverfahren**). Solange das
Notifikationsverfahren nicht abgeschlossen ist, darf der Mitgliedstaat eine
geplante Beihilfe nicht gewähren (**Sperrwirkung** oder auch **Durchführungs-
verbot**). Beihilfen, die gemäß Art. 87 EG unzulässig sind, sind durch den
betreffenden Mitgliedstaat binnen einer bestimmten Frist aufzuheben oder
umzugestalten. Kommt der Mitgliedstaat dem nicht nach, kann die Kommission oder jeder betroffene Mitgliedstaat unmittelbar den Europäischen
Gerichtshof anrufen.

6. Rückabwicklung gemeinschaftswidriger Subventionen

Hat der Europäische Gerichtshof festgestellt, dass eine Subventions-   958
auszahlung gegen Art. 87 EG verstößt, ist der auszahlende Staat gemäß
Art. 228 EG **verpflichtet**, die Subvention zurückzufordern. Die Rückforderung richtet sich dabei nach nationalem Recht.
Da der Subventionsbescheid ein rechtswidriger begünstigender Verwaltungsakt ist, muss die Verwaltung diesen nach § 48 VwVfG aufheben. Nach
dieser Regelung ist eine rechtswidrig gewährte Begünstigung zurückzuge-
währen, wenn kein schutzwürdiges Vertrauen entgegensteht. Das Vertrauen
ist in der Regel schutzwürdig, wenn der Begünstigte die gewährte Leistung
verbraucht oder eine Vermögensdisposition getroffen hat. Das wird überwiegend der Fall sein. Nach diesem Grundsatz könnte eine Subvention daher nicht zurückgefordert werden.
Dieses Ergebnis bricht aber mit dem Gemeinschaftsrecht. Schließlich be-   959
stimmt § 48 Abs. 2 Satz 2 VwVfG auch, dass das Vertrauen „unter Abwägung mit dem öffentlichen Interesse" schutzwürdig sein muss. Im Hinblick

auf den „effet utile" und den Anwendungsvorrang des Gemeinschaftsrechts ist das nicht der Fall.

II. Das Recht der öffentlichen Auftragsvergabe

960   Durch die Vergabe von Staatsaufträgen kann die Verwaltung das Wirtschaftsleben erheblich beeinflussen. Der Staat ist als Vertragspartner meist attraktiv, da die öffentliche Hand nicht insolvent gehen kann und gewaltige Summen für Infrastrukturmaßnahmen ausgibt. Die Wirtschaftsunternehmen sind daher an öffentlichen Aufträgen interessiert.

1. Rechtliche Maßstäbe

961   Lange Zeit wurde die öffentliche Auftragesvergabe nur als **haushaltsrechtliches Problem** gesehen. Die Vergabe hatte sich entsprechend der Haushaltsgesetze des Bundes und der Länder vor allem am **Wirtschaftlichkeitsprinzip** zu orientieren. Den öffentlichen Auftrag bekam das Unternehmen, das das wirtschaftlich günstigste Angebot abgegeben hatte und das mit Fachkunde oder Zuverlässigkeit eine besondere Eignung aufwies. Dieses Vergabeverfahren enthält keine weiteren Einschränkungen; nach der haushaltrechtlichen Sichtweise tritt die Verwaltung bei der Auftragsvergabe wie ein Privater auf. Jedoch kann die Vergabe öffentlicher Aufträge kein rein privatrechtlicher Akt sein. Gerade weil die Auftragsvergabe der Verwaltung ermöglicht, die Wirtschaft erheblich zu lenken, und weil es für die Unternehmen eminent wichtig ist, dass sie an der öffentlichen Auftragsvergabe partizipieren können, wurde die Freiheit der Auftragsvergabe durch die Rechtsprechung eingeschränkt: „Willkürliche, d. h. mit dem Zweck der Beschaffung nicht zusammenhängende Beweggründe" der öffentlichen Hand erklärte der Bundesgerichtshof für unzulässig.

962   Damit war die erste Einschränkung des Vergabehandelns geschaffen. Auch unter dem Einfluss europarechtlicher Vorgaben wurde das Vergaberecht grundlegend reformiert. Die Bedeutung der öffentlichen Auftragsvergabe für den Wettbewerb unter den Wirtschaftsunternehmen steht nun im Mittelpunkt des Vergaberechts. Mit dem Vergaberechtsänderungsgesetz vom 25. 9. 1998 wurde das Vergaberecht in den §§ 97 bis 129 GWB verortet; das **Vergaberecht** gilt mithin als **Teil des Wettbewerbsrechts**. Neben den Regelungen im GWB ist die Vergabeverordnung (VgV) eine weitere wichtige Rechtsgrundlage des Vergaberechts. Von Bedeutung sind auch die Verdingungsordnungen für verschiedene Wirtschaftssektoren, wie z.B. die VOB/A als Verdingungsordnung für Bauleistungen.

2. Das Vergabeverfahren

963   „§ 99 GWB Öffentliche Aufträge
(1) Öffentliche Aufträge sind entgeltliche Verträge zwischen öffentlichen Auftraggebern und Unternehmen, die Liefer-, Bau- oder Dienstleistungen zum Gegenstand haben, und Auslobungsverfahren, die zu Dienstleistungsaufträgen führen sollen.
(2) (...)
(3) (...)
(4) (...)
(5) (...)".

Ausschlaggebend ist nach § 100 Abs. 1 GWB weiter, ob die **Schwellen-** **964**
werte für die Anwendung des Gesetzes gegen Wettbewerbsbeschränkungen
erreicht werden. Diese betragen nach der Vergabeverordnung derzeit bei
Bauaufträgen 5 Mio. € und bei sonstigen Aufträgen 200.000 €. Werden
diese nicht erreicht, bleibt es bei der haushaltsrechtlichen Betrachtungsweise.

Das Gesetz gegen Wettbewerbsbeschränkungen unterscheidet zwischen **965**
drei Möglichkeiten der öffentlichen Auftragsvergabe: dem offenen Verfahren, dem nicht offenen Verfahren und der freihändigen Vergabe. Das **offene**
Vergabeverfahren läuft streng formalisiert in mehreren Schritten ab. Mit
einer (europaweiten) **Ausschreibung** wird bekannt gegeben, dass ein öffentlicher Auftrag zu vergeben ist. Bis zu einer Frist sind die Unternehmen zur
Abgabe eines Angebotes aufgefordert. Bei dem **nicht offenen Verfahren**
werden durch die Vergabestelle nur bestimmte Unternehmen zur Angebots-
abgabe aufgefordert. Das **freihändige Vergabeverfahren** erfordert keine
Ausschreibung. Der Auftraggeber handelt direkt mit einem bestimmten Unternehmen den Vertrag aus. Die beiden letztgenannten Verfahren sind nur
in Ausnahmefällen zulässig.

3. Die Vergabeentscheidung

Die Vergabeentscheidung ist an bestimmte gesetzliche Vorgaben gebun- **966**
den. § 97 Abs. 2 GWB fordert die **Gleichbehandlung** aller Teilnehmer. § 97
Abs. 3 GWB sieht dabei eine **angemessene Berücksichtigung mittelständi-**
scher Unternehmer vor. Schließlich verpflichtet § 97 Abs. 4 GWB den Auftraggeber, den Auftrag nur an **fachkundige, leistungsfähige und zuverlässige**
Unternehmen zu vergeben und dabei **keine anderen Kriterien** zugrunde zu
legen.

Da die Auftragsvergabe nicht nur der Bedarfsdeckung dient, sondern **967**
auch wirtschaftslenkende Funktion hat, ist fraglich, ob **ausnahmsweise**
auch **vergabefremde Zwecke berücksichtigt** werden können. So ist es für
eine strukturschwache Region zur Bekämpfung von Arbeitslosigkeit ein
Vorteil, regionale Unternehmen zu bevorzugen. Die Bekämpfung von Arbeitslosigkeit gehört nicht zu den Kriterien der Fachkunde, Leistungsfähigkeit und Zuverlässigkeit des § 97 Abs. 4 GWB. § 97 Abs. 4 Satz 2 GWB erlaubt jedoch, dass auch andere oder weitergehende Anforderungen an
Auftragnehmer gestellt werden können, wenn ein förmliches Gesetz dies
vorsieht. Damit ist das nationale Recht relativ offen, was die Berücksichtigung vergabefremder Zwecke angeht. Das Europarecht ist hingegen restriktiver. In der Vergaberichtlinie von 2004 sind aber Aspekte erkennbar, die
auch die Zulassung nicht-ökonomischer Zwecke möglich erscheinen lässt.
Schließlich hat auch der Europäische Gerichtshof die Bekämpfung der Arbeitslosigkeit als mögliches Vergabekriterium anerkannt.

Die Vergabeentscheidung kann durch **Vergabeprüfstellen** auf die Einhal- **968**
tung der formellen und materiellen Regelungen des Vergabeverfahrens
überprüft werden. Im Anwendungsbereich des Gesetzes gegen Wettbewerbsbeschränkungen steht den nicht berücksichtigten Bietern weiterhin
ein **förmliches Rechtsschutzverfahren** zur Verfügung. § 107 Abs. 2 GWB

eröffnet den Weg zu den Vergabekammern. Die Entscheidung der Vergabekammern kann mit der sofortigen Beschwerde zum Oberlandesgericht an-
gegriffen werden.

Weiterführende Hinweise:

von Hübbenet, Rückforderung von Subvention, JuS 2004, 795;
Kühling/el-Barudi, Grundzüge des Rechts der Wirtschaftsförderung, Jura 2006, 969;
Lux, Einführung in das Vergaberecht, JuS 2006, 969;
Roebling, Das Vergaberecht im Wandel – eine Einführung, Jura 2000, 453.

Kapitel 38: Übungsfälle zum 5. Teil

1. Fall: Unternehmer X bekommt vom Bundeswirtschaftsministerium eine Subvention   969
von 5 Mio. € zur Modernisierung seines Betriebes. Der Konkurrent K, der ebenfalls eine
Subvention beantragt hat, wird wegen „Erschöpfung der Haushaltsmittel" abschlägig
beschieden. Er meint nachweisen zu können, dass X aufgrund der Subventionsgelder einen Wettbewerbsvorteil erlange, der ihn, den K, zur Aufgabe oder zumindest zu langjährigen Verlusten zwinge.
a) Kann K mit Erfolg auf Subventionierung klagen?
b) Kann K den Subventionsbescheid, den X erhalten hat, mit Erfolg anfechten?
c) Kann X die Auszahlung der Subvention bis zur Entscheidung des Verwaltungsgerichts doch noch erreichen? Wie kann K sich dagegen wehren?
Prüfen Sie jeweils die Zulässigkeit und Begründetheit einer Klage vor dem Verwaltungsgericht.

a) Erste Zulässigkeitsvoraussetzung ist das Vorliegen einer öffentlich-   970
rechtlichen Streitigkeit nach § 40 Abs. 1 VwGO. Sowohl nach der **Subjektionstheorie**, die auf Über- und Unterordnung abstellt, als auch nach der
modifizierten Subjektstheorie liegt eine öffentlich-rechtliche Streitigkeit vor,
da bei entsprechendem Ansatz im Haushaltsplan allein ein Träger öffentlicher Verwaltung, der Bundeswirtschaftsminister, zur Vergabe der Mittel befugt ist. Diese öffentlich-rechtliche Streitigkeit ist auch keinem anderen Gericht zugewiesen.

Die **Verpflichtungsklage** nach § 42 Abs. 1 VwGO wäre zulässig, wenn es
sich bei dem Subventionsbescheid um einen **Verwaltungsakt** handelt, den
Vorschriften der §§ 68 ff. VwGO Genüge getan und K gemäß § 42 Abs. 2
VwGO klagebefugt ist. Über die Vergabe von Subventionen wird durch
Subventionsbescheid entschieden. Dabei handelt es sich um die Verfügung
einer Verwaltungsbehörde auf dem Gebiet des öffentlichen Rechts, die einen
Einzelfall rechtlich regelt. Es liegt also ein Verwaltungsakt i. S. d. § 35 VwVfG
vor. Ein **Widerspruchsverfahren** braucht gemäß § 68 Abs. 1 Satz 2 Nr. 1
VwGO nicht durchgeführt zu werden, da es sich um einen Akt einer obersten
Bundesbehörde handelt. K ist **klagebefugt**, da die Möglichkeit besteht, dass
der ablehnende Bescheid seine Rechte, insbesondere auch das aus Art. 3
Abs. 1 GG abgeleitete Recht auf fehlerfreien Ermessensgebrauch, verletzt.

Die Verpflichtungsklage vor dem Verwaltungsgericht ist damit **zulässig**.

Die Klage ist nach § 113 Abs. 4 VwGO begründet, wenn die Ablehnung
des Antrags auf Subventionierung rechtswidrig ist und K dadurch in seinen
Rechten verletzt wird.

Eine Verwaltungsbehörde darf nicht mehr Geld ausgeben, als ihr laut
Haushaltsgesetz zusteht. Würde das Bundeswirtschaftsministerium über
den Haushaltsansatz hinaus Mittel vergeben, handelte es gesetzwidrig. Dies
ist damit zu begründen, dass dem Parlament die Budgethoheit zusteht. Nur
das Parlament als unmittelbar demokratisch legitimierte Einrichtung ist befugt, über den Gesamtumfang von Staatsausgaben zu entscheiden. Die Ablehnung des Antrags des K ist mithin rechtmäßig. Die Verpflichtungsklage
ist **nicht begründet**.

b) Für die Zulässigkeit der **Anfechtungsklage** gilt bis auf eine Ausnahme   971
das gleiche wie bei der Verpflichtungsklage. Problematisch ist hier jedoch

die **Klagebefugnis**, da K einen an X gerichteten Verwaltungsakt anficht, mithin nicht Adressat des Verwaltungsaktes ist. K ist nur klagebefugt, wenn er geltend machen kann, der an X gerichtete Subventionsbescheid verletze ihn in eigenen Rechten.

Entscheidend für die Klagebefugnis des K ist, ob er die Möglichkeit einer Rechtsverletzung geltend machen kann. Ob tatsächlich eine Rechtsverletzung vorliegt, muss wie sonst auch im Rahmen der Begründetheit geprüft werden. Da K geltend macht, er werde durch die Subventionierung des X zur Aufgabe oder zu langjährigen Verlusten gezwungen, besteht die Möglichkeit, dass er in seinen Rechten aus Art. 2 Abs. 1 und Art. 3 Abs. 1 GG verletzt wurde. Die Anfechtungsklage ist **zulässig**.

Begründet ist die Anfechtungsklage gemäß § 113 Abs. 1 VwGO, wenn die Subventionierung des X rechtswidrig und K dadurch in seinen Rechten verletzt ist. K wird in seinem Recht aus Art. 2 Abs. 1 GG i.V.m. Art. 3 Abs. 1 GG auf **Chancengleichheit** im Wettbewerb verletzt, wenn seine **Wettbewerbsfreiheit** grundlos eingeschränkt ist und ihm die Begünstigung des X keinen Spielraum mehr lässt, sich wirtschaftlich zu entfalten. Das Gericht wird daher Ermittlungen darüber anstellen, ob K tatsächlich einen wirtschaftlich schwerwiegenden Wettbewerbsnachteil erlitten hat. Wenn dem so ist, beeinträchtigt die Subventionierung des X seine Rechte aus Art. 2 Abs. 1 und Art. 3 Abs. 1GG; sie ist dann rechtswidrig und die Klage ist **begründet**.

972 c) Bis zur Entscheidung des Verwaltungsgerichts kann die Behörde auf Antrag des X oder aus eigener Initiative die sofortige Vollziehung des Subventionsbescheides gemäß § 80a Abs. 1 Nr. 1 i.V.m. § 80 Abs. 2 Nr. 4 VwGO anordnen. K kann daraufhin entweder gemäß § 80a Abs. 1 Nr. 2 i.V.m. § 80 Abs. 4 VwGO beantragen, die Vollziehung wieder auszusetzen. Da die Behörde wohl kaum gewillt sein wird, ihre einmal getroffene Entscheidung zu revidieren, kann K sich gemäß § 80a Abs. 3 VwGO an das Gericht der Hauptsache wenden mit dem Antrag, die aufschiebende, d.h. die die Auszahlung einstweilen verhindernde Wirkung wiederherzustellen.

Widersetzt sich die Behörde dieser gerichtlichen Anordnung und zahlt trotzdem aus, so kann K analog § 80 Abs. 5 Satz 3 VwGO die gerichtliche Anordnung erwirken, dass dieser sog. „faktische Vollzug" wieder rückgängig zu machen ist.

973 2. **Fall:** Kraftfahrzeugmeister X betreibt seit 20 Jahren einen Reparaturbetrieb für Lkw. Sein 1954 erworbenes Betriebsgrundstück lag ursprünglich am Rande seiner Heimatstadt. Inzwischen ist es vollständig von Wohnblocks umgeben. Die vom Reparaturbetrieb ausgehenden Geräusche übersteigen die Richtwerte der TA-Lärm bei weitem.
a) Welche Maßnahmen kann die zuständige Behörde dagegen treffen, wenn nach dem Stand der Technik die Geräuschentwicklung auf das gesetzliche Höchstmaß reduzierbar ist?
b) Welche Maßnahmen kann sie treffen, wenn dies nicht der Fall ist?
c) Wie kann sich X gegen Maßnahmen nach a) und b) wehren?

974 a) § 24 Satz 1 i.V.m. § 22 Abs. 1 Nr. 1 und 2 BImSchG nennt zwei Voraussetzungen, unter denen die Behörde befugt ist, die erforderlichen Anordnungen zu treffen, um die Geräuschentwicklung auf das zulässige Höchstmaß zu reduzieren:

1. Es muss sich um eine **nicht genehmigungspflichtige Anlage** handeln, die dem Bundes-Immissionsschutzgesetz unterfällt. Kraftfahrzeugreparaturbetriebe sind keine genehmigungspflichtigen Anlagen, da sie in der Rechtsverordnung über genehmigungsbedürftige Anlagen nicht aufgeführt sind. Nach § 3 Abs. 5 BImSchG werden von dem Gesetz aber darüber hinaus alle Betriebsstätten und sonstigen ortsfesten Einrichtungen erfasst. Ein Kraftfahrzeugreparaturbetrieb ist eine Betriebsstätte i. S. d. § 3 Abs. 5 BImSchG.

2. Von der nicht genehmigungsbedürftigen Anlage müssen schädliche Umwelteinwirkungen ausgehen. Es geht um die Abwehr von Geräuschen. Geräusche sind gemäß § 3 Abs. 2 BImSchG Umwelteinwirkungen. Schädlich sind die Einwirkungen dann, wenn sie Gefahren, Nachteile oder Belästigungen herbeiführen. Die Schädlichkeitsgrenze ist durch die **TA-Lärm** konkretisiert. Die Betriebsgeräusche sind schädlich, da sie die Richtwerte der TA-Lärm bei weitem übersteigen. Die §§ 24, 22 BImSchG ermächtigen die Behörde, Maßnahmen zu treffen, die erforderlich sind, um die von dem Betrieb des X ausgehenden Emissionen auf das zulässige Höchstmaß zu reduzieren. Leistet X der behördlichen Anordnung nicht Folge, gibt § 25 Abs. 1 BImSchG der Behörde die Möglichkeit, die Anordnung zu erzwingen, wenn diese vollziehbar ist. Vollziehbar ist sie dann, wenn ihr **sofortiger Vollzug** nach § 80 Abs. 2 Nr. 4 VwGO angeordnet ist oder wenn sie, falls kein Rechtsbehelf (Widerspruch, Klage) eingelegt wurde, bereits unanfechtbar ist. In diesen beiden Fällen kann eine Stilllegungsverfügung erzwungen werden. Auch für § 25 Abs. 1 BImSchG gilt freilich der Grundsatz der Verhältnismäßigkeit: Zur Stilllegungsverfügung als dem schärfsten Eingriff darf erst gegriffen werden, wenn der beabsichtigte Erfolg mit anderen Mitteln, z. B. der Ersatzvornahme oder einem Zwangsgeld, nicht erreicht werden kann.

b) Bisweilen ist es nach dem Stand der Technik unmöglich, Schutzmaßnahmen durchzuführen, durch die die von einem Betrieb ausgehenden Emissionen unterhalb der Schädlichkeitsgrenze gehalten werden können. Dies ist oftmals bei älteren gewerblichen Anlagen der Fall, die inzwischen immer mehr von Wohnhäusern umgeben sind. Wenn die vom Betrieb des X ausgehende Geräuschentwicklung auch bei Ausschöpfung aller technischen Möglichkeiten nicht auf einen zulässigen Stand reduziert werden kann, darf der Betrieb nach § 25 Abs. 2 BImSchG endgültig untersagt werden; allerdings nur dann, wenn die Emissionen Leben, Gesundheit oder bedeutende Sachwerte gefährden. Eine bloße Belästigung scheidet als ausreichender Verbotsgrund aus. 975

Bei § 25 Abs. 2 BImSchG handelt es sich um eine außerordentlich harte Bestimmung, da die Stilllegung keinen Entschädigungsanspruch auslöst. Im Schrifttum ist denn auch umstritten, ob es sich bei dieser Bestimmung noch um eine verfassungsmäßige **Inhaltsbestimmung** nach Art. 14 Abs. 1 und 2 GG handelt.

c) Wenn X mit einer Anordnung nach §§ 24 Satz 1, 22 Abs. 1 Nr. 1 und 2 BImSchG nicht einverstanden ist, muss er fristgemäß Widerspruch und Anfechtungsklage erheben. Dies genügt nach § 80 Abs. 1 VwGO in der Re- 976 gel, um die Vollziehbarkeit der Anordnung gemäß § 25 BImSchG zu verhindern. Anders ist es dann, wenn die sofortige Vollziehung gemäß § 80 Abs. 2 Nr. 4 VwGO angeordnet wurde. In diesem Fall muss X beim Verwaltungsgericht **Wiederherstellung der aufschiebenden Wirkung** gemäß § 80 Abs. 5 VwGO beantragen. Der Antrag ist erfolgreich, wenn die angegriffene Verfügung offensichtlich rechtswidrig ist oder wenn das private Interesse des X, bis zur endgültigen gerichtlichen Klärung noch keine kostspieligen Aufwendungen machen zu müssen, das öffentliche Interesse an möglichst rascher Lärmminderung überwiegt. Diese Entscheidung wird das Verwaltungsgericht unter Berücksichtigung aller Umstände treffen.

Die gleichen Rechtsschutzmöglichkeiten hat X dann, wenn gemäß § 25 Abs. 2 BImSchG die Stilllegung der Anlage angeordnet wird. Falls damit sogleich die Anordnung der sofortigen Vollziehung nach § 80 Abs. 2 Nr. 4 VwGO verbunden wird, wird ein Antrag nach § 80 Abs. 5 VwGO auf Wiederherstellung der aufschiebenden Wirkung in der Regel Erfolg haben. Das private Interesse daran, den Betrieb so lange fortführen zu können, bis über die Untersagung rechtskräftig entschieden ist, überwiegt das öffentliche Interesse an sofortiger Stilllegung schon deshalb, weil bei sofortiger Untersagung vollendete Tatsachen geschaffen werden: Stellt sich nämlich später die Unzulässigkeit der Stilllegung heraus, ist es in vielen Fällen nicht möglich, einen eventuell seit Jahren stillgelegten Betrieb wieder aufzunehmen.

977   3. **Fall:** Z betreibt seit 1990 ein Abbruch- und Abwrackunternehmen. Durch Verfügung vom 16. 1. 2002 untersagt ihm das Gewerbeaufsichtsamt die Ausübung des Gewerbes, weil er Sozialversicherungsbeiträge nicht abgeführt und Vereinbarungen über die Abtragung von Steuerschulden nicht eingehalten hat. Z legt fristgerecht Widerspruch ein. Die Untersagungsverfügung wird nicht für sofort vollziehbar erklärt; Z betreibt das Gewerbe weiter.

Über seine Anfechtungsklage wird im Sommer 2004 entschieden. Zu diesem Zeitpunkt hat Z dank eines unverhofften Lottogewinns seine Steuerschulden abgetragen und alle rückständigen Sozialversicherungsbeiträge bezahlt.

Prüfen Sie die Zulässigkeit und Begründetheit der Anfechtungsklage.

Eine öffentlich-rechtliche Streitigkeit i. S. d. § 40 Abs. 1 VwGO liegt vor, da es sich bei der Untersagungsverfügung um eine einseitig verbindliche Maßnahme eines Hoheitsträgers gegen Z handelt. Bei dieser Verfügung handelt es sich um eine konkrete, auf den Einzelfall bezogene behördliche Maßnahme, die in den Rechtskreis des Z zu seinem Nachteil eingreift, also um einen belastenden Verwaltungsakt. Als zulässige Klageart kommt daher – nach erfolglosem Widerspruchsverfahren – die **Anfechtungsklage** gemäß § 42 Abs. 1 VwGO in Betracht. Z ist auch **klagebefugt** i. S. d. § 42 Abs. 2 VwGO. Die Möglichkeit, dass die Verfügung seine Rechte verletzt, kann nicht ausgeschlossen werden, da er Adressat des belastenden Verwaltungsaktes ist. Die **Anfechtungsklage** ist daher **zulässig**.

Begründet ist die Anfechtungsklage gemäß § 113 Abs. 1 Satz 1 VwGO, wenn die Untersagungsverfügung rechtswidrig ist. Um dies entscheiden zu können, kommt es zunächst auf den Zeitpunkt an, der für die Beurteilung der Sach- und Rechtslage maßgebend ist. Als Faustregel gilt, dass bei Anfechtungsklagen auf die Sach- und Rechtslage beim Erlass des Verwaltungsaktes (bzw. des Widerspruchsbescheides) abzustellen ist, während es bei der Verpflichtungsklage auf den Zeitpunkt der letzten mündlichen Verhandlung des Verwaltungsgerichts ankommt.

Da es sich hier um eine Anfechtungsklage handelt, wäre sie – folgt man dieser Faustregel – unbegründet, denn die Verfügung war zum Zeitpunkt ihres Erlasses von § 35 Abs. 1 GewO gedeckt. Der nachträgliche Lottogewinn bliebe insoweit unberücksichtigt.

Nun hatte das Bundesverwaltungsgericht allerdings von dieser Regel gerade bei § 35 Abs. 1 GewO eine Ausnahme gemacht. War die gewerberechtliche Unzuverlässigkeit zum Zeitpunkt der letzten mündlichen Verhandlung entfallen, wurde die Gewerbeuntersagung für die Zukunft aufgehoben. Die Anfechtungsklage war insoweit begründet.

Mit seiner Entscheidung vom 2. 2. 1982 hat das Bundesverwaltungsgericht diese Rechtsprechung ausdrücklich aufgegeben. Es hat sich nunmehr auch für den Fall der Anfechtung einer Gewerbeuntersagung auf den Standpunkt gestellt, dass für die Beurteilung der Rechts- und Sachlage allein der Zeitpunkt der Behördenentscheidung maßgeblich ist:

> „Der bisherigen Rechtsprechung des Bundesverwaltungsgerichts, wonach bei einer Anfechtung der Untersagungsverfügung die Untersagungsvoraussetzungen noch in der letzten mündlichen Verhandlung vorliegen müssen (vgl. z. B. BVerwGE 22, 16, 19; 28, 202, 205), ist durch die am 1. Mai 1974 in Kraft getretene Neufassung des § 35 Abs. 6 GewO die Grundlage entzogen worden. Nach dem nunmehr geltenden § 35 Abs. 6 GewO ist die Wiedergestattung der Gewerbeausübung von einem an die Behörde zu richtenden Antrag abhängig. Diese Antragserfordernis schließt es aus, die für die Wiedergestattung relevanten Umstände im laufenden Anfechtungsprozeß zu berücksichtigen; denn muß das Verfahren nach Abs. 6 durch einen an die Behörde gerichteten Antrag eingeleitet werden, so kann es nicht ausreichen, wenn der Gewerbetreibende in dem Anfechtungsprozeß wegen der Gewerbeuntersagung sein Begehren auf Wiedergestattung in einem an das Gericht gerichteten Schriftsatz Ausdruck gibt" (BVerwG, DVBl. 1982, 694).

Im konkreten Fall ist demnach die **Anfechtungsklage unbegründet.** Dem Z bleibt nur die Möglichkeit, einen Antrag auf Wiedergestattung an die zuständige Behörde zu richten und bei Ablehnung dieses Antrags die Wiedergestattung mit der Verpflichtungsklage zu erreichen. Auf die Tatsache, dass er die rückständigen Steuerschulden und Sozialversicherungsbeiträge aus dem Lottogewinn bereits bezahlt hat, kommt es dabei nicht so sehr an:

> „Was für eine Behebung wirtschaftlicher Schwierigkeiten gilt, muß nicht auch für die Bezahlung der Sozialversicherungsbeiträge gelten, mit der der Gewerbetreibende in Verzug geraten war. Die Tatsache, dass der Betrieb wieder wirtschaftlich leistungsfähig ist, hat für die Erforderlichkeit der Gewerbeuntersagung eine andere Bedeutung als die Tatsache, daß der Gewerbetreibende den Trägern der Sozialversicherung keine Beiträge vorenthält und mit keinen Sozialversicherungsbeiträgen mehr im Rückstand ist. Ein Gewerbetreibender, der Sozialversicherungsbeiträge seiner Arbeitnehmer den Versicherungsträgern vorenthalten hat, kann damit eine Unzuverlässigkeit offenbart haben, welche die Gewerbeuntersagung rechtfertigt. Dieser Untersagungsgrund fällt nicht schon mit der Zahlung der geschuldeten Beiträge weg. Durch die Tilgung der Schuld wird nicht die Tatsache aus der Welt geschafft, daß der Gewerbetreibende eine gesetzliche Pflicht, die ihm als Arbeitgeber oblag, verletzt hat. Es bedarf daher der Prüfung, ob er in Zukunft die Gewähr dafür bietet, daß er die Sozialversicherungsbeiträge ordnungsgemäß bezahlen werde" (BVerwGE 28, 202, 209 f.).

6. TEIL

HINWEISE FÜR DIE ANFERTIGUNG ÖFFENTLICH-RECHTLICHER ARBEITEN

I. Allgemeine Regeln für die Anfertigung einer Klausur

1. Auf der Arbeit müssen Vor- und Zuname sowie die Semesterzahl des Ver- 978 fassers angegeben sein. Die Arbeit ist zu unterschreiben.
2. Etwa ein Drittel jeder Seite soll als Rand freigelassen werden. Die Seiten sind zu nummerieren.
3. Die äußere Form soll ein möglichst sauberes Bild bieten. Durchstreichungen sollten nur ein Notbehelf sein. Das gleiche gilt für Einschübe.
4. Eine saloppe Ausdrucksweise ist unangebracht. Es interessiert auch nicht die persönliche Ansicht des Verfassers; also nicht: „Meines Erachtens ist das Vorgehen der Behörde rechtswidrig", sondern: „Deshalb ist das Vorgehen der Behörde rechtswidrig". Wendungen wie: „Es ist offensichtlich", „zweifelsfrei", „es liegt auf der Hand, dass" dienen oft – teilweise auch unbewusst – dazu, über das Fehlen einer überzeugenden Begründung hinwegzutäuschen.
5. Der Text der gestellten Aufgabe sowie der Wortlaut der einschlägigen Rechtsnormen ist mit aller Sorgfalt zu lesen. Man hüte sich davor, den Sachverhalt durch Unterstellungen zu manipulieren! Natürlich darf Selbstverständliches den Umständen oder der Lebenserfahrung entsprechend unterstellt werden. Nur ganz selten lässt der Sachverhalt zwei Möglichkeiten offen, die dann beide alternativ behandelt werden müssen. Es ist hingegen niemals erlaubt, eine Rechtsfrage alternativ zu beantworten. Der Verfasser muss sich stets für eine rechtliche Lösung entscheiden. Vor der eigentlichen Ausarbeitung sollte man auf jeden Fall eine kurze Lösungsskizze entwerfen, um sich eine Übersicht über die Probleme des Falles zu verschaffen.
6. Einer der häufigsten Fehler ist das Wiederholen des Falltextes und des Gesetzeswortlauts am Anfang der Arbeit in abgewandelten Formulierungen. Nur dann, wenn und soweit es im Einzelfall dem Verständnis der Darstellung dienlich ist, ist der Inhalt einer Norm wiederzugeben.
7. Der Verfasser soll in aller Regel die Rechtmäßigkeit bzw. Verfassungsmäßigkeit einer Norm oder einer Maßnahme überprüfen. Er soll nicht dazu Stellung nehmen, ob die Norm oder Maßnahme rechtspolitisch zweckmäßig ist.
8. Das (Zwischen-)Ergebnis hat am Schluss der (Zwischen-) Untersuchung zu stehen, nicht am Anfang. Dieser Aufbau entspricht dem in Übungsarbeiten anzuwendenden **Gutachtenstil**. Dieser ist dadurch gekennzeichnet, dass die Lösung einer jeden Frage in vier Schritten geschieht.
Am Anfang steht die Frage, die beantwortet werden soll („Ist der Bund gemäß Art. 74 Nr. 11 GG zum Erlass eines Gesetzes, das den Beruf des Kfz-Händlers regelt, zuständig?"). Im zweiten Schritt werden die Voraus-

setzungen genannt, von denen die Antwort abhängt („Dann müsste es sich um ein Gesetz auf dem Gebiet der Wirtschaft handeln"). Als nächstes wird festgestellt, ob diese Voraussetzungen erfüllt sind („Die Materie Recht der Wirtschaft gibt nach allgemeiner Ansicht eine umfassende Gesetzgebungskompetenz. Sie umfasst nicht nur die Organisation und die Rechtsbeziehungen zu den in Art. 74 Nr. 11 GG einzeln aufgeführten Wirtschaftszweigen, sondern dazu gehören auch alle das wirtschaftliche Leben und die wirtschaftliche Betätigung als solche regelnden Normen, wie z. B. Regeln über den Beruf des Kfz-Händlers"). Zum Schluss folgt die Antwort („Also ist der Bund auf diesem Gebiet zur Gesetzgebung befugt").

Es wird meist erforderlich sein, die in der Aufgabenstellung enthaltene Frage in eine Reihe von Unterfragen aufzuspalten („Ist das Gesetz verfassungsgemäß?" „Liegt ein Verstoß gegen Art. 12 GG vor? Ist ein Verstoß gegen Art. 14 GG gegeben?"), die oft ihrerseits wieder unterteilt werden müssen. Auf die Erarbeitung der richtigen Fragestellung ist größte Sorgfalt zu verwenden. Ein falscher Einstieg kann von vornherein den Weg zur richtigen Lösung völlig verbauen. Kennzeichnend für den in Übungsarbeiten unangebrachten **Urteilsstil** ist es, wenn vor Darlegung der Problematik festgestellt wird: „Das Gesetz ist nichtig, denn dem Bund fehlt die Gesetzgebungskompetenz aus folgenden Gründen: …" Der reine Gutachtenstil hat allerdings oftmals den Nachteil, außerordentlich umständlich zu wirken. Wenn der Bearbeiter daher beispielsweise erkennt, dass die Verwaltungsqualität eines Eingriffs unproblematisch ist, kann er ruhig mit dem Satz beginnen: „Es handelt sich um einen Verwaltungsakt, da …" Im Gutachtenstil müsste es heißen: „Es könnte sich bei dem Eingriff um einen Verwaltungsakt handeln. Dann müssten folgende Voraussetzungen gegeben sein: …" Wenn schlichte Selbstverständlichkeiten durch den Gutachtenstil zu sehr aufgebläht würden, sollte man direkter formulieren.

9. Paragraphen oder Artikel werden in Absätze und Sätze unterteilt. In allen juristischen Arbeiten ist eine angeführte Norm so genau wie möglich zu bezeichnen. Man schreibt also nicht einfach § 24, sondern exakt § 24 Abs. 3 S. 2.

II. Beispiel einer Klausur

979   Es handelt sich um das Muster einer (vierstündigen) Klausur, wie sie in der Zwischenprüfung für Studierende der Wirtschaftswissenschaften gestellt werden kann. In Übungen für Juristen wird im Regelfall dem Bearbeiter nur ein Fall zur Bearbeitung gegeben. Bei Studierenden der Wirtschaftswissenschaften hat sich ein solches Vorgehen als unzweckmäßig herausgestellt, da es ihnen keine Möglichkeit lässt, auf dem für sie unsicheren Terrain des Öffentlichen Rechts eine schwache Einzelleistung auszugleichen.

Zwischenprüfungsklausur

(1) Es ist ein Bundesgesetz zur Regelung des Berufs des Kfz-Händlers geplant. Es hat u. a. folgenden Inhalt:

§ 1: Eine Zulassung als Kfz-Händler wird nur erteilt, wenn der Bewerber ein abgeschlossenes Studium der Wirtschaftswissenschaften aufweist und nicht vorbestraft ist.

§ 2: Der Antrag auf Zulassung kann abgelehnt werden, wenn am beantragten Ort kein Bedürfnis für weitere Kfz-Händler besteht.

§ 3: Das Entgelt für Verkaufsauftragsgeschäfte über Gebrauchtwagen eines Neuwagenkunden richtet sich nach der in einer Anlage zum Gesetz abgedruckten Gebührenordnung.

Prüfen Sie dieses Gesetz auf seine formelle und materielle Verfassungsmäßigkeit.

(2) Nennen Sie die wichtigsten Organe der EU und deren Aufgaben.

(3) Wäre ein Gesetz zulässig, nach dem ab sofort das Studium der Wirtschaftswissenschaften auf 8 Semester beschränkt wird? Beachten Sie, dass dieses Gesetz auch für diejenigen gelten soll, die sich bereits im Studium befinden.

(4) Nehmen Sie Stellung zu folgenden Begriffen:
a) Gesamtwirtschaftliches Gleichgewicht (Art. 109 GG)
b) Drittwirkung der Grundrechte
c) Grenzen zulässiger Verfassungsänderung
d) Gesetz/Rechtsverordnung
e) Marktordnung

(5) Um die Vermögensbildung in Arbeitnehmerhand zu realisieren, plant die Bundesregierung, ein Gesetz im Bundestag einzubringen, demzufolge jeder gewerbliche Betrieb einen Betrag von 5% seines jährlichen Umsatzes zum Jahresende an seine Arbeitnehmer als Jahresbonus ausschütten soll. Wäre ein solches Gesetz formell und materiell verfassungsgemäß? Wie wäre es bei einem Betrag von 25%?

(6) Weinbauer A, der in der Pfalz konventionelle Silvaner- und Müller-Thurgau-Reben pflanzt, ärgert sich darüber, dass Weinbauer B, sein Nachbar, vom rheinland-pfälzischen Weinbauministerium für den Anbau von Gewürztraminer- und Riesling-Rebstöcken eine Subvention in Höhe von 22% des Anschaffungspreises erhält.

A möchte entweder ebenfalls eine Subvention erhalten oder aber erreichen, dass dem B die seinige gestrichen wird. Wird er Erfolg haben? Nehmen Sie insbesondere zu den Klagemöglichkeiten Stellung.

Frage 1

Formelle Verfassungsmäßigkeit: Das Gesetz ist dann formell verfassungsmäßig, wenn der Bund die Gesetzgebungskompetenz für das betreffende Gebiet hat. Das hier betroffene Gebiet ist das Recht der Wirtschaft. Durch Art. 74 Nr. 11 GG hat der Bund hierfür das konkurrierende Gesetzgebungsrecht. Die Voraussetzungen des Art. 72 Abs. 2 GG liegen ebenfalls vor. Das Gesetz ist also formell verfassungsgemäß.

Materielle Verfassungsmäßigkeit: Das Gesetz ist dann materiell verfassungsmäßig, wenn sein Inhalt nicht einer Norm des Grundgesetzes widerspricht. Das geplante Gesetz über die Regelung des Berufs der Kfz-Händler könnte gegen die Berufsfreiheit (Art. 12 Abs. 1 GG) verstoßen.

§ 1: § 1 dieses Gesetzes enthält eine subjektive Zulassungsbeschränkung, da er die Zulassung zum Beruf von der Erfüllung bestimmter Qualifikationen durch den Bewerber abhängig macht. Eine subjektive Zulassungsbeschränkung ist nur dann zulässig, wenn der Schutz eines wichtigen Gemein-

980

schaftsgutes dies erfordert, d.h. wenn es keine andere Möglichkeit gibt, dieses wichtige Gemeinschaftsgut zu schützen. Das zu schützende Allgemeingut könnte hier die Sicherheit der verkauften Autos und das Funktionieren des Geschäftsverkehrs sein. Das Studium der Wirtschaftswissenschaften zu verlangen ist aber ein viel zu strenges Mittel, um das Funktionieren des Geschäftsverkehrs zu gewährleisten. Um die Sicherheit der verkauften Autos zu gewährleisten, ist es ungeeignet. Die Sicherheit der verkauften Autos und das Funktionieren des Geschäftsverkehrs werden nicht durch jede Vorstrafe gefährdet. Die im Gesetz geforderten Qualifikationen für die Zulassung als Kfz-Händler sind also nicht erforderlich, teilweise sogar ungeeignet, um den Schutz der betroffenen Gemeinschaftsgüter zu gewährleisten. § 1 des geplanten Gesetzes stellt also einen Verstoß gegen Art. 12 Abs. 1 GG dar und ist somit **verfassungswidrig**.

§ 2: § 2 des geplanten Gesetzes ist eine objektive Zulassungsschranke, da er die Zulassung von Bedingungen abhängig macht, die nicht in der Person des Bewerbers liegen, sondern sich aus allgemeinen Umständen ergeben. Eine objektive Zulassungsbeschränkung ist nur dann zulässig, wenn eine sichere oder höchstwahrscheinliche Gefahr für ein überragendes Gemeinschaftsgut nicht anders abgewendet werden kann. Das überragende Gemeinschaftsgut könnte hier die Sicherheit der verkauften Autos sein. Die Sicherheit der verkauften Autos ist aber nicht schon dann gefährdet, wenn an einem Ort mehr Kfz-Händler arbeiten als zur Befriedigung der Nachfrage nötig sind; dies kann nur in ganz extremen Ausnahmefällen eines ruinösen Wettbewerbs eintreten. Die Regelung des § 2 ist aber auch schon deshalb nicht erforderlich, da in einem solchen Fall durch andere nachträgliche gesetzliche Maßnahmen (z.B. aufgrund von § 35 GewO) Abhilfe geschaffen werden kann. Das gewählte Mittel der objektiven Zulassungsbeschränkung ist also nicht erforderlich und verstößt gegen Art. 12 Abs. 1 GG. § 2 des geplanten Gesetzes ist daher ebenfalls **verfassungswidrig**.

§ 3: § 3 stellt eine Berufsausübungsregelung dar, da hier nur die Art und Weise der Ausübung des Berufes geregelt ist. Eine Berufsausübungsregelung ist immer dann zulässig, wenn sie sachlich gerechtfertigt erscheint. Die Festsetzung einer Gebührenordnung für Gebrauchtwagenkommissionsverkäufe kann dazu dienen, dass der Gebrauchtwagenhändler den Käufer auch über eventuelle Mängel und Nachteile des Autos informiert, da er nicht mehr an der Höhe des erzielten Kaufpreises interessiert ist. Auch Berufsausübungsregelungen unterfallen aber dem Übermaßverbot. Bei staatlich festgelegten Preisen handelt es sich um einen schwerwiegenden Eingriff in die Vertragsfreiheit, die für den Unternehmer durch Art. 12 Abs. 1 GG, für den Kunden durch Art. 2 Abs. 1 GG geschützt ist. Dieser Eingriff erscheint unverhältnismäßig, da sich der beabsichtigte Schutz der Käufer auch durch weniger schwerwiegende Maßnahmen, etwa ein gesetzliches Verbot des Haftungsausschlusses, erreichen lässt. Auch § 3 des geplanten Gesetzes ist daher **verfassungswidrig**.

Frage 2

981   1. Die Kommission. Sie arbeitet unabhängig von Weisungen der Einzelstaaten. Ihre Aufgabe ist die Ausführung der Verordnungen des Ministerra-

tes und der europäischen Verträge, insbesondere des EG. Die Kommission ist die Exekutive der Europäischen Union. Sitz: Brüssel.

2. Das Europäische Parlament. Seine Abgeordneten werden in allgemeiner und unmittelbarer Wahl gewählt. Wichtigste Aufgabe des Europäischen Parlaments ist die Kontrolle der Kommission. Über gewisse rechtsetzende Befugnisse verfügt es im Haushaltsbereich. Darüber hinaus ist es im Wege des Kodezisionsverfahrens (Art. 251 EG) an den meisten Gesetzgebungsvorhaben zumindest mitentscheidend beteiligt. Die Sitzungen des Parlaments finden in Straßburg und Luxemburg statt, über seinen endgültigen Sitz ist noch nicht entschieden.

3. Der Ministerrat. Der Ministerrat setzt sich zusammen aus den weisungsgebundenen Mitgliedern der Einzelregierungen. Aufgabe des Ministerrates ist die Ausfüllung der in den Europäischen Verträgen festgelegten Ziele durch Richtlinien und Verordnungen und die Weiterentwicklung der Europäischen Gemeinschaften. Der Ministerrat ist die Legislative der EU.

4. Der Europäische Gerichtshof. Der Europäische Gerichtshof ist zuständig für alle Rechtssachen, die das EU-Recht betreffen, soweit es sich um primäres oder sekundäres Gemeinschaftsrecht handelt; soweit es um darüber hinausgehendes Recht der Europäischen Union geht, muss die Zuständigkeit des EuGH ausdrücklich eingeräumt sein. Er ist die Judikative der EU. Sitz: Luxemburg.

Frage 3

Die Beschränkung des Studiums der Wirtschaftswissenschaften wäre unzulässig, wenn sie gegen die Berufsfreiheit (Art. 12 Abs. 1 GG) verstoßen würde. Die Beschränkung der Dauer des Studiums ist eine sachlich gerechtfertigte Ausbildungsregelung und daher grundsätzlich verfassungsmäßig zulässig. Die Regelung bedeutet jedoch für alle, die bereits das Studium der Wirtschaftswissenschaften aufgenommen haben, einen belastenden Eingriff mit Rückwirkung. Da das Gesetz auf einen gegenwärtigen, noch nicht abgeschlossenen Sachverhalt, das Studium, für die Zukunft einwirkt, handelt es sich um eine unechte Rückwirkung. In solchen Fällen hat der Gesetzgeber im Rahmen einer Güterabwägung einerseits das Recht des Staates, die Gesetzgebung weiterzuentwickeln, andererseits aber auch das durch Art. 20 Abs. 3 GG garantierte Prinzip des Vertrauensschutzes zu berücksichtigen. Das Rechtsstaatprinzip hat zur Folge, dass ein schutzwürdiges Vertrauen des Bürgers in den Fortbestand einer ihn begünstigenden Rechtsvorschrift deren Beseitigung unzulässig macht. Fraglich ist, inwieweit das Vertrauen der Studenten auf ein Studium ohne vorgeschriebene Höchstdauer schützenswert ist. Da die bereits eingeschriebenen Studenten im Vertrauen darauf, mehr als acht Semester studieren zu können, ihr Studium entsprechend aufbauten und gestalteten, erscheint ihr Vertrauen schutzwürdig, so dass das Gesetz ohne Übergangsregelung für sie verfassungswidrig ist. Mit dem Vertrauensschutzprinzip ist es allenfalls vereinbar, die neue Regelung bereits auf die Erst- und Zweitsemester anzuwenden, da diese mehr Zeit haben, sich auf die neue Situation einzustellen, und aufgrund der öffentlichen Diskussion, die der Einführung einer Studienhöchstdauer voranzugehen pflegt, mit einer solchen Regelung rechnen mussten.

982

Frage 4

983   a) Das gesamtwirtschaftliche Gleichgewicht umfasst die vier Komponenten Geldwertstabilität, Vollbeschäftigung, außenwirtschaftliches Gleichgewicht und stetiges und angemessenes Wirtschaftswachstum. Die Bundesregierung ist durch das Stabilitätsgesetz und Art. 109 Abs. 2 GG ausdrücklich zur Erstrebung dieses Gleichgewichts beauftragt worden, jedoch bestimmt Art. 109 GG nicht eine Vorrangstellung eines dieser vier Ziele, sondern sieht alle als gleichwertig an. Wenn die Verfolgung dieser Ziele gleichzeitig unmöglich ist, müssen und dürfen Regierung und Parlament entscheiden, welchem Ziel sie den Vorrang geben.

b) Drittwirkung der Grundrechte. Die Grundrechte sind grundsätzlich Abwehrrechte des Bürgers gegen den Staat. Sie können jedoch über die Generalklauseln des BGB (§§ 138, 242, 826) auch die Beziehungen zwischen Privaten beeinflussen. Die Grundrechte dienen dabei der inhaltlichen Konkretisierung der Generalklauseln und wirken so auf die Privatrechtsbeziehungen ein (sog. „Drittwirkung").

c) Die Grenzen zulässiger Verfassungsänderung werden durch Art. 79 Abs. 3 GG bestimmt. Danach ist es unzulässig, die Gliederung des Bundes in Länder aufzuheben und die grundsätzliche Mitwirkung der Länder an der Gesetzgebung auszuschließen. Ferner darf eine Verfassungsänderung nicht die Grundsätze der Art. 1 (Menschenwürde) und 20 GG (demokratischer und sozialer Bundesstaat, Rechtsstaatsprinzip) berühren. Art. 79 Abs. 3 GG soll die wichtigsten Grundsätze der Verfassung schützen.

d) Gesetz und Rechtsverordnung ergänzen sich gegenseitig. Nach Art. 80 Abs. 1 GG muss die Ermächtigung zu einer Rechtsverordnung durch ein Gesetz erteilt werden, das gleichzeitig Inhalt, Zweck und Ausmaß der Ermächtigung bestimmt. Andererseits dient eine Rechtsverordnung dazu, die Ausführung eines Gesetzes rasch und flexibel geänderten Verhältnissen anzupassen. Ein Gesetz kann nur von der Legislative, also vom Bundestag unter Mitwirkung des Bundesrates, erlassen werden. Für Rechtsverordnungen ist dagegen die Exekutive, also Bundes- oder Landesregierung bzw. ein Bundesminister, zuständig. Beide, Gesetz und Rechtsverordnung, sind jedoch für alle Bürger gleich verbindlich. Sie sind Gesetze im materiellen Sinn. Unter formellem Gesetz hingegen versteht man die Rechtsnormen, die in dem durch das Grundgesetz bzw. die Landesverfassung vorgesehenen förmlichen Gesetzgebungsverfahren zustande gekommen sind (Gesetz im engeren Sinne).

e) Marktordnung ist eine staatliche Regelung der Beziehungen zwischen Anbietern und Nachfragern eines bestimmten Produktes oder einer Gruppe von Produkten oder einer Dienstleistung. Die Marktordnung beschränkt oder beseitigt die Vertragsfreiheit auf dem betroffenen Markt (z. B. Milchmarktordnung: Lieferpflicht der Milcherzeuger an eine zugewiesene Molkerei, Abnahmepflicht der Molkerei von den zugewiesenen Milcherzeugern, Lieferpflicht der Molkerei an zugewiesene Milchhändler, Bezugspflicht der Milchhändler von der zugewiesenen Molkerei, Verbot von Austauschbeziehungen zwischen nicht zugewiesenen Partnern). In der Marktordnung können Mindestpreise vorgeschrieben werden (z. B. Interventionspreise der EU-Agrarmarktordnung) oder die Preise ganz festgelegt werden. Ziel der

Marktordnung kann z.B. die Sicherstellung der Versorgung sein oder die Sicherung der hygienischen Qualität und damit der Gesundheit der Bevölkerung.

Frage 5

Formelle Verfassungsmäßigkeit: Das geplante Gesetz betrifft das Recht   984
der Wirtschaft. Nach Art. 74 Nr. 11 GG hat der Bund hierfür die konkurrierende Gesetzgebungskompetenz. Das geplante Gesetz ist also **formell verfassungsgemäß.**

Materielle Verfassungsmäßigkeit: Das geplante Gesetz zur Vermögensbildung könnte einen Verstoß gegen das Eigentumsrecht (Art. 14 GG) darstellen. Der Schutzbereich des Art. 14 GG umfasst alle vermögenswerten Rechte; darunter fällt auch das Recht am eingerichteten und ausgeübten Gewerbebetrieb. Weiter ist zu prüfen, ob eine Enteignung oder eine Inhalts- und Schrankenbestimmung vorliegt.

Hier geht es nicht um einen finalen Entzug von Eigentumspositionen. Folglich kann keine Enteignung, sondern nur eine Inhalts- und Schrankenbestimmung gemäß Art. 14 Abs. 1 Satz 2 GG vorliegen. Diese ist verfassungsgemäß, wenn sie verhältnismäßig ist.

Wenn man beachtet, dass ein Großteil aller deutschen Unternehmen eine Umsatzrendite von 1 bis 2% erzielt, muss ein gesetzgeberischer Eingriff, der von allen Unternehmen unterschiedslos eine Umsatzabgabe von 5% fordert, als verfassungswidriger Eingriff in die betriebliche Substanz angesehen werden. Der durch die Vermögensbildungsabgabe eintretende Kostendruck bedeutet für das einzelne Unternehmen insbesondere im Hinblick auf ausländische Konkurrenz eine unzumutbare Existenzgefährdung, die sich als unverhältnismäßig darstellt.

Das Abstellen auf den Umsatz des Unternehmens verstößt ferner gegen die im Gleichheitssatz des Art. 3 Abs. 1 GG enthaltene Verpflichtung des Gesetzgebers, Gleiches gleich und Ungleiches seiner Eigenart entsprechend verschieden zu behandeln. Für die Heranziehung der Betriebe müssen sachlich gerechtfertigte Anknüpfungsmaßstäbe gewählt werden. Der Umsatz als Bemessungsgrundlage der Vermögensbildungsabgabe stellt kein sachgemäßes Kriterium dar, da er keinerlei Aussagewert über die Ertragsstärke des Unternehmens besitzt. Somit verstößt eine Vermögensbildungsabgabe in Höhe von 5% wie auch erst recht von 25% des Umsatzes gegen Art. 14 i.V.m. Art. 3 Abs. 1 GG.

Frage 6

Die Gewährung von Subventionen ist ein Verwaltungsakt, da allein ein   985
Träger öffentlicher Verwaltung – der zuständige Landesminister – befugt ist, einseitig verbindlich die Entscheidung über die Gewährung einer Subvention zu treffen. Der Streit darüber ist ein öffentlich-rechtlicher Streit. Er ist auch nichtverfassungsrechtlicher Art, da nicht auf beiden Seiten ein Verfassungsorgan beteiligt ist. Also ist nach § 40 Abs. 1 VwGO der Verwaltungsrechtsweg gegeben. A kann nach Ablehnung seines Subventionsbegehrens oder nach Verweigerung der Aufhebung der Subvention des B vor dem

Verwaltungsgericht klagen. Ein Widerspruchsverfahren findet nicht statt, da der Verwaltungsakt durch eine oberste Landesbehörde (Weinbauministerium) erlassen wurde (§ 68 Abs. 1 VwGO).

a) Subventionsbegehren des A: A kann durch Verpflichtungsklage nach § 42 Abs. 1 VwGO die Erteilung einer Subvention verlangen. Die Klage ist nach § 42 Abs. 2 VwGO zulässig, da A geltend macht, dass er durch die Nichtgewährung der Subvention in seinen Rechten verletzt ist (Benachteiligung gegenüber B).

A wird mit der Klage jedoch keinen Erfolg haben, da die Subvention nur für den Anbau von Gewürztraminer- und Riesling-Rebstöcken gewährt wird. Die Subvention gerade dieser Rebsorten erfolgt nicht willkürlich, sondern ist sachlich dadurch gerechtfertigt, dass durch eine Verbreiterung des Angebots an Rebstöcken die Konkurrenzfähigkeit und damit die Absatzchancen des Pfalzweines gefördert werden sollen.

b) Begehren des A, die Subvention des B zu streichen: A kann durch Anfechtungsklage nach § 42 Abs. 1 VwGO die Aufhebung der Subvention verlangen, wenn er geltend macht, dass er durch die Gewährung der Subvention an B in seinen Rechten verletzt wird (§ 42 Abs. 2 VwGO). Die Gewährung der Subvention an B bedeutet für A eine Belastung durch den Wettbewerbsvorteil seines Konkurrenten. A ist also in seinen Rechten verletzt, wenn die Subventionserteilung zu Unrecht erfolgt.

Die Subventionserteilung an B ist sachlich gerechtfertigt dadurch, dass sie der Verbreiterung des Angebots an Rebsorten dient und die Steigerung der Konkurrenzfähigkeit und Absatzchancen von Pfalzwein zum Ziel hat. Sie ist rechtmäßig, da in diesem Fall eine gesetzliche Grundlage für den Verwaltungsakt nicht erforderlich war. Bei der Subventionierung eines Weinbauern handelt es sich nicht um eine so wesentliche und so entscheidende Angelegenheit, dass sie nur vom Gesetzgeber entschieden werden dürfte. Die Anfechtungsklage des A wird also erfolglos sein.

Sachregister

Die Angaben verweisen auf die Randnummern.

Buchanzeigen

Neue Regeln im Verfassungsrecht

Starck

Föderalismusreform

Einführung

1. Auflage. 2007. XXVI, 198 Seiten. Kartoniert.
ISBN 978-3-8006-3373-9

Die Föderalismusreform wurde im Sommer 2006 beschlossen und ist die *größte Verfassungsreform seit Bestehen der Bundesrepublik*. Geändert sind insbesondere die Regelungen zu: Gesetzgebungskompetenzen von Bund und Ländern – Bildungspolitik – Beamtenrecht – Europa – Finanzen – Inneres – Umweltrecht.

Die Neuerscheinung stellt alle Verfassungsänderungen ausführlich vor und weist auf die Besonderheiten gegenüber dem bisherigen Verfassungsrecht hin.

Der Herausgeber und die Autoren sind auch Verfasser des Werkes *v. Mangoldt/Klein/Starck*, Kommentar zum Grundgesetz, das 2005 in 5. Auflage erschienen ist und das mit dieser eigenständigen Neuerscheinung wieder auf aktuellem Stand ist.

Verlag Franz Vahlen · 80791 München

Optimal für Studienanfänger

Köbler

Wie werde ich Jurist?

5. Auflage. 2007. XV, 177 Seiten. Kartoniert
ISBN 978-3-8006-3295-4

Diese Einführung informiert über Aufbau und Organisation des
Jura-Studiums, über Immatrikulation, Wahl der Universität, Lehr-
veranstaltungen, Arbeitsweise und Literaturrecherche, Examina,
den Vorbereitungsdienst und Weiterbildungsmöglichkeiten wie
z. B. den Erwerb eines ausländischen Grades und das Aufbaustu-
dium. Beschrieben werden auch die wichtigsten juristischen Berufe
wie Rechtsanwalt, Richter, Staatsanwalt, Verwaltungs- und Wirt-
schaftsjurist, Notar und Hochschullehrer.

Die Neuauflage berücksichtigt die Reform der Juristenausbildung
mit der Einführung der Schwerpunktbereiche und der verlängerten
Anwaltsstation und geht auf wichtige Zusatzqualifikationen ein
(Bachelor-/Masterstudiengänge).

Verlag Franz Vahlen · 80791 München